父母的一言一行、一举一动

对子女都有着言传身教、耳濡目染和潜移默化的作用

有什么样的家教，就有什么样的孩子

解密
考入清华之道

89名清华本科生家长如是说

刘秀丽◎主编

中国宇航出版社
·北京·

内 容 提 要

本书由来自全国各地 89 名清华本科生家长集体创作，就如何养育、陪伴和助力孩子成长，分享他们的经验、做法和智慧，也提供了他们的反思和建议，为广大家长教育和培养子女提供有效借鉴。教育心理学专家李玫瑾作序。89 个来自全国各地的家庭，89 种实战样本，共同揭示了成功育儿的规律和特点。

本书是 89 个家庭近 20 年的家教理念浓缩精华，经过了实践检验，是成功的家教样本，可以拿来即用，适合学前至高中阶段学生家长阅读。

图书在版编目（CIP）数据

解密考入清华之道 : 89名清华本科生家长如是说 / 刘秀丽主编. -- 北京 : 中国宇航出版社, 2022.9（2022.9重印）
ISBN 978-7-5159-2094-8

Ⅰ. ①解… Ⅱ. ①刘… Ⅲ. ①家庭教育 Ⅳ. ①G78

中国版本图书馆CIP数据核字(2022)第119972号

策划编辑 田芳卿 **封面设计** 王晓武
责任编辑 吴媛媛 **责任校对** 卢 珊

出版发行 中国宇航出版社
社 址 北京市阜成路 8 号 **邮 编** 100830
（010）68768548
网 址 www.caphbook.com
经 销 新华书店
发行部 （010）68767386 （010）68371900
（010）68767382 （010）88100613（传真）
零售店 读者服务部 （010）68371105
承 印 北京中科印刷有限公司

版 次 2022 年 9 月第 1 版
2022 年 9 月第 2 次印刷
规 格 787 × 1092
开 本 1/16
印 张 26.25
彩 插 1 面
字 数 446 千字
书 号 ISBN 978-7-5159-2094-8
定 价 89.00 元

编委会

主　　编：刘秀丽

副主编：张岱岚　仝惠萍

编　　委：沈淑艳　李东航　郭科研　杨维康

郭亚双　叶光旗　张　利　刘立峰

牟志国　韩芙莲　赵永苓　杨群英

本书作者

刘秀丽	胡新民	张利	戈更新	张丹丹	金英玉
郭怀	刘润花	清扬	赵永苓	杨广军	老造
秦长明	何海	陈墨弦	高天慧	张春伶	韩芙莲
敏而好学	肖再龙	潘桂英	云朵	董英明	叶家芬
吴振南	萌猪妈咪	闫相龙	李青	江敏	洪丽娜
李新亮	王阳春	洋妈妈	金鑫	常成	张恒涛
郭亚双	王东华	岚	叶光旗	喜悦	张向武
李艳	马冬梅	刘秀芳	水云起	杨群英	王秀霞
刘晓丽	郭靖	黄晓春	焦相莹锦	杨莉	毛一红
深柳斋主	黄敏	程辰	紫堇	牟志国	潘慧君
静文	静水流深	蒋蕊	荷	邵亚芹	刘光兵
杨宁	申莉	踏遍春山	王仕秀	张娟年	学而思
书砚	郭科研	杰西卡	宝峰	李耀杰	金鹏
婉星	王木子	灯盏窝	劲松	宋学军	熊观慢到
杨维康	臧安军	刘保华	高平	刘立峰	

序

对绝大多数人来说，人生理想不过两大主题：一是自己如何更好地生活，活出自己的价值；二是如何能够养育出优秀的孩子，帮他们找到自己的价值。看似只有两个梦想，但要变为现实却不是那么容易。

有的父母第一主题完成得很出色，但在第二主题面前却无能为力。有的父母虽然第一主题完成得很艰难，但在第二主题面前却顺利过关。当然，只有真正为人父母后，人们才发现，不管是为高考还是实现独立谋生，自己要苦读或探索至少12年。而要养育一个自律自立、学有所成的子女，则需要用心、耐心地探索至少18年。显然，养育和教育子女，不单单是自我努力的事情，还需要对另一个生命——一个逐渐有自主性、独立意识的个体进行影响和指导，进而达到双方认同的理想。这对许多家长来说，难度真的有些大。

有幸，近期接触到中国宇航出版社即将出版的《解密考入清华之道——89名清华本科生家长如是说》一书，此书由89位清华大学本科生的家长尽心奉献，就如何养育、陪伴、助力孩子成长，分享了他们的经历与感悟。本书可谓浓缩的家庭养育样本。书中89位家长来自全国不同省市、不同家庭，职业也不尽相同：农民、工人、全职妈妈、企业员工、人民教师、机关职员等。虽然出身背景不同，但他们的用心与努力，让孩子逐渐学会学习、学会自律、学会自己选择目标，然后坚定不移地努力。他们的成长之路以及他们父母的养育之道，想必是很多家长希望知道的。

本书由中国航天科技集团有限公司资产经营部刘秀丽女士主编，凝聚了近百位近年考入清华大学的本科生家长的心血，刘女士也是其中梦想成真的一员。刘女士不仅想把自己的育儿经验分享给大家，也希望把很多家庭的经验分享给大家，此举得到了许多热心的清华大学本科生家长以及中国宇航出版社的鼎力支持。

我知道，人世间的家庭、父母、孩子各有不同，但只要为人父母者真正地爱孩子，一定会努力寻求最佳的养育之道。本书 89 个家庭养育子女的历程，总会有几例与您产生共鸣，总会有一些方法对您有所启发，甚至有一些技巧让您帮助孩子渡过难关或艰难时期。我相信，此书一定会开卷有益，助您帮孩子找到学习的意义，实现人生的价值，走向人生的巅峰。

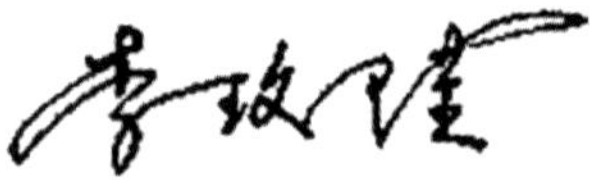

中国人民公安大学教授

2022 年 6 月 28 日

目录

少年辛苦终身事，莫向光阴惰寸功

刘秀丽

郭同学，高中毕业于北京市十一学校二四制直升班（实验班）
现就读于清华大学软件学院

在六年中学时光里，拥有五年信息学竞赛经历，获得的主要奖项包括：全国青少年信息学奥林匹克联赛（NOIP2017）省级一等奖、亚洲与太平洋地区信息学奥林匹克竞赛（APIO2018）铜牌、全国青少年信息学奥林匹克联赛（NOIP2018）省级一等奖、全国信息学冬令营（WC2019）银牌、国际信息学奥林匹克竞赛中国队选拔赛（CTS2019）银牌和全国青少年信息学奥林匹克联赛（NOIP2019）铜牌。多次参加清华大学美国全球创新学院冬令营、清华大学寒假冬令营和清华大学计算机邀请赛。

作为信息学竞赛生，因为竞赛封闭训练，高中有两年没上文化课，回归文化课学习时，距离高考只有十个月，连考题都看不懂，全校排名 250 名开外。当时，我们与儿子深入谈心，希望他能实事求是地评估实力，合理确定高考目标。我们的预期是北京理工大学、北京航空航天大学或北京邮电大学，没想到，他的梦想只有一个——清华大学计算机专业。尽管当时我们认为，这似乎是天方夜谭、痴人说梦，但仍然选择相信他。他用了十个月，日夜兼程、不断超越，成绩屡创新高，最终以裸分 691 分圆梦清华。

把握住青少战略机遇期，精准发力

关于青少年战略机遇期的把握问题。儿子圆梦清华后，我一直思考，婴幼儿到十八岁，也就是三到十八岁，属于人一生中的“赋能战略机遇期”，也就十几年的时间，做父母的一定要有清醒的认识。

“一日之计在于晨，一年之计在于春”，我想说，“一生之计在于青少”，错过了战略机遇期，未来的人生路就“失之毫厘，谬以千里”，很可能艰辛曲折。苦在前，一生无忧；苦在后，一生难料。

在养育儿子的日子里，我们丝毫不敢松懈和怠慢。在他小学三年级到五年级这三年时光里，我们的家庭日常生活主线只有一条，就是孩子的学习。在每个周末以及全部业余时间里，我们都在陪孩子学习，取消朋友聚会，取消游玩，因为我们深知北京小升初择校的重要性，深知获取优质教育资源的重要性。

经过三年的全力以赴，儿子如愿以偿，被北京市十一学校二四制直升班（实验班）录取，这个班在全北京市只招收 240 人。这次择校成功，为儿子后面的学业发展打下了坚实的基础。把握住青少战略机遇期，精准发力，将奠定孩子一生的职业根基，尽管未来仍然具有不确定性，但大概率会比较顺利。

呵护创造力，激发潜能

每个孩子天生都拥有成为冠军的特质和潜能，能否登上领奖台，在于家长有没有用心呵护孩子的创造力。记得儿子刚一岁，还在蹒跚学步。我们搬入了新居，给他买了画笔。儿子特别开心，就在刚粉刷好的白墙上用彩笔随意涂画。每当他在墙上画画，我们都不会叫停他，不希望那一刻的自由创造被阻止，自由快乐的心灵受到打击。

爱默生曾说，家是儿童的乐园。孩子刚刚懂事时，我们告诉他，家中除了暖水瓶、厨房和电源这三点不可触碰，其他所有空间都是他的地盘，可以自由地玩耍。从小我们就用心呵护、激发和鼓励他的每一个创造性想法，所以儿子自小就拥有一个自由的灵魂和一颗敢于求胜的心，能够随心所欲地创造属于自己的世界。

这么多年来，儿子从来都不跟其他同学攀比，会自主过滤掉各种干扰，只关注自己的成长和进步，奋斗在自己的世界里，从容而自信。如今想来，儿子敢于追求梦想、勇于求胜，跟我们一直以来用心呵护他的创造力直接相关。高考赢在实力，更赢在心态，他拥有敢于挑战不可能的自由灵魂。

想要激发孩子的爱好和兴趣，就要抓住他们的本性。我们认为，凡是属于孩子自己的东西，都应该让他无拘无束、没有任何压力、放心大胆地去“鼓捣”。在儿子很小的时候，我们就给他配置了属于他自己的电脑、学习机和光盘播放器。我们明确地告诉儿子，这些都是属于他的，弄坏了也没关系。在孩子的本性中，如果这个东西不是自己的，他们就不会自由自在、随心所欲地“鼓捣”，就会受到约束，生怕把别人的东西弄坏了。而我们很早就为他配置了若干属于他自己的物件。

记得当他第一次和电脑进行人机对话时，他觉得神奇极了。很多电脑的功能，都是他自己一点一点“鼓捣”出来的。初一他就创作了多款网络游戏，拥有诸多“粉丝”。也许，就是在幼儿时期为他配置的电脑，激发了孩子后来对计算机的兴趣和爱好。

在孩子的世界里，不是只有买来的玩具才是用来玩的。儿子小时候，我们一方面给他买各种玩具，另一方面，家中只要他感兴趣的物件，包括各种包装盒，他都可以玩。比如，他给包装盒盖上被子，煞有介事地声称是在放电影，请我们去观看。我们踊跃地当他的观众，让他十分有成就感。就这样，儿子充分发挥他的创造力和想象力，玩遍了家中所有他感兴趣的物件，开发了智力，锻炼了动手能力。

锻造享受孤独的本领

锻炼孩子享受属于自己的孤独时光。自古以来，“孤独”就是个热门词，从柳宗元的“独钓寒江雪”到李白的“只有敬亭山”，从李煜的“寂寞梧桐深院锁清秋”到苏东坡的“寂寞沙洲冷”，无不成就更坚定、更清晰、更有建树的自己。孩子未来总是要独自面对人生的，诸多创造也都需要自己潜心、静心钻研，避开繁华喧嚣，耐得住寂寞，最终才能获得成功。

在儿子很小的时候，只要他尽情陶醉在他自己的世界中，我们就不会轻易打扰他，这样就培养了他高效（专注）、自主（属于他自己的孤独时光）学习的好习惯。在他刚一岁多，我就给他订了《幼儿画报》，同时配置了属于他自己的光盘播放器。这样，他就能够自己翻画报、看光盘。我们没有刻意教过他识字，但他上幼儿园时已经能够自主阅读报纸了。

学习方法至关重要。儿子会把所有的知识点一网打尽，再根据每一个知识点自己给自己出一道题。站在出题者的角度去思考，就可以举一反三。

学习效率非常重要。我们认为，保持充足的睡眠是一个人一辈子最重要的好习惯。在儿子很小的时候，我们就要求他每晚 9 点入睡。即使在迎接高考时，儿子仍然每晚 10 点入睡，每早 6 点起床。因为大脑能够得到充分的休息，所以学习效率就特别高。

“真的学”才是硬道理。儿子曾说：“学习是要真的学，要真的学进去，而不是磨洋工，装作很努力的样子，感动自己，感动父母和老师，让人看着觉得我已经在努力了，其实努力的样子并不重要。”他还说：“喊口号是没有用的，有实力不需要喊口号，没实力喊口号也没用。”儿子学习的时候，是在全身心地投入，他不允许别人随意进入他的房间打扰他思考。

自律者得自由。儿子高三时每天6点起床，吃完早饭就开始一天的学习。因疫情不能到学校，他在家学习，有一次我8点半进屋倒水，发现他把窗帘包在身上，以为他冷才这样做。再一看，窗帘的一角被绑在书桌的抽屉把手上，我甚是不解。儿子说，“这样自己就不会轻易离开书桌”。古有“头悬梁，锥刺股”，今天有我家儿子这样自我约束。自律者得自由，作为父母，感动至深。

家庭沃土滋养孩子

好成绩不是家长要求出来的，而是靠孩子自主学习得以实现。父母要做个用心鼓掌的观众，用心捕捉精彩、用心为孩子鼓掌，做个满分观众，舍得给予孩子足够的赞美。凡是在家中苦口婆心地给孩子讲人生大道理的教育，都是失败的教育。

教育不是父母怎么去讲，而是孩子怎么去做，孩子才是主角。家教就是父母“润物细无声”地熏陶孩子，引导孩子，激发他们的兴趣和潜能的过程。明确告诉孩子学习是自己的分内事，把分内事做到满分也是分内事。

父母应该鼓励孩子，相信孩子拥有无穷的创造力。父母的赞美和鼓励，能够让他们更加自信，让孩子惊喜地意识到原来我也可以做得这么好，学习取得进步是这么有成就感的事情，进而形成良性的亲子关系。

有的家长平时不鼓励孩子，总是约束孩子，要求这个要求那个。孩子的美好心情都被破坏了，压力如山，觉得学习就是为了家长高兴，偏离了教育的本质，哪里还能享受到学习的乐趣！教育孩子要乐观，还不如当下陪伴孩子一起玩耍，创造并享受快乐，这就是家庭教育的真谛和美妙之处吧。

家庭氛围十分重要。我们家平时非常祥和有序，温馨美好。我和先生都淡泊名利，孩子爷爷和爸爸都是军人，有家国情怀，这些对孩子的影响都很大。家庭成员各自忙各自的事情，我们倡导每个人把自己的事情做完美，在家中几乎不谈论单位的事情，也从不议论家长里短和是是非非。

业余时间，我和先生也特别热爱读书。每当有读书心得的时候，家庭成员们就坐在一起分享。我们十分用心地经营着家庭生活氛围，儿子的心灵也显得十分纯粹。他的世界纯净而美好，与外部世界的各种关系都显得很简单，在追求学业梦想时，可以做到心无旁骛、纯粹单一。到了大学之后，在竞争十分激烈的清华园，儿子仍然愿意帮助同学答疑解惑、提高成绩，老师和同学们都很喜欢他，乐意亲近他。现在想来，这些与他的成长环境有很大的关系。

家庭学习辅导经验谈

如何快速提高语文成绩。儿子刚回归文化课的学习时，满分150分的语文只能考80多分，50分的作文只能考30多分。高考时语文考了117分，短短10个月提高了30多分。尽管相对于考入清华大学的其他同学来说，这样的语文成绩已经算是比较低的分数了，但是对于他个人来说，却是一个巨大的进步。

我们考虑到作文占50分，必须在很短的时间里把作文水平提上来。于是，我就把近5年人民日报评论员文章中与学生相关的篇目编辑整理成册，把相关主题按照门类分成了近30个板块，比如家国情怀、青年励志、大国外交等，整理成作文素材，经典语句都画了重点，让儿子浏览掌握。然后，再让他背诵满分作文，精通满分作文的结构和语句搭配习惯。掌握了满分作文的结构，再加上上乘素材，一篇高分作文就基本成型了。再就是练习审题，确保不跑题。

此外，我还买了唐诗、宋词、元曲的赏析词典，整理古文虚词和实词的释义，提高儿子的古文鉴赏能力。我觉得，他在很短的时间里把语文成绩提高到117分，是跟这些学习技巧分不开的。再就是利用碎片化时间练字，获得评卷老师对卷面的好感，作文少扣分，可能也是获胜的筹码。

正确引导孩子玩网络游戏。很多家长对孩子玩游戏特别头疼，不玩担心孩子无法合群，玩多了担心耽误学习。我在引导孩子玩游戏时，也是花费了很多心思的。我们给儿子的建议是：与外国小朋友一起玩网络游戏，或者只玩英文游戏。儿子的英语单词和读音，很多都是在游戏中积累起来的，对英语的热爱也是在游戏中培养出来的。高考时，他的英语轻松拿到了141分。

对音乐素养的培养。孩子在幼儿期的教育和启蒙非常重要。为了儿子在幼儿期能接受良好的教育，我们选择了比较好的幼儿园，费用也是比较高的，但我们非常舍得投入。儿子的幼儿园，在日常教学中安排了钢琴学习。我们不希望男孩子长时间坐在屋内练琴，就没有给他买钢琴，但还是鼓励他在幼儿园认真上钢琴课，平时也会带他一起欣赏音乐。儿子只在三年的幼儿园时期学习了钢琴，后来再也没有碰过乐器。但正是这三年的正规音乐教育，给他打下了坚实的乐感基础。如今孩子在清华园，大部分乐器都能拿起来就弹，很快上手。我们不禁感慨，幼儿期的教育和启蒙真的太重要了。

关于课外班的问题。孩子在初中、高中六年的时光里，从来没有上过课外班，知识都是在课堂上或家里学到的，这与我们的引导有关系。我们相信重点中学的师资足够优秀，只要用心学习，就一定可以全面精准地掌握知识点，并能融会贯通。事实证明，虽然儿子中学没读过课外班，但成绩照样可以很好。

目标的驱动力源于目标的制订。大家都清楚，梦想上清华大学的孩子，门门功课都必须冲击满分才能实现，但实际上是做不到门门满分的。所以，在制订孩子的学习目标时，如果目标是 90 分，那么实际上也就只能考 80 多分。这一点，家长心中一定要清楚。

关于孩子金钱观的培养问题。为了不让孩子过早体验金钱的“魔力”，我们在儿子面前几乎不谈钱的话题，以至于他对金钱一直没有感觉。他会将成把的铅笔分给同学，我们也鼓励他这样做。我觉得对金钱淡泊的人，在人生道路上做选择时，不会受到金钱的羁绊，选择会更加自由，因而也故意不让孩子“爱钱”。如今在清华园，也是鼓励儿子在吃喝穿用上不要太顾虑花钱。与此同时，我们一直给他灌输这样的思想——财富是靠智慧和辛勤的劳动赚出来的，不是靠节俭省出来的。穿衣戴帽并不影响财富的级别，奋斗是为了让生活更美好。

培育孩子的路途充满艰辛。我家孩子参加了五年信息学竞赛，这期间家长和孩子都付出了巨大的努力。最后，又靠裸分考入清华大学，家长和孩子一起经历了二次冲刺。我们时常心疼孩子为学业付出的辛苦。人生的道路还很长，考入清华大学只是实现了一个阶段性目标，一切过往皆是序章。在此，将一些体会分享给还奋斗在路上的家长朋友们，内容未必适合每一位家长和孩子，仅供参考。

陪伴与成长

胡新民

胡同学，高中毕业于黑龙江省大庆市实验中学
现就读于清华大学未央书院

谈到孩子的成长，会禁不住想起《触龙说赵太后》中的句子：父母之爱子，则为之计深远。这个“计”有筹谋、规划、打算之意，更包含对孩子成长、成才乃至幸福人生的期望、期待和种种心思与行动。

儿子是2020年考入清华大学未央书院的。“师者父母心”，要说孩子成才，首先要感谢的是老师们的辛苦付出，他们焚膏继晷，呕心沥血，师恩如山。其次，是同学间的互助共勉，友爱相伴。此外，还有周围所有帮助他、爱护他成长的因素所构成的良好生态的助力。作为父母，只是让这个环境更适合孩子的需求，发挥更温馨的作用。如果一定要分享经验，以下几点或许会对大家有所启发。

重视早期阅读

正如爱因斯坦所说，“阅读是孩子最珍贵的宝藏”。阅读对孩子成长有百利而无一害。无数家庭教育成功案例均证明，引领孩子多阅读，不仅可以使孩子获得知识，陶冶性情，更能激发想象力、创造力，丰富孩子的精神世界。

儿子一岁多牙牙学语时，我们就着手培养孩子的阅读兴趣。他躺在儿童床里，我和爱人一个负责做饭，一个负责带孩子。带孩子的通常会给他讲绘本故事，读儿童读物。父母看到我们给躺在小床上捧着奶瓶的孩子读书，不免质疑：“这么小，能听懂吗？大了再读吧，以后的教育之路长着呢！”我们通常不做过多解释，只是依然坚持自己的教育行为。另外，不管工作多忙，每天睡前十分钟，一定是我们为孩子读书的时间。

日复一日，儿子渐渐对书籍产生了依赖。哭闹时，只要塞给他一本书，马上就能安静下来。大约两岁半时，妈妈还是像往常一样给他读《三只小猪》的睡前故事。他闭着眼睛听，貌似睡着了。于是妈妈加快语速，想尽快把故事读完。突然，儿子大声

说："读错了，少念了一句话。"我和爱人惊愕不已。之后，亲子阅读时，只要我们读错或者读漏，他总会及时指出来，并说出正确的词语或句子。

很显然，阅读不仅丰富了儿子的内心世界，增加了知识，提升了认知，更让儿子变得专注。受到书籍魅力的感召，他彻底爱上了阅读，开始自己看书。直到初中毕业，他每天总能抽出时间读书，读各种各样的书。

读书让他明理，开启了心智，也找到了前进的方向。所以，我们认为一定要在发育初期培养孩子的阅读习惯。

以空间换效益，打开孩子的眼界

曾看到这样一句话：当别人看见的是一棵棵树木，你看到的是森林；当别人看见的是一朵朵浪花，你看到的是一片大海；当别人看见的是一颗颗星星，你看到的是浩瀚宇宙。这样的话，你的思想就丰富了，眼界就打开了。

儿子从小到大，每逢寒暑假，我们一家人会安排时间出去走走，领略祖国的大好河山，看看名胜古迹，见识风土人情。或者回到农村老家，体验静谧的田园生活。这样做虽然减少了很多学习时间，但放松享受后心情愉悦了，思想也变得越发活跃。更重要的是，每次假期结束后的验收测试都显示，儿子的学习并没有受到影响。所以，我们很享受这样自由美好的假期时光，既放松了身心，又开阔了眼界。因为我们相信：读万卷书，不如行万里路。

多陪伴，关注孩子的成长

立规矩，厘清各自责任。在孩子成长的道路上，我们始终秉持一个思想——学习是自己的事情，父母只能在物质上、生活上提供必要的帮助。我们从来不过分干预孩子学习方面的事情，虽然心里在乎，但行动上非常慎重。即便偶尔关心一下，也不会功利性地跟他讲大道理，仅仅就事论事地与他进行简单而深入的沟通。简单是主题简单，深入则是帮他寻找问题，探讨问题的根源。不管考试成绩如何，我们对他始终是亲切的，给他足够的信任感和安全感，让他觉得父母永远是他身后的支撑。

多陪伴，切实帮助孩子解决实际问题。厘清各自责任绝对不是不管不问，而是要切实帮孩子解决问题。高中三年，儿子的学习生活紧张而忙碌。我们时刻关注，默默陪伴，适当加以指导。

记得高一刚开始，每次老师上课提问，很多学生因为提前补课，都能够马上说出答案，儿子则要利用自习时间反复看书和笔记，才能完成当天的作业。如果自习时间少，就没办法消化当天的学习内容。两个月下来，儿子一直生活在拼命跟跑的苦恼中，这种状态一直持续到高一期中考试。

考后三天大榜出来，儿子考了年级第二名。按道理，考得这么好，应该高兴才是，儿子却郁郁寡欢，脸上布满了愁云，心中充满了压抑和焦虑。我和爱人看在眼里，急在心头。周六下午放假，我建议儿子到外边走走。

来到湖边，看着儿子一脸的不开心，我问他："你怎么看这次成绩？""太出乎意料了，我都快要压抑得崩溃了。"然后他又说："我是以年级第 39 名、班级第 15 名入学的，如果我考了二三十名，倒符合我的预期。"接着，他话锋一转："更恐怖的是，每次上课老师问题还没有说完，很多同学就能准确地说出答案，而我每天总是忙于书本、笔记及作业，疲于应付，现在考得这么好，觉得很承受不起。"

我理了理思路，说："现在我问你两个问题，一是这次考试你做过原题吗？"他说没有。"二是考试时你们对过答案吗？"他说也没有。"那结果还有什么好疑惑的？"我认真地说。"第一，这是你努力的结果。第二，说明你有这个实力。虽然他们假期补课了，但你没有被他们落下，甚至学得比他们还好。"隐约中，儿子长舒了一口气，重新流露出自信的目光，似乎卸下了一座大山般的压力。以后，儿子再也没有背着包袱学习，学得也越来越轻松自如了。

陪伴是最深沉的爱，在孩子需要的时候，可以帮他们卸去心头的压力，驱散心灵的阴霾。从幼儿园到高中毕业这段时间，是父母和孩子相伴的最佳时段，更是心灵最贴近的一个时期。这期间，孩子长的是心智，父母长的是经历。

愿所有父母、孩子都能珍惜时光，互相陪伴，共同成长，收获更多的成果，如己所愿，梦想成真！

盛时躬耕，少时凌云壮志酬

张利

陈同学，高中就读于重庆八中文科实验班

现就读于清华大学新雅书院

2020 年 7 月 23 日中午，我们查到女儿的高考成绩是 671 分，当天晚上在重庆一分一段位次表中看到女儿是文科第六名。消息一出，女儿同学及家长们一片哗然。鉴于她平时的成绩都在 620 分左右徘徊，年级名次很少靠前，大家都认为她是运气爆棚，超常发挥。但只有我和她的任课老师们知道，哪有什么好运气，这只是长期不懈努力后的实力大爆发。回忆起女儿寒窗苦读的 12 年，我百感交集，体会颇多。

我们家住在重庆西部的一个小村子里，我是初中文化，丈夫小学文化。女儿 7 岁之前都是爷爷奶奶在带，我和丈夫一直在苏州打工。爷爷奶奶虽然大字不识，但对女儿要求严格。比如，上幼儿园期间就不准吃零食，因为觉得零食添加剂太多，怕影响记忆力。虽然幼儿园没作业，爷爷奶奶也叫女儿写拼音学数字，所以幼儿园放学回家后第一件事就是写作业。

读一年级时，我们放弃了在外打工挣钱的机会，接管了女儿的一切，从此开始了严母慈父的育儿方式。我对她的学习习惯和行为习惯要求很严，一年级下学期开始教她写日记，二年级开始教她临摹唐诗三百首，练字的同时也记住了这些诗词。在嘈杂环境中若无其事地专注自己手中的事，女儿的一手好字和高度专注力就是这样养成的。记得三年级暑假，检查女儿的作业，发现有几道题都是粗心大意写错了，我就把她带到丈夫干活的工地上，让她看看她的父亲是如何在烈日下挣钱的，这给她带来很大的冲击。

除了练字，我们也买了很多童话故事书给她看，还报了一个绘画班。小学和初中也经常参加合唱、演讲等文娱活动。那时条件不好，但我和丈夫还是会经常陪她下跳棋和象棋，打羽毛球，节假日会带她去公园玩。每次回到家，就让她将活动和感受写进日记里。四年级开始，教她做好词好句摘抄。女儿高考语文成绩是 135 分，可能她的语文知识就是在这些点滴的日常练习中积累起来的。

六年小学时光轻松愉快地走完，女儿迎来人生第一个转折。那时，我家附近没有让我满意的中学，恰逢县城新建一所民办的半军事化管理中学，考虑到私立中学管理严格，女儿入学考试成绩很好，最终让她来到这里读书，并且分到一个学习氛围很好，由一位非常睿智的班主任管理的班级。

在班主任的启发下，女儿渐渐明白，对于普通家庭的孩子来说，只有知识可以创造财富，只有知识才能改变命运。于是，女儿学习越来越自觉自律，并且主动担任班长、室长，也养成了吃苦耐劳、乐于助人的品性，宿舍里别人不愿意做的脏活累活，她都愿意主动去做。每当她告诉我她比别人多做了什么活，我都耐心地告诉她吃亏是福，也许别人都是太忙忘记了而已。

初中时，女儿住校半个月才回家一次，不像小学天天接送，母女每天都能聊天说话。学校不准带手机，所以每次归宿假回来，我都会和女儿聊聊这两周学校、班级发生的事情，引导她针对她认为的“大事”说出自己的想法。我也会告诉她我的看法，我觉得该怎样做。中间不放假的那个周日，我都会买一些水果送到学校去，三年坚持如一日。我想通过自己的行为潜移默化地告诉她，做什么事都要坚持。三年里，女儿没有参加过补习班，每天坚持晨跑，坚持写成长日记，初三毕业时已经有三本厚厚的日记本。这些意志力的养成，都为后来的高考打下了基础。

三年初中时光很短，女儿又迎来人生第二个转折点。女儿一开始最想读重庆南开中学，但同时，她也获得了重庆八中和巴蜀中学的青睐。多方了解后，我们根据女儿的性格特点，最终选择了重庆八中。

当时家里发生了一些事，经济上出现了困难。初中就读的学校给出现金奖励，挽留女儿在本校读高中，但我们还是毫不犹豫地谢绝了学校的好意，选择了奖励相对较少的重庆八中。关键时刻的选择，得到的结果有时可能会大于努力。当时女儿的一位初中同学放弃了到重庆八中就读的机会，留在本校读高中拿奖学金。她的天赋比女儿高一点，最后以600分的高考成绩上了本市的一所一本大学。

如果没有跌跌撞撞的三年市重点高中“受虐”经历，女儿要适应清华大学的学习环境和生活环境会很困难。当时从县城初中到市属高中，女儿经历了很大的落差，尤其是英语听力水平和同学相差甚远。幸好班主任允许她使用智能手机，她才有机会用手机听英语、补差距。在此我要说，不是每个有手机的孩子都会沉迷手机影响学习，关键是自律能力。

因为我自己的文化程度不高，在老师那里等待答疑的同学又很多，女儿就习惯了求助手机。高中三年，我没有没收过女儿的智能手机，她平时总是用手机听英语、查资料、看视频教程。

从高一开始，在班主任的感染下，女儿一直把清华大学、北京大学定为努力目标。班主任常说，即使你现在的实力与清华、北大还有差距，但要敢想，在行动上要以这个目标严格要求自己。如果你以前五名为目标，就算稍有失误，也很可能是前十名；而如果你一开始设定的目标就是五到十名，那么，最终很可能会落到前十名之外。

记得有一次，女儿的年级名次跌到历史最低的第90名。班主任问她："你的目标是什么？""清华北大！"女儿坚定地回答。"好，非常好！"班主任很欣慰，敢想才敢做，于是鼓励她："记住你的目标，即使有一天你考了倒数第一，也不要放弃超越年级第一的信念。尘埃落定之前，我们都不知道谁是黑马。"从此，女儿没有一天彻底放松地玩过，每晚12点半睡觉，6点半起床，午休半小时；高三时每天凌晨2点睡觉，6点半起床。只在高二寒假报过20天数学补习班。

知道高考成绩后，班主任在我的朋友圈评论：陈同学的努力刻苦有目共睹，人品性格更是出类拔萃，同学老师们也都很喜欢她。高中三年，她都当清洁委员，哪怕鸡毛蒜皮的小事也会尽力做好。

女儿刚进高中时，学习压力非常大，每晚都会给我发信息倾诉，我每晚也都会等她的消息。由于自己所学有限，也苦于找不到合适的方法给她减缓压力，就上网查资料，去各种家长群里咨询。高二的时候，发现女儿视力下降太快，我和丈夫商量过后，果断决定在学校附近租房照管女儿。每天早晨我和她同一时间起床出门，她去学校，我去上班。我每天白天来回坐很远的交通车上班，晚上做好她喜欢吃的夜宵然后去接她。在路上跟她说说轻松愉快的话题，分散一下她的注意力。我用实际行动告诉她，她不是孤军作战，我们一家三口一起在努力。

女儿在高考之前的模拟考试中犯了低级错误，把选择题机读卡的行列涂错。为了缓减她的压力，我告诉她没关系，在高考前把各种花样的错都犯了，高考的时候就不会犯新花样的错误啦。平时考不好没关系，只要高考那一次正常发挥就好了。女儿打电话跟爸爸聊天，说她要考清华大学，现在分数还差一点，丈夫总是坚定地回答她："你能行，你一定考得上！"

总之，女儿能从农村小学考入清华大学，她自身的努力，我们家长在关键时刻的抉择和陪伴，学校老师的精心教育，缺一不可。家庭氛围十分重要，我和丈夫都是吃苦耐劳、敢于担当、努力上进的人，女儿受到我们潜移默化的影响，学到了这些品质，这才是她一辈子的财富。

近年来，由于教育资源不均、名校择优去劣等原因，从农村裸分考进清华大学的学生越来越少。我只想告诉那些农村孩子，英雄不问出处，不要轻信“寒门难出才子”的言论。女儿在初高中以及现在的清华大学，都得到了学校奖学金、助学金的资助。尘埃落定之前，一切皆有可能，不到最后一刻，绝对不要放弃。只要你们自己敢想敢做，目标坚定，刻苦努力，持之以恒，就有机会跨进清华园，就算最终没能考上，你在拼搏过程中养成的毅力和品格，也会成为你终身的精神财富。

做一名对国家有用的人才

戈更新

张同学，高中毕业于清华大学附属中学
1996 年考入清华大学材料科学与工程系
2006 年获清华大学博士学位

把孩子培养成为一名品学兼优、德才兼备的好学生，在工作中勤勤恳恳，任劳任怨，最终成为一名对国家有用的人才，是每一位家长的愿望。我的孩子已经参加工作十五年了，从幼儿园到大学，再到博士毕业，一直没有离开过清华园，是个实至名归的“清华人”。那时的社会环境和现在大不相同，不敢说培养他有什么经验，这里只是将一点心得体会写下来与大家分享。

孝顺父母、尊敬兄长是最基本的德行

孔子曰：“父母之所爱亦爱之，父母之所敬亦敬之。”在家族敬老爱幼家风的熏陶下，在父母的言传身教下，孩子从来没有对父母大声叫嚷过。到家叫长辈，出去玩儿提前说，这些都是起码的要求。

环境对孩子的成长很重要，我们做父母的平时也做到互敬互爱，没有吵过架，给孩子创造了一个和谐的家庭氛围。在这样的耳濡目染下，孩子感受到爱和被爱。他有一个大他六岁的哥哥，两个男孩子从来没有打过架，包括他们现在下一代的两个男孩，也不吵架、不打架，能一起玩儿得很好，这是大人以身作则的结果，潜移默化地影响了孩子们。

良好的品德是孩子成长成才的关键

记得他五岁的时候，清华大学附属小学办了一期学前教育班，只教授一些简单的一年级知识，培养基本的思想品德等。当时我们住的地方离小学很近，学前班的班主任看见孩子每天晨跑，就动员我让他上学前班。虽然他在学前班里算年龄小的，但学知识和学品德却都能跟得上。

有一次老师表扬他拾金不昧，自此在他心里就树立起了要做好孩子、要诚实的信念。现在即使参加工作，他也依然是安分守己，踏踏实实。

上小学的时候，有一回班主任老师批改作业，很晚才结束。正巧孩子放学后在教室里写作业，就帮着班主任老师一起拿作业本。楼道里的灯坏了，孩子就一边捧着作业本，一边扶着班主任老师下楼。那时的他，虽然年纪尚小，但逐渐形成了良好的品德，这使他在以后的学习与工作中都受益匪浅。

尊重老师的教育及教学方法

在那个年代，很少有学生参加补习班，学生学习主要是靠平时上课听讲。于是，我们就告诉他上课一定要仔细听老师讲课，这样才能学懂学会。他因为个子小，总是坐在教室的第一排，平时听老师讲课就会更聚精会神。

有一次，住在同一楼的数学老师刚刚知道自己的学生就住在隔壁，就对我说："这个小家伙上课总是两眼盯着我，我提问题他总是抢着举手回答。"从数学老师的话来看，他上课应该是非常认真听讲的。在课堂上就把老师讲的知识都消化了，也就不需要在课下另外补习了。所以，听好老师在课上讲授的内容就是最好的学习方法。要充分相信老师，只要把老师教的课堂知识都掌握了就能学好。

尊重孩子的兴趣爱好，培养好习惯

孩子从小记忆力不错，我们就引导他朗读、背诵一些好记的和他感兴趣的内容，例如，他三岁就能背诵梁山好汉 108 将的名字和一些古诗。这样就慢慢引导他养成了爱读书的好习惯，四岁就能读一年级的语文课本，所以五岁才能跟得上学前班。他还阴差阳错地赶上了清华大学附属小学唯一的一届五年制，所以高中毕业时还不到16岁。

上小学五年级时，学校要组织小发明小创造竞赛。他把自己的想法告诉我，我表示支持，他就开始自己写，自己画，最后我帮助他把自己的想法做成了成品。没想到还得了北京市海淀区发明创造奖，这给了他很大的鼓舞。

和现在相比，以前没有各式各样的电子产品，没有这么多玩的花样，孩子放学和同学们玩一会儿便回家做功课。平时寒暑假的时候，只要我有机会，就带着兄弟俩外出旅游，见识一下祖国的广阔天地。因为自己工作的原因，家里很早就能接触到计算机，也就接触到了电脑游戏。虽然孩子也喜欢玩电脑游戏，但我和他约法三章，只能周末玩一小时，孩子也没有过多怨言，一直严格遵守。

尊重孩子的意愿，既要放任又要管理

孩子因为上学早，高中毕业时还不到十六岁，填志愿时只报了清华大学和北京理工大学。他的高考分数下来离清华大学分数线差几分，北京理工大学又不招收第二志愿的学生，所以等于没考上。这时，很多其他学校来电话表示愿意招收他，但他都说不去，想复读一年，第二年考上哪儿就去哪儿。当时复读的人很少，但我们尊重孩子的想法，欣然同意了。

复读是他自愿选择的，这一年不论刮风下雨，他都是 9 点多上完晚自习自己骑车回家。我有时看到他到家时冷得哆哆嗦嗦，十分心疼，就问他是否还有其他人可以结伴骑车回家，他说多数上晚自习的都是住校生，似乎只有他一人晚上回家。虽然是复读，但他和班里的同学关系依然搞得很好。

第二年，孩子如愿考上了清华大学材料系，并一直在此深造，直到博士毕业。虽然我们都生活在校园里，与孩子近在咫尺，但我很少见他的老师和同学。我坚信他能管好自己，并能妥善处理好大事小情。

注重爱国教育，立志为祖国做贡献

孩子的爷爷奶奶都是老红军，从小便受到了他们潜移默化的影响，博士毕业前还申请入党。孩子对我说，他入党志愿书里的入党理由就是“为人民服务”。在清华大学上学的几年里，他多次无偿献血，我们都不知道。直到后来毕业回家住，才看见那些献血证明，我是又心疼又为他骄傲。2006 年，我在欧洲旅游的时候，他博士毕业，自己联系工作去了航天系统。我也随他的意愿，希望并坚信他能做一名对国家有用的人才。

如今，孩子已经在航天系统工作超过了十五年，自始至终兢兢业业，踏踏实实，不图名，不图利，低调做人，高调做事。现在，他既是单位的骨干，也是基层党支部书记，真正成为一名对国家有用的人才。

道法自然，静候花开

张丹丹

林同学，高中毕业于浙江省镇海中学

现就读于清华大学土木水利学院

我们生活在浙江的小城，孩子在本地上小学，初中择校去了宁波，2020年高考裸分705分考入清华大学。对孩子的教育，我们奉行呵护天性、充分放手的理念。

营造轻松自由的家庭氛围，呵护孩子天性

上幼儿园前，我们住在孩子外婆家，对孩子的照管大多由外婆负责。他自小和外婆、舅舅亲近，不黏我们。我和他爸爸只是部分时间照管他：有空一起到田野玩玩，偶尔陪着做做游戏，晚上睡前有时陪他说会儿话，或给他念古诗和《三字经》。幼儿园与小学期间，学校离奶奶家近，平日接送大多由爷爷负责，吃在爷爷奶奶家，住在自己家。周末我们便一起回外婆家。

虽然围绕在孩子身边的大人很多，但管束孩子，能在孩子面前树立权威，镇得住他的一个也没有，包括我和他爸爸。在孩子心中，外公外婆、爷爷奶奶是长辈；舅舅会唱好听的歌，会玩好玩的游戏，值得崇拜；爸爸妈妈就是兄弟姐妹般的存在。我们仨地位平等，倒是孩子经常摆出小大人的模样。直到现在在家还直呼我俩名字，开玩笑时甚至还给我们起绰号。

大概是孩子上小学二年级时，一次我和他爸爸在车上起了争执，后来我有事下车，他就劝他爸爸，妈妈就是爱唠叨，别和她计较。等我回到车上接着找他爸爸理论时，他又批评我。我怪他关键时刻帮着他爸爸，结果他很委屈："我就是个汉献帝，想当个和事佬也不成。"那时孩子正在看《三国演义》。

当时的孩子真是个小大人，两个"不懂事"的大人，让他操碎了心。他爸爸爱喝可乐，他经常提醒说可乐不健康。我爱网购，他批评我乱买东西。然而，他自己又经常不讲理，大人批评一句，他得回十句。我们大多由着他，除非原则性问题，才让他面壁思过。

面壁思过效果是挺好的，只是太花时间：他脾气倔，服软认错得两三个小时，所以这个方法轻易也不用。我们更多的时候是以柔克刚，比如外婆常用的好方法——说反话。见他有想推凳子的苗头，外婆立马说："宝宝真乖，正搬凳子给外婆坐呢。"他也就顺着外婆的意思做了。错误严重了我们才会义正词严起来，至于棍棒则从未动用过。我想，爱读书的孩子是用不着过多管教的。我们的"无为"一定程度上呵护了孩子的天性，不过也养成了他争强好胜、比较自我的个性。

孩子最乖的时候一般在睡前，小学阶段，我和孩子有睡前聊天的习惯，每次大概 20 分钟左右。他什么都聊，家人、同学、老师，读的书，路上见闻，所思所想……要说对孩子的管教，这也许可以算作一种吧。除此之外，似乎真的没什么刻意的管教了。

也许正是没有刻意地管教，轻松自由的家庭氛围给了孩子充分的安全感，孩子善良自信，并乐于和我们交流，他的生活和心理状态我们也都非常清楚。也因为没有"大人的包袱"，我们这父母当得也轻松，我有时甚至还会向他撒娇。

学习上关注而不干预

对于孩子的学习，我们选择"放养"教育，基本不干预。相比考试分数和课内学习，我们更注重孩子的课外活动。小学时，考好了表扬，考差了开个玩笑就过去了。鼓励孩子多多参加课外活动，从中不仅能认识朋友，开阔眼界，还能培养兴趣，锻炼思维，寓教于学，收获颇丰。其中，孩子参加最多的是各级象棋比赛，曾获全国赛亚军。

至于孩子的作业，我们极少过问，也从不检查。晚上大人在书房，他在自己房间，口算作业做好他自己改，背诵作业他背好后直接拿书过来签字。小学低年级，作业未完成被批评的事也常有，初中时也偶有发生，到高年级好了许多。我们一直坚持不干预，这样做是因为我们一直把"孩子主动学"奉为孩子学习的终极目标。我们认为，靠家长管束终非长久之计。这样，家长顺便也解放了自己，何乐而不为？

事实证明，从小到大，孩子的学习基本没怎么让人操心，就连初中择校去外地上学，也是他自己的决定。然而我们忽略了一点：孩童时的有些习惯培养是需要家长督促的，我们的绝对放养也导致孩子书写比较潦草，作业完成率不高等毛病，这是我们的一个遗憾。

平时成绩与能力素养并不完全对等，努力学习积蓄力量才是正道。初中、高中孩子外地求学，成为住校生，"双城记"成为我们的生活常态。平时我们每晚通电话，周末在出租房团聚。初中每周都有各种测试，但我们很少询问成绩。这个大考成绩拔尖的孩子，平时测试成绩有时不太理想，我们也不在意。我们认为：有张有弛才是学习之道，大脑的弦不能一直紧绷，劳逸结合更能激发孩子的潜力，提高孩子的学习效率，所以偷个懒放松一下未尝不是一件好事。相比临时抱佛脚，平时的努力与积蓄，结合良好的心态与充分的休息娱乐，才是制胜的法宝。

放手，也是父母的一种修行，这样可以让一家人在爱与被爱中共同成长。高中时，课外补习浪潮汹涌，我也曾心动。孩子说没必要，我们也就打消了这个念头。我们深知名校的孩子学习压力大，所以平时从不额外施压。初中高中六年，周末在出租房就是纯粹给他洗衣做饭陪聊天，让他感受家的温暖。谈到学习，也只是互相探讨，从不高高在上施加压力。孩子高考期间，他选择住校，我们就尊重他的决定，待在家里静待花开。

其实，我们（主要是妈妈）也有许多次站在了施压的边缘。我曾想说服作为竞赛生的孩子报名参加某金牌教练的封闭训练，我曾在孩子高三竞赛失利时在他面前差点儿（也许已经有点儿）流露失望与失落之感，我曾在孩子回归高考后想让他参加某机构的校外培训，我曾在每一次模拟考后的通话时很想细问考得如何……好在我们知道，瞎操心有时不仅毫无用处，甚至还可能适得其反，给孩子造成麻烦，造成压力，造成痛苦。好在我们最终尊重了孩子的选择，相信了孩子的实力，控制了自己的浮躁与焦虑。很庆幸在孩子的成长路上，我们努力克制了自己的指手画脚，将成长的主动权交给了孩子。

中学六年，孩子成绩总体稳定，高考发挥也基本符合预期。很庆幸，在孩子学习上，我们选择了放手不干预。

然而，不干预并不是不关注。我们一直追求既简单省事又能让孩子快乐自主的教育理念。不指点、不施压的背后，其实是对他学习状态、习惯、方法的熟知；“放”的背后，是对他为人处事、交友情况的掌握。也正是基于对孩子的了解，我们才有了在孩子背后默默守护的冷静与底气。

我们关注但不干预，充分放手，默默守护。也因为不干预，我们和孩子双方都有很大的自由度。作为父母，我们也是放松的。

阅读，助力孩子多方面发展

如果要说花过心思的，可能就是我们在孩子小时有意识引导的两件事：接触国学经典和培养阅读习惯。

先说接触国学经典。

上幼儿园前，孩子白天或跟外婆四处玩耍，或在家看书、玩积木、打牌，没有小朋友和他玩儿，他就左手和右手比赛。我选了一些儿歌、故事、古诗，还有《三字经》《百家姓》《千字文》（简称“三百千”）等音频让外婆放给他听。他有兴趣就听一些，没兴趣就自己玩儿。上幼儿园后的周末，我有时会在孩子睡前和醒后给他读读《千字文》，没想到半学期之后他全背下来了。

上小学后，睡前聊完天，我会给他放十几分钟“催眠曲”。有段时间“催眠曲”是《论语》，只听不读，在诵读声中入眠。幼儿园时期我曾断断续续地让他读过《论语》，当时二十篇篇目他好像会背五篇了。一年左右的光景，孩子便背下了整本《论语》。

回过头看，我们还是多多少少有些遗憾。因为我们比较随性，没有刻意规划，只让孩子背过古诗、“三百千”、《弟子规》和《论语》。当时若能诵读更多的经典名著，孩子说不定会有更好的发展。不过，也因为这点古文功底，小学低年级孩子就已经读了《三国演义》和《水浒传》等原著。

再说培养阅读习惯。

识字早有助于养成阅读习惯。孩子爱阅读的原因应该是多方面的，这与婴幼儿时期外婆经常跟他说话，使他爱说爱表达有关，与给他读婴儿睡前故事有关，和家里藏书多的环境熏陶有关……识字早，应该是其中重要的一个原因。

孩子对数字、字母、文字以及各种标志特别感兴趣。一开始我们担心过早识字会影响想象力、创造力，但他太感兴趣了，也就顺其自然。孩子走路、乘车、逛超市、看电视时随时随地都会去认字。我们给他讲故事、读文章的时候，他拿着书看，故事、文章记住了，字也认了不少。识字早为他独立阅读搭建了很好的平台。

孩子两周岁时，能认识好多数字和汉字。两周岁后，他就自己拿着绘本边看边讲。上幼儿园时早已不看绘本，中班寒假时看完青少年版《西游记》，大班时看《青少年百科全书》，其中的数学卷已经被他翻了好几遍。家里的书橱一直对他开放，有空了我们还会带他去书店和图书馆看书。

读杂书，开眼界。孩子嗜书，很早就领略了书籍的魅力。与书籍相比，电视等对他已无法构成诱惑。小时的他太爱读书了，以至于作业写着写着，中途就偷偷看书去了。看书很投入，作业完成得马虎，被老师批评是常事。孩子看的书很杂，古今中外，不管文学、数学、历史、哲学还是百科都喜欢。我们认为枯燥的读物，他却读得津津有味。

我至今不明白，六七岁的小孩入迷地翻看我大学时读的《形式逻辑》，究竟是不是真懂。

读好书，保持孩子对读书的持久兴趣。我们也会给孩子推荐一些好书，但仅止于推荐，绝不干涉，看不看决定权在他自己手里，以保持他对阅读的持久兴趣。对老师、同学以及专家的推荐，他也会做出自己的分析与判断。自己喜欢的书，孩子会两三遍甚至十几遍地反复读，读完后，还经常找我们聊感受。

孩子也向我们推荐好书，我们不读，他便有点“恨铁不成钢”的意思。有几次他遗憾地说，如果我们读了，他和我们交流起来会更有意思。唉，真是惭愧！如果有个上进又用心的妈妈，我想孩子应该会更优秀。

初中后学业加重，看书的习惯孩子却一直保持着。作为竞赛生，高中的学业负担比其他同学重很多，孩子依然忙里偷闲地看了好些书，这一点让我特别欣慰。

一个被书籍浸润的灵魂，才能有情、有趣，有前行的资本。

在孩子学习教育上，我们比较“佛系”，更多的是顺其自然。以上只是分享孩子过往生活的点滴，也算是给自己和孩子留个纪念。其中的经验和教训可能对大多数孩子未必有用，对大多数家庭未必适合。若有类似的孩子和家庭，希望能给他们带来些许启示。

自由成就雄鹰

金英玉

黄同学，高中毕业于北京师范大学附属实验中学
现就读于清华大学数理基础科学专业

每一个孩子都是独一无二的，没有一种教育模式能够适用于所有的孩子。对于如何培养和教育孩子，结合自家孩子的成长经历，我觉得主要有三个方面：一是家长的培养；二是学校的教育；三是孩子自己付出的努力。尤其是孩子从出生到小学阶段的教育最为关键，奠定了孩子一生的基础。俗话说“三岁看老”，此言不虚。

下面，主要就家长培养方面和大家进行分享。

总体上说，对于孩子们“多动”“淘气”“不听话”的问题，我认为家长应该更多地给予接纳、宽容、爱、理性、信任、陪伴、鼓励和帮助。

“放养”下的养育

在我看来，我家孩子创造了无数奇迹，给我们带来了无数惊喜和快乐。同时，我们也为他太有思想而苦恼过，为与他沟通困难和纪律问题痛苦过。在认真分析孩子的个性，并经过不断摸索后，我们决定对他采取“放养”的方式。

整个学前阶段，家庭和幼儿园给了孩子充分的自由，这样做是为了让他能够用自己的眼睛和双手去感受和探索世界，培养他的运动能力和开朗性格，以及坚强和勇敢的品质。孩子可以在家里的每一个角落任意玩耍，可以在家里墙上随意涂鸦，可以在风雨中自由奔跑，我们从不因为怕乱而限制他的好奇，从不因为怕脏而阻止他的探索。

上小学后，学校有了严格的纪律要求，习惯了自由的孩子出现了严重的不适应。另外，随着孩子自主意识不断增强，问题层出不穷，我们倍感力不从心。经过多次尝试改变，都以失败告终，孩子还差点离家出走。在认真分析了孩子的成长环境和性格特点后，我们决定接受现实，让他自由发展。

“放养”看似给了孩子充分的自由，实际上却是一条艰辛的道路，是一条孩子自

己主宰的道路。在这条路上，孩子虽然经历了别人没有经历过的痛苦，但他也欣赏到了只属于他自己的风景。实践证明，通过这样的方式，孩子树立了独立自主思考的意识，建立起自己的思维模式去认识外部世界。

“放养”的代价与收获

在“放养”过程中，我们虽然经历了孩子经常受伤甚至险些走失的代价，却培养了他坚强的意志，激发了他无限发展的潜能。在有挑战、有风险的环境中，我们会鼓励他不怕困难，大胆尝试，慢慢地，他变得非常勇敢坚强。孩子一岁到十岁经历过两次缝针和三次骨折，更不用说擦破和淤青之类的小伤了，而每次受伤他一滴眼泪都不掉。看到他这么坚强，我们又是心疼又是欣慰。

对于精力充沛、好运动的孩子，我们总是前面跑后面追，时刻精神紧绷。但即使这样，他也有几次差点走失。不过，这也锻炼了他很强的运动能力。虽然没受过系统性训练，但是孩子在田径特长生如云的初高中获得过两次400米冠军，一次100米季军。对孩子的体能、性格、意志品质、智力发展和心理承受能力等方面的培养，运动都起到了至关重要的作用。

自由与纪律碰撞中家长的作用

家是爱的港湾。当孩子在学校和外面受到批评、惩罚时，回到家就不应该继续承受这些，家长更应该做的是进行积极正确的引导，让孩子感受到足够的安全，让孩子生活在爱和快乐中。

我家孩子天性活泼好动，从小除了看书，就是不停地跑来跑去，蹦来蹦去。因为这个天性，他在学校经常受到老师的批评和惩罚，也经常招致邻居的不满。我们一方面理解和保护孩子的天性，给予孩子自由空间，经常带孩子出去玩耍，消耗掉他多余的能量。另一方面，我们也会妥善处理与学校、邻居的关系，同时正确引导孩子，让他勇敢面对自己行为带来的后果，在实践中不断调整自己。为了不影响楼下的邻居，我们尝试过各种各样的方法，如换不同的拖鞋，加鞋套，还在家里铺了厚厚的地毯。

他属于在运动中思考的孩子，一进入思考模式，他就会不由自主地进入运动状态，完全沉浸在自己的世界里。所以，我们在家的时候会随时留意他的行动，在他一时兴起，无意中制造出太大声音的时候及时制止。每次这样做时，我们心里总是很难受，因为被制止的同时，他也会从思考中惊醒。

我们会随时了解孩子在学校的情况，与老师保持沟通，支持学校的工作。平时也与同学家长随时联系，从不同侧面了解孩子在校的情况，和学校一起解决孩子面临的问题。

强烈自我意识下家长的作用

小学五年级开始，孩子的决定基本都是他自己做的。他不断试错，走了不少弯路，也经历过许多挫折。初中阶段，他在学习上投入的精力很少，作业完成情况是班里最差的几个之一。同时，因为对游戏产生了浓厚兴趣，手机几次三番被老师没收。

上高中后，孩子自己就定下了高一高二玩、高三再努力的计划。老师和家长如何谈话劝说都无效，他仍坚持自己的想法。为了使自己学习轻松，本应在高二完成的适应性考试全部科目，他却坚持留一门到高三再考，这个决定让他错失了清华冬令营的两科考试机会。作为家长，我们的做法就是陪伴与见证，见证他不断碰壁，跌跌撞撞，一步一步朝着正确的方向前进，虽然这个过程很缓慢，也很煎熬。

“放养”下的培养

“放养”不是不管，我们很注重对孩子的全面培养。孩子很小的时候，我们有意识地教他认识看到的事物和文字，同时也利用一些方法和工具培养孩子的学习兴趣，给他讲一些简单的道理。比如，他很小的时候，特别喜欢坐电梯，我们就陪着他反反复复地坐。乘坐的过程中，他就学会了简单的数字、加减、正负数。长大一点，他去商店或超市就喜欢算账，还会心算找零，用小手比划出来。

为了培养孩子专注的习惯，我们在他专心做一件事的时候从不去打扰他，给他足够的时间和空间去做自己喜欢的事情。他喜欢的书籍、电影、纪录片会看很多遍，每一次都是同样兴奋地手舞足蹈。他自己画作战地图，自己与自己作战，玩得不亦乐乎……

孩子在三岁左右对数字和汉字有了兴趣，我们给他选择了幼儿动漫数学和识字光盘，他很快就掌握了很多汉字和简单的算术。孩子从小学一年级到五年级一直坚持做口算题目，培养了很强的数感和计算能力。

在阅读方面，孩子想了解地理、军事和科技知识，我们就买了很多地图、书籍和纪录片给他，我们从不计较购买书籍方面的支出。本着开卷有益的理念，我们放任孩子看他喜欢的书，从不逼迫孩子看他不喜欢的书。随时关注孩子的兴趣点，主动购买延展性书籍。高中阶段，孩子阅读了大量小说和哲学书籍，由于受游戏的影响，看了很多动漫、文化、经济、小说等书籍，很好地弥补了他情商方面的缺失。

阅读对于孩子的知识储备、语言表达、性格和思想的形成起到了举足轻重的作用，也为孩子的厚积薄发积蓄了力量。同时，通过阅读，孩子对数学、物理、化学、历史、地理、政治等方面都有所涉猎，到了中学，在系统学习这些课程时，接受能力非常快。

家长的陪伴和支持是孩子成长过程中最好的礼物。孩子爸是孩子的“铁粉”，在他心目中，孩子就是世界第一。孩子爸经常夸孩子有思想，放大优点，增强他的自信。同时，鼓励他自己做决策，用实践去验证自己的想法，虽然有时感觉孩子的想法有些荒诞甚至荒谬，但也无条件支持，这样的结果当然是孩子自己承受。我们鼓励孩子对升学抱持平常心，每次考试（包括高考）前，会开玩笑地对孩子说：“祝你考零分！”孩子每次都能够毫无压力地走进考场。

学习方面的几点经验

在学习方面，独立思考是我家孩子的显著特点。他做题很少，但再难的题目也不先看答案。通过这种方法，孩子能够解决遇到的新难题，所以在很多大型和重要考试中，都能够立于不败之地。例如，在中考前，他参加了科技特长生考试。这场考试云集了北京市数学、物理方面的竞赛高手，竞争异常激烈，最终他力克群雄，脱颖而出。

我们非常重视利用错题和回归课本来打牢孩子的知识基础，完善和弥补孩子的知识漏洞，从而为孩子今后的学习打下扎实的根基。我们经常帮孩子把考卷和作业中的错题用红笔一一标出，再用红笔写出正确答案，让孩子定期回看。提醒孩子重视课本基础知识，尤其到了期中或期末考试前，会提醒孩子回归课本。

感谢学校的严厉与宽容

学校教育对孩子成长的作用无疑是巨大的，尤其在初高中阶段。虽然孩子在纪律上存在一些问题，但他的幽默、大度与个性，使他身边聚集了很多要好的朋友，也给紧张疲惫的同学们带来了欢乐，同时赢得了老师的喜爱，所以他的中学生活总体是快乐的。

他所在的中学对这个天马行空的孩子用纪律去约束，同时给予宽容，从不放弃。在教育的过程中发现了孩子的问题，会及时正确引导和帮助；发现优点加以鼓励，用更高的教育理念引导孩子向正确的方向不断前进。

对于孩子的教育，如果说有遗憾的话，有四点：一是没有培养孩子的音乐特长；二是没有培养出孩子对英语学习的兴趣；三是在孩子很小，还未形成是非观念的时候，读了几本不严谨的历史解说类图书，这让我们花费了大量时间和精力去纠正他对人和事物的认识；四是未在孩子幼儿期引导他多动手玩玩具。

我们相信，孩子经历的所有挫折都将成为他的宝贵财富，照亮前行的路。也许正是因为孩子经历了诸多身体和精神的锤炼，加之看了很多历史书，他沉着、勇敢、自信和独立处理事务的能力在高三凸显出来，让人刮目相看。纪律方面大有改观，开始关心父母，知道感恩老师的辛勤付出。高考复习阶段，他有条不紊、不急不躁，状态放松，依旧像平常一样看看小说，玩玩游戏，看看动漫，跑跑跳跳，但明显比以前少了，只作为紧张学习的调节。勇敢接受到清华大学现场查分的邀请，看到高考分数不理想，又独自前往复旦大学招生咨询点进行咨询，有效化解了老师与家长的误会，所有这些让我们看到了他的成熟。

“宝剑锋从磨砺出，梅花香自苦寒来”，我们一如既往地对他充满期待，希望他在清华大学能够感受到奋斗的乐趣，学业不断进步，勇攀科学高峰，为国家和社会的发展，为实现党的第二个百年奋斗目标做出自己的贡献。

牵儿手，一起走

郭怀

郭同学，高中毕业于华中师范大学附属第一中学
现就读于清华大学探微书院

我们这一代人，因为国家计划生育政策的原因，大多数只能做一次父母，在教育孩子方面没有积累经验，因而诚惶诚恐，压力山大。一个孩子是一个甚至几个家庭的未来和唯一寄托，摸着石头过河，出错概率很大，虽然是倾心尽力，满腔热忱，却未必能得到相应的回报。我们很幸运，幸得老天眷顾，经过十几年努力，孩子如愿走进了清华园，圆了我们这个大家庭的“金榜题名”梦。尽管我们知道孩子仍然还有这样或那样不尽如人意的地方，但我们依然为今生有幸拥有这样一个孩子而自豪，依然认为我们在培养教育孩子方面是成功的。要说我们二十年来的体会和心得，就是两个字：陪伴。

陪孩子一起寻乐，让孩子爱上运动

孩子很小的时候，我还在武警部队服役，所以经常有机会带他到基层连队观摩锻炼，现场体验。武警部队非常注重身体素质锻炼，孩子每次到部队，看到战士哥哥们锻炼，他就跟着比画。我看他有兴趣，就让他跟着一起锻炼，短跑冲刺、跳高跳远、单杠双杠、鸭子步跑、俯卧撑、仰卧起坐、马步冲拳，还有各种球类、器械类运动等，经常练得大汗淋漓，不亦乐乎。

平时只要有空，我都会陪孩子一起运动，一起锻炼，还模拟比赛，评判他的成绩好坏，激励他向更高的目标努力。久而久之，就形成了一个良性循环：爱运动—身体好—精力旺盛—找机会继续运动。为了方便孩子锻炼，我还在孩子房间安装了一个综合健身器材，学习之余，随时可以进行单双杠、收腹、拳击等练习。这些日常锻炼，让他在班级里各项体育成绩遥遥领先，他的自信心得到了极大的满足，想不爱运动都难。

爱上运动以后，各种好处就显现出来了，运动让他身体强壮，耐受力、记忆力、

专注力、理解力等随之增强。还有，在运动的过程中，许多其他能力也会增强。比如，篮球、足球这类集体项目，会提升孩子的交往能力、团队合作能力、共享和分担能力等；个人项目如长跑、游泳，会提高孩子的毅力、耐力、韧劲及自我挑战能力，也能大大提升孩子的自信心、自律度和吃苦耐劳的能力。总之，爱运动的好处太多太多，惠及一生。作为父母，我们就是孩子爱上运动的引路人。孩子在“无体育，不清华”的清华园如鱼得水，第一学年的体育成绩是满分。

陪孩子一起思考，让孩子爱上学习

在成长初期，像大多数孩子那样，我家孩子好奇心特别强，喜欢提问题，什么都问。我们的做法是：不管他问什么问题，我们都显得特别高兴，先大力表扬他问问题的行为，再饶有兴趣地一起探讨具体问题，并装作我们也不太清楚，不动声色地引导孩子去分析问题，并一步一步解决问题，让孩子体验从发现问题到解决问题的愉悦感、成就感。最后，再真诚地表扬孩子爱动脑、勤思考、有钻劲、会学习。

父母的表扬对孩子来讲非常重要，因为在孩子心里，父母就是孩子的依靠，是孩子的整个世界，他所做的一切就是想让父母开心，想得到父母的认可和赏识。所以，作为父母要适时、及时地表扬孩子。我们高兴，孩子就会更高兴，就会认为他问问题的行为和解决问题的过程是有意义的，是值得继续做下去的。形成习惯后，孩子自然就爱上了学习，他会见什么问什么，想什么问什么，做什么问什么，并积极寻找解决问题的办法，愉悦自己，取悦父母。

陪孩子一起进步，帮孩子掌握科学高效的学习方法

掌握科学高效的学习方法，说起来很容易，做起来其实费了好多心思。要做到这一点，需要孩子有很强的执行力和专注度。对此，我总结了三招。

一是身先士卒表率法。孩子刚接触奥数时，老师只教孩子怎么做，也就是解题技巧，而孩子总问我为什么要这么做。为了能回答这些问题，我花了好几个月的时间，硬是弄懂了小学奥数所有的解答原理，并把小学奥数十二级的螺旋上升学习法，改良为孩子可以接受的单一模块垂直上升学习法和不同模块横向联系学习法。这大大提高了孩子学习奥数的效率和动力，让孩子在小学三年级时基本弄懂了小学奥数的所有问题。我们的成果是在小学三年级暑假代表武汉奥数组参加了在北京举办的“学而思杯”全

国高年级组奥数比赛，获得了二等奖。孩子非常高兴，因为对手都是五六年级的大孩子，自此之后，他学习奥数的兴趣空前高涨。

二是率先垂范激励法。刚学英语时，我让孩子 20 分钟记 20 个单词。孩子对记单词有抵触，反问我能不能做到。如果我做不到，他就不背，我只好说能。结果，他在词典上挑了 20 个特别长的生僻词，监督我马上记，20 分钟后检查我。我集中注意力，硬是记下来了，一个不错。自此之后，我的要求他都马上照做不误，因为他知道一个四十多岁的人能做到，他没道理做不到。

三是投其所好引导法。孩子特别喜欢玩组团枪战游戏，我经常以此来引导孩子：只要你能高效完成作业，每周我会陪你去打一场。这个方法屡试不爽，久而久之，孩子完成学习任务的速度都非常快。

此外还有一些小技巧，比如，只要孩子情绪不高，我就带他锻炼身体，或做其他他感兴趣的事，绝不打疲劳战，从而保障了孩子学习的高效性。

陪孩子一起前行，让孩子明事理、知得失、懂取舍、担责任

孩子小的时候，接触最多的通常是父母，因此父母的观点和看法对孩子的影响非常大。父母的表扬或劝诫就是孩子的指路明灯，及时地鼓励会成为孩子成长的巨大动力，及时地劝诫也能让孩子悬崖勒马。

孩子只要取得一点点成绩，父母就一定要及时表扬，不要吝啬，不惜最华丽的辞藻。在表扬的时候，家长应指出过程的不易，着重强调自身努力的重要性，让孩子知道，家长表扬的是他和他的努力，而不是好成绩本身。孩子的一些尝试行为，父母一定要第一时间留意，先大力表扬他敢于尝试、勇于探索的出发点很好，再严肃认真地指出该行为的利弊，尤其强调其中的不安全因素，以及对他人的不利影响，教导孩子换位思考。做了错误的事情必须批评，而且批评一定要严厉，要让孩子真正认识到错误，并承担错误带来的后果。

生活中到处都有闪光点，学校的学习、平时在家中、外出游玩，只要你陪着孩子，只要你留心，总会发现。一旦发现，父母就应该及时给予表扬和鼓励。家长以为很平常的小事情，在孩子看来，却有很深奥的大学问。因此，事无大小均要加以教导，从点滴做起。如在哪里拿的东西，用完后要放回原处；见到长辈和熟人，要热情地打招呼；在公共场合不大呼小叫等。在教导孩子的过程中，无形中就拉近了父母与孩子之间的

感情，建立起了牢不可破的亲情。同时，孩子获得了自己认知世界的方式方法，知道什么可为，什么不可为；懂得在困难面前应无所畏惧，在规则面前应循规蹈矩，从而逐步形成正确的得失观、取舍法、敬畏心、责任感。

我最后想再次强调：陪伴是孩子成长最充足的养分。陪孩子成长是做父母的必修课，孩子现在在清华园，我们想陪也力不从心了。我们知道，孩子将来还会面对许多挑战，担负很多责任，这也是他必须继续学习、不断进步的原动力。这里祝愿所有学子——好好学习，天天向上。

良好的亲子关系——父母的人生修行

刘润花

高同学，高中毕业于中国人民大学附属中学

现就读于清华大学计算机系

亲子关系作为孩子人格形成过程中最重要的因素，对孩子的成长具有深远影响。家长对孩子的培养，首先建立在健康和谐的亲子关系上。现代家庭似乎在教育孩子上投入了比以往任何一个时代都多的时间、精力和情感，亲子关系却并不比任何时代更好。

在北京市的一个抽样调查中，“极度反感或痛恨父母”选项的比例竟然达到了半数以上（惊人的56.28%），而只有5%左右的孩子表示喜欢自己的父母，和父母保持着良好的关系。

在教育孩子这件事上，我一直亲力亲为，和孩子沟通比较多。我们的亲子关系经历了青春期与更年期的碰撞，依然能够保持和谐。许多朋友也向我咨询这方面的经验和做法，在这里，我想总结几点与大家分享。

家长放下权威，放低姿态

随着时代的发展，知识体系更新迭代加快，家长不能因为比孩子年长，就觉得孩子应该按照你说的去做，更不能以自己的价值观去判断未来是什么样。有时，我们也必须向孩子学习。家长不能强迫孩子全盘接受自己的观点，有句话说得很好——世界之所以能够进步，就是因为下一代没有完全听上一代的话。

那种“东风压倒西风”和霸道的家长作风要不得。家长应放低姿态，从孩子的角度看问题，这样孩子才可能跟你讲真实的想法和观点。

我和孩子相处，更多的时候像朋友，是平等的关系。我们经常互开玩笑，调侃对方。我有时候会把自己做的糗事和孩子分享，一方面是想让他明白，人都是会犯错的，在积累知识和成长的道路上，犯错是必然的经历；另一方面也让孩子通过我的教训明白，怎样才能把事情做好。

要学会有效沟通

很多时候，亲子沟通可能会演变成父母的说教或批评。这样的沟通不仅不能解决孩子的问题，还会让孩子有更大的压力，也被大家称作无效沟通。我十分推荐犹太人家庭采用的海沃塔聊天方式，这种沟通要注意三点。

一是，父母学会倾听和表达并引导孩子表达，就是要先聊开。家长先关掉你内心的说话声，让孩子把问题表述清楚，多了解孩子的想法，引导孩子多说一点。

二是，聚焦主题，和孩子一起探索，这一步就是要聊透。集中注意力，围绕主题进行讨论，一起探索最大的相关可能性，家长也可以多问几个为什么。这也是最关键的一步。

三是，支撑观点，提出挑战或肯定，这一步是聊出结果。为了进一步总结并验证观点，家长要有证据支撑自己的观点，也要让孩子列出自己的证据。最后，家长要么接受孩子的观点，要么提出进一步的质疑。

当然，这样的聊天方式对家长要求也是比较高的，所以要不断地充实自己。这种沟通能提升孩子的兴趣，提高思辨能力，使沟通更有价值。我认为重要的是：我们听孩子倾诉时，不要急于下定论或者轻易评判，即使是反对孩子的说法，也要先把情况了解清楚。我们要控制好情绪，对外界的过量信息，要学会过滤，冷静思考，有效沟通。

为了有共同语言，让孩子畅所欲言，我也会关注孩子喜欢的和正在学习的知识，比如孩子阅读的名著、历史人物和事件等。我家孩子喜欢《三国演义》，为了和他讨论，三国的电视剧和原著我都看了。偶尔和孩子出去散步，他能和我聊一个多小时三国。我没有孩子了解得详细，但至少人物关系都比较清楚，能在孩子讲的时候谈点自己的看法。这样，就可以引导孩子多说一点。他给我讲完以后，我也要补习功课，对这次谈话中自己不太清楚的东西继续学习并深入了解，以便再次和孩子探讨时能够提出有挑战性的观点。

孩子喜欢看《最强大脑》节目，我陪他一季不落地都看了。有时候，难度大的题目我看不懂，就会适时地示弱，请儿子讲解。然后，对他表示赞美和肯定。有时候，看完节目后，我还会买与节目内容相关的益智玩具，或者自己画表格，和孩子继续探讨。后来，儿子看《最强大脑》都要等我一起看。

尊重并相信孩子

每一个孩子都是独立的个体，不是谁的附属物。以爱的名义过度保护、控制孩子，把自己的意愿强加于孩子，其实都是不尊重、不相信孩子。教育最重要的前提是要尊重并相信孩子。

首先，要尊重孩子的个性。

叔本华说，个性是伴随一生的，是永远和持续地发挥作用的。我们要做的是尽可能地发挥个性，力求按照符合自身个性的方向发展。尊重个性就要承认个体差异，尺有所短，寸有所长。人不可能处处都有优势，但一定会有一方面强于别人。所谓“一花一世界”，我们要尊重并相信孩子，让孩子以自己的方式绽放。

我家孩子逻辑思维能力不错，小时候对围棋感兴趣，我就让他参加了围棋培训班。后来，他接触了国际象棋，也在很短的时间收获了成就感。这些培养和训练，为他的数学逻辑思维能力打下了一定的基础。数学成为他的优势学科，一直都为他提分不少。

其次，尊重孩子的朋友。

家长应该给孩子选择朋友的“自由”，但不等于完全放任自流，要合理引导孩子构建朋友圈。家长也可以多去结识修养、素质比较好的父母，组织一些集体活动，为孩子们创造相处的机会。通过与其他家长保持良好的沟通，使孩子们的友谊更为坚固。

不要随意说孩子朋友的“坏话”。孩子在这方面是很敏感的，说朋友的坏话会让孩子觉得自己很丢脸，失掉交朋友的信心，甚至产生逆反心理。

我家孩子性格比较内向，不是那种喜欢主动交朋友的类型。为了孩子能有好朋友、好玩伴，小学阶段的周末，我常常组织关系比较好的几个家庭一起出游，我被大家戏称为“团长”。一起玩儿的孩子们都成了好朋友，家长们的友谊也一直持续到现在。

孩子的朋友来我家玩儿，我都是热情款待，拿出看家本领展示厨艺。在孩子们面前我也很随和，尽量让他们感到轻松自在。

最后，尊重孩子的隐私。在成长的过程中，孩子慢慢会有自己的隐私，这也是迈向独立、走向成熟的特征。孩子的隐私需要尊重和保护，侵犯孩子的隐私就是不信任他，也会伤害孩子的自尊心、自信心，甚至让孩子失去羞耻心，与家长产生隔阂。

孩子不想让我看他手机的时候，我会主动回避。对于他的私人日记、信件等，如果没有得到他的允许，我绝不会偷看。我还会通过侧面观察来了解孩子，若觉得有什么异常，就保持足够的耐心和孩子交流，让他相信，在任何需要的时候，家长都会给他支持和帮助。

总之，建立良好的亲子关系，是孩子成长的起跑线，是父母的人生修行，也是家庭幸福和谐的基础。

热爱与坚持

清扬

丫同学，高中毕业于杭州某中学
现就读于清华大学致理书院

2020级新生入学就应该开始的军训，因疫情原因迟来了一年，正好赶上了清华大学110周年校庆。这段时间，清华零字班家长群，每天都被军训的照片和视频刷屏。从密密麻麻的草绿色迷彩服中找出自家娃，是我们这些娃爸娃妈们一天中快乐的事情。作为父母，借助手机，在体验儿子迟来的军训生活的同时，他们高中的学习也犹如昨日般清晰……

高三冲刺阶段，新冠疫情突发，学生们承受了前所未有的压力。我儿子是幸运的，在获得全国中学生物理竞赛金牌后参加高考，通过强基计划进入清华大学致理书院。他是个非常努力的孩子，高中阶段大半时间分配给了物理竞赛。高中学习内容的增加，不仅没有动摇他参与竞赛的决心，反而激发了他内心深处那股子不服输的劲头，常常思考解题方法到深夜。现在细想，为了梦想，他能够不畏艰辛，全力拼搏，主要还是源于对数理学科的热爱与执着。

儿子读小学时，正值“全民奥数”鼎盛时期，他也顺理成章地接触并喜欢上了奥数。小学四年级之前，儿子没有上过奥数班。上奥数班之前，每天晚上他都主动要我们陪他一道道地做奥数题。其实，与其说是做题，不如说是全家一起玩亲子游戏：先是一起读题，然后各自独立思考，再相互讨论思路，最后再看答案如何解答。

有时，儿子遇到想不出来的题目，我们先想出来了，也会装作还没有完全想明白，只是和他进一步讨论，启发他自己解决问题。最终，三个人一起茅塞顿开，像是赢得了一场比赛，击掌相庆。之所以这样做，是因为我们注重的不是解题结果的对错，而是注重孩子发现解题思路，体验奥数的精妙，感受成功的快乐。也许，正是这样的陪伴和引导，帮助儿子养成了喜爱独立思考的习惯，点燃了他喜爱探索未知的小火苗。

参加小学奥数班学习后，儿子发现，有些题目，他的解题方法与老师的解题方法不同，他有自己的新颖思路，并得到了奥数老师的肯定。现在看来，这一点非常重要。儿子热爱独立思考和探索未知的品质，得到了老师和家长的及时正向反馈，这使他更加乐此不疲，在难题面前自然而然地提升了自信心。

无论是准备高中物理竞赛还是备战高考，儿子都面临时间紧、任务重的挑战。高中物理竞赛的知识点非常广，很大一部分是超出高中知识范围的内容。这就要求参赛学生具备较强的自学能力，在高中阶段有限的时间内，掌握竞赛要求的物理知识，并具备竞赛题目的解题能力。同时，还要兼顾高中校内课程的学习。全国高中物理竞赛决赛的时间，一般都安排在10月中下旬。对于参加完决赛需要备战高考的考生来说，留给他们的复习时间只有短短的七个月。对于新高考省份的考生来说，留给第二年1月初首次高考的复习时间更是只有两个月。

在这样的情况下，家长首先要做到不催促、不焦躁，让孩子能静下心来，合理安排学习计划，有条不紊地高效率完成每天的学习任务。如果孩子效率不够高，会导致学习时间延长，占用睡觉时间，进而影响第二天的精神状态。精神状态不佳进一步加剧学习效率下降，或者学习任务无法按计划完成，形成恶性循环。

所以，如何提高学习效率就成了关键点。题海战术显然不是高效战术。“举一反三”，不失为一个好办法。我家儿子会花上几个小时甚至一天的时间，思索一个题目的各种解题思路，直到彻底弄懂题目的来龙去脉，才会去看答案。他的理解是：没有思考清楚之前看答案，是不会节省时间的，因为提前看答案就提前终结了思考。当时看似明白了，但很快就会忘记，到了考试的时候，仍然没有思路。完全通过自己的思考弄懂弄透的题目，解决了一道题目，相当于解决了一类题目，效果事半功倍。

对一道题目反复思考这么久，是一件非常枯燥的事情，但我家儿子能坚持这样做。我们想，一方面是因为他对此充满热爱和兴趣，另外一个很重要的方面是他自身的坚持。

我们觉得坚持体育锻炼对塑造一个人坚毅的性格有很大的帮助。而清华大学的“无体育，不清华”“为祖国健康工作五十年”等办校思想，也深深吸引着我们去报考。

我家儿子的主要锻炼项目是爬山。在他上幼儿园的时候，我们全家人就有了一个共同的心愿：争取每年到祖国的一座名山去“打卡”。从市内和周边的名山开始，到省外的三清山、武夷山、黄山、庐山、泰山和华山，这些大山都成了我们暑假旅游目的地。儿子曾在作文里感慨，学习如同攀登山峰，只有那些直到气喘吁吁还在继续艰难迈出脚下每一步，从不轻言放弃的人，才能最终到达顶峰，一览众山小。一座座山峰就像科学的宝库，藏着无穷无尽的财富和奥秘。而那些爬山的伙伴就像老师和同学，老师引领鼓励大家，同学们互帮互助。

此外，学生大部分时间是在学校里学习知识，学校优良的校风校纪、优美的环境、先进的设施，老师们的谆谆教诲与默默奉献，同学们的相互帮助，都是深刻影响我儿子并使他从中获益的重要因素。

父母是孩子的第一任老师，也是点亮孩子心中火种的人。作为父母，我们对孩子负有教育的责任，要懂得尊重孩子的选择。在陪孩子长大的过程中，我们更要学习如何做好父母，如何与孩子做朋友。

孩子们像天使一样来到家长身边，他们各自有着出众的一面，需要家长去发现，去培养。天使也有相对薄弱的一面，更需要家长去呵护和引导。守护好孩子心中那团热爱生活的火种，无论面对何种选择，他们都会拥有因为热爱而努力奋斗的动力。我们作为家长，只需要给他们创造和睦稳定的家庭环境，支持他们坚持自己的梦想，让他们全力以赴去拼搏，就会收获好的结果。

心怀热爱，坚持走下去，你所经历的痛苦都会成为你最宝贵的财富。

后记：关于坚持，有感于“女排精神”，这里引用共赏。郎平带领中国女排夺回了失去的荣誉，有人问她：“什么是女排精神？”郎平说：“女排精神不是赢得冠军，而是有时候明知道不会赢，也竭尽全力。是你一路即使走得摇摇晃晃，但依然坚持站起来抖抖身上的尘土，眼中充满坚定。”

守望教育，助力成长

赵永苓

赵同学，高中毕业于衡水第一中学
现就读于清华大学经管学院

记得一位名人曾说：“一个人事业上再大的成功，也弥补不了教育子女失败的遗憾。”

自从有了女儿，人生第一次做了母亲。面对教育，对于一个懵懂的妈妈来说，只能求助各种育儿书籍。有书中提及启迪孩子智慧的三把钥匙：数字、字母和音符。从书中我还学到，教育不是管与不管，在管与不管之间，有一个词叫“守望”。我理解的“守望”是该管的管，该放的放。如今，女儿以理科裸分 710 分的成绩考上了清华大学，我总结一点教育心得，分享给还在路上的家长朋友们。

界定管与放需泾渭分明。对于孩子的一生来说，塑造坚定的理想信念、培育良好的品格至关重要，是家长必须要主动管好的。这其中包括家国情怀、广阔格局、明确目标、坚定信念、自立自强和乐观心态等，都需要家长有意识地去培养。在管的同时，还要放，给予孩子充分的自主权，发挥他们的主观能动性。家长应做到配合而不越位。比如学习，学校的老师比我们更专业，更有方法，我们要做的就是配合学校和老师，而不是横加干涉。要真正懂孩子，适时地助力孩子，相信孩子，要相信“相信的力量”。

父母是孩子最好的榜样，鼓励能催化出孩子最努力的模样。孩子两周岁时，我们开始创业。由于工作繁忙，对孩子的陪伴是不足的。但是，为了让孩子感受到我们的爱，我们经常会找一个亮点表扬孩子，给孩子打印一张奖状。这些奖状丰富了孩子的幼年时光。从孩子一年级第一次写作业起，我就认真地签字并且附上有针对性的表扬、点赞、画笑脸。这让我和孩子都养成了一个好习惯，一直保持至初中毕业：孩子每次认真地完成作业追着我签字，我每次都会认真地表扬或批评。我的签字评论，在小学和初中都被老师点名表扬过。

有意识地尝试，开阔眼界，观世界才有世界观；树立明确的目标，有目标才有动力和希望。小学时，答应孩子的要求，学习了 ×× 英语，快乐学习的课堂氛围让孩子高效地学到了大量英语词汇。从此，英语成为孩子的强势科目。我们有意识地让孩子选学乐器，她选中了钢琴。学琴路上有幸参加了中国教育电视台节目录制，有幸和理查德·克莱德曼在人民大会堂同台演出。业余九级的弹琴经历，让孩子懂得了坚持的意义。初中假期期间，带孩子出游，我们认为最好的选择就是参观知名大学，去清华、去北大，看看中国顶级学府是什么样子；去厦门大学，传说中那么美丽的大学一定要去感受一下……就是在那时，孩子一下爱上了清华大学。在二校门照相时，我对她说："孩子，通过努力，几年后你也可以站在这里，告诉大家'这就是我的母校'！"孩子上清华的愿望更强烈了。

让爱注满女儿奋斗的心灵，成为源源不断的能量加油站。在我们家中，有一面贴满便签的家庭文化墙。确切地说，这面墙是我们一家人的爱之墙，它始创于孩子中考前的一个月。我们体会到中考前孩子会有压力，心理比较脆弱、敏感，于是想到每天写一句表扬或鼓励的话贴在墙上，标题为"女儿的优点"。后来，我们发现这个方法很奏效，给孩子紧张的学习生活增加了乐趣和信心，并引起了全家的共鸣，墙上陆续出现了"老妈的优点""老爸的优点""老公的优点""老婆的优点"。最后，变成了我们家爱的港湾。

要让孩子相信，追求卓越，一切美好的事物她都值得拥有。初一时，我们这样分析：实验小学是全市顶尖小学，升入初中，保持顶尖很正常，如果成绩不理想纯属偶然。在这种信念的鼓励下，入学第一次分班考试，孩子就考了学校第六名，班级中稳稳地排在第一，三年后很顺利地被理想的高中录取。初三中考前，大家都说成绩稳定的前三十名才有望考入衡水一中。女儿的成绩偶尔不稳定，前三、前十甚至三十都有过。为了让孩子充满信心，我告诉她："我们可以稳稳地考上衡水一中！"她问为什么，我告诉她，我已经把前五十名学生的成绩请上届家长和比较权威的老师分析过，她们都认为，女儿的成绩只是偶尔有些小波动，预测中考应该能进入前五名（虽然是杜撰，但孩子是相信有根据的推理的）。进入全国知名高中，可以说是"学霸"云集。高一入学后，女儿的班号是 23，意味着在班里排第二十三名。为了让孩子相信她是属于第一梯队的，我们分析了每个地区有多少孩子考入衡水一中。各个地区整体水平不同，学号并不代表什么，女儿的成绩应该在全校前百名之内。在这种信念的鼓励下，女儿前三次考试成绩都不错，并且获得了学校一万元的奖学金。此后，她的学习循序渐进，稳步提升。

身体力行，配合学校教学，付出家长应有的努力，构建良好的家校和谐关系。我们一直积极支持、配合老师的工作。初中时积极报名参加家长进校园活动，放学时我告诉孩子："这次你们考试时家长可以进校园，我争取了名额，去为你加油！"孩子自然兴高采烈。高二时也有家长进校园活动，受老师之邀，我为孩子们开了一次以"团结奋斗"为主题的班会。要知道，当我站在讲台上时，孩子是无比骄傲的。此外，我们参与了高一远足、高二成人礼拍摄以及高一到高三的班旗设计工作。

只有主动走进孩子的心灵，真正懂得孩子想要的，才能够共同面对并消除孩子成长道路上的烦恼。例如，有一次因为一点小误会，孩子和班主任老师产生了一些小矛盾。我主动和老师沟通，厘清了事情原委。后来，老师通过特殊的方式和孩子谈心，她们的师生关系和好如初。我和老师的联系也更加紧密，内心充满了对老师的感激之情。

责任、担当与使命感，有利于锤炼孩子克服畏难情绪、勇挑重担的品质，为将来走入社会、发挥更大的人生价值奠基。高一三个月下来，文理分班后，女儿竞选了团支书、课代表和宿舍长等职务。有参观团来学校访问时，她还会当志愿者。这期间她也会喊累，也会有小情绪，但是责任感让她坚持了下来。高一、高二两年，女儿锻炼了自己，也成长了不少。进入高三后，她又竞选了学习委员。有几次，她和班长的成绩连续下降，两个孩子当时也动摇过，讨论是不是为班里服务耽误时间了。可又一想，快高考了，不能把担子推给别人，责任感使她们战胜了气馁。事实证明，为集体适当付出和个人学习之间是能相互促进的。

家长真正的爱，能激发孩子拥有一颗无敌的心，勇往直前。高考200天倒计时，给孩子写信很重要。我认为，信中不是你想跟孩子说什么就写什么，而是孩子喜欢听什么你就写什么。比如，我就写了班主任怎么通过平时表现相信她能考入清华大学，初中唐校长怎么评价她，怎么分析出她考清华大学没问题的。后来，从孩子的表现中可以看出，这封信增强了她的信心。

做孩子的知心人、贴心人，守望而不打扰，同孩子一起进步。疫情期间在家学习，为了在吃饭时找到一些共同话题，我主动学习高考语文必背古诗文。孩子完全按照学校要求，学习上自我约束，其中有几次线上考试不太理想。我很想请教老师，又担心老师对孩子失去信心，于是给老师发微信："刘老师放心，孩子在家的这段时间，我一定全力做好后勤工作，及时鼓励，守望而不打扰，也会以身作则，让我们互为榜样。

以前的重要节点，在我们努力后都能取得预期的成绩，也希望这段时间的努力能成为开学后的惊喜，努力到无能为力，拼搏到感动自己。”老师回微信，耐心指导我怎么帮孩子增强信心，怎么让自己和孩子放轻松，抛开名次，更专注于学习。

“爱出者爱返，福往者福来”。所有爱的付出，终将收获丰硕的果实。高考前夕，因为疫情，学校全封闭教学。我想让孩子感受到妈妈一直在陪伴，于是把写好的便签本放到孩子行囊里，告诉她每个周六可以看一张，就像妈妈每周和她聊天谈心一样。一开始都是鼓励、加油的内容，到最后都是祝福好运，比如“爱笑的女孩运气都不会差”之类的，只为孩子有个好心情。

最后一个月，外线打不进学校，都是学生主动向外联系。为了进行有效沟通，我每次都提前列几条该聊的话题。高考前夕，孩子电话问我还要嘱咐什么，我说什么都不用嘱咐了，相信该嘱咐的注意事项学校老师比我更专业。我只分享给孩子一句话：每逢大事有静气，我们共勉！

如今，孩子已圆梦清华。其实，高考成功只是跨越了人生中第一座高峰，人生之路就是跨越一座又一座高峰。家长对于孩子精神上的助力，我认为是一辈子的责任。在培养孩子的道路上，家长还要不断地修正自己。

与孩子同修同行，一切都在路上……

少年儿郎意气扬，胸中自有焰火藏

杨广军

杨同学，毕业于河北衡水中学
现就读于清华大学新雅书院

光阴似箭，弹指之间，又是一年高考时。回想2020年收到清华大学录取通知书时，儿子激动到快递包装都撕不开。那一幕，还恍如昨天。

我的孩子从小性格沉稳，安静内敛，从不调皮捣蛋。由于我们忙于生意，常年奔波于各地，所以儿子自小便与爷爷奶奶生活，幼儿园和小学也是在老家上的。小学前几年，儿子的成绩一直处于中游。在他三年级时，因为生意需要，举家搬迁至河北衡水。同时，了解到衡水教育资源很好，便决定效仿“孟母三迁”的故事，在衡水为孩子落户，让孩子在此求学，由爷爷奶奶陪读。

很多朋友请我分享教育方法，说来惭愧，我与爱人常年奔波各地，对孩子的陪伴少之又少，具体的教育方法可能难以详细介绍。但是，在我看来，从小树立坚定的信念，对孩子认真读书、考上好大学是非常有帮助的。

我和孩子妈妈出身农村，初中阶段便辍学做生意。这些年摸爬滚打，吃了很多没文化的苦，受了很多罪，所以我们努力给孩子创造好的学习环境和学习条件，关注孩子的每一步成长，相信“知识改变命运”。这些努力和付出，伴着孩子一步步从小村庄走到了清华园。

如果说一路走来有什么秘诀，我想就是以下几点吧。

埋头、素服、三缄口，竭尽全力

儿子说，努力不一定有好结果，但是不努力一定没有好结果。儿子一直认为自己并不聪明，但他比别人多努力、多付出，别人学一遍，他学三遍。我知道，正因为他觉得自己智商一般，所以肯付出几倍于他人的努力。别人学的时候他在学，别人玩的时候他还在刷题看书。初中、高中六年，每年的寒暑假他都制订详细的学习计划。这些计划具体到几点几分，保持和在学校一样的学习习惯与节奏。只有在吃饭的时候才和我们聊聊天，看看时事新闻。

春节应该是大多数孩子最放松欢乐的时光，但儿子从来没有休息过。从早上 8 点开始，直至晚上新年零点报时，儿子一直伏首案前，读书刷题。除了吃饭、喝水、上厕所，都没有离开过书桌。儿子和我说，有位清华大学的学长告诉他，这就是考上清华、北大的秘诀。他一直坚守着这个信念并认真地执行。

高三的冬天，儿子被学校选派参加清华大学 2020 年全国优秀中学生人文与社科冬令营。冬令营每天是 8 点开始上课，但是儿子依然按学校的作息时间早上 5:40 准时起床读书。他担心在宾馆房间影响别人休息，就带着书到楼下的路灯下读。寒冬腊月的北京滴水成冰，儿子冻得不停踱步，眼睛却没有离开过书本。冬令营期间天天如此，没有一天睡过懒觉。正是这种自律和努力，使儿子获得了清华大学 2020 年全国优秀中学生人文与社科冬令营优秀营员的称号，并最终圆梦清华。

一路走来，可见考上清华大学不是儿子有多聪明，而是他有方向、有方法并为之付诸行动的结果。

亲其师，信其道，好老师让孩子受益终身

儿子拿到录取通知书后，我们陪他到上过学的学校门口拍了几张照片，也借此感谢求学路上的老师们。衡水的小学从一年级便开设英语课程，但老家的学校并没有开设，儿子刚转学至衡水时，英语学习十分吃力。儿子当时的英语老师，每天放学后，她都把儿子带到自己家里无偿补课，补足孩子的弱科。最后，儿子以学校第一的成绩小学毕业。

初中的时候，语文姚老师担任班主任。她只比儿子大七八岁，在学习上是严师，在生活中却如慈母。儿子初中阶段一直屈居班里第二名，人送外号“千年老二”。姚老师一直笃信儿子一定能超越，成为第一。这种信念也潜移默化地传递给了孩子。他一直拼搏，一直努力，在中考的时候摘掉了“千年老二”的帽子，不仅超越了班里的第一名，而且在全区都名列前茅。

在生活上，姚老师像妈妈一样。儿子生病，我们不能及时赶到学校的时候，都是

姚老师带着他输液治疗。姚老师的妈妈给她做了好吃的，她也会和儿子分享。姚老师告诉儿子，一定要努力学习，考到全国最好的学校去。也正是那时候，姚老师给儿子种下了清北梦的种子，并一直呵护着这粒种子生根发芽。儿子初中毕业后，姚老师就称呼儿子为“我的孩子”，并为她带的每一个孩子讲“千年老二”最后逆袭考取清华的传奇故事。

儿子高中三年一直在重点班级，但成绩并不是班里最好的。学习中遇到很多问题，每每郁闷失落时，他身边总有良师益友相伴。高三班主任张老师每天从早上 5:30 到晚上 10:30 一直陪在孩子们身边。周测月考，大大小小的考试，考得好奖励孩子们各种奖品，考砸了就和孩子们在操场谈心打球，带孩子们释放压力，重整旗鼓。

2020 年受疫情影响，4 月份返校之后，一直封闭到高考。张老师又化身为理发师，给孩子们理发。记得那时候儿子的愿望就是吃一次羊肉串。模拟考试前，儿子和张老师约定：考好了，张老师请吃羊肉串。结果考试出现失误，儿子郁闷地对张老师说：“老师，这次的羊肉串我吃不上了。”正是有了张老师这样的班主任教导，儿子在疫情居家上网课期间也丝毫没有懈怠。

我们永远都感恩孩子遇到的每一位老师，这些老师像一盏盏明灯，照亮了孩子的求学路。

尊重孩子意愿，让兴趣成为最好的老师

儿子幼时便喜欢诵读古诗，我想也是在那时激发了他对文学的浓厚兴趣。因为热爱，在高中期间，儿子便在省级与国家级的文学比赛中频频获奖，多次在学术期刊上发表文章。

高中阶段面临选科，孩子文理比较平衡，我们想让他选理科，这样以后的就业选择更为自由。但因为热爱，儿子坚定地选择了文科，并把目标定在了北京大学中文系。直到高三参加清华大学冬令营，对清华大学有了进一步的了解后，才将目标改为清华。但是，跻身顶尖学府，又谈何容易呢？身边高手如云。在巨大的压力下，免疫力低、过敏、感冒，甚至面瘫，伴随儿子度过了高中三年。但即使这样，他也没有丝毫放松，一直严格要求自己，去医院看病排队手里都拿着书在看。

认真上好每一堂课，仔细解读每一道题，一次次整理改错，总结不足，一步步脚

踏实地，离梦想越来越近，最终圆梦清华。

作为家长，我们常年奔波在外，自身没有太高的文化水平，学习上无法为孩子提供帮助，就在生活上竭尽所能为孩子创造条件。为了让孩子离学校近一点，不把时间浪费在通勤上，我们举家搬迁四次。我们积极配合学校老师工作，为了鼓励孩子，自费为班里捐赠水果、学习用品等，力所能及地给予孩子们帮助。我们相信，每一份付出都是在为儿子攒人品。

在收到录取通知书的那一刻，这些年的辛苦付出都释然了。人生没有白走的路，每一步都是一级台阶。努力不一定有好结果，但是不努力一定没有好结果。希望每一位学子都能为了自己的梦想全力以赴，并最终圆梦理想的大学！

习惯铸品笃于行，智力筑梦成于思

老造

洪同学，高中毕业于福建省三明市第二中学

2020 年考入清华大学建筑学院

作为父母，我们的教育心得是：高度重视孩子十二岁之前行为习惯的培养和智力开发。

注重习惯的培养

习惯养成一：有责任

责任心的培养要从两三岁开始，主要目的是帮孩子从小养成自己的事情自己做的好习惯，比如吃饭、穿衣、系鞋带、洗澡、整理书包等。孩子学会做一样事情，我们就放手大胆让他自己做，不怕他做错了，也不怕做得慢。做错了不是给予惩罚，而是让孩子知道犯了错误要敢于承担。

上学后，要让孩子明白读书是他自己的事，学好知识是他个人的责任，学习不是为了父母和老师。考得好没有奖励，考得差也不会给予惩罚。孩子很早就有了正确的认知，能意识到学习是为自己学，从小学开始，就养成了自觉学习的好习惯。

习惯养成二：能专注

幼儿时期我们就有意识地训练孩子的专注力，并且努力给他提供一个比较好的成长环境。我们经常陪孩子一起玩益智动手类游戏，如搭积木、拼图、七巧板、折纸、剪纸等。孩子越小，抗干扰能力就越弱，所以当孩子对某件感兴趣的事情全神贯注时，不要轻易打断。一个时间段内尽量只让他做一件事，以此培养孩子的专注力。

习惯养成三：强自律

遵守规则是锻炼自制力、养成自律习惯的基础。我们从生活细节做起，让孩子学会遵守基本的生活习惯规范。从孩子会哭闹起，就对他“自己吃饭”“上街不乱买东西”“按时睡觉”“按时起床”等生活习惯进行了严格的规定，且不做无原则的妥协。

让他从小就知道什么事情能做，什么事情不能做，什么规则必须严格遵守。

比如，小学阶段为防止孩子迷上电脑游戏，我们规定每周只有周末可以玩两次电脑，且每次只能玩一个小时。有一次，发现他超过了时间，在我们提醒之后仍不放手。这时，我们采取果断措施直接关机，而且扣除第二天玩电脑的时间以示惩戒。从这以后，再也没有发现他超时玩电脑了。强大的自制力，让孩子把学习变成了自律行为。

习惯养成四：工书写

好的书写习惯是认真学习的基础。规范书写习惯，并不只是为了写好字，还能培养孩子持之以恒的毅力、一丝不苟的态度和心无旁骛的心态。尤其在小学教育阶段，培养孩子养成良好的书写习惯，对于以后的学习生涯影响深远。

一年级开始，我们就注重孩子规范书写的训练，让他参加了三年硬笔书法培训班。同时，我们严格要求他平时做作业字迹要工整，卷面要整洁，一旦发现有乱写乱涂改的现象，就坚决让他重做，让孩子逐步养成认真书写的好习惯。通过规范书写训练和日常书写习惯培养，孩子的书写一直都很工整，这不仅有利于孩子考试取得好成绩，也培养了他做事认真的好习惯。

习惯养成五：善学习

学习没有捷径，但掌握好的方法很重要。从一年级开始，我们就引导孩子养成课前预习、上课认真听讲、回家先复习再做作业、认真及时完成作业、作业当考试做、认真写字等学习习惯。“学而不思则罔，思而不学则殆”，每一阶段的学习，都要认真完成归纳、反思、总结这三个步骤。

勤归纳：每门功课，在期中或期末考试前，要自己总结归纳，书由厚读到薄，在归纳中巩固对知识的掌握。

常反思：每次考试后要反思学习是进步还是退步了？为什么进步或退步了？

善总结：总结好的学习方法，反思存在的问题，不断进行改进，不断取得进步。

习惯养成六：乐运动

身体锻炼对提升孩子的认知灵活性具有积极作用。每天进行一定的运动，不但不会影响孩子的学习成绩，反而会提高学习效率，同时还能收获健康的体魄。运动和学习一直是孩子成长过程的必修课，从婴儿时期的爬行训练开始，到三岁踢皮球，五岁开始打羽毛球、练习跳绳，我们一直坚持让孩子参加各种体育锻炼。

为培养坚持运动的习惯和热情，根据孩子的兴趣爱好，我们选择羽毛球作为他主要的体育运动项目，小学每周打三次，初中每周两次，高中每周一次，一直坚持到高中毕业。规律运动的习惯使孩子受益终身。凭借运动特长，进入清华大学后，孩子很快融入了校园生活，加入了系里的羽毛球队，并参加了两次全校比赛。

注重智力开发

智力开发一：记忆力

三岁到七岁是孩子记忆力发展的关键时期。为掌握科学的训练方法，我购买了一系列参考书，学习一些能快速掌握的简单易行的训练方法，让孩子在游戏中边玩边记。三岁到七岁时，我们每天都会通过玩游戏来锻炼孩子的记忆力，最常玩的就是“桌子上少了什么”的回忆游戏。在玩游戏的互动中，激发了孩子的兴趣。同时，还利用回忆当天幼儿园的事情、回忆昨天的故事、记忆200个成语接龙等方法，有意识地训练他的记忆力。

智力开发二：思考力

我们购置了很多种需要动手的益智游戏产品，引导孩子多动手、多动脑、多思考，从简单的拼图到七巧板、智力铁环、智慧金字塔和魔方等都有。刚开始时，家长会陪同孩子一起玩，把游戏的难度降低，激发孩子的兴趣，让孩子尝到成功的乐趣。然后，就可以引导他思考、归纳、总结各类益智游戏的玩法，再逐渐增加难度，放手让他自己完成。动手类益智游戏既能培养孩子的动手能力，也能锻炼他们的思考能力，可谓一举多得。

智力开发三：阅读力

从两三岁开始，我们就经常带孩子到书店、图书馆看书，激发孩子的阅读兴趣，让他爱上阅读。引导孩子阶梯式地提高阅读能力。根据孩子的认知水平，从读给他听慢慢转变为让他自己读。一二年级看注音书、图画书，三年级后就能看没有注音的书，不看图画书了。

引导孩子按照老师的要求，每年级读完学校布置的课外读物，并通过订阅和借阅各类书刊，开展广泛的阅读。同时，注重培养家庭学习氛围，在他晚上读书的时候，家长也一起读，做到在孩子学习的时候不看电视、不玩电脑、不看手机，让孩子在良好的氛围中大量阅读，有效地提高了他的阅读能力。

智力开发四：想象力

学会一种乐器是非常有必要的，一方面，弹奏乐器能同时使用左右手，开发左右脑。

另一方面，音乐也能提高想象力，让人安静而专注。我们让孩子从六岁开始学习钢琴，开始时陪同学习，每天监督他练琴。当然，每个孩子天资各异，在学琴过程中会遇到各种问题，如叛逆期和瓶颈期，学琴进度或快或慢，最重要的是要坚持且有耐心。刚开始的两年，是学琴比较艰难的阶段，家长首先要做到坚定信心，多鼓励、多陪同、多督促，让孩子不放弃。孩子即使在高中三年紧张的学习过程中，也没有放弃练琴，每天晚饭后弹琴二十来分钟，让身心得到放松。

智力开发五：观察力

上小学前，我们一家三口经常在家玩“藏东西、找东西”的游戏，游戏从易到难，藏的东西从大到小。比如，藏硬币时只露出一个小小的边。同时，注意游戏中要多互动，家长和孩子要角色互换，不断提升游戏难度，像打怪升级一样激发孩子的兴趣，才能真正起到寓教于乐的作用。

另外，每逢周末好天气时，多带孩子到户外、到大自然中去玩耍，去观察。从五岁开始，我们一家游遍了本市各大景点。随着孩子自理能力和认知能力的提升，我们开始在假期带孩子到省内外的景点旅游，增长了见识，开阔了眼界。

书信寄语，启发梦想

孩子过十二周岁生日那天，结合家庭和孩子的实际情况，我们动笔给孩子手写了一封信，引导他思考亲情、朋友、责任、原则、爱心和感恩、学习和压力、手机游戏、身体、梦想等方面的问题。引导他学会自己长大，认识到自己的责任，为自己的将来考虑，确定未来的奋斗目标。他目前所学的专业，也正是他自己在十二周岁那年就通过思考选择的。

初中和高中阶段，我们很少过问他的学习，主要是关注他的身体，做好后勤保障，一路静待花开。事后想来，十二岁之前的习惯培养和智力开发，精力都没有白花，取得了很好的效果。在他后来的求学生涯中，不用再督促他学习，他都能自觉主动，学习效率高、效果好，顺利地考入了自己的理想大学——清华大学。

琴声伴着孙儿成长

秦长明

秦同学，高中毕业于山东省烟台第一中学
现就读于清华大学机械工程系

家庭教育是一个永恒的话题，如何培养教育下一代，是每个家庭面临的头等大事。习近平总书记指出：“家风好，就能家道兴盛、和顺美满；家风差，难免殃及子孙、贻害社会。”这是国家发展、民族进步、社会和谐的重要基石。千家万户都好，国家才能好，民族才能好。

我们是祖孙三代共同生活的大家庭，我们老两口承担着培养教育孙儿的主要任务。这样既可以减轻年轻人的工作、生活负担，又享受了天伦之乐。从小孙儿出生那天起，到走进清华园，十八年来从未离开过我们。在这里，我主要分享培养孙儿学习音乐的一点体会。

恩格斯指出：“音乐是生活中最美好的一面。”有人说，没有音乐就没有生活，可见音乐对人生有多么重要。我们从小孙儿上幼儿园开始，就重视音乐启蒙教育，因为我们发现他对幼儿园的钢琴特别感兴趣，课后小朋友们都出去玩儿了，他却围着钢琴转，总想去摸摸。老师因势利导，更激发了他的好奇心。

四岁时，我们聘请了一位家教老师，每周末上一小时钢琴课。他坐在钢琴前的小凳上，两脚还够不着地，老师就用一个纸盒垫在下边。开始他也坐不住，坐一会儿就四处走走。老师很有耐心，拿出一大堆玩具，告诉他上课好好学习，下课可以挑选一个玩具带回家。这一招挺灵，一节课半个小时能坚持下来。那几年，他快把老师家的玩具拿光了。

我老伴为了当好辅导员，跟着老师学五线谱、学指法，回到家里指导小孙儿学习。我则用录像机把老师上课的内容全都录下来，有的刻成光盘，有的存入 U 盘，经常播放给小孙儿看。功夫不负有心人，经过一段时间的学习，小孙儿进步很快。除了学钢琴，还学了手风琴。

从2009年起，还在小学阶段的他，先后参加了中国音乐家协会音乐考级委员会的考试，获得钢琴2级、5级、6级、8级证书。在2013年、2014年的初中阶段，他参加山东省教育厅艺术教育委员会考试，获得手风琴5级、9级证书。此外，小孙儿还时常参加一些社会团体组织的儿童钢琴大赛、演出活动等。

自2014年起，他就再没参加过钢琴和手风琴考级。因为我觉得不做艺术生，纯属业余爱好，没必要刻意考级。有考级的时间不如多学些乐理知识，能即兴演奏和伴奏，能掌握曲调的变化，增强乐感就好。

上小学五年级时，班上组建了一个小乐队，小孙儿拉手风琴发挥了骨干作用。在那年庆祝“六一”儿童节活动、迎接上级教育部门督导团检查时，他们小乐队代表全校表演，受到老师和同学们的一致称赞。小孙儿学琴从没影响课业，每门功课都名列前茅，是班级少先队中队长。

正如爱因斯坦所说：“没有早期音乐教育，干什么事我都一事无成。”音乐是开启小孙儿智慧的钥匙，琴声伴着他在童年健康成长。通过学琴，小孙儿锻炼了记忆力。再长的乐谱，他弹上三四遍就能背下来，这在同龄孩子中是有点超常的，老师很喜欢他的聪慧。为了练琴方便，我们买了卡瓦依钢琴，8贝斯、32贝斯、96贝斯手风琴，后来又买了一架120贝斯意大利进口手风琴。

进入初中后，学校每年举办一届文艺节。小孙儿拉手风琴演奏《花好月圆》，为全班大合唱《一二三四歌》伴奏，获得了全校二等奖。在一次诗歌朗诵会上，小孙儿用电钢琴伴奏，同学们激情地朗诵。有了电钢琴悦耳的配乐，朗诵效果很好。初三文艺节，孙儿站姿拉手风琴伴奏，两个男同学合唱《真是一对亲兄弟》，获得了台下阵阵热烈的掌声。在毕业典礼上，小孙儿伴奏男女生小合唱《再过二十年我们来相会》，礼堂里不少同学感动得热泪盈眶，老师们也被深深地感染了，深情地对同学们说：“到那时我们再相会。”那情那景，将是同学们一生中永恒的美好记忆。

初中阶段，小孙儿努力学习，全面发展，获得许多荣誉：烟台芝罘区“三好学生”“全校学习标兵”“优秀团干部”，获得学校最高奖学金1000元，这些奖金至今仍存放在家中书桌里。小孙儿还曾担任班长、团支部书记，是德智体美劳全面发展的好学生。

考入高中后，学习更紧张了，除课程外，小孙儿还参加了奥数学习，在2019年全国高中数学联赛中获得一等奖。即使学习再紧张，他也积极参加学校学生会文艺部的工作，担任了部长。高一军训休息时，他现场拉琴演奏，活跃气氛；高一、高二校艺术节，他拉琴伴奏全班大合唱《强军战歌》和《一中校歌》，琴声 响，震撼全场，他们班在全年级 18 个班中荣获一等奖。高中三年，他获得了烟台市“优秀学生干部”称号，多次获得校“三好学生”“优秀团干部”“道德标兵”等荣誉。

2020 年，小孙儿考进清华大学。经考试选拔，进入清华大学键盘乐团。紧张学习之余，每周定期参加乐团排练活动。在清华大学建校 110 周年校庆活动中，他们团九名同学集体拉手风琴演奏校歌和世界名曲，精彩的演出给全校师生带来了欢乐，庆典活动达到了高潮，留下了珍贵的影像资料。在零字班军训与教官联欢晚会上，他拉手风琴即兴表演；在学校大礼堂音乐会上，他与同伴拉手风琴演奏世界名曲。琴声伴随着孙儿从小到大，从小学到大学，一路向前。

雨果说：“音乐是思维着的声音。”学点音乐，掌握一两种乐器，对孩子的一生大有裨益。据说，我们熟知的大科学家钱学森，在碰到科研难题时，就会弹奏一首钢琴曲，换换脑筋，有时思路大开，问题迎刃而解。

我们在培养小孙儿学琴过程中，付出了很多，除了买书、买琴、交学费外，主要是花费了大量时间和精力。小学和初中阶段，基本每晚陪练一两个小时，每个周末风雨无阻送去上课。现在看来，所有这些付出都是值得的。

祝愿我们的小孙儿在琴声中不断进步，在清华大学里勇攀科学高峰；祝愿小朋友们在音乐熏陶下茁壮成长，唱出更美妙的歌声，歌颂祖国、歌颂党！

成长的经历

何海

何同学，高中就读于衡水第一中学

2020年考入清华大学建筑系

我家是一个普通的家庭，女儿2020年圆梦清华大学。一路走来，她乐观向上的性格，良好的学习习惯和遇到困难不服输的精神，起到了较为重要的作用。

我家是一个温馨和睦的家庭，良好的家庭氛围塑造了孩子开朗阳光的性格。她属于那种“没心眼儿”的孩子，从不把烦心事憋在心里，与父母一直保持着顺畅的沟通和交流，几乎做到了无话不说。从小到大，在学习和生活中，无论她遇到什么新鲜事、感人事或者是伤心事，都乐意与我们分享，而我们也是她最好的听众，乐于倾听她发表对问题的看法。当想法一致时，我们会对她的观点给予肯定；当产生分歧时，我们也会提出自己的想法和看法，但并不强迫她必须接受，而是供她参考。这样，我们与女儿之间，从来不是家长式的说教，始终是朋友间的聊天。

特别是在涉及她自身利益的问题上，我们更是给了她充分的自主权。比如，孩子中考后，成绩比较理想，既可以进入本市的重点高中就读，也可以去衡水一中读书。我们全家坐在一起，分析了在两所学校读书的利弊，但把决定权交给了孩子。最后，女儿决定去衡水一中上高中。对于自己的选择，她心理上也做好了充分的准备。进入高中后，她很快就适应了高中生活，而且从未抱怨过苦和累，反而觉得特别充实快乐。

在女儿小时候，我们对她的学习成绩关注度并不高，而是引导她养成良好的学习习惯。比如，老师布置的作业一定要认真完成，放学回家第一件事就是先写作业，之后的时间才能自己安排。我们还鼓励她多看些课外书，除了家中的书，到了寒暑假，还带她去图书馆借阅大量图书。通过大量阅读，一方面增长了她的知识，扩大了眼界；另一方面也提高了她的写作能力。

小学三年级后，老师要求孩子们写日记。她在日记中记录了这样一段故事：一个小男孩清晨与他父亲一起清理小区内的垃圾，“他坐在父亲身旁，车的左侧。每到垃圾桶旁，他就敏捷地跳下车，将桶内的垃圾袋子一个个顺着他的指尖方向投入垃圾车内。由于个子矮小，够不到桶底的垃圾，他就踮起脚，将头伸进去……”老师在班上宣读后，说她写得生动、形象、具体。得到老师的肯定，让她对写作更是充满了自信，也让她更加热爱读书写作。我们问她，你是怎么想到这么描写的？她说：“那是因为看了林海音的《城南旧事》，受到启发。书中对人、对事的描写生动具体，所以我也要这样写。”

记得小学六年级时，参加全市作文大赛，她还拿到了一等奖。每一次小小的成功，都会激发她读书的兴趣，加深她对图书的热爱，这样就形成了一种良性循环。

当孩子长大些后，我们每年都会一起外出旅行。初衷是让孩子多长见识，了解各地的风土人情。大家会一起制订出行计划，而整个行程路线和餐饮、住宿都是她安排预订的。作为父亲的我很喜欢户外运动，我们一起爬山、游泳、攀岩、滑雪……女儿 11 岁那年，我们爷俩儿从泰山脚下一路登到山顶，那开阔的视野，山顶的凉爽清风，给我们带来的享受是无法用语言表达的，孩子也切身体会了“会当凌绝顶，一览众山小”的意境。泰山高大巍峨的气势和神奇秀丽的景色，令我们久久难忘。

一次次的户外运动，锻炼了她的体魄，磨炼了她的意志，塑造了她战胜困难、永攀高峰的品格。张爱玲曾经这样说：你的气质里藏着你走过的路，读过的书。

高中以后，因为学习忙碌，不能经常参加户外活动，但她一直很喜欢运动，热爱自然。进入清华大学后，她加入的第一个社团就是“山野”。入学不久，还利用机会挑战了山野冬训，重装拉练，一个小姑娘（虽个子不矮）背着 18 公斤重的背包走了一整天。她说：“练就健康的身体，为国家工作五十年。”

在女儿成长的每个阶段，我们都会与她商讨具体的阶段学习目标。小学毕业，她说要进初中实验班，目标实现了。初中阶段，每学期的期中、期末要达到什么程度，目标基本也都实现了。刚步入高中，美术课上看到世界各国的建筑图片，她就被深深地震撼和吸引了，女儿当时就定下目标，要上清华大学建筑系。高一、高二阶段，虽然成绩排名略有变化，但总体上还是比较稳定的。

但是进入高三，各种意外在短短几个月内接踵而至。先是因为脚趾受伤发炎导致感染，切除了一半的大脚趾甲。然后又因伤口无法愈合，只好手术治疗。高三寒假结束即将开学，又因突发疫情停课，只能在家上网课。

由于不少知识疑难问题得不到及时解答，八次调考中，她的年级排名几乎是垂直下滑，从年级前 100 名滑到 2000 多名，真可谓“飞流直下三千尺”。女儿自然不会甘心。

这期间，她一直在不断努力调整自己的心态和学习方法。但是，成绩还是在千名上下徘徊。这时的女儿焦虑、迷茫、难过，也曾哭过。作为家长的我们，只能安慰劝导她：“不要着急，你的基础不错，只要能找到问题所在，成绩就会上去。现在没考好，也不一定是坏事，可以发现哪些地方还存在知识漏洞，哪些地方还有问题。”我们告诉她：“人的一生，不可能总是一帆风顺的，要经得起挫折和打击。”我们还给她讲女排的奋斗精神——明知不能取胜，也不忘在绝境中挥拳和怒吼！衡量一个人是否成功，不是看他到达顶峰的高度，而是看他跌落谷底时的反弹力。

我们把两句名言写在卡片上，放在她的笔盒中，其一是奥斯特洛夫斯基的名言：“人的生命似洪水奔流，不遇着岛屿暗礁，难以激起美丽的浪花。”其二是李白的诗句：“长风破浪会有时，直挂云帆济沧海 。”这两句名言激励着她战胜困难，挑战自我。我们还告诉女儿：但求耕耘，莫问前程。我们的陪伴和鼓励，以及她那股不服输的劲头，使她振作起来，坚定了信心，而且誓为上清华而一搏！“飞流直下落山涧，激起浪花上九天。只要心中梦犹在，誓要登榜摘桂冠！”这就是女儿当时的信心和决心。这段低谷时期，犹如春天到来前最后一股寒流，挺过去，美好的春天就到了！

高考成绩发榜，女儿成绩比较理想，这是用勤奋、努力、拼搏和汗水换来的。接到清华大学录取通知书的那天，全家人高兴极了！我们共同走过了那段低谷时期，尤其是女儿，在挫折和困难面前表现出的勇敢和坚毅，将成为她一生中无价的精神财富！经历了高考这段难忘的时光，孩子成长了，懂得了在困境中要挺直腰杆，懂得了唯有努力奋斗才是阳关正道。作为家长，我们为孩子的成长感到自豪！

孩子长大了。作为父母，我们陪她走过了童年和少年，愿她渐渐长成自己喜欢的样子，成为一个有担当、有能力，对国家和社会有贡献的人！当她回望过去，还会幸福地想起我们与她一起走过的美好时光，这就足够了！

几点育儿心得

陈墨弦

月儿同学，高中毕业于北京市某重点中学
现就读于清华大学

月儿去年裸分考上清华大学，转眼一年过去了。回顾女儿二十年的成长学习历程，颇多感想。关于育儿心得，主要谈以下四点。

重视胎教和早教

在怀上月儿的时候，我有幸接触到了胎教和早教理论，买了一些这方面的书，对照着做，效果还挺明显。

由于赶写博士论文，月儿满两岁就被送去了清华幼儿园。当时月儿走路都还不太稳，但是她表现出来的坚强意志和大气象，让我这个做母亲的很欣慰。

记得上幼儿园第一天，傍晚接回家时，月儿的眼睛都哭肿了。我很心疼，晚上和她说："月月上幼儿园还太小，明天先不去了吧，长大一点再去。"月儿却跟个小大人似的说："还是去上吧！"

第二天她早早起床，就说要去上幼儿园。我把她送到教室门口，看她毫不犹豫地走进教室，转身跟我挥手说再见。我当时的感觉就是："闺女有志气，此女可教！"

重视诵读经典

月儿上幼儿园中班的时候不太合群，喜欢围着那个小书架，自己安静地找书看。我知道这个情况后，就把她接回家，请了个家庭教师，在家里教她读经典。从《三字经》开始，每天背一小段，其他时间就在园子里玩，看花、看鸟、看蜻蜓蝴蝶。一年下来，她把《三字经》《弟子规》《百家姓》《千家诗》《笠翁对韵》都背下来了，还无师自通地写了几首诗。我看成效挺好，第二年就让她背了《大学》《中庸》《论语》，第三年背了《孟子》。这样，月儿上小学的时候，汉字基本都认识了，记忆力也得到了很好的训练，尤其是树立了远大的理想。

有了目标，就有动力。月儿的学习一直很自觉，基本上不用我管，也没上什么课外辅导班，学习成绩一直都很好。2020 年高考，虽然遭遇新冠疫情，最后一学期基本都在家里学习和上网课，但月儿没有受到什么影响，心无旁骛地复习，顺利考上了清华大学。

为女儿开了个六艺国学馆，写了一本书

眼见月儿诵读经典取得了明显成效，我为她创办了一个六艺国学馆，延请名师对她进行国学方面的综合素质培养，并开辟了“抱经阁”，收藏了上万册图书资料。寒暑假月儿就在抱经阁里学习、阅读、查资料。其中，诗教是重点，通过古诗文吟诵，涵养性情，寓教于乐。比如，通过吟诵《长歌行》，月儿懂得了“少壮不努力，老大徒伤悲”的道理，从小养成了刻苦学习的好习惯。月儿虽小小年纪，吟诵的“老大徒伤悲”一句，却充满了慨叹，我知道她已经彻底领悟了“少壮需及时努力”的真谛。

小学五年级时，月儿告诉我，她长大了想当生物学家。我马上着手为她写了一本《港口村记》的书，把老家小村的山山水水、花鸟虫鱼、动物植物、历史风俗等都写了个遍，以一个自然村庄为样本，帮助她了解世界的丰富多样。同时教导她，生物学的起点和终点都应该是对生命的爱和尊重。

月儿曾因为腿摔伤了，在家休学一年。我就把她带回老家，让她自由自在地大量阅读。我每写完一篇村记，就打印出来给她看，请她提出修改意见。那段时间，月儿也写了几篇观察小蝌蚪变成青蛙、蜘蛛结网捕食虫子、建房上房梁、美食制作等方面的文章，用笔细致生动，相当有趣。

初中阶段鼓励她多参加社会实践

进入初中后，月儿已经能独立参与一些社会活动了。除了平时努力学习，周末我们经常会抽出时间去郊区一家孤儿院，帮助他们洗衣服、搞卫生、种菜、拔草等。

月儿还利用寒暑假时间，制作了一些手工艺品，去公益活动现场摆摊售卖，挣的钱都捐给了这家孤儿院的孩子们。这时候的月儿已经有了当大姐姐的责任心。

初中毕业那年暑假，她去湘西支教。我翻看了她准备的教案，是非常用心的。有诗曰：

二八娇儿小碧家，
杏坛玉立展芳华。
诗云子曰教贫子，
勤习舌耕露稚牙。

进入高中后，月儿学习紧张了，没有更多时间去支教和去孤儿院。不过，她一直跟湘西那些“学生”保持着书信联系，鼓励他们努力学习，自强不息。不仅如此，月儿还发动她们班上的同学给这些“学生”写信，解答他们的问题。

当学校举办成人礼的时候，我就想，月儿真的已经长大成人了。作为母亲，我只有深深地祝福她，目送她行稳致远，放手让她搏击长空。

适应环境，做好自己

高天慧

李同学，高中就读于云南省普洱市第一中学

2020 年考入清华大学建筑学院

我一直在想：怎么来概括我和小李同学走过的这一段历程呢？想了又想，觉得还是上面这个题目更合适些。

在我们这种小城里，能考上清华、北大的可谓凤毛麟角。她所在的高中，已经许多年没有人考上过了。中考时，因状态不佳，女儿的数学成绩比平时低了 20 分，总分排到全市十几名之外，得不到去省重点中学读高中的机会了，就留在了市一中。环境就这样了，怎么办？改变不了环境，那就改变自己。从小，我对她的希望和要求就是：适应环境，做好自己。

自 2020 年春节起，疫情笼罩下的高三学生被封闭在家两个多月。茫然中开始了网课，又是两个月。不知道疫情何时结束，也不知道高考能不能按时进行，但别无选择，只有按学校的安排，跟着老师的要求走。自 2019 年 10 月起，我们就参加了清北书院的代培项目，在昆明学习。因统考、会考、疫情等原因，来回奔波了好多次。这些波折磨炼了孩子的耐心，也检验了她的适应能力。

高考推迟一个月举行，女儿取得了满意的分数，很幸运地考入了清华大学。之所以说“幸运”，而非“天上掉馅饼”，是因为我们所在的环境有限，也因为我们做父母的眼界和格局有限，只要求她尽自己的努力，不留遗憾就好，并没想过真的能考上清华或北大。

如今，回想一下小李同学的成长过程，觉得还有好多遗憾。如果要说有什么可以总结的，主要就是以下三点。

环境和氛围

孩子成长的环境和氛围对她的影响非常大。女儿进入大学后，多次跟我说起，她认识的好多人都是家庭环境影响了他们。

家庭是孩了成长最重要的环境。俗话说，父母是孩子的第一任老师。父母关系，父母与其他家庭成员间的关系，都深深影响着孩子的成长。我们只是一般的工薪家庭，不富有，没权势，但我们工作稳定，生活规律，家庭成员间平等互敬，遇事讲道理，能相互听取意见。

我家有时也有分歧，但不会争论不休，谁分内的事谁说了算。最后，看结果是否符合我们的预期。如果不符合，就说明这种做法错了；如果符合，就说明这种做法是对的。同时，我们还会分析有没有更好的方法。在涉及孩子的事情上，都以对她好而且她能接受为原则。家长以为“对她好”但她不能接受的，我们从来不强迫女儿去接受。

在家里，要给孩子创造安定、平静、规律的生活。孩子上幼儿园要在学校午睡，在她入园之前半年，我就有意识地尽量按幼儿园的作息时间来调整她在家的生活规律。这样，她去了幼儿园就不至于完全不适应。听说不少孩子在家太宠溺、太随意，去了幼儿园就非常不适应。一天两天还好，时间长了仍调整不到位，无法与其他小朋友同步，孩子就可能因此变成班里“不受欢迎”的人。

上学后，有规律的生活能保证孩子每天都优先做好该做的事：按时上下学，按时完成家庭作业，按时锻炼或与小朋友玩耍，或者做其他感兴趣的事。上学期间，我们从不随意让她请假，更不会让她迟到早退。如果确实发生了这样的事，谁造成的问题谁负责向老师解释或接受处罚。

因为工作关系，她爸爸经常不在家，多数日子家里只有我和小李同学两个人。我们一般都是前一天准备好第二天要用的各种物品：学习上需要的物品她自己准备，生活上的物品我来准备。如果她爸爸在家，我们就一人接孩子一人做饭，必须保证按时吃饭、按时午休或做其他事。这种规律的生活让孩子养成了专心听讲、专心做事的好习惯，什么时间该做完什么事都是明确的，所以她做作业的效率很高。

我很排斥有人打扰我们规律的生活，比如家里有人来玩、周末外出等，都要在不影响孩子正常作息的前提下安排。实在无法避免的，也只能偶尔一次两次，不能成为常态。不是孩子不能玩，而是怕因为大人安排得不合理，让孩子完不成她该做的事还找到了借口，次数多了，养成习惯就不好了。

家庭里除了环境，还有氛围。我们与孩子的关系是平等的，孩子不能放任不管，家长也不能独断专行。孩子毕竟只是孩子，多数情况下不可能比大人看得更长远；大人也不可能永远正确，也是会出错的。在孩子面前，错了就要承认。与孩子要好好说话，要考虑说话的方式、方法、时间和地点，特别是在需要说服孩子的事上。孩子高兴时，好好听她说；她不高兴时，就先不说，冷静一下后，用别的话题来转换氛围，过一段时间再提这个事，她就可以从容应对了。

我们和孩子的关系比较好，在沟通上主要有以下几种技巧和经验。

第一，直接交流。但并不是所有的事情、所有的情况都能和孩子当面说。

第二，一起看电影。共同交流、探讨，这样可以了解孩子的思想并引导其价值观。

第三，外出旅游。一起外出旅游不仅能放松心情，增进彼此之间的感情，也能在旅途中让孩子见识社会，丰富阅历，应对不同环境下可能发生的问题。

第四，写信。在她一时想不通和难以接受的情况下，可以写信或者提醒她写日记。这不仅可以让她排解负面情绪，还可以练习文笔，流畅地表达自己的思想。女儿高考时语文和英语作文都是写信，这就是小幸运吧！

第五，沉默。一般是彼此都很生气了，实在不想说才会沉默。沉默过后，暂时不提先前的不愉快，说点别的事来打破僵局。要提的话就通过写信、写小纸条沟通，这样不会重新引起冲突。

学校是孩子成长过程中的另一个重要环境。在学校，首先影响孩子的是交友与处事，这是她适应社会的第一站。只有适应了校园环境，孩子才会愿意去上学，也才可能用心来学习。幼儿园时，我选择让孩子就近入学公办幼儿园，不期望她在幼儿园学多少书本知识，只要她每天高兴地去，愉快平安地回来就好。从幼儿园接回来时，问问她在幼儿园的经历，她都会很乐于跟我分享。在交流的过程中，我也帮她明白了怎么做是好的，怎么做是不应该的。

自小学起，我们在力所能及的范围内给孩子择校，主要考虑的就是学习氛围和压力的问题。进了氛围相对较好的小学后，我们没有争取进入所谓的“好老师”班级——这样的班级往往凡事争第一，孩子们做不到的家长得顶上，孩子也容易养成爱争宠的习惯。女儿刚上一年级时，我是比较担心的，毕竟幼儿园是以玩为主，怕她在小学 40 分钟的课堂上坐不住，怕她不能完成老师要求的作业，还怕她与同学相处不睦，所以，每天她回来我都会详细询问在学校过得怎么样。

小李同学入读的初中也不是当时最好的学校和最好的班级。进入初中后，我提醒她，担心她不能适应中学里更多学科的更多要求，特别是英语。小学时她们一周只有一次课，发的六本教材只有三本随便翻阅过，也没在校外上过培训班，怕她跟不上课程，不适应初中生活。面对现实情况，她认真地应对每一节课，第一次期中考就证明她适应了初中学习。女儿就这样在普通班里平凡、稳定并快乐地学习着。

初中学习期间，我主要跟她强调了两点：一是做好自己该做的事——听懂老师讲的课程内容并按时按质按量完成作业；二是处理好人际关系——对老师尊敬不挑刺，不欺负同学，但也不能被别人欺负。我首先要求她，无论别人是在玩耍还是在学习，都不能打扰人家，影响人家，不去惹是生非。同时，在自己力所能及的范围内多帮助别人。自她上幼儿园起，我就是这样要求她的。一直以来，她从没有因为人际关系影响学习，或因此不愿意去学校。

我认为，在青春期男女同学间的交往上，如果父母能正确引导，既可以化解孩子青春期的烦恼，又可以增进孩子与同学间的关系，让他们始终把主要心思放在学习上。这一点，父母不能不管，也不能管太多。各家孩子个性不同，父母要用心去体会、去思索：孩子在想什么？想要什么？能接受什么？孩子不说不见得没有问题，表面答应的也不一定就甘愿接受。对于青春期的孩子，家长要加倍用心。

环境和氛围决定孩子的心态，在好的心态下再谈学习的问题，才能够顺理成章。

尽力而为，不留遗憾

我认为，家长一定要让孩子明白，学习是他们自己的事，是他们在这个阶段的天然职责，一定不能让孩子害怕和拒斥学习，我也不会对女儿提出超出她年龄段的过高要求。我觉得，哪怕孩子犯错、出错也是在学习，家长有责任做到不打击挖苦，不讽刺冷落，要多表扬和鼓励。

在孩子成长过程中，书本知识要学，生活常识要学，其他技能也要学。我经常鼓励她多尝试多参加各种活动。当她遇到挫折时，帮她分析原因并加以鼓励，让她明白这很正常。当她取得成绩时为她高兴，同时冷静地为她指出，还有什么地方可以做得更好。

在女儿十二年的中小学阶段，她基本上就是按部就班地跟着老师学习，没有参加过校外补课，更不会自己去找一些额外的练习题强化练习。但她上课认真听，作业专心做，小学时不用专门留时间给她背书。上了初中，也不必特意花时间记忆英语单词，她都是在课堂上边学课文就边理解并记下了。直到高考前，因为学习内容太多，才见她专门花时间去记忆和背诵。中小学阶段，她省下的时间都用来玩儿了，没培养出什么特长，这是我很大的一个遗憾。

我一直对她说：凡事只要你尽力了就不必遗憾；你没有尽全力去做，别人尽全力了，结果就可能比你要好，这样机会就是别人的了。我们都知道，成绩好，各家学校都会抢着招收，你就有选择的权利而不是被选择。在生活中，各种大大小小的事情上，我给她的建议让她体会到了对错与好坏，所以我的话她一般都是愿意听的。

学习上，自小学高年级起，有的习题我们就无力指导了，但在学习的方式方法上，我们还是可以提一些建议的。我常提醒小李同学用好“积累本”和“错题本”。年级高了，要记的知识点越来越多，“积累本”可以清晰、有效地总结各类知识点，方便在考前复习。“错题本”则能帮她记住曾经犯过的错以后不要再出错，这样一点一滴地积累，好习惯和知识点也就有了。她也确实做到了在测验考试中从不重复犯错。

让孩子多看书是很有必要的，这样不仅有利于提高他们的表达能力，也有利于理解和接受能力的培养。要让孩子看书并不难，“做”就比“说”好使。只要家里放着书，闲时家长经常拿起书看看，孩子也一定会这样做。

在我家，进门之后的许多地方，包括沙发、鞋柜和床上等，女儿随手都可以抓到一本书，随时都能看上几眼。女儿看书很快，好多我们订阅的书报杂志，常常是在回家的路上她就差不多浏览完了。我的另一个遗憾是，她阅读能力很强，却还有许多名著没引导她读完，她只是比周围的同学看得稍多一点儿罢了。

现代社会上书籍太多，不能完全任由孩子选择，家长需要帮孩子把握看书的方向，长期、大量地看一些内容消极的书籍，会把孩子引向歧途。

关注孩子的心理

在孩子学习过程中，别忘了关注他们的心理。平时的关注是为了每一天的日常，而中考、高考前的关注，就是为了让孩子顺利地跨过这一关。我想，绝大多数孩子在中考、高考前都会有一些思想波动。太自信的，要提醒他们别狂妄；太自卑的，要鼓励他们相信自己。

也许女孩的心思更多些，大多数时候，我女儿会担心自己考不好。自上中学起，每次考试前，我都会根据她的心理状况帮她调适。如果她情绪正常，没有主动说考试的事，我一般也就不问，免得给她制造紧张气氛。考前一两天，关注她的睡眠质量，说几句祝福的话即可。如果她情绪不好，就主动跟她聊聊天，帮她分析当时的状况，主要就是安慰她面对现实，从容应对，别紧张，发挥出现有水平就好。

几乎每个孩子都会在临考时突然发现还有许多内容没有复习，情绪一下子跌入谷底。遇到这种情况，我会说服女儿从容接受，没有心结就好。高考前，必要的时候，家长可以请老师或孩子信任的人出面帮忙调整一下情绪。

每个孩子都是独一无二的，家长要尽可能提供良好的家庭学习环境，引导孩子尽快适应外部环境，做好自己，然后就静待花开吧！相信机会偏爱有准备的人，我们就是这样平稳跨过了高考的门槛。人生前路仍漫漫，孩子还在上下求索中！

一苇以航，伴之成长

张春伶

周同学，高中毕业于河北省唐山市玉田县第一中学

现就读于清华大学探微书院

接到清华大学录取通知书的时候，我跟家里人开玩笑说："早知道这娃会是咱当地的状元，还能考上清华大学，小时候就应该对他好点。"后来一想，不对！每个孩子都有自己的花期，也许这娃就适合这种养法。

"2002年的第一场雪"，刀郎歌词里那场初雪降临的时候，我正在医院里望着身边的小家伙无可奈何，他刚出生就哭得比同房的婴儿都响亮。那没完没了的执着劲儿，让我第一次感到手足无措。

后来，我与这个小儿郎之间便开启了"共同成长"的模式。回顾十几载时光，可谓有欢笑也有风雨。非要记录的话，我觉得大抵有二三小事可供分享。

陪伴，给他正确的观念

在他还是一个三岁小孩的时候，小儿郎对金钱的认识最早出现了。忘了那次他想买什么了，反正被我以没钱为理由拒绝后，他很委屈、很诧异地哭着说："去取款机取点不就行了吗？"那时候的他以为有银行卡就能源源不断地取出钱来。

上幼儿园，他用智慧赢得了人生第一笔"财富"。那时我们吃住在一所边远的农村小学，食堂的嫂子逗这枚小暖男说："大航，你要能从1数到1000，我这里的零食就随便你挑，不要钱！"小儿郎在确认这"挑衅"是真的后，便奶声奶气地开始数："1、2、3……"数到十后，有意思的事情发生了，他居然开始以十为单位继续数。更有意思的是，数够一百后，他又开始以百为单位数了。没想到这个小娃居然"分分钟"完成了挑战。本打算在他累得不行的时候再高姿态收场的嫂子输得心服口服，也笑得前仰后合。

上小学时孩子回到县城，开始了独立的"创业活动"。他人生的"第二桶金"就

是在我疏于管理下赚到手的。这孩子从小就对数学敏感，小学阶段多难的数学题都难不住他。不知道什么时候，他居然悄悄地把“知识”转换成了“财富”——卖作业！

放学前，他就把作业写完，到托管班后，同学可以随便照抄，当然这需要付费。大概持续没多久，就被托管班老师发现了。“东窗事发”后，被我狠狠教育了一通，从此再不敢“迷恋金钱，取之无道”。

那次事件后，我曾深刻反思，也加强了对他的关心和引导。物质需求可以有，但得让他懂得靠自己的努力正当获取。后来，他的手表就是成绩进入前十得到的奖励。游戏手办、周边运动服、抱枕等，都是我俩协商后，他努力完成预定任务换来的奖品。

很庆幸给了他正确的观念，让他懂得通过努力获得的甜蜜才能持久且有价值。

陪伴，给他足够的眼界

有人说，父亲决定了孩子能飞多高，母亲决定了孩子会走多远。作为父母，该怎样给孩子足够广阔的眼界与博大的胸怀呢？我想，旅行和参加活动是两条重要的途径。

他上小学的时候，我俩经常会来一趟说走就走的旅行。自己定目的地，自己买车票，自己找地铁站。在这个过程中，他学会了与人打交道，学会了看地图和规划路线。能力在提升，思维也在发展。

再大点，我们一起做非常经济实用的旅行攻略。没去过太远的地方，只是根据家庭经济条件，选择了他感兴趣的西安、洛阳、开封、成都等地。“读万卷书，行万里路”，古人说的一点没错。做攻略时，他查阅了目的地的历史及现状，规划了最佳路线。出行时，他又细致地观察风土人情，还对社会现实有了自己独到的见解和思考。

其次是参加各类活动。孩子曾在初中阶段参加了两次省级竞赛。

记得那次大赛候场的时候，他紧紧地攥着我的手，我问他：“紧张不？”他笑着说：“不！”他手心里的汗分明浸湿了我的手。我的眼角忍不住泛潮。场上，河北电视台著名的主持人正谈笑风生。我家从未登过台的小儿郎孤军作战，他要和那么多久经沙场的孩子一决高下。我知道，这对他不公平，他和他们根本不在一条起跑线上。结果似乎早已注定。那时我深深愧疚，后悔没有在他身上多倾注些精力。

上场前，他转头看了我一眼，说：“老妈，笑笑！”我多想给他一个最温暖的笑容！强忍着内心的翻腾，我对他伸出大拇指。当他昂首挺胸走向舞台中央聚光灯下的时候，我再也抑制不住激动，年近不惑的我泪如汪洋……

明知困难重重，依然敢于挑战！难道这不是一次心智上的成长？我想，给孩子足够开阔的眼界和心胸，他将来会受用一生。

陪伴，让他远离舒适区

懵懂的小儿郎踏入高中，标志着他走出舒适区的日子正式开始了。

除了成绩经常在校园中名列前茅，他还在全国高中奥赛联赛中两次获奖：数学全省一等奖，物理全省二等奖。对于前一项大奖，谁也没想到获奖者中杀出了玉田一中这所县级中学学生的身影。也就是因为奥赛的经历，开启了他全力冲击清华北大的梦想之门。

在奥赛中证明了自己，他更增添了一份自信。2019 年，他毅然申报了清华大学“丘成桐数学英才班”考试。从初审到综合测试再到复试，面对那么多优秀的孩子、那么多了不起的家长、那么多响当当的超级中学，每一步都走得艰难无比。

历尽千帆，不坠青云。尽管与“丘成桐数学英才班”失之交臂，但是他的身上燃起了一股热情，坚定了方向，默默认准了清华大学。嘴上不说，身边的人却看到他克服各种困难，挑战自我，愈战愈勇，无所畏惧！

2020 年 1 月，小儿郎申报了清华大学寒假工科营，在千军万马中最终通过审核。为期四天的工科营挑战赛期间，他与来自全国各地的优秀高中生共同生活和学习，聆听了教授们的讲座，接触到最前沿的学术信息，经历了紧张、严肃的多项测试与挑战。这种同台较量，压力不言而喻，但更多的是收获。

激情燃烧的高考过后，大家沉浸在欢愉和松弛之中，小儿郎和小伙伴们却将自己再次“禁锢”起来，开启了为期 15 天的强基冲刺。辗转石家庄和北京，强基计划笔试和面试的每一个环节都有人被淘汰，每一次过关都惊心动魄。笔试的难度在高考之上，却撞到了他的长项。用自己的硬实力说话，他高调入围面试。笔试和面试总成绩喜人，他完成了逆袭，终于被清华大学录取！

回首这三年，每一步路程都不可或缺。每一次艰难地跃上新台阶，都让他发现更好、更美的风景。他的心越来越高，理想越来越清晰。我相信，是他以及所有师长的付出为他注入了力量，成就了他命运的馈赠，成全了他的清华之梦！小儿郎深知，前方求学的路一定坎坷崎岖，而且注定漫长。然而，他做好了准备，笃定起航。

心里想去的地方，即使脚着芒鞋也可以到达。生命是一条逆流河，即使乘一根苇叶也可以航行到远方。航儿，请相信：主宰命运的是坚强的意志和坚定的信念，永不服输，必定会迎来心中美好的明天！

成长路上的几件小事

韩芙莲

张同学，高中毕业于衡水第一中学
现就读于清华大学致理书院

初为父母，觉得自家孩子就是天下最好的那一个。从咿呀学语、蹒跚学步到童言稚语、行稳致远，孩子一天天长大，惊喜一个接着一个。这个爱说爱笑、爱蹦爱跳的女娃娃，在自己的小圈子里无忧无虑地快乐成长。进入幼儿园，升入小学、初中……听课写作业，虽然不至于很累，但也是忙忙乎乎。

我家孩子后知后觉，始终被裹挟着前进，没有什么远大理想，也没有必须考出什么成绩的求胜心理，在班里中上游混得如鱼得水。回首往事，心里感慨颇多。分享几件成长路上的小事，与家长朋友们共勉。

"我要上辅导班"

现在，课外辅导班已得到规范管理。这里主要是分享一下自己的感悟：孩子对待学习的新鲜感和求知欲，是需要发现和呵护的。课本永远是根本，课堂内容是基础，固本方能培元。如果学有余力，适当拓展一下，可以培养孩子的好奇心和学习能力。

小学五年级期末时，我们一家走在买烤鸭的路上，遇到校外辅导机构散发传单。闲来无事，在好奇心的驱使下，我们走进了校外辅导班。先做入学测试，一张数学卷子，现场出分，大概考了 50 分左右。一位满手粉笔灰的年轻老师刚刚下课，前台人员把我们介绍给了这位老师。

老师姓路，大概刚大学毕业不久。他看了卷子，首先给孩子做了详细的解答，然后与家长分析孩子的学习状况。路老师全程不卑不亢，没有推销，没有劝说，也没有制造恐慌，只是系统地分析了孩子的答题状况。他指出，孩子的基础知识特别扎实，有一定的奥数思维，只是题型见得少。最后，路老师告诉我们，孩子可以进他们这里最好的班——超常班，由他带，让我们考虑一下给他回个话。

我着急买烤鸭，准备带着孩子走。当时的想法是，来了，也见识过了，成绩不错就得了，并没有准备让孩子学奥数，孩子又不是跟不上学校的课程。这时，孩子说："妈妈，我想学！这些解题方法太奇妙了，我要上辅导班！"爸爸老好人一枚，听到孩子的话后就说："想学就学吧，报名！"

到校外辅导班开班的那一天，我们惊讶地发现，这个超常班里有好几个他们小学的同班同学，都在备战小升初。还有另外几个同学在上一期的班里。

辅导班允许家长旁听，我送孩子过来后没事做，又爱学习，就拿起纸笔跟孩子一起学。从孩子的作业看得出，有些内容她并没有完全理解掌握。我让她重新讲一遍，一讲就"卡壳"了，然后就仔细回想。如果想不出，我再给她讲一遍，直到彻底理解为止。这个时候，家里的一团和气不见了，母女俩经常为一个题目争论得面红耳赤。这时爸爸会说，再坚持坚持，幸亏是个短期集训班，趁着暑假没啥事，好好学学吧，都别着急。

转眼集训结束，出去旅游一圈回来参加开学考试，数学一下子考了个年级第一！这可了不得，这是从未有过的荣耀。一个成绩中上游的娃娃，同学和老师都不太留意的一个乖娃娃，忽然崭露头角，让我们一家欢欣雀跃，孩子学习的动力更足了。此时，我已经跟不上校外辅导班老师的解题思路了，只能记记笔记，我的想法是，万一孩子不清楚，做了笔记好有个参考。孩子表扬说，妈妈的笔记真棒，思路和重点特别清晰。让我惭愧的是，其实我只会做笔记，一道题也不会做。不到一个月，我就正式"退居二线"了。

"我想学"是学习的第一要素，一旦决定开始就要坚持下去。没有几个孩子是一学就会的，有问题就要想办法克服，不能打击孩子的学习积极性。家长可以充当"拐杖"，但要适可而止。学习能力的培养比获得高分更重要。虽然不能唯成绩论，但好的成绩肯定能让孩子的学习更有动力。

"请相信我"

我家孩子高中参加了生物竞赛，因为省里选拔考试全部是选择题，所以成绩的随机性比较大。记得 2019 年 5 月，省选结束后，多所学校给出了好几个版本的参考答案。看到参考答案，参赛学生的心情跌宕起伏，心理压力一点也不亚于高考。

每个省都有名额限制，能否脱颖而出，不仅取决于自己的成绩，还取决于队友的成绩。这个版本的答案排名靠前，那个版本可能排名靠后，结果不定让人忽喜忽忧。等待正式答案期间，有个孩子甚至哭了好几次。好在他最终顺利进入了省队，老师和同学们都开玩笑说他白哭了。

如果说我家孩子没有心情起伏那是假的，但她控制得还算不错。她说，与其在无法预知的事情上劳心费神，不如彻底放下，转移目标，或静观天上云卷云舒，或大快朵颐，要么酣畅淋漓地跑一圈，或者和朋友打一场球。她参加完竞赛考试就投入到高考复习中去了，还告诉我们说，别看答案，答案不准，也别跟她说任何小道消息，外加一句话——“请相信我”。最终，她顺利进入了省队。

高三回归高考后，她有时不交作业，有时课堂上也不听课，考试成绩如同过山车一般起起伏伏。出现这种问题，老师也会着急地找家长反映情况。我们问她，她还是那句话——“请相信我”。确实，因为竞赛投入了一些时间和精力，有些课本上最基础的知识可能都不太掌握，需要拿出大段时间精读课本，吃透课本，才能真正跟上大部队。查漏补缺，这个过程注定是艰难的。不过感谢竞赛，让孩子拥有了很强的自学能力，迎头赶上只是时间问题。

谈谈心态

“欲戴皇冠，必承其重，悲喜自渡，他人难悟”。很多别人家的孩子，学习上看似都在如同坦克般地碾压同龄人，看似风轻云淡很潇洒，其实内心承受的压力一点也不少。每一份光鲜亮丽的背后，都隐藏着你无法想象的坚持和拼搏。哪一次的轻描淡写不是折翅后故作洒脱，折翅也没啥，埋头继续努力就是了。我家孩子也曾迷茫、颓废、失落、彷徨、煎熬，此时，沟通交流，温情陪伴，一家人携手共进，才能拥有最强大的力量。

我家孩子出生时赶上“非典”，参加高考这一年，高校宣布取消自主招生，高考前又突发新冠肺炎疫情。2020 年的高考注定不平凡，也造就我们一家三口都在 7 月份参加高考这一巧合。

对待成绩，我们还是很理智的，既不大悲大喜，也非毫不在乎。孩子的心态很沉稳，说放下就能放下。高三最差的成绩是年级第 1500 名，但她稳扎稳打，一天不到高考就一天不放弃学习。她从不心存侥幸，从不期待幸运之神光顾，更不迷信“一点就透，一学就会”这种所谓的天赋。孩子认为，掌控好自己，知道自己想要什么，该干什么，怎么去干，这才是最重要的。

高考数学考得不是很好，她自己估算了一下，感觉还行，总成绩应该不差。成绩公布后，理科综合考出了她三年最好的成绩。究其原因，跟她的平常心有很大关系。她自认为学习上不算特别拔尖，所以就没有那么重的思想包袱。学校荣誉、家族荣光都不需要她来承担，考成啥是啥，这造就了她淡然的心态。从家长的角度来说，尽力而为是我们对她一贯的要求。一路走来，学习出现问题一家人没有推诿，取得成绩一家人没有炫耀，“家和”可能是娃娃走进清华园的最大秘笈。

孩子成长的每一步都与整个家庭息息相关，日常小事可能都是孩子进步的一块基石。我们一家时常回忆一个场景：一家人一人一个洗脚盆，关掉房间里所有的灯，窗外一轮皓月当空，倾泻而下的月光铺满了地板，就这样，一家人静静地、静静地坐着……“无事此静坐，一日似两日”，岁月如此静好，平淡而幸福。

一起手拉手漫步闲聊，一起去看场小众电影，一起在河边打个水漂，一个肯定的眼神，一次温暖的拥抱……一家人紧紧依偎，相互扶持，相互鼓励，一起回忆往日的温情，肩并肩地走过人生的每一步。

有你，无悔。

没有比脚更长的路

敏而好学

王同学，高中毕业于河北省衡水第一中学
2020 年考入清华大学行健书院

转眼间，儿子在清华大学读书已有一些时日，回望来时漫漫路，清华大学有多远？

在家长的引导下快乐地学习

儿子幼时常常生病，所以幼儿园就选择了离家较近的一所私立幼儿园，接送方便，免去了舟车劳顿之苦。儿子很享受在幼儿园的美好时光，嬉笑玩闹间就上了大班。

虽然幼儿园老师让准备了笔和本子，可是总不见儿子的本子上有只字片语，咋回事呢？问了老师才知道，儿子在班上根本不动笔。老师叫他拿笔，他慢吞吞地拿，叫他写字，他慢吞吞地比画，就是不听话！

听老师这么说，我心里顿时冒了火！回到家中，问儿子为啥不练习写字。他默不作声，再问就眼泪汪汪。一气之下，我把他的书包丢到地上说："那你就在家自己玩吧！妈妈还不用给你交学费了。"儿子一听傻眼了，没有小伙伴的日子咋过呀？于是赶紧央求我，让我教他读书写字，往后的日子才算慢慢入了垅。

入垅之后，他的求知欲爆棚，爸爸拿字典查字，他都要凑上去一问究竟，然后学着查字。出门遛弯儿的时候，问商铺招牌上的字怎么念，汽车牌子上的字啥意思？各省的简称，就是在遛弯儿看汽车牌子的时候逐个认识的。在小区玩耍的时候，他发现井盖上有不同的标识（暖气井、通信井、消防井等），有不认识的就要问个清清楚楚、明明白白。经过我们的精心引导，儿子在快乐的氛围中学到了很多东西。

从小养成良好的学习习惯

上小学了，我们知道必须让儿子养成良好的学习习惯，所以每天放学后第一件事就是让他完成作业。一至三年级需要家长给孩子读题，我就一直陪在他身边给他读题，矫正坐姿和拿笔姿势。完成作业之后，我才去做晚饭。儿子则在一边玩玩玩具，看看课外书。

四至六年级，他能够自己读题写作业了。晚上放学回家后，他在房间里写作业，我在厨房里做饭。不写完作业，其他事情一律免谈。吃过晚饭，我们再共同探讨一些有难度的问题，看看课外书。每天晚上，我们都会去散步，一是锻炼一下体魄，二是聊聊学校的事儿，掌握一下他在学校的情况。这个习惯一直坚持了六年，直到初中学习任务重了才终止。

上了初中，儿子的学习就不用我操心了，他自己安排得井井有条，我只负责后勤保障工作。初中三年，儿子成绩一直名列前茅，多次参加县里组织的各科竞赛，都取得了优异的成绩！

家庭教育经验谈

我们家在河北的一个县城，是一个普通的家庭。孩子从小就有学习的积极性，成长也比较顺利，取得好成绩似乎也是那么自然，这让我们做父母的感到自豪和骄傲。当朋友们问及“育儿经验”的时候，总觉得没什么特别好说的。其实，我们就是朴实地做着父母们都在做的事，非要说出一二三的话，大概就是下面这些。

阅读，激发对知识的渴求。自从儿子对认字表现出极大的兴趣，我们就积极引导，陆续给孩子买了很多书，内容也是多方面的。儿子小的时候，我们一起读书，给他讲解不认识的字，讲解书中的内容。后来，儿子识字量多了，理解力也提高了，就喜欢上了自己主动阅读。通过大量阅读，儿子的知识面更加广泛，也培养了自学钻研的能力。

学习，要靠激发孩子自身的驱动力。从小我们就对儿子讲，学习是他自己的事，要靠自己的努力做好，长大成为有用的人。每当孩子取得了好成绩，我们都会毫无保留地表达内心的欣喜。但是我们从不用任何“物质奖励”的方式进行嘉奖，这也让儿子从小就把学习当作一种乐趣，孜孜不倦。对孩子来说，每一份优秀的成绩，都是自身能力的验证，也会增强他的自信心，成为进一步求知的驱动力。

氛围，比唠叨更管用。我们夫妻俩学历都不高，辅导学习方面能力有限。但是，我们和儿子在家的时候，不是和他一起阅读，就是自己也看一些书，很少看电视，从不玩手机。家里总是静悄悄的，营造出了安宁的学习氛围。

简朴的生活态度。家庭闲谈话题中，我们从不谈论别人的显赫地位或财富多寡，儿子也心灵纯净，不会和同学攀比吃穿。因此，我们从不担心他会染上什么不良习气，进而影响学习。

不过度呵护，不娇生惯养。我们是普通的家庭，儿子也过着普通的生活。我们非常注重培养孩子的生活自理能力，这对孩子提高自我管理能力有很大的帮助，也为后来高中的独立生活打下了基础。

扎实学好学校的课程。从小学到初中的九年当中，儿子从未参加过学科类补习班。为了丰富儿子的课余生活，倒是让他参加了一些诸如笛子、绘画、播音、象棋等综合素养方面的培训。在此期间，我们也想让儿子练练字，他的字很工整，但是没有力量，可是他坚决不练。等到上了高中，他后悔不迭。

以上所有这些，都是从幼儿园到初中前重点培养的。现在人们常说“不能输在起跑线上”，我们孩子的起跑线，就是这样的家庭日常，没有高价的补习班，没有所谓的名师名校，也没有攀比“内卷”。我们认为，只要一开始苗正了，以后仅需勤浇水剪枝，孩子就能茁壮成长，家长也不必劳心费神。

2017 年中考，儿子以 620 分取得了全县第一名的好成绩，被衡水第一中学录取。自此，儿子开始了离家外出求学的征程。

放手让孩子拼搏锻炼

高中生活是紧张而辛苦的。从没有离开过我们的儿子，很快就适应了高中的学习节奏。衡水一中是高手云集的地方，所以我们提前给儿子打了预防针，告诉他做好自己就可以了，至于名次不要考虑过多。让我们没想到的是，高中第一次考试，儿子竟然考了全校第一名！高兴的同时，我们也提醒儿子要戒骄戒躁，踏踏实实地学习，毕竟高中生活才刚刚开始，良好的开端只是成功的一半。在以后的日子里，儿子的成绩始终稳居第一梯队。

高中阶段，儿子最苦恼的是字写得不够快、不够好，还埋怨我们初中时没逼着他去练字。我心里说，就差把刀架在你脖子上了！可是现在多说无益，就鼓励他说，现在开始练字也不晚，抓零碎时间好好练字，书写水平也会有所提高。儿子是个有韧劲儿的孩子，认准了目标就会坚持下去。三年下来，衡一体钢笔字写得又快又好。即使到现在，有时间了，他还会练上几笔。高考答卷字写得好，阅卷老师自然欢喜，加不加分不知道，减分是肯定不可能的。亡羊补牢，为时未晚，还好儿子把这一课及时补上了！

2019 年 4 月，儿子在清华大学组织的中学生标准学术能力适应性测试中取得了 161 分的好成绩，全国百分比排名 98.5%，全省百分比排名 99+%。凭借这次的好成绩，儿子获得了高二暑假清华大学夏令营的直给名额，也算是在清华大学挂上了号。

2020 年 1 月 12 日至 15 日，儿子有幸参加了清华大学 2019 年度“全国优秀中学生科学与工程”挑战赛，经专家组综合评定，给予“优秀”的考核结果。凭借这一结果，在高考后参加的强基计划考试中，儿子获得免笔试的资格，直接进入面试环节。

通过三年高中生活，我深深体会到，只要条件许可，就应该让孩子多参加各种活动，与各路高手一起学习和竞争，这能够拓展孩子的知识面并得到锻炼。而每次成功都能增强孩子的自信心，找到自己的差距，成为更加勤奋学习的动力。

认定目标，努力就会有结果

转眼就到了高三寒假，儿子本来准备在家好好休息半个月，返校后开足马力加油干。可是，突如其来的新冠疫情，把假期延长到了 94 天。在网课刷题中，儿子把一天天甩在身后，而我也是在给儿子打印卷子、上传答案中度过了这段时光。

2020 年 4 月 23 日，高三的孩子们终于可以返校上课了。为安全起见，孩子们又经历了 74 天全封闭的超长学期，老师们也日夜陪伴在孩子们身边。

十年磨一剑，2020 年高考如期而至。由于疫情原因，我们在高考结束后才去衡水把儿子接回家。回家的路上，儿子说数学最后一道题开始看错题了，后来检查的时候发现了，可是已经没有时间重做了，估计总分不会超过 700 分。考试已经结束，多说无益，顺其自然吧！ 7 月 22 日晚上 11 点多，我们查到儿子的高考成绩是 699 分。果然和儿子预估的一样，没有超过 700 分。再看看全省的分数段，形势不容乐观，儿子的成绩排在全省第 109 名，而 699 分全省就有 28 人，也就是说到 699 分全省总共有 136 人。裸分上清华大学肯定没有希望，只能拼强基计划了。

刚知道成绩的时候，儿子情绪有些低落。我们给他分析说，你对自己的预估很准确，只是别人发挥得太好了，现在关键是要走好下一步，争取通过强基计划跨入清华大学的校门。儿子调整好情绪，积极备战强基计划，对着镜子练习面试表情，上网课学习面试相关技巧。

7月30日上午，儿子信心十足地走进清华大学强基计划的考场。8月5日下午4:53，我们终于查到儿子被清华大学行健书院录取的通知。此时此刻，儿子的表情很平静。这些日子经历了这么多事情，儿子变得更加沉稳，可以更加从容地面对生活了！

在儿子即将进入清华大学读书的时候，我们再次告诫他，清华大学是个更高、更大的舞台，要在这个舞台上出彩，需要付出更多更多。清华大学有多远？认准目标努力拼搏，清华大学并不遥远！儿子，希望你能够在清华园里走得远些再远些……

做不掌舵的点灯者

肖再龙

肖同学，高中毕业于深圳外国语学校高中部
现就读于清华大学人文学院

在人才济济的清华园，女儿的成长轨迹实属平凡和自然。在孩子尚小时，作为家长，我们未曾想过要让她成为学霸，只不过是希望她能健康快乐地成长，成为一个知书达礼、综合素质优秀的人。然而，看似有点“佛系”的我们，面对的却是毫不“佛系”的孩子。所以，这段旅途并没有太多的励志逆袭和跌宕起伏，反倒是如同江河入海一般，奔腾不息，水到渠成。回顾过去十几年的一帧帧画面，我们有不尽的感激，更是深感幸运。若是真要在养育孩子上讲出点名堂来，有一点体会确实比较深切——做孩子成长路上那不掌舵的点灯者。

启蒙时期的引领鼓励

像许多牙牙学语的小孩一样，女儿在年幼时也是个不折不扣的“好奇宝宝”。她时而目不转睛地看动画片，时而长时间摆弄喜欢的玩具，睁得圆圆的大眼睛里，装满了对这个世界的想象与好奇。每当这种时候，我们便会尽职地扮演“助教”的角色：默默帮她往后移一下小座椅，或坐下来陪她观看和玩耍，或是偶尔抛出一两个小问题。

当时，只是觉得尽量不去打断她兴致勃勃专心做事的过程。现在想来，虽然我们每天付出了不少时间，但这些陪伴玩耍和共同探索的经历，确实培养了她爱观察、爱思考的好习惯，启迪了她的心智，也为之后的认真、专注和富有耐心埋下了种子。

学前教育“不将就”

转眼间，女儿便到了上幼儿园的年纪。我们选择了一所颇有国际范儿的双语教育私立幼儿园。那里的装修充满了艺术感和现代感，还有一群青春洋溢、多才多艺的年轻老师。

在班上，孩子们学习趣味数学、诗歌等各种内容，还与外教老师积极互动，打下了英语沟通的基础。老师们还十分重视对孩子艺术创作和动手能力的培养，孩子们就是在这样良好的氛围下学习着音乐、舞蹈、绘画和国际象棋。

不仅如此，每到阳光明媚的周末，家长们还会时不时跟老师一起，带着孩子们去参观动物园、植物园，或是开展一些有趣的集体活动。孩子们在欢笑中亲近自然，享受生活，也对集体生活的意义有了初步的感受。

在家里，忙了一天的我们，在孩子面前很少单独看电视和手机，看书或做家务是最常态的事情。或许是耳濡目染吧，从这个阶段开始，女儿迷上了各种儿童书籍，喜欢阅读的好习惯一直保持至今。

成长路上默默陪伴

城市快节奏的步伐，让成长道路上的孩子和我们，感到有些疲惫和匆忙。为了更好地陪伴孩子，妈妈放弃了一份不错的工作，在家中当起了全职母亲。除了日常悉心照料，她还常常在假日里带孩子到图书馆或青少年宫，在那里安静地阅读、听讲座或学习才艺。

日渐繁重的学业，让孩子慢慢变得更加高效和自觉。妈妈为了让女儿能在功课、艺术和体育上均衡发展，也不断地调整时间表。孩子为这契合兴趣的忙碌感到由衷的高兴，我们也在这细水长流的陪伴中，感到不尽的欣慰。

孩子进入初中后，我们的教育方式变得更加谨慎，生怕因为过分管教，让孩子产生叛逆的心理。周末接回孩子后，我们通常会有一小段轻松的交流时光。这个时候，孩子总喜欢兴致勃勃地讲学校里的趣事，或是心事重重地说出自己的烦恼。我们则当起了耐心的倾听者，与她共同欢笑，为她排忧解惑。

在孩子写作业之余，我们也常常鼓励她多阅读课外书，或是弹琴游泳、下楼遛狗，让她在闲暇时段学会健康适度地放松。我们庆幸，充实的校园生活和满档的周末安排，让孩子在学业、艺术和体育等方面都收获满满，也比较顺利地度过了青春叛逆期。

追梦路上的坚实后盾

在紧凑的学习和生活安排下，孩子逐渐养成了高效、专注的学习模式，也学会了用软件管控自己的手机使用时间。凭借稳定、优异的成绩，孩子在中考前便获得了直升深圳市外国语学校高中部的资格。但是，她从未因此懈怠不前，而是继续努力，坚定地走向前方的漫漫追梦路。

孩子是什么时候将清华大学设为梦想中的目标呢？想来大概是在高中暑假的一次北京游后。我们的行程安排有一项内容，是带孩子去北大和清华校园看看，临到跟前，却因预约前来参观游览的人数已满被拒之门外。北京大学校门口的门卫大哥望着略有失落的女儿，笑着鼓励道："小姑娘，回去好好念书，到时候直接考进来！"女儿听后，笑着说"好"！我们也都会心一笑，并趁机激励她："孩子，这就是清北与其他高校的不同之处，有多少学生对其向往不已呀！"没想到这样一个小插曲，竟在女儿心中奏响了梦想之歌。

回深圳后的某一天，孩子的书桌前悄然贴出了一张绿色便签，上面那娟秀而不失力道的五个大字"我要上清华"，毫不含糊地勾勒出一个追梦人对梦想最清晰的刻画。初次看到，我难免有些惊讶，但瞬间化作了欣慰与喜悦。原来，我们的女儿已成长为自己追梦路上的掌舵者。我们要做的，便是在身后为她实现心中的梦想保驾护航。

在"清华梦"的引领下，孩子愈发专注于学习，成绩也从理科全校十几名稳步上升至前几名。高三上学期的一次考试后，学校通知说，根据之前几次大考的综合排名，学校会分配少量外语专业学校的保送推荐资格。突如其来的另一条路令女儿十分为难，一边是当前的优异理科成绩与高考的不确定性，另一边则是从未想过的语言专业与相较高考而言更高的录取率。时间仓促，难容纠结。

我们在搜集了各方资料后，与孩子一同分析："对标清华大学的招考模式和自己的强项，这次可能是最接近清华大学的一次机会。""本科阶段院校平台很重要。""即便保送不成，我们还有机会继续冲刺梦想的学校或理想专业……"虽然心中难免有担忧，但我们还是将选择权完全交给孩子。孩子经过深思熟虑后，在保送志愿上慎重地写下了唯一的选择——清华大学。

备考时间不足一个月，孩子马不停蹄地准备。我们也当起了勤劳的快递小哥，每天在相距三十几公里的学校与家之间来回奔波，为孩子送时政资料、科技热点等备考素材，顺便捎点营养丰富的午餐点心。除此之外，我们还将平日保存的获奖荣誉证书、社团义工证明、发表的文章等综合素养证明材料整理齐备，配合女儿顺利通过了初评审核第一关。

时间很快来到了保送的最后一步——清华大学冬令营。零下七度的北京，让来自南方的我们有些不适应。为了让孩子心无旁骛地备考，我们提前做足功课，从最早营业的早餐供应点，到宾馆与考场之间的最佳路径和精确耗时，事无巨细，搞得一清二楚。机会难得，我们也一丝不苟。所幸天时、地利、人和皆备，让我们最终在那个不平凡的冬天梦圆清华园。

成为清华大学学子，虽然也有选择的智慧与运气的眷顾，但最主要的还是孩子的学习天赋与自身努力。回顾这段漫漫征程，我们庆幸自己从未剥夺孩子掌舵的权力，我们放心地将船舵交予她，并在她幼稚期和迷茫的时候，帮她避开礁石和巨浪；在她明晰自己的梦想后，目送她沿着亮光，缓缓前行。

感恩、运动、实践

潘桂英

吴同学，高中毕业于内蒙古赤峰市第二中学
现就读于清华大学致理书院

一个努力的学生，一旦拥有了自强奋进的精神，以感恩的心努力进取，坚持运动，劳逸结合，把学到的知识和实际生活紧密结合起来，他的所学、所思、所想、所做，就不仅仅在学习阶段拥有了无坚不摧的力量，在人生成长过程中，在无怨无悔贡献的同时，也能逐步体现出更高的人生价值。

我们生活在内蒙古的一个地级市，这里既有一望无际的草原，也有悠久的历史和灿烂的文化。在教育孩子上，我们坚持用心鼓励、积极运动、自强实践的理念，最终获得了不错的效果，现总结以下几点供大家参考借鉴。

常怀一颗感恩之心

古人云：厚德载物。人要常怀感恩之心，善良、自律、坚强、宽容、正直，有吃苦耐劳的精神。感恩教育，是成长过程中的必修课，这是润物细无声的心灵教育。

父母是孩子的榜样，我们的精神和思想教育就是从这里开始的。孩子出生之后，孩子的父亲就开心地为孩子记起了成长日记，睡前给孩子讲一个故事，带孩子参与必要的亲子阅读活动，或者一起陪孩子看动画片，在孩子幼小阶段全程陪伴。孩子刚学会认字时买的拼音读物《激励孩子成才的 108 个好故事》，至今还摆在我们的书桌上。这些细节在生活中看起来似乎微不足道，但这种亲子教育会增强孩子学习的兴趣。

随着阅读量的积累，我们随时都能利用故事中的人物和情节适时地教育孩子，让孩子明白故事中的寓意。通过书中的成功故事，孩子明白了这样一个道理——只有刻苦努力地学习，遇到困难百折不挠，才能最终获得成功。同时，亲子阅读也增加了孩子的词汇量，为上学后逐渐爱上阅读打下了基础。

我还非常清晰地记得，在孩子上幼儿园大班的时候，我去幼儿园接他，孩子就撒娇让我帮他拿书包。每次姥姥去接，他从来都不用姥姥背书包，而是说："姥姥腿疼，不能让姥姥拿。我是男子汉，我自己来！"

小学六年级寒假期间，他甚至当起了"护工"。姥姥住院做手术，术后恢复期间，我要去上班，他就在姥姥的病房里陪床，无微不至地照顾姥姥。姥姥换药、输液，他就忙前忙后，提醒姥姥输液时手要放平，注意针眼不能鼓包……

适当运动

适当的运动，不但可以提高免疫力，还可以调节心情。运动和学习并不矛盾，适当的户外运动不仅不会挤占孩子的学习时间，反而会让孩子在学习时头脑更加清醒，改善学习效果，让孩子更积极、更快乐。

上小学的时候，我们给他报了乒乓球班，无论是酷暑寒冬还是刮风下雨，我们都鼓励他并陪伴他坚持下去，从不间断。在学习乒乓球的阶段，他从来都不缺课，而且他学我也学。在陪伴他训练的过程中，从简单的基本功，到正手、反手、推侧扑……他学会了乒乓球，我也学会了。

我们居住的地方距离山边 1300 多米，在他上小学的时候，我们一家人就养成了周六和周日去爬山的习惯。爬山能给人带来精神上的愉悦，偶尔有感而发背上几首古诗词，或者交流一些生活中的常识，都能开阔孩子的视野。爬山时眺望远方，还可以放松眼部肌肉，有效缓解视力下降。无论是酷热的夏天，还是寒冷的冬天，我们长期坚持爬山，不仅使孩子腿部肌肉变得发达，提高了身体灵活性，还增加了肺活量，改善了心肺功能，为跑步和打球打下了良好的基础。

学习文化课的同时，我们还注重提高孩子的体育成绩。这不仅仅需要时间的付出，还是对耐心和毅力的一个考验。我们每天早晨早早起来，天天坚持锻炼，所以孩子的中考体育成绩非常优异：1000 米满分 20 分，立定跳远满分 10 分，坐位体前屈 10 分扣了 0.5 分，足球满分 10 分，50 分的总成绩只扣了 0.5 分。

思考与实践结合

我们非常注重鼓励孩子独立思考问题并试着解决问题的能力，培养他理论联系实际的能力和动手能力。记得孩子很小的时候，我们就开始鼓励他独立完成事情，自己力所能及的事情都要自己去做。

上幼儿园的时候，他就学着自己叠被子。被子比他大得多，一会掉到了地上，一会叠歪了，一会打褶了……我在旁边不声不响地观察，然后特意把我已经叠好的被子打开，根据他的节奏，再慢慢地重新叠起来，有意让他观察学习，直到叠好为止。

就这样，慢慢地，孩子意识到很多事情在没有别人帮助的情况下自己也可以做到。我们就是有意识地让他知道，不管遇到什么事情，都要努力去寻找解决问题的方法，独立思考问题，独立解决问题。学习上也是这样，不管遇到什么问题，我都会引导他通过思考找到解决的方法，而不是直接告诉他结果。

孩子刚上小学时，我和他一起商量如何安排每天的作息时间更合理。放学回家后，他大致描述一下今天在学校都学习了什么。稍微休息片刻后，他就自己先做作业。如果是语文拼音的话，先读后写，最后再让他默写。如果是数学，让他先做，我再给他检查。如果有错题，给他讲明白后，再给他找一些类似的题型，让他理解错误的原因。之后让他复习一下当天学习的知识，把学到的知识和我分享一下。

为了调动他学习的积极性，我让他当老师，我来当学生，让他教我，用另一种方式巩固学习成果。学习英语时，鼓励他和我比赛，看谁记的单词多。比如，遇到“wardrobe（衣柜）”这个单词总记不住，就找纸片写上“wardrobe”，贴到衣柜上面，以增强记忆。

初中时，增加了每周日让他复习上周所学知识的环节。孩子在家里学习时，每个学科的时间要合理调整，时间不能太长，否则会让孩子厌烦学习，对学习失去兴趣，适得其反。对于学习目标，我一直关注的重点是“质”而非“时间”。不能放任孩子总是学自己最喜欢的学科，那样会导致偏科。每门学科学习一段时间后，就要放松一会儿，我会陪着他到楼下小广场打打羽毛球，散散步，扔扔实心球。晚上抬头看天上的星星，既放松心情，又调节了视力。孩子在上大学之前没有佩戴眼镜，这大概率是和晚上看星星有关系。

上初中时，每逢假期，他自己就能熟练制订每天的作息时间表，早上几点起床，什么时间洗漱、吃饭、学习、爬山、写作业、看书、打球、休息，安排得井井有条。我下班后会跟他聊聊今天做了些什么，有什么收获，以便做到心中有数。

学习之余，我会让孩子动手做些力所能及的事情，比如在我做饭时帮助洗菜，饭后洗碗等简单的家务。小学的时候，在切开的橙子上插上小铜片，接上小灯泡后，灯泡就亮了。中学的时候，让他利用干电池电解水制氧气，高中时让他动手做小汽艇。此外，我还带着他一起和面、擀面、煮面，煮熟了一起吃……诸如此类的动手实践活动，既缓解了学习压力，又开发了智力，还增添了生活的乐趣。

这是我教育孩子的一些方法，个人认为对我的孩子起到了一定的作用，但孩子的成功与老师的辛勤劳动和他自己的努力是永远也分不开的。我的建议是，在和老师充分沟通的基础上，作为家长也要多学习，和孩子多沟通、多交流，才能帮孩子找到更适合的学习模式和学习方法。

自立自强成就人生理想

云朵

邱同学，高中毕业于西安市某中学

现就读于清华大学美术学院

我个人的教育观念是，孩子 0 至 3 岁期间，重点开发智商；3 至 6 岁期间，重点培养良好的生活和学习习惯，培育自主、自立、自强等观念；6 至 12 岁期间，奠定正确的人生观、价值观；15 岁后，树立人生理想，为实现自己的人生价值做充分准备。我的女儿就是遵循我这样的教育观念，逐步成长起来的。

三岁看大

把女儿带到人间来的第七天，从医院回到家，我们就开始有意识地对女儿说话。女儿百天之后，就开始拿一些东西给她看，并给她讲物品的名字。半岁之后，在墙上挂了一些英语看图识字的挂图。我们经常抱着让她看图片，给她讲图片的内容，以及英语的读法。慢慢地，我发现，只要我说什么，女儿的眼睛就会看什么。这说明女儿已经能把看到的、听到的与相应的实物紧密对应起来。

一岁多时一个周末的早上，爸爸在床上教女儿跟读毛主席的《沁园春·雪》，爸爸说一句，女儿跟着说一句。这样反复几次后，爸爸说前一句，女儿能跟后面一句。当时我很惊讶，难道女儿已经全部记下了？让女儿背诵，女儿果真大部分都背下来了，后面几句提个头，女儿也能接上。

女儿表现出的惊人记忆力，也许与我们有意识从声音、图片、文字方面开发智力有关。大家常说“三岁看大”，从这时起，我们更加坚定了今后对女儿要科学培养的信心。

六岁看老

日常生活中，我们非常注重培养女儿良好的生活习惯和坚定的意志。比如，玩具要放在固定的地方，玩时可以放开玩，结束后须自己归位。女儿会走路时，出去玩也从不抱她。

有一次女儿走累了，想让我抱她，就停下来说："妈妈，怎么脚不听话，疼得很！"我说，那咱们坐路边休息一会儿再走。坐在路边，我耐心给女儿讲："你走路，妈妈也在走。你累了，妈妈也累了。再让妈妈抱着你，是不是就更走不动了？"女儿仰起稚嫩的脸蛋望着我，想了一下说："哦，我明白了。"从此以后，女儿知道路要靠自己走，就再也没有要求让我抱她。

女儿走路不小心摔倒了，我从不主动扶她，而是让她自己站起来。这样做是想让她明白：不小心就会摔跤，摔跤会疼。跌倒了没人帮，得靠自己，要懂得"跌倒了自己爬起来"的道理。

生活中力所能及的事情，我们都让女儿自己干，如洗脸、洗脚、梳头、洗袜子、洗碗、收拾房间等。如果我帮女儿做了，也会告诉她，这些本来应该是你自己做的事情，现在你还小，做不好，所以我来帮你。正因如此，从小到大，我每次帮她做事情，女儿都会说"谢谢妈妈"！通过这些事，是要让女儿懂得感恩，世上任何人都没有义务去替你或者帮你做你自己应该做的事情。

整理书包、包书皮、削铅笔等事情，我从来不管。女儿自己亲手做，做完自己就心里有数，知道各种书籍和文具在哪里放着，也不会找不到或缺这少那的。慢慢地，她自己也就学会了规划，做事变得有条有理。

爸爸喜欢阅读，她听爸爸讲一些事情，逐渐产生了兴趣，就开始自己翻书，从此爱上了看书，养成了良好的阅读习惯。幼儿园时，她的独立能力和自控能力都很强，学习上反应快，懂事，做事情也比其他孩子老练。女儿有了良好的生活和学习习惯，懂得了自主、自立、自强。事实证明，以后遇到的很多困难，她都能轻松应对。

自主学习

女儿的学习和作业我从来不管，也不会陪着她写，每次她写好了拿来我签字就可以了。小学二年级的时候，我给女儿报了古筝班和国画班。每天下午放学，女儿自觉地看书、练琴或画画。古筝老师说女儿悟性高，记忆力好，学得快，顺利通过了古筝十级考试，在省内及全国青少年竞赛中都拿了金奖。我想，女儿能够取得这些进步，与她自律自觉和刻苦练习有很大的关系。

文化课方面，女儿从来没有在外面补过课或请过家教，我只是给她买过一些课外书籍及资料。在校期间，女儿参加了数学、作文、手工制作等各类竞赛，获得过许多奖项。

小升初时，几所优质中学会提前在奥数班选拔孩子，我才不得已给上六年级的女儿报了奥数班。奥数课上，有的家长陪着听课并跟着做笔记。我认为这样做并不好，孩子会有依赖性，会觉得有妈妈在听，有妈妈做笔记，自己的注意力就可以稍微松懈。我从不陪着听课，为的是让女儿能集中注意力学习。

相比学了几年奥数的同龄孩子，女儿用了不到一年的时间就脱颖而出，成功被一所名校录取。我觉得，是女儿自主学习的能力发挥了重要作用。

自立自强

女儿是班干部，每次开家长会时，女儿总是给我提前准备好笔和笔记本，还在桌子上面放一杯水。家长会上，女儿主持介绍班里的学习和事务等情况，她讲话流利，条理清晰，从不怯场。女儿玩的滑板、轮滑、骑自行车等，都是她自己独立学会的，我们从不陪伴。女儿在院子里遇到街坊邻居，都主动打招呼问好；看到别人提东西，就主动帮忙；在上下电梯时，总是让着别人，帮忙按电梯按钮，自己最后进出。

为了离家近，上学方便，女儿上小学时没有择校，而是上了家附近一个很普通的小学。初中学校离家大约 4 公里，读初一的第一天，她就独自骑自行车去学校上学。到了冬天，早上天刚放亮她就出门，晚上天很黑了才回家。为了安全，爸爸在女儿自行车后尾装了闪光灯。每天早上，我在窗前看着那盏慢慢消失的闪光灯，心里特别难受，心疼到流泪。但我想，现在不让她吃“成长的苦”，以后就要吃“社会的苦”。

女儿是普通小学毕业，没有在外补习过英语，所以英语是零基础进了初中学校。初一时，女儿的英语成绩处于班里靠后的位置。她有些焦虑，担心跟不上。我把自己学习英语的经验和方法分享给女儿，不断鼓励她，增强了女儿学习的信心。初二时，女儿的英语成绩就进入前列了。初三时，她的总成绩一直稳居班里第一名。

女儿直到初三才住校。为了让女儿感受到家的温暖和爸爸妈妈的爱，同时保证她获得健康成长必需的营养，我每周至少做两次丰盛的饭菜，让爸爸特意送去，女儿因此更有了学习的动力。

展翅高飞

初中毕业，女儿被提前保送到所在中学的高中重点班。中考刚结束，学校组织保送生去北京参加夏令营活动。活动期间，他们去了清华大学校园参观学习。回来后，听女儿说，因为她在清华大学做的几个游戏测试中表现突出，清华大学的老师对她说：“孩子，你将来一定要来上清华大学。”老师殷切的期望和鼓励，坚定了女儿考入清华大学的梦想。

高中阶段女儿是住校学习，高二女儿选择了理科。高二第一学期下来，女儿进入青春叛逆期，成绩下滑很快。每周末从学校接女儿回家，一路上女儿手舞足蹈，兴奋地给我们讲学校的情况。但是，周日傍晚送她去学校，她却蔫头耷脑一句话也没有。

周末，女儿在家中书房学习，房门紧锁。我们绕到阳台偷偷观察，发现女儿有时傻坐着，有时不停地用手梳头，有时借口查资料把手机拿进去。我们无意间翻开手机浏览记录，惊讶地发现女儿要么在手机上看小说，要么是玩手机游戏。我们批评她，给她讲道理，她就争辩顶嘴。

我们理解女儿处于叛逆期，尽量注意平和地与她沟通，还曾经求助学校的心理老师来疏导，同时，我和她爸爸也耐心地和她交流。在科学引导和关爱的呵护下，她的叛逆期很快就过去了。高二结束时，女儿做了一次大胆的决定——要走“艺考”之路，报考清华大学美术设计专业，做自己喜欢做的事情。

女儿从小就喜欢画画，把它当作一种放松的方式。每次学习累了，就找一些动漫图片来画。初中时，她在学校跳蚤市场售卖作品，“赚”了人生第一桶金——256元。我和爸爸得知女儿的想法后，开始时坚决反对，认为她没有系统地学过画画，仅靠小学时不到两年的兴趣班学习和简单的国画基础，真是太冒险了。

后来，我们与她的高中美术老师沟通，老师说孩子文化课好，也有艺术天赋，考清华大学美术设计专业，可以努力一试。我们从心底里也都不愿“剪断”女儿理想的翅膀，让她留下人生遗憾。最终，我们同意了女儿的选择。

我们通过多种渠道了解艺术培训机构，最终为女儿选择了北京一所知名画室。高三一年，女儿就在这间画室集训。老师说，孩子基础虽弱，功底浅，但她学习很刻苦。

在集训期间，女儿也曾经因为作品画得不理想而躲在卫生间流泪。

我时常打电话鼓励女儿，并到北京陪她过春节。为了让女儿吃到喜欢的饭菜，我在家准备好材料，驾车带过去，还租了一间民宿。女儿感受到家庭是强大的后盾，更加安心、专心地致力于学习。用女儿的话说，画画不能只靠手，是需要带着脑子、用心灵去画。自己每画一幅画，都是全身心投入，心无杂念。一旦坐下来，就专注于作品，什么事都不去想了。

现在，女儿已如愿考入清华美院设计专业学习，迈出了人生梦想的第一步。我们希望在以后的人生道路上，女儿依然能够自立自强，不断超越自己。

回忆、整理过去的点点滴滴，供其他父母借鉴参考，希望能对大家有所帮助。

相伴阅读，共同成长

董英明

李同学，高中毕业于石家庄外国语学校
现就读于清华大学丘成桐数学英才班

2020年，因为提前被清华大学丘成桐数学英才班（简称丘班）预录取，孩子和我们并未真正感受到大考的煎熬和填报志愿的纠结，这也是我们倍感幸运的地方。

点滴小事汇聚成河，我们就从孩子小时候说起。

早期陪伴阅读，筑牢成长根基

我在图书馆工作，深知阅读对培养一个人的能力、塑造一个人的品格有着何等重要的意义。孩子出生以来，每个年龄段都有我为他精心挑选的书籍相伴，家里的图书不但品种繁多，而且触手可及。书，成了他成长路上最亲密的伙伴。

日本著名童书大师松居直老先生，在他80岁高龄时，回忆起三岁被母亲抱在怀里看书的时刻，认为那是他童年最美好的光阴。我被这句话深深打动，因此，从孩子牙牙学语开始，陪伴孩子阅读成了我每天必不可少的功课。

每次我都是盘腿坐在床上，孩子坐在我的怀里，我们一起阅读。每晚，或朗月，或繁星，或飞雨，或飘雪，这种情景总会呈现，成为我们家一幅不可或缺的温馨画面。有时我读他听，有时分角色朗读，有时我做一个安静的听众。就这样，小娃娃在我的怀里慢慢长大。

直到他上了小学，完全有能力自主阅读了，他的个子已经大到我盘膝不能怀抱，他仍然喜欢依偎到我怀里，偶尔重温一下和妈妈一起共读的美好时光。现在一想到那时的我们，我都会不自觉地嘴角上扬。

书籍是人类进步的阶梯。早期形成阅读习惯，是他长大后勤于思考、善于钻研、思维活跃且更加专注的坚实基础。初高中阶段，这种良好的读书习惯和早期大量的阅读，为他精进学业和形成专长筑起了扎实的根基。

发现孩子特长，提供丰沃土壤

从孩子一岁左右，我就发现他对数字非常敏感。他会边上楼梯边数数，会用稚嫩的小手写数字。对带有数字的积木兴趣更浓厚，甚至把玩一会儿后，我们随意出示积木的任一面图案，他都会准确说出背面的数字。早上去幼儿园起床难，只要出一道好玩的数学题来叫醒耳朵，一切难题都会迎刃而解。诸如此类，不胜枚举。

看到他对数学有如此浓厚的兴趣，我们给他买了不少益智类玩具和大量的数学书籍。其中有一套数学故事启蒙丛书，书中内容的难度远超他实际年龄的认知程度。他竟然爱不释手，将这套书反复读了几十遍。我问他能否看得懂，他说："第一遍只看懂一点，第二遍看懂了一半。看得多了，就慢慢懂了。"

后来，过元旦的时候，我在他床头放了一张小卡片，告诉他礼物是一套数学书籍。过生日时，最喜欢、利用率最高的礼物，也会是一套数学课外书。从最初的入门图书，到后来的《几何原本》《数学原理》《相对论》等高深著作，只要他喜欢读，我们都会充分满足他。

大量的阅读，让他形成了较完整的数学知识架构。虽然平时刷题很少，但从小学二年级开始，他就在全省、全国的各种数学奥赛中频频获奖，更是获得"希望杯"和"华罗庚金杯"数学邀请赛全市第一名的优异成绩。

感兴趣—好成绩—更有兴趣，他对数学的学习步入了一个正向循环轨道。正因如此，他从很小的时候就立志，将来要把数学研究作为他毕生追求的事业。

转变教育方式，身教大于言传

孩子也有叛逆期，起床磨蹭，作业拖拉，沉迷游戏，都是难以避免的。当时亲子关系很紧张，总是我在催，他在恼。无意中，我接触了一门心理学课程，核心内容是"和善与坚定并行""感觉好才能做得好"，我觉得自己被点醒了，便尝试改变一下现状。把书带回家，孩子也看了，认为很有道理。于是我们达成了"君子协议"，他尽量自觉，我克制脾气，彼此尊重。磨合了一段时间，冲突真的少了，他也更懂事了。

除了态度上的转变，我的另一个变化是不再对他过分关注。我组建了一个叫作"美诗团"的诗歌学习团体，带领诗友一起学习诗词和传统文化。这个项目我已经做了六年多，不仅获得了河北省和全国的多项奖励，还让众多一起参与的人有了积极的转变和提升。“美诗团”每天有大量的工作要做，比如选诗、配图、释义、做公众号等，因此我没有太多精力关注他的一举一动，这样反而给了他自我管理的空间。

看到那么多人和我一道学习，他也觉得我在做一件有意义的事情，还会经常给我一些力所能及的支持。每次建议被采纳，他都欢欣雀跃，感受到了对他的认可与尊重。于是乎，我们都在自己喜欢的道路上努力拼搏，亲子关系亦极大改善。

孩子上高中后，他爸爸一直驻村扶贫，踏踏实实给村里办了不少实事，连续两年被评为“全省优秀第一书记”。回家休息的时候，他经常给孩子讲贫困山村的情况，讲全面建设小康社会的意义，讲村民的难处，讲自己在村里为村民办的实事，讲驻村的村容村貌变化，这些都深深触动了孩子的心灵。

郑渊洁曾说“父亲”的含义是榜样，其实母亲也是。你想让孩子成为什么样的人，你就自己先成为什么样的人。也正是在这种言传身教的影响下，孩子乐于助人，也非常有社会责任感。

调整良好心态，从容面对挑战

孩子初中阶段学的是法语，因中考成绩优异，获得了所在高中推荐清北的保送资格。但保送政策只能推荐语言类专业，这是他不愿接受的，他心心念念的专业仍是数学。

外国语学校最大的优势在于保送和出国，放弃相对有把握的保送，选择充满不确定性的高考，很可能让他与名校失之交臂。但我们考虑，如果让孩子学习一个自己不喜欢的专业，将来还要以此作为职业，他可能一生都不会快乐，这样的话，即使保送上了清北又如何？在反复权衡、充分协商之后，我们决定支持孩子的选择，放弃保送协议，一心备战高考，同时在高中阶段从学习法语转回英语。

面对选择结果的未知，重拾英语的艰难，初中好友四散去了别的学校的失落，他的情绪一度低落。在这种情况下，学校和老师为他尽可能提供了有利于成长的帮助。我们也经常与孩子深入沟通，帮助他调整心态，鼓励他：只要选择了就一往无前，绝不后悔，相信一切都是最好的安排！在多方努力下，儿子的心逐渐安定下来，全身心投入到紧张的学习生活中。

孩子的学校并非传统意义的竞赛环境学校，平时正常学习高中课程知识，只在周末每科开设三小时的竞赛课。学有余力的孩子可以选报几科，主要是为了拓宽思路，助力高考。这种安排让我们也很迷茫，酷爱数学的他，一直想通过数学竞赛的方式叩开名校之门，这条路难道就走不通吗?

针对这种状况，我们考虑还是接受现实——以高考为主，竞赛为辅。他同时选了数理化三个竞赛科目，主攻数学，物理和化学作为知识拓展。他平时很注重上课时的学习效率，老师讲过的内容，课堂上基本全部掌握，下课后再迅速完成作业，挤出来时间做一套数学竞赛的卷子。在这样的节奏下，他每次考试成绩都能稳定在700分左右，这让他有了一定的底气和信心，也能挤出更多的时间和精力放在数学上。

在竞赛学习上，特别感谢他的数学老师，竞赛课总让他来主讲，老师再做一些补充。大家都知道，要想讲出来，知识需要掌握得更扎实，讲过之后，理解得也更透彻。

除此之外，老师还推荐他在寒暑假参加一些机构组织的数学集训。一起参加集训的有在别的学校专攻竞赛的同学。刚开始时，这些同学的学习进度和学习难度都远远超过了他。但孩子很珍惜每一次集训的机会，力争老师讲过的内容全部弄懂、吃透。就这样，他从一个竞赛“业余选手”，逐渐追赶上了那些竞赛强校的“专业选手”。

由于参加正规的竞赛培训少，参加省赛的时候，他有些紧张，觉得自己实力不够强。我在路上宽慰他，竞赛对他而言不是雪中送炭，而是锦上添花，他有足够好的高考成绩做后盾，至于竞赛，轻松参加就是了，权当是个体验。孩子非常认可这种观点，以平和的心态参加了考试。

可能正是因为这种放松的状态，他在竞赛中发挥出色，成功入选了省队，参加了全国中学生数学冬令营，并一举拿到数学奥赛金牌。物理和化学也没有白费力气，都获得了省级竞赛二等奖。同样是抱着这种“锦上添花”的轻松心态，在清华大学的金秋营，他获得了一等奖，又在丘班的一轮轮测试中脱颖而出，成功获得了宝贵的录取资格。

回味点点滴滴的过往，其间惊喜连连，收获良多。我们陪伴阅读，发现特长，转变方式，调整心态，一同携手前行。如今，孩子已在清华大学就读，一切从零开始，希望他能一直开心、上进，不断攀登数学学术高峰，做最好的自己。

要强才是真的强

叶家芬

刘同学，高中毕业于四川省宜宾市南溪第一中学

2020年考入清华大学航天航空学院

孩子小学和初中都是班长，小学、初中共获得过60多张奖状。初中时学习成绩位于全校前三。高中获得全国数学联赛二等奖、全国英语联赛一等奖、全国语文能力竞赛二等奖。

孩子从小做事就很认真，特别是学习方面。我在他的一个本子上看到，“用心做每一件事，坚持做每一件小事”这句话被反反复复写了很多遍。他对自己的要求是：要么不做，要做就必须做好。

孩子非常自觉，即使是节假日出去玩儿，他都要提前做完作业，从来没有出现过作业没做完就出去玩儿的情况。孩子在班上是老师的得力助手，只要老师交代的事情他都能很好地完成。同学向他请教问题时，他也会很耐心地给同学讲解。他喜欢看课外书，特别是高中阶段，基本每天晚上睡觉前都要看会儿书。我们一起出去玩儿，他都要带上一本课外书，空闲的时候拿出来看几页。

注重学习之余培养业余爱好，尊重本人意愿，天赋自现。孩子不愿意做的事情，我们也不会逼着孩子去做，比较尊重他的天性和意愿。孩子从小身体很壮，生性不愿运动，我们也不逼他去运动。

小学一年级的时候，我们带着孩子去广场玩耍，那里有小孩子在跳拉丁舞。爸爸就问：“孩子，你喜欢跳拉丁舞吗？”当时我认为男孩子跳拉丁舞不是很合宜，爸爸说，主要是看孩子喜不喜欢，如果孩子喜欢跳拉丁舞，也是非常不错的爱好，就应该让孩子去试试。结果孩子真的表现出了拉丁舞的天赋和热爱，就这样，拉丁舞从一年级跳到了六年级。期间他参加了宜宾市拉丁舞大赛，并获得了一等奖和二等奖。

由此可以看出，只要孩子喜欢做的事情，即便我们不是很看好，但仍然支持孩子发展他的爱好和兴趣。孩子不喜欢做的事情，我们作为家长也从来不会为难孩子，不

强求孩子去做。

用心陪伴是支持孩子学习的最大力量。我们对孩子的学习要求十分严格，也花费了大量心力、精力，时刻陪伴在孩子身边。孩子平时所需的学习用品，我们都会不打折扣，努力为孩子配置齐全。同时我们也注意培养孩子良好的生活作息习惯，坚持早睡早起，不允许孩子熬夜。只要是做作业，他爸爸就一定会陪伴在他身边，如果发现作业有错，必须纠正过来。比如每个错别字必须重写 10 遍，以加深印象。

初中的时候，家长已经无法给予孩子功课上的辅导。爸爸就对儿子说："爸爸没法儿辅导你了，以后学习上的事情，都得靠你自己了。"但即便这样，孩子在家中做作业，无论多晚，爸爸还是一直陪着他，等作业做完了，两人才去休息。这些年，爸爸只要有时间，就一直陪伴在孩子身边，不会让孩子一个人做作业。直到陪着孩子做完作业，看着孩子睡了，我们才会入睡。

尊重孩子对自己的安排。孩子天性喜欢玩儿，我儿子也一样喜欢玩儿。我们非常尊重孩子自己对时间的安排。无论学业多忙，儿子还是要玩游戏的。但他特别自律，最多玩儿一个小时，就会重新投入到学习中。初中到高中，孩子的学习都是自主完成的，自主学习才是发自内心的学习动力。所有学习内容的安排，都由他自己决定，我们从不做任何干预。何时学，何时玩，也都是儿子自己做主。

上中学以后，学科多了，作业也多了，业余时间相对少一些，他没有精力发展业余爱好了，因此拉丁舞在中学的时候被迫中断。我们认为，上中学以后，主要的精力还是要放在学业上，业余爱好暂时停下来也可以，尊重他的选择。

有志者事竟成。儿子一直都有上清华北大的梦想，但他 2019 年以 679 分的成绩考上了浙江大学。我们家庭不是很富裕，想着儿子考上哪所学校就读哪所学校，儿子也没有反对。我们把火车票都买好了，准备送他去浙江大学报到。

就在出发前的一个晚上，儿子的班主任打来电话，希望让儿子跟他复读一年，可以培养他考清华大学。我们当时听了都感到很茫然，复读万一考坏了，没有这次考得好怎么办？我们考虑了两天，征求了儿子的意见。儿子说想复读，决定不去浙江大学了。最终我们尊重儿子的意见，让他复读了一年。

在这一年里，儿子非常努力，整个学期都住在学校，直到高考之后才回家。高考结束后，我们接儿子回家，儿子一见面就对我说："妈妈，我的腮帮子好痛啊！"我看了一下，瞬间惊呆了，他的腮帮里面已经烂呼呼的了。我们立即去医院，医生说是被自己的牙齿咬坏的，可能考试给孩子的压力太大了，咬牙咬的。

回家后，我收拾他的房间时，看到了孩子的笔记本，泪水瞬间夺眶而出。儿子在笔记本的每一页都写了“清华北大”几个字，还标注了日期，最终他写了满满一本子的“清华北大”。

儿子为了心中的清北梦，每天都在提醒自己为梦想奋斗，每天都在全力以赴，真是功夫不负有心人啊！正所谓“有志者，事竟成，破釜沉舟，百二秦关终属楚。苦心人，天不负，卧薪尝胆，三千越甲可吞吴”。儿子以超常的付出，终于在2020年裸分圆了他的清华梦。

有意栽花花绽放，用心插柳柳更荫

吴振南

吴同学，高中就读于南宁市第二中学
现就读于清华大学计算机系

吴同学在高中三年里参加过数学、物理竞赛，曾获全国中学生物理竞赛铜牌、西部数学邀请赛金牌、全国高中数学联赛省级一等奖等，高考以广西壮族自治区前十的总成绩考入清华大学。在小学和初中阶段，学习过钢琴和毛笔书法，钢琴拿到了国家十级证书，毛笔书法作品获得过国家级优秀奖。

下面是我们这些年来的一些“陪学”故事，希望对父母们有一点点启发。

我的家庭教育观

任何事业的成功，都弥补不了教育孩子的失败。教育不应该是任由孩子成长，而是老师与家长齐心协力帮助孩子成长的一项事业。当拿到孩子的成绩单时，不要急着批评孩子，先问问自己：作为父母，我能拿多少分呢？真正的差距可能不在孩子，不在老师，而是站在孩子身后的父母。

当然，对孩子的天赋和教育要有一个正确的认识。三百六十行，行行出状元，要使人尽其才，物尽其用。身教胜于言教，作为父母，要注重用自己勤俭持家、努力上进等良好的品德和行为去感染孩子。对孩子的教育要保持一致，不能背道而驰，甚至当着孩子的面互相指责。要营造一个温馨和睦的家庭，使孩子在心理上有安全感，使他能愉悦地全身心投入到学习中。教育孩子需趁早，不能等到孩子出现问题才去矫正。要善于观察、比较、学习那些教育孩子成功的人士，同时也要向书本学习。父母好好学习，孩子才能天天向上。

我家的座右铭

孩子上小学三年级时，我们一家三口讨论给家庭定个座右铭，要求每个人只能用一个字来概括。孩子第一个说“勤”，接着孩子妈妈说“思”，最后我说“恒”。百事勤为先，懒散百业荒。学而不思则罔，其他事也要三思而后行，不能蛮干，更不能违背事物的客观规律。做事需要有一个坚定的信念，持之以恒，不能一日曝十日寒。如果虎头蛇尾、变化无常，就只有一个结果，那便是一事无成。

座右铭确定后，孩子用隶书字体写到木板上，我们把它刻好并悬于书架上。家庭座右铭是家庭的观念文化，它对孩子的学习起到了相当大的作用。之后，孩子在学习上一直践行着“勤、思、恒”这三个字，并将其发扬光大。

我们也曾焦虑

我们这里地处中越边境,是教育较为落后的地方。全县40多万人口,只有一个高中,好多年高考上一本的人数都在20人以下。自从孩子来到这个世界,我们就不得不考虑:要不要和很多家庭一样，小学或初中甚至是幼儿园就把他送到外地就读。

经过慎重考虑后，我们认为上高中之前正是孩子性格、人格、能力、习惯、品德等形成的重要时期和关键时期。如果把孩子送到外地去读书，对孩子的成长是不利的，他会和留守儿童一样，没有父母的陪伴，情感上比较孤独，心理上相对脆弱，学习劲头也会不足。所以从幼儿园到初中，我们都是就近入学，高中才到省城就读。

“不能输在起跑线”是很多家长的看法。一般人认为，从小就要给孩子选好学校，给孩子选好老师，在每个学龄段都要比同龄人提前学习各学科知识，并且要主动加大学习难度。记得孩子小学三年级开家长会时，老师拿班上优秀的作文来读，当时我听后也感到了焦虑。刚上三年级，人家孩子都能写出那么好的作文，以后会把我们的孩子抛在后面多少条街啊？我们要不要马上给孩子报课外辅导班，把作文写作能力补上来？

焦虑归焦虑，经过再三思考，我们认为学习是个长期的过程，要三年、五年，甚至十年、二十年才能真正见效，不能急于求成，不能头痛医头，脚痛医脚，更不能盲目跟风，见孩子哪科弱就补哪科。我们想，最关键的是要把孩子的学习品质（包括学习能力、学习习惯、学习状态等）培养起来，不能把孩子一时的成绩好坏太放在心上，这才是我们培养孩子的初心。

不做迷途的羔羊

有一段时间，因为我整天忙，几乎每天披星戴月。天没亮，孩子还没起床，我就出了家门，半夜家人都睡着了我才进家门，因此和孩子见面说话的机会少之又少。其实我心里也知道，很多时候自己忙于在酒桌上迎来送往，这样做对事业的发展并没有太大的作用。但当时社会洪流就这么推动着，让很多人乐此不疲。在觥筹交错、灯红酒绿的环境里，人们似乎感到很充实、很风光、很享受，如果不这么做，好像自己就会被社会遗忘和抛弃似的。

直到有一天，小学二年级的儿子拿着作业本在我面前说："爸爸，我帮你把在不在家吃饭的情况记在这个表格上了，打'√'是在家吃饭，不打'√'是没在家吃饭。你这周平均每天在家吃饭不到一餐，以后你还是要多回家吃饭才行。"原来儿子在废弃的作业本上画了一个"爸爸在家吃饭考勤表"，把我从星期一到星期日早、中、晚三餐在家吃饭的次数和日期都清楚地记录在上面。

当时我忽然发现，我的儿子长大了，懂事了，他是在呼唤父亲的陪伴。如果我再这样混下去，将失去与孩子的交流和对孩子的管教，哪一天孩子出现了不良行为或走了歪路，那就晚了。

男孩子单靠母亲的陪伴是不行的，单由慈祥的母爱管教，很容易缺少阳刚之气。在引领孩子成长的道路上，作为父亲，我不能缺位太多。于是，我在认真做好自己本职工作之外，婉拒了很多应酬。工作之余，我终于可以有更多时间陪伴孩子了。我开始陪孩子去散步，跟孩子谈天论地，玩成语接龙、英语单词接龙，陪孩子跑步、游泳、打乒乓球等，真正负起当爸爸的责任。

有所取舍，对每个人来说都是一种胆量和勇气。舍得，舍得，有所舍才有所得。在纷繁喧嚣的社会里，要有所选择，不做迷途的羔羊。

注重好习惯的培养

学习就是培养习惯。好习惯一辈子受用，坏习惯害人一生。孩子在小学低年级时，老师反馈我们说孩子上课不是很认真，经常开小差，自己玩自己的。为此，在家时，我们经常装扮成孩子的学生，让他当“小老师”，把他在学校里老师教的东西“拿”回家来教我们、考我们。很多时候，我们假装成考试不及格的学生。能够难倒我们，孩子喜出望外，表情中流露出特别的成就感。

之所以这么做，我们的目的是引导孩子习惯于专注课堂，习惯于认真记忆。父母当好孩子的学生或听众，对加强孩子的记忆和理解很有帮助。当孩子把自己所学的、所看的复述或重现给我们时，无形中驱动他对学习的兴趣，内驱力直线上升，好习惯自然就会养成。

习惯阅读，是在学习上得到可持续发展的关键因素之一。从上幼儿园开始，每周双休日我们都带孩子去书店。我家离书店有一公里多，每次我们都是走路去走路回。一路上看到各种广告牌、门店牌和标语，我都会耐心地给孩子讲解。这个过程对小孩来说也是一种学习。有时走累了，坐在路边树荫下休息，他还能着迷地观察树根那里的小蚂蚁。看见昆虫们忙碌着，孩子还能提出各种为什么。

孩子每次去书店，都会蹲在书店一个多小时，在那里看完一本书，然后再买一两本回家。每次到书店，孩子都想多买几本喜欢的书，我们每次都是欲擒故纵，故意吊他胃口。他说要买两本，一般我们就只给买一本。他想买三本，我们就只给买两本，目的是让孩子有时间观念，读书学习要有效率。什么时候把买来的书读完了，就可以去书店买下一本喜欢的书。这样可以保持孩子天天阅读、天天学习的状态。孩子从小就喜欢看侦探推理类书籍，这一点有利于培养他思考的习惯。

强调努力，忽略天赋

我们从不夸奖孩子聪明。不管他取得哪方面的成绩，我们都和他说这是他努力的结果，而不是他聪明的结果。我想：天赋生下来就在这里，你夸他聪明，他也不会更聪明到哪里去。但如果你不强调努力，再怎么聪明他也开发不出来。如果我们平时总强调孩子聪明，孩子就认为成绩是自己聪明得到的，以后他可能就不会想到努力学习做事，只想要小聪明，这样会贻误孩子终生。

为证实努力的重要性，我们经常和孩子一起预测班里其他同学的成绩，一般都会预测得八九不离十。孩子很好奇我们为什么预测得那么准：“你既不是他们的家长，又不是他们的老师或同学，你怎么知道他们的成绩会这样？”我说，因为我从不同渠道得到的信息，知道你那些同学一段时间以来的心理状态，以及学习上是更努力了还是变得松懈了，或者是保持原来的状态。更努力肯定成绩会有所上升，松懈了成绩自然就会下降。

用编游戏取代玩游戏

很多人都说，想毁掉一个孩子，就给他一部手机，让他自由地、尽兴地玩。我们也怕孩子沉迷于手机，更怕孩子沉迷于网络游戏。在这方面，我们首先努力做到以身作则，只要孩子在家看书或做作业，我们家长绝不玩手机和网络游戏；其次，向更健康、更有利于孩子学习的方面去引导孩子。

我问儿子，玩游戏厉害还是编游戏厉害。他不假思索地说："当然是编游戏了。""想不想学编游戏？""当然想，真的能编吗？""当然能。"于是我开始给他购买有关动画制作和编程的书籍，并从网上帮他选择合适的教学视频，从 Flash 动画到 3ds Max，再到 C++ 编程语言。

孩子越学越感兴趣，越学越有劲头。特别是通过学 C++ 编程语言，孩子意识到要用到很多数学、物理和英语方面的知识才能做好编程，同时也意识到学习上要培养综合实力，不能偏科。从此，孩子的学习积极性、主动性得到了进一步提升，把学习当作快乐的事情，一天不看书，他都感觉很不自在。

另外，中央电视台科教频道《百家讲坛》，是我们全家在孩子初中毕业前每天必看的节目。在这里，孩子学到了很多历史、地理和人文知识，比死记硬背书本知识更有效果，寓教于乐、事半功倍。

读万卷书还需行万里路

孩子阅读虽然很广泛，天文地理、古今中外都有所涉猎，但终究是"纸上得来终觉浅"。书本上的知识比较抽象，没有亲眼所见那么形象直观。为了开阔孩子的眼界，每年假期我们都带孩子出去旅游，让他有机会见识上海的繁华、苏州的园林和西湖的美景，体验大海的深邃、华山的险峻，感受故宫的宏伟和站在长城高处的自豪。还有那让人流连忘返的云南风光和桂林山水，记录了中华民族几千年文化历史发展脉络的陕西文物。日本之行，让孩子更体会到了我们祖国的繁荣和伟大……

外出旅游，还出于我们与孩子的一个约定：要自觉、认真学习，不用去上课外辅导班，用省下的课外辅导费去旅游。旅游即锻炼，旅游即学习，通过去远方打开视野，看到更大的世界，经历更多的故事。用心去感知不同地域的人文差异，从内心深处感受这个纷繁复杂的世界，最终达到锻炼身心，提升自己认知水平的目的。

孩子一路走来，有学校老师的辛勤付出和精心培养，也有家长的用心陪伴。高考获得高分，并不能说明真的成了龙，成了凤。但不管分数是否重要，我们都会尽最大努力让孩子考个好分数，给孩子的人生多一些选择。我们要做有意栽花的家长，用心插柳的父母。

陪伴，是最好的爱

萌猪妈咪

闻同学，高中毕业于浙江省宁波市镇海中学蛟川书院

现就读于清华大学行健书院钱学森力学班

闻同学从高一开始，走上了竞赛生之路。其主要奖项有：2018 年第 14 届泛珠三角物理奥林匹克竞赛暨中华名校邀请赛（简称“泛珠赛”）力学基础第一名，2019 年第 15 届泛珠赛综合一等金奖，2017 年全国中学生物理竞赛浙江省二等奖，2018 年全国中学生物理竞赛浙江省一等奖，2019 年全国中学生物理竞赛决赛一等奖。以全国第 18 名的成绩进入国家集训队，保送清华大学。

自从儿子被保送清华大学后，不断有亲朋好友来问询讨教育儿经验：为什么你家儿子从小就这么厉害，现在清华大学都不用考，直接保送了？我总说没什么特别的。一定要说秘诀也说不出来，大概是运气好，加上孩子自己努力吧。坐下来捋捋思绪，我想应该和家长在孩子成长过程中的陪伴、引导等各方面的付出也是分不开的。

发现孩子兴趣，正确引导

儿子是个比较爱学习的孩子。开始认字时，喜欢看路牌名，我就在风和日丽的日子，骑上自行车，带着他穿行在市区的大街小巷，看到一块路牌，上面的地名就读一遍，这条是“环城北路”，这条是“文化路”，那条是“畚金路”，等等。这样，认的字越来越多。后来喜欢看车牌，车牌上全国各个省份简称，他很快就熟悉了。喜欢玩地球仪，看地图册，我就给他讲解经度、纬度，他知道了世界之大，了解了各个国家的首都、特色和人种等，慢慢地，掌握的地理知识越来越多。他还喜欢词语接龙，喜欢翻看字典、百科全书，喜欢看新闻联播、科教频道……诸如此类的小细节，都是我在孩子成长过程中慢慢发现的。发现之后，投其所好，尽我所能提供协助。碰到不懂的问题，不认识的字词，和孩子一起查百度，查字典，请教老师。

养成好的学习习惯和心态

在生活的点滴中，慢慢养成良好的学习习惯和专注力。书本是最好的老师，亲子阅读一直是我们的家庭娱乐项目。从书本中学习知识，不仅让孩子的生活更加充实，而且对学习成绩帮助很大。

小学时，各个班级的语文老师都把儿子的作文当范文，在班级中朗读。儿子对学习的认真和细心，让他的学习成绩一直名列前茅。他在多个比赛中获奖，投稿得过稿费，收到过奖学金。各科老师对他也很喜爱，经常表扬他，这些都让他的学习劲头和动力更加充足，他也越来越自信开朗。放学回家后先做作业，完成作业后再做别的。用他自己的话说，这叫“先苦后甜”，没有了作业负担，玩儿起来会更轻松。

儿子只要投入学习，就特别专注。上初中后，课程不像小学那么轻松，科目多，作业也多了。为了能早点完成作业，他会在课间十分钟抓紧做一些。从开始和同学们玩闹的状态，到不受干扰地写作业，转换速度非常快。只要他想做作业，旁边再大的噪声都能屏蔽掉。

吃早饭时，我经常把录音机打开，播放英语磁带，儿子边吃边听，能不能记住不管，就当听音乐，放松身心。早饭后一起出门，儿子上学，我买菜，路上还能聊聊天，各种话题都有，为的是能够开开心心地过好每一天。考试考得好，会表扬鼓励一下；考得不理想，就总结教训，找到原因，下次注意。小学低年级时会有耳提面命的时候，高年级后就开始心平气和地讲道理了，以鼓励为主。还好，儿子“吃”这一套，越表扬，发挥越好。

孩子的学习成绩是一部分，身心健康更要关注。小学二年级，他们的班主任因工作和身体原因被调走了。班主任是他们非常喜欢的老师，同学们都很不舍，儿子的情绪也有些低落。回家后，我和他谈心，告诉他换老师这样的事情以后会遇到更多，必须要适应。是金子总会发光，新老师来了，各方面表现好的孩子，老师都会喜欢。孩子听进去了，之后一切表现如常。五年级又换了班主任，儿子这次没有焦虑，很快就和新老师打成一片，毕业考试成绩也很优秀。

孩子爸爸因为工作的关系，以前不常在家，和儿子接触的时间不多。一次去幼儿园接孩子，发现儿子对他有陌生感，这让爸爸意识到陪伴的重要性，于是毅然放弃高薪工作，回到了孩子身边。节假日，天气好时，父子一起爬山、骑车、打球，进行各种体育锻炼。小学四年级时，两人大概骑行 40 多公里，骑得大汗淋漓，脸和手臂都晒红了，但途中儿子没有抱怨一句，和爸爸一起休息一会儿，继续往前骑。有爸爸护着，照看着，孩子慢慢变得胆大、坚韧。在孩子的成长过程中，父母都是不可缺失的，光有妈妈不行，爸爸一定要参与。

结合书本，出游增长见识

“书中自有黄金屋”。在阅读过很多图书后，儿子对阅读的兴趣越来越浓厚。除了文学类的小说读物、游记，他还喜欢看历史故事。比如《明朝那些事儿》，作者写的特别风趣，他每次都是边笑边看，一套几本读下来，不仅愉悦了身心，还收获了历史知识。儿子最喜欢看的还要数百科类书籍，从早先看的《十万个为什么》《图书天下百科》到《青少年百科知识大全集》等，只要有空拿起来，就舍不得放下。

从小学开始，我们有意识地增加了出行计划。绍兴的鲁迅故居，从百草园到三味书屋，体验了一番鲁迅先生的童年生活；杭州西湖，实地探访白堤、苏堤、三潭印月，听雷峰塔的传说，体味东坡先生的诗词意境；苏州古典园林的宅园合一，亭台楼阁，奇石嶙峋；南京中山陵的庄严肃穆，夫子庙的秦淮风光；乌镇的小桥流水，江南水乡；福建的永定土楼，“四菜一汤”；厦门的鼓浪屿与钢琴的渊源，厦门大学的美丽校园，福州三坊七巷的马鞍墙和特色小吃；北京天坛的回音壁，天安门的升旗仪式；故宫太和殿的正大光明匾，颐和园的百米长廊，万里长城的险峻雄伟；走进清华大学校园，驻足二校门和清华学堂，体会朱自清先生笔下的荷塘月色；领略上海滩的繁华，感受各地小城市的质朴平淡。结合平时书本里读到的内容，陪着孩子在不同的城市留下足迹，既增长了见识，又开阔了眼界。

坚定目标，勇往直前

儿子从小就将大科学家钱学森先生当作偶像，所以他的大学目标就是清华大学。小学四年级时去北京旅游，参观的大学就是清华大学。那时我还开玩笑地说：“以后来清华大学读书，你就能更从容地逛校园了。”

初二暑假，儿子打算考镇海中学，报名后参加了镇海中学一个星期的夏令营，儿子当时明确地告诉我：“妈妈，我一定要考镇中，我喜欢挑战。”“好吧，爸爸妈妈支持你，为你加油。”第一次考试没有成功，回来后继续学习。我们和孩子一起，找各种习题，请教资深老师……功夫不负有心人，第二次顺利考进镇海中学，而且成绩比较靠前。进入镇海中学后，儿子选择参加物理竞赛。在物理竞赛老师那儿知道清华大学有一个“钱学森力学班”，他更加坚定了学习目标，非考入清华大学不可。

开始因为竞赛基础差，儿子吃力地追了好久，半年后才慢慢有了头绪，成绩开始稳定下来。但是竞赛生的不确定性太大，万一竞赛没能取得好成绩，得不到保送资格，别的课程又都落下了，高考的压力实在太重。但儿子都咬牙坚持下来了，一来是自己喜欢物理竞赛，二来基础还不错，学考都能轻松过关。

因为我们心态平和，从来不在孩子面前表现出焦虑和慌乱，耳濡目染，儿子也一直都从容自信，荣辱不惊。他的物竞老师经常说，不管成绩好坏，在小闻脸上从来看不到着急和不安，夸他是“淡定哥一枚，心态太好了”。

和谐家庭，孩子的幸福港湾

温暖和谐的家庭是儿子最减压的港湾。孩子从小就和我们像朋友一样，平等相处。回家后，学校里发生的各种事情都会和我们聊上一会儿，同学的，老师的，八卦一下。儿子喜欢猪，给自己取个昵称叫小猪。于是，我们就光荣地成了“猪妈”“猪爸”，他的同学也都这样称呼我们。家里发生的各种事情，能让儿子知道并参与的，我们也会征求他的意见，倾听他的想法。孩子信任我们，喜欢和我们聊天。在聊天中，无形地帮他减压了。

高中因为住校，不能每天见面，我就每星期去一次学校，陪他吃个饭，陪他聊聊天，给他带点零食，出去散散步，想方设法让儿子一直保持良好的状态。因为各方面都比较顺利，没有给他造成大的压力，2019 年的全国中学生物理竞赛终于取得了好成绩，顺利进入国家集训队。

陪伴儿子成长，既是付出，同时也在收获幸福。家长的陪伴，是孩子成长路上最好的爱。作为过来人，我要说的是：请不要吝啬时间，不要错过陪伴，因为一转眼，孩子就长大了。

进入清华大学后，儿子过得忙碌而充实。以后的发展，还是要孩子自己抉择。人生的路很长，相信孩子会做更好的自己，未来可期。

在自然中感受生命之美

闫相龙

闫同学，高中毕业于山东省泰安市第一中学
2020年考入清华大学信息科学技术学院

“人法地，地法天，天法道，道法自然。”不敢妄论先贤著述思想，只能从中窥得一息，在带领孩子前行的道路上学之、用之。多维空间理论研究者说，孩子是高维智慧生物，之所以在成长中慢慢落于凡俗，皆因父母“碍”之。就目前的普世认知现状来看，这话似乎说得有点过了，但十几年走过来，我却深信不疑。

六个月以后的孩子就是一个小精灵了，在沙滩上会探索沙子的奥妙，在草丛中会感受那丝盎然绿意；树荫下与蚁为伴，球场上与影嬉戏；抱着小狗酣眠，搂着小兔子微笑……

冬去春来，四季更迭。融入自然，自我成长。

四岁的孩子好像就是一个小大人儿了，我们从此开始了每年一处的名山大川之旅。生在泰山脚下，长在汶河岸边，登泰山自然是首选，也是孩子人生中的第一次自我挑战。

五一的清晨很是凉爽，细弱的春风拂过一丝凉意，也有一丝清爽。

“儿子，按原定计划没问题吧？”“走到中天门休息一会儿，到天街吃东西。没问题！你们行我就行！”“那谁讲泰山的故事啊？”“这个得轮流讲。”说着还不好意思地笑了笑。我们一行三人在泰山“老奶奶的传说”中，在“孔子登临处”的兴奋里，在“杜甫齐鲁青未了”的感叹中，一路欢笑，一路学习。

上山容易下山难啊，返回时天已擦黑，小伙子有点儿撑不住了。我思忖：一是要休息，机体累了就得休息；二是挑战自我，突破极限，且行且看。真不行，拼了老命背着这家伙走下山。

“儿子，妈妈好累啊，腿还疼。”“我也累，腿也疼，你试试，这样颠着走腿就不疼啦。”我也学着他一颠一颠地走，就这样相互鼓励着走到山脚，坐上返程的3路车。

泰山几乎每年都要“打卡”，沐浴着春风爬过，头顶着烈日爬过，硕果累累中爬过，雪花飞舞中爬过；微风拂面中爬过，飞沙走石里爬过，漉湿雨地中爬过，地冻冰滑中爬过；白天的青翠，黑夜的雄浑……领略泰山之美之雄之伟之秀。除此之外，每年暑假再“打卡”一座名山，从千佛山、崂山到黄山、华山、庐山、峨眉山等，还有川泽湖泊……

读万卷书，行万里路，丰富了知识，增添了美感，开阔了眼界，提升了境界。

人本自然，融入自然，自然成长。

小时候，孩子的语言发音是各位爸妈的关注点。我家孩子的“婴语”曾经也有一个小插曲。记得一岁半的时候，做了一次炒木耳，孩子学着说“美儿”。因为这句“美儿”，把姥姥乐得不行，还学给我，我当时也乐了。我让儿子再说一遍，他却不说了。

我一下子意识到了问题，在吃饭时让他爸爸快速说木耳，我也快速说了一遍，结果我们的发音都是“美儿”。然后我说：“木耳这个声音原来说快说慢真的不一样啊，儿子，你也说快点儿试试。”儿子这会儿没有委屈了，大声说“美儿”，还说了两遍。我悬着的心放下了。

语言发展本身就是一个过程，只要没有器质性病变，我们成年人要尽量做到两点：一是不可纠正，二是更不可嘲笑。一旦给孩子留下阴影，可能需要用一生去治愈。

写字也是如此。由于上学太早，家庭作业可以不写，但课堂上是要写的。有一次，我发现他本子上的“8”字写得特别好，仔细一看是两个圆圈叠在一起的，我偷偷地乐了。他爸爸也发现了，让我教孩子改正过来。我说这并非原则性的错误，和汉字的倒插笔顺不一样，他自己会改正的。现在把精力放在这样的事情上会很累的。果然，在二年级的时候，孩子一笔写出的“8”就很漂亮了。

道法自然，自然成长。心之所向，必有所为。顺势而为，事半功倍。迂回引导，心乐所从。

五年级时班里换了一位班主任，班主任也是语文老师。这位老师上课特别认真，也特别负责，布置的作业多一点，并且天天检查落实。没写过作业的儿子，为了这事儿很是“抓狂”。

第一天就和老师起冲突了，据老师说他是一脚踹翻桌子跑出来的。当时我就在教学楼下，一抬眼就看到了气咻咻的小家伙儿。还没冲到我跟前儿，儿子就大声喊：“妈妈，我们走！快！”紧接着老师气喘吁吁地在后面喊：“你别跑啊！”

班主任老师一抬眼看到我，马上说：“这孩子太拗了，你说怎么这么拗呢，没说啥事儿啊，这是怎么了！”老师语气中很生气又很无奈，自己委屈又心疼学生，不知道哪儿得罪了自己的学生。我的潜意识是给老师找回面子，这个念头就那么一闪而过，瞬间就想到儿子也需要面子呀，尤其是这个年龄段的孩子。

我立即满脸堆笑：“老师您辛苦了！谢谢您送孩子下楼！你赶紧忙吧，还有那么多孩子……”我一没训孩子，没贬低孩子，二没就事论事地向老师了解情况。师生二人的面子都有了，我当了一回老好人。但这仅仅是一个开始。

路上，我们慢慢聊起了此事。由于孩子感觉妈妈和他在一条战线上，所以竹筒倒豆子似的将课堂上的事都告诉了我。原来是老师统计背课文的学生，没统计上他，发生一个小误会。

情绪稳定住了，接下来就需要据实分析一番啦。

“儿子，你觉得老师为什么没有统计上你呢？”

他不吱声。也许是真的想不出为什么，毕竟只是八九岁的孩子。我继续说：“其实我小时候也遇到过这样的事，现在我做了老师，我努力尽职尽责，尽量不让我的学生受委屈、被误会。但是啊，即便是这样，也发生过误会学生的事情，我也委屈过我的学生……”

“你是怎么误会你的学生的？”

“有好多次吧。有的时候，作业完成没统计上；有的时候，举手不明显，没看到学生举手我还训人家；有的时候，两个同学闹矛盾，我却误会其中一个同学……反正很多吧，但是啊，每次了解了情况后，该道歉的就道歉，相互沟通一下就没事了，这样反而还拉近了我们的师生关系呢。”

“那我刚才是不是举手的时候老师没看到啊？”

“有可能。”我停顿了一下，观察他的神情。然后继续说：“我觉得没看到有两个原因：一是你举手低了一点，被同学挡住了；二是老师看得不仔细。”

长时间的沉默之后，他开始自言自语，“我明天要找老师，给老师说一说，我们也沟通一下。还有呢，以后我要把手举得高一点，或者我直接帮老师来统计人数。你觉得呢，妈妈？”

因势利导，如川泽走势，水到渠成。

“让孩子归于自然。”老卡尔带着自己先天不足的儿子在田间山野呼吸新鲜空气，给孩子讲古老的传说。八岁的卡尔除了有渊博的知识，还有高雅的审美情趣，超强的创造力。卢梭在《爱弥儿》中说：“教育的最终目标是培养自然人。”

成长于自然，自得一份天然淳朴；与万物为伴，自能激发一分好奇；尊重天性，因势利导，反会少了曲折，没了逆反。

无心插柳，绿树成荫

李青

李同学，高中毕业于石家庄市第二中学理科实验班

2020 年考入清华大学致理书院数学与应用数学专业

2020 年，孩子以高考分数 702 分、奥数银牌的成绩通过强基计划进入清华大学，这在我们意料之外，但细想起来，似乎又在情理之中。

我生于农村，儿时曾经成绩优异，被老师和家长认定将来能考上清华大学，但随着时间流逝，却逐渐泯然众人。我爱人和我有大体相同的经历，我们只是考上了河北省很普通的一所大学。因为有了这份经历，尽管孩子从小就很聪明，一直是大家口中“别人家”的孩子，我们也从来没有把清北当成他将来的奋斗目标，至少在高三以前是这样，根本没敢想。我们只是想让他按部就班地完成每一个阶段需要完成的任务，尽量少走我们曾经走过的弯路，全面成长，拥有健康的人格，考上一所比我们母校更好的大学，仅此而已。

跟其他家长类似，我们也是从孩子很小的时候就开始试着教他认字、背诗、算数。我个人的经验是，背诵古文古诗会集中孩子的注意力，能够开慧，只管让他背就行，不用理解。孩子从小表现出了与其他同龄人不一样的专注力，两三岁的时候，一套简单的玩具，他在茶几上能玩几个小时，根本不用家长管。

小学伊始，给他报了课外班，当时也是因为看到别人都在报名，就去报了，没有太多考虑。课外班报了书法、二胡、乒乓球、围棋等，全是玩的，唯独没有报奥数、英语等跟学科学习相关的课程。当时一方面听说奥数无用，课外学习也无用，另一方面也是想减轻孩子的学习负担。现在回想起来，这么做主要还是作为家长的我太粗心大意，对高考机制了解不够，根本不知道考名牌大学还有竞赛这条路可以走。直到后来我才明白，当时我这个选择也许是错的。

给我印象最深的是两件事：一件事是小升初的时候，我去石家庄所有的初中名校都报了名，认为凭借孩子小学连年年级第一的成绩，他们至少会给一个考试的资格，

结果没有接到任何一个学校的电话。后来才明白，一是因为我们所在的小学很普通，二是因为孩子没有学过奥数、计算机等竞赛类课程，没有竞赛的奖项。第二件事就是2019年孩子奥数全国决赛只获得银牌，接着到北京参加丘班复试时落选了。孩子的妈妈告诉我，结果出来后孩子伤心得哭了，我听后心如刀割。其实在全程陪同的过程中，我已经看到了他失利后疲惫落寞的神情。我的心里也非常难过，后悔当初没有早点让他学奥数，高中再学实在有些太晚了。他数学有天赋，小学到高中数学经常是满分。如果早点开始学奥数，也许早就出成绩了，不至于后来这么被动。所以，关于竞赛和其他科目的课外班，作为家长不能人云亦云，有条件的话还是要适当给孩子报下名，如果孩子适合奥赛，自然就会出成绩。不适合的话再及时进行调整，也没有大碍。

课堂学习，我们着重要求他上课务必认真听讲，不能分神，回家把作业完成就行。这是我和孩子妈妈一致的经验。课上学明白了，事半功倍；课上不认真听讲，课下要花更多的时间和精力才能补回来，甚至根本补不回来。他也一直是这么做的。从小学到高中，除非作业非常多，他基本没有熬过夜，高考前也是如此，最晚11点半肯定睡觉，以保证第二天的学习效率。

当然，能做到课堂上一直认真听讲并不容易，需要很强的专注力。很多孩子刚开始专注力都很强，随着年龄的增长就逐渐弱化了。他能够一直保持，我觉得一方面得益于他的自身素质和良好的学习习惯，另一方面也跟后来学习围棋有很大关系。他从一年级开始学围棋，一直到初二打上业余五段，中间基本没有间断。围棋博大精深，益智开慧，同时又蕴含着丰富的人生哲理。长时间学习围棋，对提高专注力、逻辑思维能力、记忆力都有很大的帮助，这几项，也正是学生课内学习最重要的几个方面。我所认识的围棋学得好的孩子，没有一个学习成绩差的。

小升初，正如前面提到的，没能进入名校，只去了一所在市里处于中游的中学。一千多名学生，第一次考试全校排30几名。后来基本每次都有进步，初三上学期进了前十，下学期基本就进入前三名了。初三还去西安参加了西安交通大学少年班初试，当时觉得能上西安交通大学对我们来讲就是天大的满足了，不过同样因为没参加竞赛，数学经常满分的他居然好多题都不会做，最终复试都没有资格。中考时成绩是627分（总分650分），裸分年级第一，全市前十，孩子如愿进入了石家庄市第二中学。直到这时候，我们才知道上名牌大学还可以走竞赛这条路。

从高一开始，他每周参加一节二中的物理和数学竞赛课程。他本想两门都参加，但学校只让选一门，最终他选择了数学。高二上学期，他们就学完了高中的全部课程，下学期正式脱课专攻奥数。跟他一起专攻奥数的，大多是小学和初中一直都在坚持学奥数的孩子。很长时间里，他都有很大压力，尽管进步比较快，但他始终感觉无法超越那几个早就开始学习奥数的同学。庆幸的是，他没有退缩，很好地把压力转化成了动力。

在后来的时间里，他一方面加强自身的学习，另一方面更多地和教练以及优秀的同学交流，探索更好的学习方法和解题思路，形成了自己的方法。第一年参加全国高中数学联赛，获得了省内二等奖。第二年接近联赛的时候，他的成绩突飞猛进，先后获得了全国东南地区数学奥林匹克竞赛和中国数学奥林匹克希望联盟竞赛的一等奖，并借此取得了清华大学的金秋营名额。之后的联赛他超常发挥，以全省第二名的成绩进入省队，并最终在全国比赛中获得了银牌。

走竞赛这条路，现在想起来有点后怕。如果再让我选择一次的话，我也许不会给孩子选这条路。孩子前期没有竞赛基础，还要停一年的课，更关键的是，2020年教育部下文取消自主招生，启动强基计划。如果拿不到银牌以上的成绩，对于进入清北等名校几乎没有多大作用，而且他们比没学竞赛的孩子少了一年多的课程学习时间。像他这种情况的孩子，进入省队是何其艰难！更别说全国比赛还必须拿到银牌以上的成绩！不过也许正因为我们前期的无欲无求和无知无畏，才让孩子走上了这条路并一直坚持下来，反倒成就了他的清华梦。

回归正常学习后，第一次月考他只考了530多分，当时距离高考只有半年的时间。也许是竞赛的高强度训练提升了他的拼搏精神和自主学习能力，在有限的时间里，他知耻后勇，成功地将自己的学习成绩稳步提升到接近700分，并最终在高考中考出702分的高分。

度尽劫波，一切的一切，似乎恰好可以用一句“无心插柳柳成荫”来形容。当然，到如今强基政策彻底落地之后，后来的学生完全可以根据政策的要求，合理分配竞赛和其他课程时间，不必像以前那样孤注一掷。对于学有余力的同学来说，走竞赛这条路仍然不失为一个很好的选择。

考上清华大学，相比我们最初的期许有些意外，但也并非没有原因。除了上面提到的一些因素，我们最初没有给他定过高的目标可能也是一个原因，这减轻了他的外在压力，他自己反而主动用更高的标准来要求自己。比如在初二的时候，他的成绩进了全校前 20 名，当时他妈妈说保持住就行了，他自己却说不行，他要争取进前 10 名。他每一步都有自己的努力目标，能够自主学习，自控力很强，并能主动去借鉴同学好的学习方法，从而琢磨出一套非常适合自己的学习方法，最终成绩在短时间内获得了较大提升。

除了学习，在做人方面，我反复和他强调要善良、积极、乐观，胸怀宽广。我经常把自己的一些生活感悟告诉他，让他对于人生尽早有所认知，少做以后可能会让自己后悔的事。

林林总总说了这么多，也只是简单回顾了一下孩子的成长过程，如实介绍了与学习相关的几个方面。希望后来者能从中有所借鉴，规避我们曾经犯下的错误，找到适合自己孩子的学习方法，陪伴孩子健康成长。

躬身种豆在平芜，丰昌酬勤胜春山

江敏

宛欣同学，高中毕业于江苏省通州高级中学

现就读于清华大学日新书院

首先恭喜您能看到这本书，说明您很关心孩子的成长和家庭教育。其次感谢您阅读我的这篇文章，也许这些文字不够有温度，不够有力量，但每字每句都是我的肺腑之言。我用文字将全家陪伴孩子一路走来的些许成长经历记录下来，毫无保留地分享给大家，希望能给正在路上奔跑着的孩子与家长们带来一些启发。同时非常感谢从幼儿园到大学阶段一路陪伴，引领孩子成长和前行的各位老师。

高中之前，其实无论孩子还是我们，并没有充足的自信将清华大学、北京大学作为高考的目标，那个时候觉得能够进入 985 高校便已心满意足。直到进入高中，学校请来被清北录取的学姐、学长给大家分享经验，才深刻体会到榜样的力量。这些闪闪发光的孩子就在身边，如此靠近又如此熟悉，于是我们开始思考，是不是我们也可以试一试，把高考目标调整一下，或许可以定得更高些?

高二的一次期末考试，丫头取得了全区文科第一的好成绩，这对我们是一个很大的鼓励，于是逐渐把目标定在了九校联盟（C9）。高三的考试数不胜数，在全市模拟考试中，女儿又取得了南通市第一名的佳绩，我们的胆子便更大了一些，把目标提升为清北，认为即便实现不了这个目标，围绕着这个目标努力，最后的结果自然也不会差。

高中三年，我们全家全力以赴，不遗余力，目的是不留遗憾，如今终于走进了清华大学。丫头常说自己就是个普通的孩子，但用大家的话说，在清华园想要做个普通人，也要付出非同一般的努力，依然不能停下前行的脚步。

虽然以上这一切说起来似乎顺其自然，但事实上没有任何成功是理所当然的。在这水到渠成的背后，有着孩子智慧与拼搏的汗水，同样也有我们家长的助力。其中有几点我认为十分重要，在此与大家分享。

良好的习惯，从小抓起

其实，鲜有孩子是天生自觉、天生优秀的，再好的树苗也离不开生长的土壤。丫头并不是从小就自觉自律，想要达到这个目标，需要家长不断地引导。孩子小时候，我们工作很忙，接送孩子都是由爷爷奶奶负责。

爷爷算是半个文化人，经常用带有地方特色的普通话给孩子讲故事、报生字等，对孩子的要求也比较严格，培养出很多在日后受益匪浅的好习惯。爷爷尤其对书法练字的要求非常高，也就是在这个阶段，孩子形成了良好的书写和阅读习惯。小时候，爷爷经常给丫头讲《三国演义》《水浒传》《上下五千年》等经典名著和故事，《十万个为什么》也是每日必读书目。电视上播放的也经常是法制节目，丫头在耳濡目染下日益有所收获。也是从那时起，好奇心与探索精神的种子在孩子心中开始生根发芽。

给予孩子独立思考的空间

记得小学三年级的时候，已经有了奥数拓展题。对于一道拓展题的解题方式，有时爷爷、我和丫头有三种不同的意见，出现分歧后，三人争论不休。之后我们开了一场家庭会议，经过充分商量和讨论后决定，不应再纠结于孩子题目的对错，而是要帮助孩子养成独立思考的习惯，遇到问题让孩子利用自己课堂所学的知识去解决，或者寻求同学、老师的帮助。三年级开始，所有的作业，我们只看是否完成，不会复查对与错。渐渐地，孩子对家长的依赖减少了，课堂效率也提高了。

虽然我不会给孩子讲奥数，不会给孩子读英语，但是我会仔细观察孩子哪里进步了，及时肯定并表扬，不断提升孩子的自信心。每个孩子都有自己的特点，家长是孩子的第一任老师，也是最了解自己孩子的人，因此也更能因材施教。

丫头自己的努力加上家长的积极配合，从小便养成了良好的学习习惯和阅读习惯，包括平日练习书法等方面，都打下了扎实的基础，为她后来的学习带来了很大的优势。独立思考的习惯，不仅仅限于做某道题上，更体现在孩子对学习的整体规划上，使孩子对时间的管控合理有度，能够妥善规划自己的时间，找到最适合自己的高效率学习方法。

中考结束后我接孩子回家的途中，她非常开心地跟我说："妈妈，我觉得我的童年太幸福了，因为我的大部分同学假期都在补课中度过，我则拥有很多自己可以掌握的自由时间。”我说：“是呀，这些自由时间，都是你积极争取过来的。如果不善于根据自己的情况安排学习，我们也会把很多时间浪费在奔波于补习班的路上。”

一路走来，我们给了孩子足够的弹性空间。其实无论是学习还是以后进入社会，参加工作，孩子终归都会有自己的生活，真正了解他们的还是他们自己。家长在孩子成长过程中可以有适当的指引，但不应该完全控制，要让他们学会自己做选择，学会承担自己选择的结果。学会独立，学会规划自己的人生，远比家长包办一切更有价值与意义。

成长比成功更重要

丫头中考取得了不错的成绩，进入了理想的高中。一入学，她便积极竞选班长。除了学习之外，作为班长，她需要花不少时间去协调处理学校及班级的各项事务。因为她从小学到初中一直都担任班长，所以有很多经验，各项工作都能处理得很好，并没有因此影响学习。

很多家长经常会问：孩子到底要不要当班干部？会不会影响学习？我们全家的观点是一致的，一直鼓励孩子多为班级和集体做贡献，多承担，多付出。这样不仅锻炼了孩子的综合能力，心胸也更宽广了。在我看来，这是孩子成长过程中不可或缺的一部分。培养责任感，让孩子学会了担当，学会了为他人着想以及顾全大局。

记得高一的一个晚上，当时已是凌晨1点多，丫头突然推开我们的房门说：“爸妈，快起床，陪我去趟学校。今天轮到我值日，最后离开的人应该关闭门窗和电源，但是我走得着急了，不知道最后离开的同学有没有关闭电源，可能有安全隐患，我们现在过去检查一下。”睡眼蒙眬的我们，突然被孩子的这份责任心深深感动，马上陪同孩子奔向学校。

父母对于孩子责任感的培养，应该是从小到大，贯穿始终的。我始终相信，孩子的成长比成功更重要，因为只有不断成长，培养宽广的胸怀、健全的人格以及社会责任感，才是一切成绩的大前提。

与孩子一同冲刺

高三到来，战斗的号角吹响，每个孩子都进入了冲刺阶段。人生能有几回搏，此时不搏待何时？

2020 年 1 月中旬，我们接到清华大学冬令营报名审核通过的通知，有机会到北京参加学习考试。可是这个时间却与南通市的一模时间安排发生冲突。我们有点期待，又有点纠结，毕竟得到这样的机会很不容易。但一模也很重要，是孩子这么长时间以来第一次在全市展示学习成果的机会。经过商量，最后丫头决定：去！

我们也决定和孩子一起奔波：12 号报到，13 号冬令营考试结束半夜赶回来。14 号凌晨到家，上午正常参加南通市一模考试。起早贪黑，来回奔波，孩子非常辛苦。但是孩子积极参与了，体验了，再辛苦也值得，最起码没有留下遗憾。父母的高度影响着孩子一生的高度，影响着孩子的未来。因此，作为一名母亲倍感压力，也需要更加努力，做好榜样。

丫头高二期末考试取得了总分 415 分和第一名的好成绩，但突然发现结果很尴尬，主要因为这次考试历史科目等级是 B。按照江苏高考的录取规则，等级为 B 是无法报考 985 排名靠前的院校的。从此，历史课本及资料就成了丫头的枕边书。每天晚上 10 点左右下课，到家洗漱后，有半个小时的时间她可以自己安排，丫头每天带回来的课本不是历史就是数学。高三这一年，基本就与这两门功课“死磕”了。

孩子晚上到家后，我给自己安排了两个小任务。

一是每天设置 23:00 的闹铃，到时间我就会关注孩子是否关灯休息，以免影响第二天的课堂效率。有时候为了搞定一道数学题，闹铃响了，丫头还不肯睡，说再有 5 分钟就好了。一般我也会再给她 10 分钟时间，避免过度催促。

二是察言观色，看丫头当天的情绪如何。如果开门就嚷嚷“妈妈我回来啦”，随后开始日常聊天，那我就可以安心。如果孩子进门后只打招呼，不打开话匣子，那我作为“心理辅导大师”就得“上线”工作了。我会旁敲侧击，询问她在学校是不是遇到了什么困难，或者发生了什么不愉快的事情。通过有意识的引导，让孩子打开心扉，倾吐不快，然后给她提出一些建议，帮她一起解决白天遇到的问题。结果或是大哭一场，或是重新露出笑脸。不管是哪种结果，实际上都能帮助孩子排解掉心中的不愉快。哭过也好，笑过也罢，随后孩子很快就能安然入睡。第二天，一定要让孩子带着轻松愉快的心情去上课。

2020 年，受疫情影响，高考延期一个月进行，这意味着学校、老师、家长、孩子们都要继续再奋战一个月。对于这种调整，孩子能否从心理上坦然接受呢？我们利用晚上接孩子回家的短暂时间，主动跟女儿沟通这个话题，分享了部分地区的孩子在网课都无法保障的条件下，仍然坚持认真学习，备战高考。同时又告诉她，很多部门的叔叔、阿姨为保障高考的顺利进行做了很多工作，都在默默地奉献，每个人都在自己的岗位上加油。我们作为参加高考的学生和家庭，应该珍惜这多出来的一个月，一个月的时间可以做更加充分的准备，这是件好事。对于高考延期这件事，女儿坦然接受并能从容面对。希望更多的家庭，在高考季这一关键时刻，与孩子一起冲刺，一起加油！

2020 年 8 月 15 日下午，我们欣喜地收到了清华大学的录取通知书。高考只是人生的一个点，而生活是一条长长的线。只有保持积极、努力、阳光的人生态度，才能画出一条微微上扬的魅力曲线。

家庭是孩子的第一所学校，父母是孩子的第一任老师。老师、父母、孩子思想统一，各司其职，全力以赴，不必过于焦虑或急迫，只需默默耕耘，静待花开。祝愿每一个奋发向上的少年都能茁壮成长。

自觉学习，成就梦想人生

洪丽娜

葛同学，高中毕业于大庆实验中学

2020 年考入清华大学生命科学学院

2020 年 7 月，葛同学以语文 130 分、数学 143 分、英语 143 分、理综 289 分，总分 705 分裸分考入清华大学生命科学学院。

自从孩子考上清华大学后，很多亲友、同事都想向我“取经”，问我是如何把孩子培养得这么优秀的。说实在的，我并没有觉得自己的孩子多么优秀。和千千万万个家庭一样，我的家庭也极为普通，我是一名公务员，孩子爸爸是一名教师。可能不同的是，我们这个三口之家比较民主、和谐，父母尊重孩子的思想。我们认同顺其自然的鼓励和赏识教育，凡事不过分，不过度，寻求一个孩子和家长都能接受的尺度，既不让他野蛮生长，也不溺爱他，让他有自己的思想主见，同时还有一定的约束。

“问渠那得清如许？为有源头活水来。”在家庭教育中，孩子是“主角”，而我和他爸爸都是“配角”，这一点很重要。我见过很多过分干涉孩子的家庭，结果往往事与愿违。这里我就分享一下孩子的学习经验，算是抛砖引玉吧。

首先，要让孩子爱上阅读。读书是最好的兴趣，也是最好的老师。我们从孩子两三岁开始，坚持每天晚上给他讲睡前故事。从开始读一些简单的儿童故事和《三字经》等启蒙读物，渐渐过渡到读《海底两万里》《环游地球八十天》《少年毛泽东》等小说和名人传记。通过阅读，儿子也变得爱学习，爱提问题了。

遇到他喜欢的故事，会要求我反复读很多遍。有时候读着读着我困了，读得不顺畅或读错了，儿子会马上提醒我，同时重复一下书中的原话。那时我就感到小孩子的记忆力真好，于是便引导他自己阅读感兴趣的书籍。我们还根据孩子的年龄，选择了不同层次的读物，比如他刚识字时看《名侦探柯南》《老夫子》等漫画，再到《世界画报》《爱科学》《福尔摩斯探案》等。

古人云：读书破万卷，下笔如有神。阅读对于孩子大有裨益，不仅仅是对于语文的学习，对于理解力的提高和开阔视野等，都有深远的意义。阅读起到了“随风潜入夜，润物细无声”的作用。

二是遵从孩子的兴趣，尊重孩子的选择。在如何培养孩子的个人爱好上，我们也算是“过五关、斩六将”，颇费了一些波折。孩子自5岁起开始学习绘画，2008年汶川地震发生后，他参加了主题为“同一片蓝天，手牵手，心连心，为四川加油，为中国加油”的绘画比赛。孩子画了一个会飞的房子，他说有了这样的房子，小朋友便不会没有家了。因作品富有创意，荣获了儿童组一等奖。

虽然孩子画画学得不错，可渐渐地他不喜欢了，说什么也不学了。于是，我们给他选择了打乒乓球，那年他7岁。乒乓球打了一年，他又不喜欢了，这可把我们愁坏了。我们希望他能坚持下去，可他最终还是选择了放弃。没办法，我们只能尊重他的想法。

我问儿子，你还喜欢学点什么？他说：“幼儿园的石老师会弹钢琴，我想学弹琴。”考虑到前两次他都半途而废，我想小家伙这次可能还会半路弃学，心里直犯嘀咕：弹钢琴能行吗？钢琴的价格太高，儿子兴趣刚来时，我们只好给他买了一架电子琴。本以为这次他可能又是“三天半新鲜”，没想到这次他找到了真正的兴趣点。

练琴是一件很枯燥、很辛苦的事，可在他眼里，琴键却成了他快乐的“发音盒”。孩子每天都坚持练琴，从不用我们当陪练。坚持一年多后，我们下决心给他买了一架钢琴。就这样，孩子一直学到初中毕业，通过了中央音乐学院业余十级的考试。

高中后，因为学习任务重，便搁置了钢琴学习。但培养起来的爱好，会让他一生受益。上高中后，他虽然不经常弹琴了，但稍有空闲，他还会用弹琴宣泄内心的焦虑和紧张，弹琴成了他最好的解压方式。

2020年1月，清华大学高水平艺术团招收钢琴考生，我们想多个走进清华大学的机会，于是停下文化课，集中学习了5天钢琴，每天坚持练琴10多个小时，儿子手都磨破了。因为长时间没有系统地练习，复赛时遗憾出局。我们以为孩子会沮丧，谁知他却笑笑说：“没事，重在参与，经历本身就是一种财富。”听到孩子这么说，我们也把悬着的心放下了。看来，孩子的思想比我们以为的更成熟，面对挫折和意外，他已经能正面直视了。

通过参加清华大学钢琴考试，孩子更喜欢清华园了，这也激励着他在高三最后阶段加倍努力。也许这就是“有心栽花花不开，无心插柳柳成荫”吧。

无论孩子的兴趣如何，学习什么特长，其实对孩子都是一种提升，对孩子的学习也会有一定的帮助。譬如弹琴需要长期坚持练习，对孩子的毅力是一种磨炼。另外，弹琴需要眼、手、脚协调并用，对孩子的大脑开发也有一定的益处。孩子的数理能力较强，或许也和此有关吧。在孩子的成长过程中，家长应多帮助孩子去探索，发现其真正的兴趣。多做一些尝试，或许会有一些波折，但终究会有收获。

三是培养孩子“独立之精神，自由之思想”。自主学习与独立思考能力，是孩子走向成功的动力和底气。我的孩子从上小学起就自己独立完成作业，然后由我检查签字，有问题则自己改正。初中就不需要检查了，只负责签字即可。高中更是字也不用签了，孩子的学习几乎不需要家长参与。孩子刚进入高中阶段，我还觉得自己要“失业”了，有点不适应。孩子从小培养出的自主学习能力，已经不必再让我们花费精力去关注他的学习了。

除了课内的学习，孩子对课外学习也很感兴趣，在高中他就参加了竞赛。当时听说裸分考清北难于登天，如果竞赛成绩优秀，会有降分录取的优惠政策，我们支持孩子参加物理竞赛。除了平时周三、周五下午的竞赛培训以及寒暑假各十天左右的竞赛营集训外，其余的时间皆是自学。那一本本物理竞赛的书，简直是“天书”，需要花费大量时间来领悟，有时甚至连课内作业都无法保证完成，没有极强的自主学习与思考能力，是根本无法坚持下来的。高一时参加竞赛学习的有近百人之多，到了高三上学期就只剩七人了。但是，功不唐捐，2019 年 9 月，孩子在全国中学生物理竞赛中荣获省第一名，竞赛生涯至此圆满结束。

孩子善于思考钻研，高中时碰到一道难题，有时会研究一个多小时。我时常劝儿子放弃，问问同学或者老师，省出时间来多做几道题，然而他总是坚持自己琢磨出来。儿子高中三年没有上过课外班，没有刷很多题，只是哪个知识点没弄清楚，找相应的习题进行练习并归纳总结。

“守得云开见月明，静待花开终有时”，事实证明，只有坚持独立思考，才能建立起完整的认知体系，从而达到一通百通的境界。

其四，“咬定青山不放松，任尔东西南北风”。经常有人问我：你儿子能考上清华大学，你是不是给“加草料”了？光学书本上的知识能行吗？其实，我的儿子真没有“加草料”。尤其是高中，课内的作业和竞赛任务就已经非常繁重了，我们没有再给他报课外补习班，也没请过一对一的家教。所有的学习都是在课堂上，认真听讲，跟上老师的讲课节奏。

自上小学起，儿子便养成了一个良好的学习习惯——认真听课并及时高质量地完成课后作业。小学时，他放学一回到家便开始写作业，晚饭前便能完成作业，晚饭后我们就去附近的公园散步。中学时作业量加大，但平时晚上他也能较早地完成作业，周末也有空闲时间在外面玩。从小学到初中，我们没有给孩子额外买过练习册，一直是紧跟老师的节奏，一点一滴地积累。

到了高中，听说想考上排名前十的大学，必须要多刷题，于是我就买了几本练习册，告诉孩子有空做做。然而等高考结束后整理书籍，发现那些练习册都静静地躺在那里睡觉，一笔未动。但儿子高中三年成绩一直稳步提升，由中考的全市二百多名到最后高考的全市前十名。可以看到，一路走来，紧跟老师的节奏，无须花费大量的额外精力，就可以取得良好的学习效果。

其五，“风声雨声读书声，声声入耳”。学校不是象牙塔，也不是保温箱。让孩子经风雨见世面，主动参与各种社会活动，他的身心能得到释放，同时又能开阔视野，丰富阅历。单位同事 2008 年创立了“爱心公益联盟”，经常开展公益活动，孩子从六岁起就积极参加，包括到敬老院、看守所慰问演出，到武警支队参观，等等。

印象最深的一次是孩子 9 岁时参加环绕湿地 10 公里竞走。活动规模很大，参与人数也很多。但由于天气炎热，有些人走了一段便放弃了，坐上了救援车。儿子也觉得累，想要坐车，我就不断地给孩子加油打气，告诉他前面有发奖章的，咬咬牙再坚持一下。就这样，孩子终于完成了 10 公里竞走。

回家之后，儿子就中暑病倒了。我当时十分后悔，觉得不该勉强这么小的孩子坚持走 10 公里。不过现在回想，感觉还是值得的，这次活动磨炼了孩子的意志，教会了他做事情不能轻言放弃，要执着前进。

总而言之，孩子 18 年的成长之路，我们一直陪伴，这也是我们当父母的在完成自我成长之路。“路漫漫其修远兮，吾将上下而求索”，学习成绩只是孩子成长的一个方面，我希望孩子各个方面都能经受住时间和生活的考验，百炼成钢，百忍成金！

在培养孩子的过程中，我们也在变老，我们也在成长。愿孩子今后翱翔天空，俯仰天地间，在自由飞翔中放飞梦想！

学而时习，明辨笃行

李新亮

李同学，高中毕业于中国人民大学附属中学

2020年保送进入清华大学计算机系

每个孩子都有不同的天性和发光点，我们要发现孩子的特点并进行正确的引导。孩子出生在清华大学校园里，出生后一直在北京郊区怀柔的外婆家长大。那里风景优美、空气新鲜，孩子每天都和外婆到怀柔水库旁摸鱼、摘花、捉虫，和大自然亲密地接触，快乐地生活。

三岁时，爸爸去国外进修，我们一家三口随之也来到了陌生的国度。对我们而言，所有的事物都是新奇的。我们把孩子送到附近的一家教会幼儿园，幼儿园的上学时间是每天上午九点到下午三点。孩子虽然语言不通，但是很快就融入了幼儿园的环境里。幼儿园注重孩子的自理能力培养，所有的事情都是自己做，比如穿衣服、拿背包，大人都不帮忙，让孩子从小便养成自理自立的生活习惯。孩子们基本上不学习文化知识，每天的活动就是唱歌、跳舞、做手工，幼儿园从大学里请来教授教一些基本知识，比如瓶子放不同的东西会发出不同的声音，可以用作不同的乐器，还会组织一些体验生活的活动。

在国外度过两年多，我们回到了北京，孩子在北京又上了半年幼儿园。孩子在幼儿园时期都是无忧无虑的，没有上过任何课外班、早教班。之后步入了小学，进入北京市中关村第二小学。

上小学的第三天，老师便找我谈话：你家孩子上课小动作太多，不认真听讲，不会写字，不会拼音，老师教起来很累。我们开始反思这种快乐教育是否存在问题。每天晚上孩子写作业十分艰难，因为握笔不熟练，还不能写出很直的横，写生字的时候都是弯弯曲曲的。老师也是三天两头打电话，孩子对学习也没有信心。

这时候家长一定要定下心，不要给孩子太多的压力。我和老师认真地交流：让孩子慢慢适应，慢慢成长，不要打击孩子的积极性。我认为在孩子幼小时，家长就是他的后盾，一定要站在孩子的角度，让他有安全感。就这样一直到小学五年级，我们基本上都放养不管。孩子成长过程中总会遇到一些挫折，这个时候家长一定要相信孩子，耐心地等待孩子成长，充分理解孩子，帮他建立自信。

小学三年级孩子开始学围棋，虽然并不算早，但他在围棋上投入了很多时间。到四年级升入业余1段，随后升入业余2段和3段。到了五年级，暑假参加全国性业余比赛，最终与4段擦肩而过，非常可惜。

现在想起来，学习围棋对于孩子的成长还是有一定帮助的。围棋能够锻炼孩子的逻辑思维能力，更重要的是，增加了孩子的比赛经验。学围棋的过程中需要参加大量比赛，从10级到5级、2级、1级，1段、2段、3段，每一次晋升都需要参加正式的升段（级）赛，每一次比赛都要进行很多轮。大量的比赛使孩子懂得了怎样才能克服“想赢怕输”的心理包袱，建立起比较强大的比赛心态。这对于面对重要考试时保持良好心态非常有帮助。

小学五年级快结束时，和同学家长聊天，才知道小升初的事情，原来去重点中学要上“坑班”，要学奥数，还要有各种竞赛的奖项。于是我们开始在海淀黄庄附近的培训机构参加各种培训班学习。父母双方进行分工，母亲管孩子生活，父亲专心辅导孩子学习。

虽然小学六年级已经在加紧补习，但由于起步太晚，小升初时四处碰壁，最终还是与海淀“六小强”重点中学无缘，进入了处于海淀区中游水平的中关村中学。但是小学六年级上的这些培训班也不是完全没有效果，课外学习激发了孩子对数理学科竞赛的兴趣，为初中的学习奠定了基础。

有时候，信心真的很重要。初一第一次举行的摸底考试中，孩子在班里取得了第一名。后来在和孩子聊天中得知，就是那次的第一名让他建立了自信，孩子认为自己得了第一名，是可以做个好学生的。从此，孩子在校内的成绩都非常好，在班级经常处于前列。

与“六小强”这样的重点中学不同，普通中学是不主张学生参加学科竞赛的，也没有专门的校内竞赛培训。至于孩子是否要走竞赛这条路，我们认为，学科竞赛主要是为了拓宽视野，培养创新能力及自学能力，为今后从事科研工作打基础，并不一定是为了中考和高考。孩子也同意这个观点，在课余时间继续学习数学及物理竞赛的知识。通过努力，在初二获得了全国初中数学联合竞赛和物理竞赛的奖项。

初二下半年，他对化学突然产生了兴趣，并在海淀黄庄报了一个化学竞赛的培训班。不得不说，孩子学化学还是很有天赋的，他在初三参加了北京高中化学竞赛（预选赛）并获得了一等奖，这大大增强了孩子参加竞赛的信心。

在中考之前，由于孩子竞赛成绩优异（起主要作用的是全国初中数学联合竞赛的奖项），拿到了中国人民大学附属中学（简称“人大附中”）的签约保送资格。在随后的中考中，由于没有压力，孩子发挥得很好，中考分数比人大附中的分数线还高了几分。

2017 年高中进入人大附中后，我们确定了目标，竞赛和高考兼顾，争取通过竞赛拿到自主招生的降分。高中的学习全靠孩子自己，家长基本插不上手，只是做好孩子的后勤保障工作。当时竞赛降分还是挺普遍的，学校里学竞赛的风气也很浓。由于政策的调整，现在有“国集保送”和金银牌“强基”这两条路。

刚开始的时候，孩子同时学物理竞赛和化学竞赛。后来由于精力不够，高二时放弃了物理竞赛，专攻化学竞赛。化学竞赛不同于数学和物理竞赛，是以知识积累为主，竞赛考的基本上是大学化学的内容，需要学习大学化学的大部分知识，参考书以北京大学化学学院的专业教材为主。现在看来，高中两年里要利用业余时间学完大学前三年的主要专业课程，学习量还是很大的。

人大附中对竞赛教育很投入，学校每周有两次竞赛课程。我们另外在海淀黄庄某机构报了一个校外培训班，每周参加一次化学竞赛课程。实际上，仅靠每周三次的培训课程是远远不够的，还需要投入大量时间用于自学和做题。化学竞赛知识点太多太杂，培训课上只能点出大概，细节还得靠自学。

竞赛对于自学能力的培养是很有帮助的，由于很多化学竞赛的试题来源于最新的国际研究成果，老师让孩子们多关注美国化学会志（JACS）等期刊。时间长了，孩子还真的学会如何快速阅读国际化学文献，英语不熟就用浏览器的自动翻译功能。后来他给学弟们出化学竞赛题，也是从 JACS 里找。

学习化学竞赛也不是一帆风顺的。2018 年高一期末时，孩子信心爆棚，以为化学竞赛十拿九稳了。结果在 9 月的化学竞赛初赛中马失前蹄，只拿到了二等奖，离进入全国决赛的目标差之千里。后来分析原因，除了水平可能还不够之外，主要是心态过于浮躁，审题出现了多处错误，再加上作答太马虎，导致发挥失常。这次失利对孩子打击很大，一度有退出竞赛专攻高考的想法。

好在不久孩子就从失败的阴影中走了出来，其中孩子的化学老师（人大附中化学竞赛教练）对他的帮助很大。老师没有因为他这次没考好而责备他，反而给了他很大的鼓励，说看好他能拿竞赛金牌。同时，老师让他进入了学校的“化学兴趣小组”，每周进行一次化学竞赛实验训练，这些实验训练对于后来孩子在全国化学竞赛决赛上的实验成绩很有帮助。

进入高二后，孩子在化学竞赛上投入了更多精力，除了复习竞赛知识，还加大了做题量，刚开始是每周两套竞赛卷，后来达到每周三四套卷。与京外高中停课学竞赛不同，北京的高中是竞赛与高考兼顾，校内所有课程都要上，竞赛的学习只能靠周末和晚上。好在孩子的数学和物理基础比较好，获得了任课老师的许可，免去了他的数学和物理作业。当然，化学作业也是不用做的。到了高二寒假及下半学期，努力终于有了成果，孩子先后参加了清华大学和北京大学的化学营，都取得了很好的成绩，清华营取得了一等奖，北大营取得了第一批次的成绩。

按照以往的惯例，高考招生应当是能降到一本线的，但当年高校招生政策发生了变化，这些竞赛营成绩有可能无效。但孩子没有受到政策变化的影响，仍在认真准备竞赛。为了备考，高二暑假参加了海淀黄庄某机构的全国培训营，每天一套模拟卷并发布成绩排名。全国培训营中，湖南、浙江、四川等强校的顶尖竞赛高手给他留下了深刻印象，孩子变得谦虚了不少。

2019 年 9 月初，迎来了第 33 届全国化学奥林匹克竞赛初赛，这是孩子高考前最后一次参赛机会了。竞赛前，孩子低调了很多，没有像一年前那样发出豪言壮语，只是说尽量争取考好。考试结束后，孩子表现得也很平静，每天到学校正常学习，准备高考，偶尔看一点竞赛方面的书籍。问他是否需要请假准备决赛，他说等成绩公布后再说吧。一个多月后，初赛成绩公布，孩子取得了北京市第 6 名，获得了进入决赛的资格。进入北京队后，在北京师范大学培训了一个月。

2019 年 11 月底，第 33 届全国化学奥林匹克竞赛决赛在郑州举行，其间孩子发挥比较稳定，实验表现尤为出色。比赛结束后，我们和孩子也探讨了高校签约和选择专业的问题。孩子虽然对化学非常热爱，但最终还是选择了计算机专业。几天后，决赛成绩公布，孩子获得了一等奖（金牌）并进入了全国集训队，因而获得了高校保送的资格。孩子一直犹豫是报清华大学计算机系还是北京大学元培学院，由于孩子是在清华园里出生的，家长有清华情节，希望他能报名清华大学，最终孩子与清华大学计算机系签约。

现在看来，竞赛学习最重要的是培养了孩子的自学能力，尤其是自主从事科学研究的能力。获得保送资格后，孩子利用业余时间自学了计算机学科的知识，很快学会了各种编程语言及算法。后来在清华大学计算机系的学习成绩也一直保持领先，计算机学科的专业知识也非常扎实。由此看来，竞赛对自学能力的培养是大有裨益的。

知识重要，但学习能力更为重要。在这个需要终身学习的时代，尽早培养孩子的自学能力是家长务必要高度重视的。

竭尽心力终为子，三春晖暖子成龙

王阳春

陈同学，高中毕业于海口市海口中学

现就读于清华大学航天航空学院

我是海南省普通家庭中的一位妈妈，儿子出生后，我就默默告诫自己：一定要多陪孩子，让他在快乐的环境中成长。

儿子性格很开朗，“三观”很正，自信、自律、坚持原则，懂得感恩，老师同学都很喜欢他。

初为人父母，摸着石头过河。

在我看来，孩子在幼儿园和小学阶段很重要，这个阶段是养成好习惯的最佳阶段。好的习惯一旦养成，将来他就拥有自主学习的能力。

初入幼儿园，娃娃们普遍爱哭爱闹。第一天送儿子到幼儿园，他拉着我的衣服，要跟我回家。我告诉儿子：“每个小朋友到了这个年龄，必须要上幼儿园，没有人可以替代你，你哭也没有用。如果继续哭，妈妈天黑再来接你；你不哭，幼儿园一放学，妈妈就会准时来接你，你好好想明白哦！”说完，我头也不回地离开了。

下午我去接儿子的时候，园长高兴地告诉我，孩子在幼儿园没有哭闹，他还告诉其他小朋友不要哭，哭了妈妈就会很晚才来接，不哭的话，妈妈放学就会来接我们，结果那天来幼儿园的孩子表现都很乖。

做任何事情，儿子都是信心满满的。我的一次无意之举，儿子却受益终身。小学入学第一天，班里要选班长，班主任宣布谁的声音响亮就选谁当班长。中午放学时，我去学校接他。我偷偷地走到窗户边，看孩子左顾右盼的表情，好像在找啥。我小声喊了一下他的名字，他顺着声音把头转过来，我给他竖起大拇指，儿子立即喊出一句响亮的“起立”。话音一落，老师说，班长就是陈同学。儿子高兴坏了，这个荣誉伴随了他十二年。

帮助孩子养成好习惯非常不容易，我特别注意引导儿子多说多写自己的亲身经历。

儿子上小学时，我接送他的路上行人很多，每次我都会让他用一个成语来形容路上的行人，并用这个成语造一个句子，再扩展成一小段话。儿子一上学，我就告诉他，每天必须先完成作业才可以玩儿。儿子上学阶段从来没有不完成作业的现象，这个好习惯一直延续了下来。

家长要多陪伴孩子。孩子一旦遇到困难，会求助自己最亲近的父母，不会向外人求助，所以，让孩子在安全的环境中成长很重要。记得上小学时，有一次作业遇到难题，儿子想放弃。我就跟他讲，不动脑筋就轻易放弃，明天新的知识就跟不上，现在静下心来，妈妈陪你一起攻克这道数学题。我们把题目一句句读完，每读完一句，我就问儿子这句话的意思，慢慢地，难题就做出来了。儿子高高兴兴上床睡觉了，我不失时机地告诉他：遇事不可急躁，只要肯动脑筋，事情一定有办法解决。

儿子写作文，也经常把妈妈当素材来写。遇到困难时，第一个想到的就是求助妈妈，因为妈妈可以协助他把困难轻松地克服。有一次，他的英语课文背不下来，就在那里发脾气。我看时间很晚了，就跟他商量，咱们娘俩一起比赛，看谁在五分钟内先背下来。最后我先背了下来，他一看我比他先背下来，也不甘示弱，很快也背下来了。

学习没有捷径，笨鸟先飞，必须踏踏实实地学，才可以学好知识，才可以让自己强大起来。十八年来，我们母子都是相互鼓励前行。我家孩子并不聪明，但做事很踏实，很努力。有时考试考砸了，他会很伤心，但是我从不骂他，而是慢慢跟他沟通，不断鼓励他：学习过程漫长，被考倒是正常的事情，因为你是学生；只要自己坚持努力，妈妈相信你完全可以实现你的目标。每次只要有好成绩的喜讯，我总是比他爸爸先知道。

儿子学习主动性很强。小学五年级要学奥数，他说学奥数可以打开解题思维，学好奥数才能考上某中学的免费班。好啊，那我就支持，带儿子去学奥数。功夫不负有心人，最终他考进了心仪的中学。自那以后，每年四期奥数班他从未间断过。正因为儿子的坚持，高考数学成绩他取得了骄人的 145 分。

孩子高中阶段的学习并不像大家想的那么顺利，甚至有的学科月考还有不及格的现象。但是他只要知道自己没有考好，就会马上查找原因，寻求学科老师的帮助，分析问题出在哪里，有哪些知识点没有掌握好，同时拟定下一步学习计划，把弱点弥补上。之后按照计划目标，一个个地努力实现。

高三阶段学习的艰辛我亲眼所见，他经常学习到深夜一两点。我有时看他太困了，就催促他睡觉，他却说：“现在不吃苦，将来就要吃更多的苦。”然后去洗一下脸，继续学习。在无数个这样的深夜里，他努力坚持，仅高三就刷了三百多套数学试卷……

儿子还有一个特别好的习惯：喜欢阅读。这源于上小学时我经常给他读故事。我读到一段很美的景色描写时，突发奇想停了下来，问他：“妈妈读到这段内容，大脑里就有鸟鸣的声音，还有红花绿叶的景象，你有这种感觉吗？”他说：“妈妈，我也有。”我就借机对他讲：“孩子，你以后要是自己去看书会觉得更美，明晚你自己开始独立看书，把书里面好玩有趣的东西分享给妈妈听，好吗？”他很乐意地答应了。

平时带他出去玩儿，只要有书的地方，我就会刻意带他去看书、买书。慢慢地，不管走到哪儿，他第一时间就是找书看，而且还经常把好的词句摘抄下来。在儿子小学阶段，只要是他写得好的作文，老师都会让他读给全班听。我将儿子的作文整理后，都放在了儿子的 QQ 空间，让他有空就看看自己的成长经历。

我们带他出去旅游回来，肯定要练笔头——写作文。高中时，儿子坚持每周写两篇作文，交给老师帮他批改。儿子高中的作文大多只扣 6 分，我想这与他长期阅读的好习惯是分不开的。

儿子也有不足之处，就是爱玩手机，生性固执。作为母亲，我也有无能为力的时候，这时我就会查资料，或者寻求亲朋好友的帮助，以免这些问题成为儿子学习和成长过程中的障碍。由于我善于体会儿子的感受，所以儿子任何时候都愿意跟我分享他的喜怒哀乐。

儿子小学就有明确的学习目标。小升初时有五所中学主动要录取他，中学是他自己选的。小学毕业后，我带儿子去清华大学和北京大学校园参观，他回来说：“妈妈，我喜欢清华园，长大我要上清华大学。”当时我以为小孩子只是说说而已。高考的前两个月，我发现他书桌上贴了“清华我来了”几个字。我就对孩子爸爸讲：这两个月不要给他任何压力，孩子高考目标很明确，他想上清华大学，我们默默支持他就可以。儿子终于实现愿望，拿到了清华大学的录取通知书，我也高兴地哭了。因为我的孩子不是那种天资特别聪颖的孩子，但是他靠着自己的坚持、踏实、吃苦、自律，终于如愿以偿。

绸缪牖户，置心一处

洋妈妈

迟同学，高中毕业于阜新市实验中学
现就读于清华大学新雅书院

2020年，孩子以优异的成绩考入梦寐以求的清华大学。作为家长，喜悦与骄傲之情溢于言表。在孩子的成长过程中，无法计量家长参与作用的有效功，因此仅对真实发生的成长历程给予描述，希望对那些赶路人有些许帮助。

我们所在的东北小城资源枯竭，经济发展常年居于全省末位。就教育资源而言，老师的待遇不高，缺乏名校毕业的年轻老师，教师队伍老龄化严重。孩子们跟上高考新题型已属不易，更不用说参加竞赛了。孩子们的成绩是靠老师一点一点抠基础知识点抠出来的，靠一分一秒挤占学生们的休息时间挤出来的。

好多考入清华大学的孩子都说高中阶段晚上学习没有超过10点半，没在外面补过课。但对于我们而言，晚上12点还没放学，放学后还要去补课，而且这是高三学习生活的常态。也正是在这样的环境促迫下，孩子所在学校连续两年高考出了两个707分，这是省内一些其他名校都不曾攀越的高峰。取得这样的成绩，孩子们的努力，老师的付出，家长的配合，缺一不可，并且各自都竭尽全力，拼到极致。

规划和执行力——家长给予孩子的最大帮助

规划是根据自家孩子的学习能力、学习环境及能够得到的学习资源来合理安排学习，以求在最短的时间内实现成绩最大化。在做规划之前，家长要深入学习和分析，学习高考政策、目标学校定位、高校录取途径；分析孩子目前成绩的差距、孩子各科的优劣、孩子的智力水平、学习习惯，等等。执行力就是家长和孩子要在规划制订之后一件一件去落实，不要因困难而放弃，尽力去做，就会有好结果。

我们的经历应该对一些来自小城市的孩子有些借鉴意义。孩子刚上高一时，听到清北的录取分数线，深深感觉到那是无法触及的天花板。在那时，我们就寄希望于自主招生，如果孩子在高中三年内成绩一直名列前茅，是不是就有进军清北的机会？有了这个大方向，我就开始着手准备。

学校对这方面情况的掌握几乎是空白：没有专业的老师进行指导，对每年的推荐名额也不明晰。这个时候就全靠家长自己搜集有关资料，结合材料进行规划。根据学校的实际情况和孩子的能力水平，我决定只让孩子学习数学竞赛的一试内容。竞赛属于“搂草打兔子”，主要精力还是要放在自主招生的校测上。为了抓紧时间赶上省内其他名校的学习进度，我从孩子高一开始就给他请老师讲高二、高三的课程内容。这一年孩子过得十分艰苦，一边学习高一年级的所有科目，一边学习整个高中的数学课程，基本上是前一天早上 7 点上学，第二天早上才回家。

高二开始筹备竞赛学习，怎奈整座城市都没有带过竞赛的教练。刚开始只能去沈阳上课，每周一次。由于那时高铁还没有通车，所以孩子半夜三点多就要起来赶车。八点钟上课，十点钟下课，总共听两个小时的课，却要耽误一整天的时间，晚上到家都五点多了。通勤占用了太多时间，效率低下，这不是长久之计。

后来通过一位沈阳的家长打听到北京假期有集训营，便改变学习方式，决定去北京。可是我们寒暑假的假期只有 10 天，参加集训营只能放弃学校的正常学习，请假去集训。因为学校没有可借鉴的经验，所以这是一次极为冒险的尝试，做这个决定时也是十分纠结。第一天集训课，孩子和我通话诉说：“老师讲的是天书不可怕，可怕的是居然有同学听得懂，甚至还与老师交流互动。妈妈，我会的东西太少了。”

我心里虽然着急，但也有些庆幸，只有孩子自己发现问题，才能去解决问题。幸亏高一的时候我们已经做了规划，各科都提前学习，为高二的竞赛学习做了些准备，学习时间也算是游刃有余，否则没有勇气放弃学校的正常学习，连续三个假期在北京度过。

孩子虽然算不上学过竞赛，但至少知道什么是竞赛。2019 年取得了数学竞赛省赛一等奖。尽管名次靠后，但也是孩子所在学校十多年来第一个数学竞赛省赛一等奖，同时也为低年级同学指明了学习方向，点燃了希望。2018 年教育部调整政策，全面取消自主招生，虽然该奖没有什么作用，但是自那时起，孩子便燃起了学习数学的自信与兴趣，进而一鼓作气，高考数学得了 149 分。

因为规划得早，执行到位，即使招生政策有调整，也没影响孩子的学习进度。

内驱力和学习思考——孩子学习最重要的能力

孩子在高考前曾两次参加清华大学的学科集训营，但成绩都不太理想。那时的我一度觉得美丽的清华梦就要破灭了，孩子却早已明确了自己的努力目标。现在回忆起孩子从清华大学回来后的态度转变，我是轻看他了。他笃定一定要考上清华大学，用自己的方式努力，背水一战，不给自己留后路。在清华集训营的学习，让他看到了希望，学到了学习方法，开阔了视野，放大了格局。他内心极其渴望成为一名优秀的清华学子，和一群志同道合的同学生活学习。这也是他的内驱力的来源，激励着他勇往直前，决不回头。

孩子学习最重要的能力是思考，他对每一个知识点都要弄懂深挖，一环紧扣一环，无缝衔接。他大多数时间用来分析题型，而不是盲目刷题。这样的学习表面看上去时间短且轻松，但实际上学习强度极大，精神一直处于高度紧张的状态，经常会引发孩子偏头疼。

由于没有大量刷题，孩子刚开始的模拟考试成绩一路下滑。恰逢疫情居家学习，那时的我十分焦虑，时常会流露出烦躁情绪。孩子看到后很不满意，说我没有体会到他的努力，他的学习不会装模作样，演给别人看。他顶住巨大压力，模考成绩一次比一次好，从校排名第十四上升到校排名第二，信心也越来越强。

最后他昂首阔步迈入考场，欢欢喜喜走出考场，以高考 707 分为高中三年苦读画上了圆满的句号，圆梦清华！

通过游学启发兴趣，利用失败查找不足

多读书、多游学是最简单和最容易培养孩子内在修养的方法。因此，我们每年寒暑假都带他走一条文化旅游路线，参观博物馆、展览馆、科技馆、天文台等，让孩子通过这样的游学参观，系统地感受人类在科技、人文、历史上的各种成就，贯通书本上学到的知识，寓学于乐，扩大视野，激发学习兴趣。

所居城市的狭小与闭塞，并不能阻挡孩子看世界。走出去，看到高山，看到大海，看到大城市中人们急匆匆的脚步，无形中会促使孩子思考自己现在的位置，展望今后的舞台，思考奋斗的价值和人生的意义，立志成为一个学有所成、热爱生活且有情怀的人。不能因各种客观条件不足而屈就，耽误了孩子自身潜力的充分发展。

在现有条件的基础上，如何为孩子创造更好的学习条件，迈向更高目标，是我一直紧绷的弦。从孩子小学五年级开始，我就梳理省内其他名校的升学路径及学习方法。我们这里小升初没有考试，初升高又有保送，所以高中以前的学习可以说没有压力，我们市的中考难度在全省居于末位也不足为奇。如此就致使初中教学难度下降，教师保稳保基础，鲜有拔高。一批有学习能力的孩子没有培养出来，同时也为全省的高考竞争留下了“天坑”，需要孩子在高中恶补初中三年欠下的“债”。

针对这样的现实情况，我给孩子制订了不同阶段的学习能力达标学校。小学五年级参加省实验北校的选拔考试，差17分落选。考试结束后我给校方打电话咨询，他们说孩子的数学能力还可以，居于中上，语文和英语写作能力差点，应该是没有经过专门培训。得知孩子的短板所在，我重新调整了学习计划，增加在图书馆阅读的时间，找专业的英语老师提高能力。

初升高的时候计划冲刺中央民族大学附属中学，但那一年中央民族大学附属中学在辽宁缩招，招生人数从21名减到9名，没能如愿以偿。在前期的备考阶段，我们把学习的难度定位到中央民族大学附属中学自主招生的真题难度，在网上购买了真题，也找到专业的老师进行讲解。在准备过程中不难发现，数学试卷明显难于我们当年的中考，思维方式也更加多元化。虽然两次考入外校的尝试都失败了，但是由于每一次准备都属于拔高学习，孩子在本校的日常学习可以算是“降维打击”，反而学得很轻松。

在孩子考入大学之前的岁月里，我经常思考一个问题：如何能做到因材施教？竭尽所能履行好孩子第一任老师的职责，时而引领，时而托举，时而陪伴，应该是每一位父母应该做到的。

希望所有父母和孩子能够共同努力，共同成长，走好人生的每一步。

鱼跃此时，花开彼岸

金鑫

金同学，高中毕业于福建师范大学附属中学

现就读于清华大学

从小城走出来的我们仨，以前根本没想过遥远而高大的清华大学可以离我们这么近。儿子的最高目标是“长大了我要读爸爸的母校”，去那所美丽的海边大学读书，成了我们长达十年的向往。但那些不敢高攀的日子里，我们谨遵一切随缘而不随便、随心而不随意的原则，对未来乐观，又扎实过好当下，一路陪着他缓缓前行，一路跟着他努力奔跑，直到目送他走进清华园。

找到兴趣所在，持之以恒地努力

幼儿园小班时，儿子羡慕邻居哥哥参加围棋比赛，叨叨着也要去学下棋。一个下午我带着他去了棋院，院长嫌他年纪太小，恰好有位老师看见儿子观棋很认真，说既然来了，就试试吧。这一试，围棋就成了他童年不可或缺的一部分了。

他可以为了围棋课放弃出去玩耍，攒了一大盒棋院积分卡当宝贝，把棋谱当作课外书反复翻看。每日清晨起床后，他能一个人叼着奶瓶安静地摆一两个小时的棋谱。他从棋院年龄最小的学员，一路升级升段又获奖，也一路经历挫败，但他从不言弃，学棋五年便升到了业余 5 段。

养成勤阅读与爱思考的好习惯

我们家里最豪华的家具就是整面墙的书柜。我和孩子爸爸都爱阅读，儿子一岁起就会独自翻看《婴儿画报》并指着咿咿呀呀，我也会陪着他说。虽然互相听不懂，但不妨碍我们时常开怀大笑。慢慢到看《幼儿画报》等各种绘本或报纸时，每次他的小手或我的大手指着字，两人一同读过去。那时我并没有意识到这会给他带来多少帮助，直到他三岁上幼儿园，就能把所有识字卡都认出。他告诉老师是妈妈教他识的字，而我仅仅是指着字陪伴阅读而已，同时他爱阅读的好习惯也渐渐养成了。等妈妈下班的时间，等吃饭前上菜的间隙，睡觉前，旅途中……都成了他阅读的好时光。

进入小学之后，有一次和儿子聊天，我们说着数着，才发觉他一年读课外书已达百余本。买书回家看，或去书店看，从图书馆借，在电子阅读器里存储……不限阅读方式，也不拘泥书籍类别。渐渐地，他成了别人口中的“小百科全书”。

我们几乎每周都去看电影，也会因为喜欢而重复看。我们常常交流阅读和观影感想，慢慢地我了解到他最爱《三国演义》里的姜维、《汽车总动员》里的板牙……好像有那么一点点与众不同。每回听他娓娓道来，确实是真喜爱。我鼓励儿子用文字记录他的感受，于是有了《大头元元西游记》及续集连载，还有《美加游学记》《兰卡游记》，以及许多读后感和观后感。除了对读万卷书和行万里路的思考记录，我们也支持孩子的各种奇思妙想。他说他是小小发明家，于是我们家经常出现各种意想不到的场面：满得溢出锅的酸奶，各种“黑暗料理”，阳台上用放大镜烧出洞的衣服，种了一盆盆胡萝卜的热闹阳台，冬天里带金鱼晒太阳，直到最后只有他一人在太阳下大哭，洗澡的手机，拆开的新手表，涂满胶水的厨柜门，睡在衣柜里的小龙虾，在家里测试甩墨水距离，在墙纸上用水笔作画……他爸都帮他买道具和工具，陪着他尽情“嗨”。

陪伴是送给孩子最好的礼物

我很艰难地扛起幼儿园接送和上下班的疲累。在大班开学前几天，偶然得知当老师的姨外婆开学带一年级时，我匆忙莽撞地领着他报名读小学。来不及做任何幼小衔接准备，只能抓紧练习拼音和计算。上下学路上，我们把拼音字母练习当歌来唱，路边招牌都成了我们练习拼音的道具。母子俩 1+1、2+2 这样倍增地比赛心算，每天放学第一件事就是陪着他认真完成作业……

这位学校年龄最小的学生一边闹着各种笑话，一边制造着各种惊喜。没想到学校第一次测验，他成了班级唯一的“双百”学生。也没想到学习生涯中第一个学期无微不至的学习陪伴，成就了后面十年的轻松旁观。

除了亲密陪伴一年级的学习，还有我们同行的万里路。阳光下的户外活动，伴随了儿子整个童年。新手爸妈自己带娃，经历过儿子频繁生病的各种慌乱后，为了还他健康体魄，爸爸用科研抵课时，每周上二休五，经常坐 20 多个小时火车往返，只为有更多时间可以陪娃：公园里堆沙和爬山，听曲和观棋，琢磨挖掘机工作原理……山间乡村，海滩河岸，到处都有我们的身影。天生协调性差、体质弱的儿子渐渐晒黑了，摔跤和生病却少了，打球、骑车、游泳……这些都在爸爸的陪伴下逐一学会并得到提升。

小学起，为和我下班接送时间同步，给他报了下午课后的羽毛球培训班。训练前的10圈跑、必须学会的跳绳、枯燥无味的挥拍练习，他一直都认真努力地完成，从最慢、最差、最不协调的那位学生，练到在运动会上跳绳和长跑获奖。直到后来，我们常常行在户外。我们征服过雪夜，克服过高原反应；我们在雨中骑行，在雪后登山，在浪里嬉戏；我们在山顶见过最亮的星空，沐浴过最美的朝阳……种种经历锻炼出这些年他在竞赛路上的坚韧，屡战屡败又屡败屡战。

成长之路离不开良师益友的帮助

儿子一直是个活泼有余的淘气小子，年纪小，心态成长更慢。我常怀着歉疚之心和老师交流，我们也特别幸运，总能遇到良师的呵护与指引。他白天入眠困难，幼儿园老师特许他不用午睡，并陪他中午折腾各种教具。尽管儿子只读完幼儿园中班，但大班蒙氏教具全部玩过了，现在回想起来都特别感谢幼儿园老师。

幼儿园时我负责接送儿子，因为上下班原因，使他成为班里最早到园和最晚离园的小朋友。清晨他和老师一起摆放晨练工具，傍晚和老师一起整理教具，打扫教室，每次接他时，总见他依偎在老师怀里听讲故事。日后儿子的书桌和书包都是他独立整理，而且整齐有序。小学和中学阶段，他都是那个被学校保安反复劝说才恋恋不舍离校的学生。

儿子不喜欢重复抄写，小学老师特许他只要考到一百分就可以免抄写作业。这种激励锻炼出孩子仔细的好习惯，粗心大意的问题在他身上特别少见。儿子喜欢拿到课本就当课外书快速读完，练习册也是很随性地写不停笔，老师也注意保护他的学习热情，还总让他当“小老师”，这不仅锻炼了他的自学能力，还训练了他的归纳总结能力。

进入初中后，在青少年发育过渡期，儿子凸显出年龄小的幼稚，各种莫名其妙的言行令老师头疼不已。细心的班主任发现他聪明伶俐却不求上进，但他坚韧不拔且言出必行，于是老师和他一次次签下军令状，督促他从初一的年段第二百名，一直进步到初二结束时的年段第一名。

因为这份坚韧，他直推高中。起步较晚的数学竞赛，给了儿子极大的压力，他从活泼有余突然变得沉默寡言。此时我们又幸运地遇见一位优秀的班主任，他鼓励儿子在班级集体活动中放声歌唱，还常常陪伴学生在放学后打篮球，帮助竞赛学生解决各种后顾之忧。

结束竞赛回归高考，只剩下半年时间。整个高中阶段的学习时间浓缩到疫情期间的宅家时段，加上因为疫情，我两个多月没有回家，一向沉着的儿子渐渐表现出焦虑。这时他的班主任给他指明了学习方向，给他线上补习因竞赛落下的生物课。儿子敢于一边紧张备战高考，一边准备新学科竞赛，不得不佩服这位老师的感染力和魅力。最终，儿子在高考后又做了一回生物竞赛选手。

除了良师，还有益友。儿子有位大他两岁的“发小”，他引领着儿子走进围棋天地，还教会儿子电脑打字……我们行在户外的那些年，也是这两个孩子相伴成长的欢乐童年，特别难得的是，他用迁就、宽容和欣赏的友爱，一直陪伴着儿子不断进步。中学五年，有位既是榜样又是好友的同班同学。竞赛路上，有一群目标一致、积极向上的伙伴，他们都爱数学且爱运动，相互促进，共同进步，使儿子成长为优秀团队中的一员。

渐进不已，未来可期

儿子成为大学生时还不满十六岁，直到现在，他对于大学生活依然处于懵懂状态。我们深知所有的遗漏都是需要补齐的，他肯定还有很多不适应。孩子爸爸说，成长路上，弯路是孩子必须要走过的一段路。我也认可这个观点。人最重要的不是在什么位置，而是面对什么方向。现在，对于渐渐长大的孩子，我们不说教只问候，不谈学习只关心生活，让他边走边看边摸索。放慢脚步，减少期待，只要前行的方向是正确的，美好总有一日触手可及。

正如霍金在《终极问答》里所说的：“未来是否繁花似锦，源自我们当下的努力。”我们仨从双城到三城，从未因遇到困难而退缩，距离让我们更加珍惜团聚的日子。为读书频繁搬家，无论陋室或是美宅，都充满书香和笑语。

努力就在每个当下。我们充分相信，经过时间的沉淀，总能跃过这片海，看到不一样的天空。只待纵身一跃，终将抵达广阔又精彩的彼岸。

有容乃大，无限延展学习空间

常成

小高同学，高中毕业于深圳市某中学

现就读于清华大学新雅书院

我们是一个收入普通、教育程度普通但热衷于学习的家庭。我是父亲，软件程序员，爱人是瑜伽教练。我们有两个孩子，大儿子现就读于清华大学新雅书院，小女儿现在读初三。

和许多父母一样，我们也非常重视子女的教育，这里有一些心得，可笼统概括为：一个理念，三种分工，五类训练方法。

一个理念

一个理念：有容乃大。包括三个要素。

第一，宽松的家庭环境。心理的安逸是最重要的，这是整个家庭动力的来源。比如，父母在外工作，不把焦虑带回家庭，家里永远是温馨的、安全的；比如，孩子或许有这样那样的毛病，做错事了，以宽恕和原谅为主，下次改正就好；比如，孩子逆反，父母不强行对抗，尊重孩子的意愿。

第二，顺应孩子的天性发展。作为父母，尽可能地保全孩子与生俱来的天性，并依天性发展孩子的才能。这也许就是他们的优势，这也许就是他们这一辈子有成就的地方。顺应孩子的天性，方能走出精彩人生。

儿子自小喜欢看书，看完后，还会把书本和相关的纸张理得整整齐齐。我的理解是，他喜爱阅读与整理，在整理书籍和纸张时，是在休息，潜意识里是在规整大脑中的知识。我们会定期带他去图书馆，并给他购买大量图书，支持他对学习的热爱。他读古文时，不懂，但若读出韵味，就会觉得很有成就感。读《昆虫记》后，带他到大自然看形形色色的昆虫，有时他情不自禁地连说“好神奇”。学物理时，体验到公式的美妙，有一次高兴地叫出来：“这也能证明出来，太不可思议了！”他还饶有兴趣地给我讲解，我也积极地和他探讨。他还喜欢折纸，只要在折纸，我们就不会打扰他，因为他在休息和规整。

女儿自小喜欢拿笔写写画画，还不会走路时，就开始拿笔画圈，我们就买足量的纸笔让她随意写画。慢慢地，女儿越画越觉得有意思，简单快捷，一气呵成。学会认字后，她就开始边写故事边画画。我们是她的第一个读者，慢慢地亲戚朋友也来看，期待她的续集。她的故事总是连续的，妈妈说要帮她出本书，她一直在鼓励中高产自己的作品，从未间断。哪怕是现在快要中考，也不舍得挤占画画的时间（并非报考美术专业）。有一次，老师让同学编故事，她像发现新大陆似的，突然发现自己很能编故事。从小编到大，能不行吗！儿子比她高五个年级，儿子上初二，她才读小学三年级。儿子的黑板报有时困于构思时，也会求助于她。

女儿喜欢小动物，阅读也围绕恐龙、猫、狗、兔、鱼、鸟等进行，我们也会让她养一些小动物，慢慢地她也成了一个动物小专家。遗憾的是，受家庭条件的限制，无法如她所愿养大型动物。

女儿的学习成绩很好，但对数学等理科课程有时会产生迷茫。我认为学校的课程偏于理性，有悖于她的天性发展，只能做取舍，由她主攻文艺。我们将数学等理科当她的短板训练，不计结果，但每做一道数学题，都是为人生加彩。

顺应天性发展时，有一个关键点，就是父母要相信孩子，给孩子留下自主的空间。原则上，孩子上初中以后，决策权基本上归于孩子自己，父母仅给参考意见。如果发现决策有问题时，父母再与孩子沟通。如果无法让孩子改变主意，那就尊重孩子的选择。18 岁以后，孩子完全独立自主，只是希望孩子遇到大事或有犹豫时，能借鉴一下父母的经验。

比如，升高中选择学校时，我们给出建议，但儿子表示反对，我们就放弃自己的想法，尊重他的选择。女儿报高中志愿时没有经验，但也希望自己选择，我们只提供顺应她喜好的参考信息，只要她不同意，我们坚决尊重孩子的选择。总之，孩子不属于我们，他们有自己的人生。父母永远担心他们会犯错，但更需要坚信孩子的未来是光明的。

第三，帮助孩子突破弱点，打开成长的天花板。孩子的基因遗传自父母，父母的弱点在孩子身上肯定有所反映。人有自知之明，只要父母反省到的，就应该帮助孩子在早期改掉。这就像补木桶的短板，短板补上，提升的空间就大了。

父母找到孩子身上先天的制约点并及早预防，就相当于帮孩子打开制约成长的天花板。提升的空间大了，学习成绩就容易提升了。比如，我身上有些疾病，像弱视、脚气、鼻炎、咽炎等，我们提前给孩子预防，也就避开了。比如，我们不让孩子课外补习，因为补习是量的提升，优化习性是质的提升，所以多把时间用于后者。

三种分工

三种分工是：成绩交给学校，动力交给孩子，提升空间交给父母。学校、父母、孩子三者分工明确，各归各的道，各尽所能，相互助力，以达到最大效应。

第一，成绩交给学校。这句话有两层意思：一是，成绩不管好坏，学习怎样学，统统托付给学校，家长不插手；二是，不以考试为目的，考好考坏都鼓励，考得好是学校的功劳，考得差是家长没配合好，对学校依旧心怀感恩之情。这么做的依据是：学校教育稳定有序，加上宽松的环境，效率更高。

我们平时不太问孩子的成绩，了解分数仅是为鼓励孩子寻找理由。比如，高二期中考试儿子语文考了 59 分（满分 150 分），我没有去干预，也没有批评。平时会找时机特意对他说："你语文一直不差呀。"儿子就会回应："我知道不差的！"儿子对语文的兴趣和功夫一直在增强，高考时考了 135 分。比如，高考前最后一次模拟考试儿子考砸了，我认真看了分数后说："你看以前的弱科有进步，强科增分空间很大，如果发挥正常，这次总分稳进清北！"儿子表示认同，并由沉闷变得兴奋起来。

第二，动力交给孩子。努不努力是孩子自己的事，如果外力推着学，会陷入被动应付的状态（大忌）。这样学习父母累，成绩还上不去，干着急没办法。所以，学习原动力一定来自孩子自身，父母只能通过鼓励引导孩子主动学习。这里的依据是：主动学习效果好。比如，我们经常跟孩子讲，学习是自己的事，成绩好与坏自己负责，作业交不交自己把握，我们只尽监护和帮助的责任。

比如，儿子学习动力足，因为对学习一直保持着浓厚的兴趣。他能考入清华大学，有 60% 的因素源于此。比如，我们不给孩子报课外补习班，因为补习班与在校学习内容重叠，如果过多时间用于提升成绩，孩子容易疲劳，影响学习动力。这里需要说明的是，其实我们也为孩子报过一两次课外补习班，也确实有效果。

第三，提升空间交给父母。父母主要是创造良好的家庭氛围，改良孩子的缺点，提升成长空间。根据我们的经验，仅做好鼓励就能起到很大的促进作用，孩子学习的动力会明显提升。当然，改良缺点是有难度的，因为这需要漫长的训练。

五类训练方法

我们经过十几年的实践，总结了一套打开孩子成长天花板的五类训练方法。对两个孩子的教育在理念和训练方法论上基本一致，具体方法却千差万别。每个孩子的基因和天性不同，在教育上不能完全照搬。这里只是抛砖引玉，供各位家长参考。

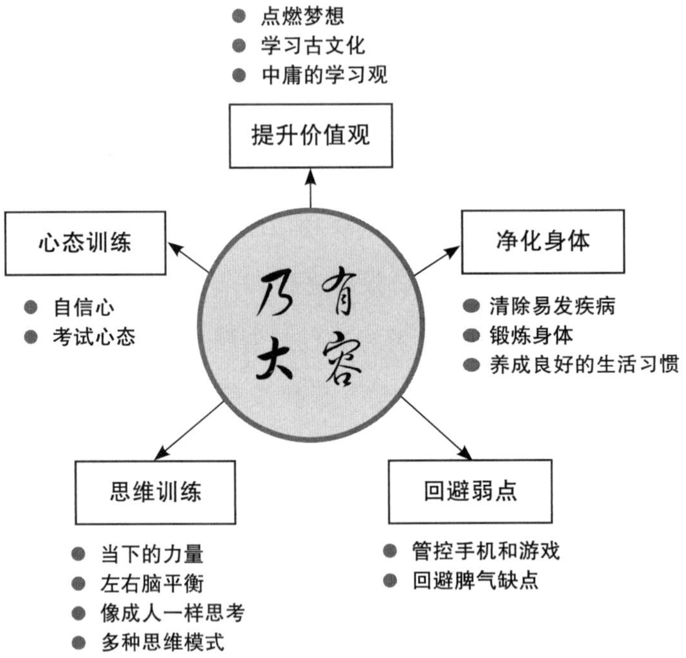

核心思想是提升孩子的承载力。心量宽，“海纳百川，有容乃大”。

训练总则是潜移默化，共同进步。多陪陪孩子，随时随地交流，但不奢求马上改变，时间久了总会有效。孔子说：修己以安人。父母自己修炼好了，孩子慢慢会受影响。

俗话说“贱养儿子，贵养女儿”。训练对儿子要残酷一点，对女儿适当宽松。因文章篇幅所限，这里只能简述，关键的内容加以详述。

第一，提升价值观。价值观是有高低之别的，希望孩子树立有高度的价值观，但不强求。不必指望孩子马上理解，只求有个印象，对未来总有益处。

（1）点燃梦想。平时与小孩做点燃梦想的游戏，游戏时引导孩子发出初心，追求心中的梦想。这就像种下美好的种子，建议越早种下越好。我们两个孩子在三岁上幼儿园时就已种下。

（2）学习古文化。我们经常给孩子讲，中国古人有大智慧，了不起，希望孩子也像孔子一样，做一个“信而好古”的贤者。推崇儒家的仁义礼智信，讲儒释道的故事，引导孩子诵读《三字经》《大学》《论语》等经典。

（3）中庸的学习观。我看过很多极端训练方法，有些对人的成长有害，所以在学习上提倡中庸。我们经常与孩子交流如下观点：

- 不用极端方法学习，急功近利易“内卷”。
- 立足于提升学习效果及终生学习。学习不是为了高考，也不是为了考入名校。
- 读书不是为了养家糊口，不为赚钱读书，也不为好工作读书。
- 读书是为了实现自己的追求和理想，是为了探索世界真相，获得大智慧。
- 成绩好不能觉得高人一等，三人行必有我师，每个人都有优秀的一面。
- 帮助别人，成就自己。不能只想着自己，要多帮助同学。

比如，多帮助别人。有一次和老师交流，老师说儿子中考分数本应更高，因为大量时间花在帮同学理解作业题、整理黑板报等事务上，占用了不少复习时间。我问儿子是不是帮助别人会对成绩更好，他说：对呀，这样做更能提升自己！

比如，儿子动作慢，作业总写不完，我会对他说，如果认为掌握了，完不成没有关系。女儿动作快，作业总能按时完成，我会对她说，真正掌握才重要，目的不仅是提交作业。有朋友的女儿文科成绩非常优秀，理科成绩偏弱，但她选择了理科，原因是数理化难学但成就高，文史类易学，可以后补。立足一生而不局限于高考，我对这种做法非常赞同。我们认为，学习的目的是真正掌握知识，不是为了高考，也不是为了完成作业。

第二，净化身体。把身体上的易发疾病清除掉。

（1）清除易发疾病。我身上易得的病不会带给孩子，因为提前做好了防治。

（2）锻炼身体。锻炼是改良弱点的有效方法。儿子三岁时体弱多病，后来坚持运动，现在不但身体健康，还形成了坚韧、耐心、平衡感强等优点。

（3）养成良好的生活习惯。比如，引导孩子早起早睡，建议晚上十点睡，早上四点起。

第三，回避弱点：人性中都是有弱点的，需要做必要的规避。

（1）管控手机和游戏。我通过自身体验和观察发现，玩手机、玩游戏、刷短视频，甚至看电视、动漫、绘本，会带来很多缺点：因着迷而消耗精力，易疲劳，易烦躁，看不进书本内容，精力不聚焦，思维跳跃，不易深入思考，影响逻辑推理。这些对孩子的学习影响很大，小孩子很难做到自律和不受诱惑，所以主张严控。儿子一直到初三都没有配手机，中考获得校第一名。高一、高二有了手机，成绩在中游（校排名 100 到 300 名之间）。高三后收掉手机，成绩由校 180 多名上升到前 10 名，高考获校第一名。儿子所在高中裸考能考进清北的，理科一般有 8 到 10 人。

（2）回避脾气缺点。小孩子易发点小脾气，当心情平复后，我们会给他一个建议，即练习在发脾气前深呼吸，脾气会随之消减。

第四，思维训练。

（1）当下的力量。练习无思维状态的临在感，放空自己。方法参阅埃克哈特·托利的《当下的力量》。

（2）平衡左右脑。儿子属于理科思维，缺少感性，需要训练右脑，比如欣赏美景、弹钢琴、练习软笔书法。写作文时，要求调出真实体验后下笔，不写纯逻辑虚构。女儿偏于感性，需要增强左脑。现代教育偏重逻辑思维，学好教材就相当于练左脑。

（3）像成人一样思考。建议阅读新华社评论，收听收看新闻联播，读名人传记和中外通史。

（4）学会多种思维模式。只执一面的专家容易狭隘。大量阅读各类名著，涉猎古今中外科技、文学、艺术方面的知识，这也是孩子选择清华大学新雅书院的理由。比如，小学阶段，不必在意成绩，更多地注重视野广不广，体验多不多。

第五，心态训练。

（1）自信心。多鼓励，多正面反馈。遇到挫折或烦忧时，要做心理排解，不把添堵的事留下来。比如，马上要考试跳绳，会在家试跳一下。孩子突然感觉跳得不够快了，跳几个就会中断，越跳不好越烦躁。我仔细检查绳子后说，这个新买的绳子有问题，不是你跳得不好。我同时会表扬说，你的运气真是好极了，考试前发现这么重要的问题。接着会给建议：其一，用旧绳子跳。旧绳子虽然破旧了，但因为熟悉，能有个稳定的成绩。其二，考试都有两次机会，到时可以借同学的绳子跳，再冲击一下更高的成绩。结果孩子的心结一下就打开了。

（2）考试心态。考试时，很多同学容易紧张，有些家长也容易紧张，尤其是大考，导致孩子难以发挥正常水平，所以平时训练考试心态非常重要。诀窍：平时不把考试当回事！

不人为制造考前的紧张氛围，不说诸如：快考试了，要努力呀，一定要考好，考不好就罚你。从小儿子就没有把考试当成一件特别的事，临考时反而会感到轻松，因为考试当天都没有作业，又不上课，孩子本能地感到愉悦。儿子每次考试如做作业，逢大考都能正常发挥，甚至能超水平发挥。

考坏了不要追究，要多鼓励。比如有一次女儿考坏了，我说：这次考得也不差呀，考试因临场发挥排名上下波动 50 名都正常。你上次考了 70 名，现在 100 名，应该是你的真实水平，发挥好可以考到 50 名，算中奖了，发挥差考到 150 名，都是正常范围。我看这次考前睡得少，影响了发挥，应该给自己多算 20 分。咱们下次把身体充分休息好，说不定能进前 50 名呢。女儿听后慢慢地开心起来了！

其实做到这些不容易，我们也没有做得很完美。采用的方法也会存在缺陷，比如我尝试过通过劳动改造孩子的性格，但没有收到效果。

我儿子考上了清华大学，起点上算是成功了。但从终生学习的角度来看，这仅仅是个开始。女儿的天性才能未必需要学龄教育来体现，所以是否考取名校并不重要，将才能尽量完整地发掘出来才最重要。

望子成龙，望女成凤，是每位家长的期望，每个孩子的天赋不一样，读书差可能另一方面优秀，不必强求考取名校，只要在原有天赋上提升一点点，就是很大的成功。

兰草已成行，情深意味长

张恒涛

张同学，毕业于吉林市第一中学实验班
吉林省高考满分作文获得者
2020 年以裸分 694 分考入清华大学未央书院

2020 年夏天，徐徐暖风送来了最动人的消息。绚烂的清华紫靓丽了十八岁的花季，典雅的二校门解锁了通往象牙塔的神秘，坚定执着的成长印迹见证了我们一家三口共同创造的神奇。

天下父母都是一样的。毫无例外，作为均从事基础教育工作的我们，也希望自己的宝贝女儿是最聪明伶俐的，“望女成凤”的美好愿望从这个小生命还在孕育时就已早早许下。

孕期播放舒缓的胎教音乐和悠扬的古诗诵读，父母讲睡前故事，哼唱睡前摇篮曲……女儿早早地通过声音了解这个未曾谋面的世界，建立情感交流的纽带。婴幼儿时期借助撕不破图书、婴幼儿画报、识字卡片、蒙台梭利益智玩具等，女儿慢慢地学会了运用多种感官探索这个多姿多彩的世界，形成好奇宝宝的特质。

家庭早教中心和谐的亲子氛围，父母陪伴学玩结合的成长模式，使女儿体验到了学习的快乐，初尝了成功的喜悦。良好的读书习惯和思维习惯，超强的记忆能力和理解能力，也在这一时期初步形成。

小学和初中阶段，女儿和其他同龄的孩子一样，也选报了一些特长班。无论是学科类还是才艺类的学习，我们对她只有一个要求：你自己主动选择的，只要选择，就要坚持到底，绝不允许半途而废。在学习上遇到任何困难，只有两个字“克服”，没有“放弃”的选项。除了极特殊情况，绝对不允许缺课。所以，她成为特长班里为数不多能够做到有始有终的孩子。

女儿进入初中后，虽然在班级名列前茅，但是年级排名并不理想。有一次放学路上，就出现了我们父女俩聊天的背影。“姑娘，长大了想干什么呀？喜欢从事什么职业？”

她告诉我喜欢古汉语，以后想当作家，想当教授。我一般都会给她一个大大的“赞”，然后告诉她真不错，好好努力，只有你足够优秀，才能拥有选择的权利，反之只能被选择。天性不服输的女儿，为了提高名次，把年级第一名孩子的名字打印出来，贴满屋子，作为赶超的目标。功夫不负有心人，明确的目标加上不懈的努力，一个学期后，女儿顺利完成超越，成为学校的第一名。

“学霸”的光环并没有为女儿的高中学习开启容易模式，中考失利、奥训班落榜、军训骨裂……2017 年的夏天显得不那么友好，压抑的气氛久久挥之不去。身为父母，我们对女儿的状态深感担忧。令人欣喜的是，最先走出阴霾的，竟然是这个不足 15 岁的淡定少年。

“没进奥训班也没什么大不了的，今年高考平行班也有裸分考上清华的，更何况我还在实验班。在哪里我都一定能学好，爸爸妈妈你们放心吧！”高中三年，女儿是这样说的，也是这样做的。奥训班的孩子几乎全年无休，在老师的指导下抢进度、冲竞赛；实验班的女儿周末双休，在我们的陪伴下强基础、刷习题。多少次敲响过退堂鼓，就有多少次重整旗鼓。不太相交的成长轨迹，相互成就的暗自较量，最终女儿凭借自己的实力，长期成为奥训班尖子生最强劲的假想敌。

高一下学期，我发现女儿虽然每次考试都名列前茅，但是总分并不高。全省竞争的高考不能只看校内名次，还要看绝对分数的高低。经过理性分析，我认为分数不高说明正确率低。面对这种情况，我主动联系班主任老师，提前做好沟通，以一对一开家长会的名义，和孩子围坐在一起，重新确立目标。

经过长达一个小时的谈话，本来已经安于现状的她终于被我们说服，决定将原来的目标院校复旦大学调整为清华大学。因为有了更高的目标，她不再舒适安乐。在与班主任老师的每次考前约定下，分数逐步上升，稳定保持在 680 分以上。答题准确率得到了提升，学习效果得到了保障。

书籍是女儿从小到大最要好的朋友。因为识字较早，识字量大，所以她早早地就对文字产生了浓厚兴趣，并在畅游书海中获得乐趣。文体不同，文风迥异，各类文学作品可以滋养心灵，提升审美，促进语文学习，增强思辨能力。

女儿对古典文学尤为钟爱，满满四大箱的《二十四史》占据了书柜的半壁江山，让她游走于前朝历史，穿梭于各色人物。文学的魅力散发出耀眼的光芒，久读的积累迸发出无限的灵感。语文课堂上，女儿充满东北风味的文言翻译，让师生在忍俊不禁、会心一笑的同时，不由地对她精准的理解表示赞叹！女儿曾经创造了学校的一项纪录，就是除了作文之外，语文卷做到了零失分。她的语文试卷被批量印制，作为全年级学习的范本。

提到作文，真是让我欢喜让我忧。作文分数过山车般地起起伏伏，真的是考验人的心脏承受能力。女儿虽然喜欢阅读，善于积累，但有时切入的角度、行文的方式不尽人意，于是爱人就承担起了并肩钻研习作的重任。精选的作文素材，母女俩合作研究；订制的作文课程，母女俩一起学习；讲评后的考场作文，母女俩共同打磨。从懒于动笔到笔耕不辍，高三疫情最后的网课时间，母女俩在老师的精心指导下，每周至少琢磨修改一至两篇考场作文，为决胜高考奠定了坚实的基础。

2020年突发新冠疫情，复课后，我们所在的城市因疫情的再次到来转为线上教学。近一个学期的网课中，乐于参与师生互动的女儿在空中课堂思维敏捷，妙语连珠。相对灵活的时间分配，能够更有针对性地查缺补漏。可口的三餐，舒适的午睡，有助于快速调整状态。父母居家办公的全天候陪伴守候，令她更加心安。

说实话，高三后期的网课甚至超越了线下教学的效果。但是问题也随之而来，复课时间临近高考，居家学习缺乏实战考试环境，怎样才能更好地调适考场心理呢？我们和楼上的邻居同学组成了规范化考试二人小组，每个家庭准备两套学习桌椅，轮流作为考场，四位家长轮流监考，严格按照高考流程执行发放试卷和考试提醒，播放考试开始和结束铃声，真正做到沉浸式模拟高考。经过一个月的家庭考场演练，两个孩子在走进真正的高考考场时，比其他孩子多了一份从容和自如。

女儿属于外表看起来嘻嘻哈哈、大大咧咧的孩子，实际上她心思十分细腻，很多时候自己默默承受了学习的压力。高中阶段，年级中有一位异常优秀的同学，三年间几乎一直稳坐年级头把交椅，在姑娘心目中那是神一般的存在，不可战胜，无法逾越。但我一直鼓励她，没有谁是绝对不可战胜的，要相信自己一定能做到。于是每次考试后，我都会和她分析错因，一题一题分析，一分一分细抠，寻找差距，提高准确度。密集的考试，不断填补知识上的漏洞；精准的定位，明确了自己的优势和不足；攀升的分数，赢得更多的考场自信。终于，一模考试获711分吉林地区第一名的闪亮成绩，使女儿的心态更加阳光，冲刺的步伐更加坚实有力。

越努力越幸运，以往清华大学每年只给吉林一中一两个领军优秀的名额，女儿是平行班的学生，没有竞赛成绩，不占优势。但出乎意料的是，女儿通过稳定的平时成绩和优异的模拟成绩，被评为吉林省三好学生，并以非竞赛生的身份，成功拿到了清华大学的第三个领军优秀资格。疫情期间近半年的网课学习，更加磨炼了女儿的意志。复课后半个月的迅速调整，增强了女儿高考必胜的信心。高考中发挥稳定，满分作文加持，我的女儿最终成功通过强基计划考入清华大学未央书院。

就是这样一个又一个小故事，一个又一个小“伎俩”，使女儿在高中三年快乐地成长。作为没有读过大学的父母，我们在女儿成长进步的同时，也在不断地学习，不断拓宽自己的眼界：了解高中的教育资源，打听高考的升学政策，参加高考报考的讲座……力争为女儿前进的道路扫清障碍。

在外人看来，我的女儿成绩一直都很优异，作为父母我们没有操心事。其实不然，叛逆期的磨合，沉溺手机的拉锯战争，考前紧张的心理平复，学习目标的调整，家校合力的形成……其实，孩子成长道路上的所有环节，我们都没有落下，相反可能经历得更多。我们始终都像教育女儿一样要求自己，只有一个目标——坚持，也绝不允许自己有打退堂鼓的机会，始终以最阳光、最积极的心态给孩子赋能。

2020 年，吉林一中 17 名学子考入清北，女儿是唯一的非奥训班学生，也是 9 名清华学生中唯一的女生。能够在强基计划元年成为清华理工双学位的首批幸运儿，这是我们一家三口共同努力的最好成果。

圆梦清华，是女儿走进成人世界最好的入场券，希望她能在紫荆校园收获无悔的青春！

黑马逆袭，超越自我

郭亚双

杨朝越，高中毕业于沈阳市东北育才悲鸿美术学校

2020 年考入清华大学美术学院

清华大学作为中国顶级学府之一，令多少人梦寐以求，令多少学子孜孜不倦，为之奋斗。对迈入清华园的莘莘学子和家长来说，这是一份荣光，一种欣慰，更有说不完、道不尽的感慨。孩子成长的足迹中包含着家长和孩子共同奋斗和追求的历程。

回想儿子从映雪囊萤的自奋，到程门立雪的开悟，他的学习生涯不仅有毅力、恒心、坚韧的支撑，更是信念、理想和目标的召唤。令我欣慰的是，三年备考重塑了一个少年，也完成了他人生坚实的起步。我深深地感受到，对于青少年来说，正确的目标犹如航标灯一样引领着前行的方向。

杨同学给了我一个大惊喜，他能考取清华美院既是我期待的，从某种程度上说，也超出了我的预想。当我看到清华大学录取通知书的那一刻，内心充满无限喜悦，一下子热泪盈眶。这是儿子交出的人生第一张美好答卷，也是儿子反转试水、黑马逆袭的超越。作为一名后续发力冲刺顶级学府美术院校的孩子，迎考期间的每一次应考都如同炼狱，也是一种历练。他所走过的每一步，都是一个不平凡和励志的故事。

儿子最初没有考虑报考清华美院，一次偶然的机会，一个朋友启发了我，使我产生让儿子报考清华美院、中央美院和中国美院这样的中国顶级艺术院校的想法。我的想法想要转化为儿子的目标，也需要一个过程和契机。2018 年暑假，我和爱人带着两年后即将迎战高考的儿子去了北京，我们到中央美术学院和清华大学美术学院参观游玩，这不是一般的走走逛逛，是我的一次周密安排。

在清华园，领着一个之前对北京、对清华大学这样的高等学府没有认知的孩子仔细地走着，体会着，每到一处都为他细细讲解，让青春萌动、理念渐立的少年用心用情来体验中国顶级教育殿堂的氛围和精神。

当儿子驻足于清华美院的画廊里，认真地看画，被一幅幅作品吸引时，他甚至忘

却了身旁的我们，完全被艺术的境界和艺术作品的精神打动。这次旅行的意义和目的达到了，从北京回来后，儿子便在心里种下了一颗种子。树立了目标，接下来的努力和奋斗，就是为这颗种子发芽提供所需的肥料、水分和阳光。

杨同学开始发奋了，这个新树立的目标就像一根绳子牵引着他前进，让他再没有松懈下来。一个孩子的成长，引领是非常关键的。

引领是方向，欣赏和鼓励是奠定孩子前进步履的坚实基石。自信对于孩子的成长特别重要，家长对孩子的欣赏和激励，是培养孩子自信心最直接的养料，能够滋养孩子成长的心灵。在这方面，我感受颇深。

儿子从小是个很腼腆的男孩子，内向不张扬，自律性很强。事实上，孩子也希望成为爸妈的骄傲。哪个孩子不希望成为家族的荣耀！孩子的成长和父母的认可，往往是两条相辅相成的平行线，当父母不断对孩子输出认可、鼓励和欣赏，孩子的内心就会时刻充盈着自信、满足、力量和动力。想要让孩子“成为骄傲”，要先把他们“当成骄傲”。

我和爱人结婚五年后，迎来了儿子的诞生。虽然我毕业于辽宁师范大学，多年从事幼儿教育工作，但是孩子一出生，我就感受到育儿的责任和压力，知道教育孩子是任重道远的一件大事。作为从事教育工作的一位母亲，不仅要把别人家的孩子培养好、教育好，更有责任和义务把自己的孩子培养成人。尤其是当儿子过早地喊出“妈妈”时，那份责任和期许更强烈了。

记得朝越出生仅半年的一天，我出门办事，请姥姥过来带他。等我从外面回来的时候，远远地看见姥姥抱着他在大门口迎接我，看见他那小身躯和渴望的小眼神儿。我快步走到他面前，这时他大声地喊了一声“妈妈”，声音特别洪亮和清楚。当时我非常惊讶，因为一般六个月的孩子还不会说话，他怎么会喊妈妈了呢！我当时感动万分，激动地落泪了，感受到了孩子带给母亲的幸福。当时我就告诉自己，一定要好好培养我的孩子，让他明理知恩，有志向，有抱负，也一定让他学业有成。

对他的培养，从我对他的仔细观察和体会中开始了。朝越 22 个月时，就能跟着电视节目中的歌曲一起唱“一闪一闪亮晶晶”了，而且音调特别准确，我非常惊讶。三岁半的时候，他已经会把自己的名字工工整整地写在黑板上。

我看他动手能力很强，四岁时给他报名学习钢琴。看儿子比较稳重，爱思考，又开始让他学围棋。他乐感非常好，音调又准。为了培养和启发他的兴趣和爱好，进行良好的素质教育，又为他报了京剧班、戏剧表演和声乐课。我认为，培养兴趣爱好是孩子启智的开始，也是为了给孩子种下艺术情操的种子。随着时间的增长，这些种子会发芽、成长。

上小学一年级的时候，又开始学习乒乓球，目的是增强他的韧劲和耐力。为了培养儿子的专注力，二年级开始学书法。功夫不负有心人，2007—2014 年，朝越参加了央视“非常 6+1”大赛，每逢佳节还会受邀参加天津卫视、辽宁卫视、沈阳卫视和多个电视台的大型演出，荣誉证书积了厚厚的一摞。

我的经验是，给予孩子德智体全面发展的培养和教育，对孩子的成长和成才十分重要。

对于一个艺术悟性好、兴趣广泛的孩子，文化课的学习则不走“寻常路”。我所说的“寻常路”，就是让孩子奋战题海，考取高分。在我的认知里，分数高低不代表人生的成败。很多科学家、艺术家、音乐家都不是“学霸”，但是他们都有优秀的一面，与生俱来的灵性得到了发挥。

我对儿子的文化课学习是既宽松又严格。为什么这么说呢？宽松是让他从心理上宽松，减少学习对他的压迫感，不致产生逆反心理。严格是作为一名学生需要学习和掌握的，文化课程必须要正确对待，严谨认真，积极探索，要有科学的学习方法和思维模式。从小到大，他的文化课成绩虽然不高，但在重要节点和需要牢牢掌握的知识上，没有一点疏忽和不认真。虽然我不像其他妈妈那样陪着孩子写作业，陪着孩子补课，给孩子记笔记，跟孩子一起复习或批改卷子，但是，我会从另一方面给孩子需要的力量。

我用我的事业心来影响孩子，让孩子感受到一个有作为的人，时间必须合理分配。事业和学业一样，都需要投入和拼搏。只要想成功，投入和拼搏都是不可或缺的。还让他看到一个事业成功人士的乐趣，以此影响孩子，激励他自我发力。我还有意培养孩子在学习上独立，有能力和毅力面对自己应该完成的事。

这是我培养孩子的方法，事实证明非常有效，不但培养了孩子的自觉意识，还培养了他独立思考和自控的能力，这些都是学习路上的助力器。有时我为孩子铺设的不是助力器，反倒看起来像是障碍，但是，我所给予他的某些挑战，正是为了锻炼他。

对成长中的孩子，适时把握教育节奏是很关键的。即使他有很多兴趣和特长，也要对这些特长的培养和发挥加以控制，做到张弛有度。儿子四五年级的时候，学习成绩明显下滑。我发现这个现象后，让他面对自己的现状，思考一下怎么解决和迎头赶上。

这时，决不能埋怨孩子和打击孩子，挫伤他的积极性，那样只会让他越滑越快。这时要和他一起分析原因，帮助他解决问题。

突然有一天，儿子回来告诉我说：“妈妈，我今天陪同学去学美术了。美术老师让我学画画，好好学文化课，考东北育才悲鸿美术学校。老师说我肯定能考上，认为我非常有希望。”当时我想，孩子有这个劲头和愿望很好，学画画也不是什么坏事，于是第二天就跟着孩子去了美术班，见了美术老师。大勇老师非常和蔼可亲，告诉我孩子很有绘画天赋，培养他画画吧。我当时也特别感谢老师的发现，就这样，在恰如其分的时间段，帮助孩子确定了方向。变道超车，非常明智。

功夫不负有心人，孩子有了新的目标。经过老师的指导和自己的努力，中考如愿以偿地考进了东北育才悲鸿美术学校。

杨同学进了高中以后，我觉得他变了，变得更加自信，更加努力，也更有想法了，好像一下子长大了许多。期末考试后回家，他跟我分享说班里的张同学非常厉害，专业课全校第一。他还非常崇拜本班的专业课王老师，以后想成为他那样有思想的老师。

班里考第一的张同学从小就开始学绘画，已有十多年绘画功底了，色彩、速写、素描都画得非常好。朝越非常羡慕他，感觉自己学画画太晚了，如果早点学就好了。看着儿子内心着急的样子，我对孩子说：“儿子，只要你有目标，什么时候学都不晚。只要是你想做的事，什么时候学都是最好的开始。”我专注地看着儿子，目光中充满鼓励。同时我继续对他说：“你只要加油，一切皆有可能，你一定能行！”

于是，一场和时间赛跑的拼搏过程开始了。仅仅一个学期之后，他在期末专业课考试中，考出了全年组排名前十的成绩。儿子有了自信，而且特别有成就感和价值感，他完全是“不用扬鞭自奋蹄”的状态在学习。到了高二，他的潜力和天赋一发不可收，在期末考试中考进了前三名。在这期间，我一直鼓励他并告诉他：相信自己有超强的潜力。

他绘画的天赋被老师一点一点激发，被家庭一点一点激励，他自此蹈厉奋发，笃行不怠。高三上学期开始美术集训，有素描、速写、色彩三门学科，每天从早上 7:00 到凌晨，天天在学校画画，周考、月考时时跟进。每天睁开眼睛就是画画，中午实在太困了，就在座椅上打个盹睡一会儿。不想画的时候，就想一下自己的梦想和追求。每一幅画都给我拍照发过来，我都一幅一幅珍藏起来。直到如今，孩子的努力和成长我依然历历在目。

杨同学在外地集训的时候人生地不熟，被分配在复读生班级里，同学们都比他大好几岁。听儿子说，这些学哥学姐们都是复读生，画画特别好，都是“大咖”级选手，只是文化课太低，没能考上心仪的大学。老师觉得朝越画画好，所以把他分配到这个班，让他看看学哥学姐们的画，从中汲取养分。

朝越更加努力了，憋足劲地画，抽空还学习文化课。这期间朝越专业课的成绩非常出色，由此也带动了他对文化课的学习劲头。他觉得学习才是硬道理，学习是最重要的事情。在高三最后一次期末考试中，他以专业课第一的成绩，圆满地完成了高中三年的学习生涯。文化课在班级排第六名，在学年组排 50 多名。

激发和培养孩子的内驱力特别重要，只要家长和老师找到孩子的闪光点，鼓励他，支持他，欣赏他，再加上有效的沟通，就没有不能超越自我的孩子。

绘画拼搏七个月后，马上就到了美术校考的时间，也就是 2020 年 1 月末。这时碰上了新冠疫情。回想那段特殊时期，几多周折。朝越到外地参加美术校考，被通知需要回到沈阳家乡网络待考，后期考试又被取消了。这些突变，丝毫没有影响他的学习欲望和劲头。这期间他每天学习文化课十四五个小时，学累了也不闲着，休息的时候就坐在画板前画画，一画又是三个小时。

就这样努力坚持了五个月，终于迎来了 2020 年 7 月 7 日的高考日。当时朝越特别放松，浑身流淌着喜悦劲儿。我和他爸爸对儿子说：只要我们努力了，就不后悔。最后我们不管考到哪儿，妈妈爸爸都替你高兴，儿子你肯定行！

普通学生高考两天结束，杨同学整整考了九天。高考两天后，迎来了美术校考。杨同学一共报考了六个美术学院，几经周折，他顺利地拿到了五个美术学院的合格证，并取得了傲人的成绩：

2020 级鲁迅美术学院造型专业状元

2020 级鲁迅美术学院戏剧影视专业状元

2020 级西安美术学院造型专业全国状元

2020 级中国美术学院设计专业第 82 名

2020 级清华大学美术学院造型第 46 名

通过儿子的努力，他成为老师和同学们心中的“黑马逆袭”王子，挑战并超越了自我，他也如愿步入清华美院的校门。

一路走来，我们一家人真是有种浴火重生、凤凰涅槃的感觉。儿子用自己的实际行动圆了他自己的梦，也圆了父母和亲人的梦。这样的努力和奋斗值得纪念和回味。此刻，作为一名美术生的家长，在这里写下点滴，分享历程，也分享我们内心的喜悦与感慨。

孩子的人生之路才刚刚开始，接下来的学业和事业需要他自己去抉择和努力。希望作为家长的你，也能鼓励孩子、欣赏孩子，激发孩子的闪光点，用坚持和勤奋的品质影响孩子，让你的孩子也成为一匹黑马，朝着正确的方向不断飞越……

点滴聚爱，快乐前行

王东华

刘同学，高中毕业于吉林省延边第二高中
2020年考入清华大学探微书院化学生物学专业

我首先想说的是，不是上了清华就代表教育的成功，也不代表孩子将来就一定是出众的人才，这应该是成熟的人能够认清的事实。但所有的父母都希望孩子步入名校，所以在这里我认真地分享一下自己的心得，谨供参考。

人生充满未知数，恐怕谁也不敢说自己一定能教育出一个优秀的孩子，况且作为普通家庭，一无优秀的基因，二无充足的资源，我感觉绝大多数人只是尽可能做好自己应该做的，至于结果，真的要一半靠运气了。

首先我认为，教育孩子要放眼长远。讲一个段子、一个真事吧。段子是说有个临产的妇女因为阵痛难忍哭喊着问大夫："还得多长时间能解脱啊？"大夫说："还有十八年。"真事是我儿子上初中的时候，单位有个年轻的同事问我："大姐，我家孩子刚上幼儿园，现在开始教育早不早？"我说："当然不早了，应该从在妈妈肚子里开始教育啊。"

我从计划要孩子的时候，就读了很多优生优育的书，当然书上说的五花八门，不可能都按照书上说的来，客观条件也不完全具备，只是在能力允许范围内尽量做好一点。比如，怀孕前一段时间夫妻双方要杜绝烟酒，补充营养，比如孕期听胎教音乐，当时没有专门的仪器，就放一个小录音机在床头，晚上时常放几首轻音乐。再比如，当时北方的冬天水果品种不是很多，就多吃些苹果、橘子、梨，尽量少吃或者不吃垃圾食品。我认为优生优育是有作用的，我家孩子两周岁的时候，参加了市里的一个健美儿童比赛，获得了十佳的名次，说明前期孕育工作做得还可以吧。

孩子小的时候，我奉行快乐教育，没让他上那种天天上课的幼儿园，挑选幼儿园的原则是吃好、玩好。给他买了彩色笔让他在家里的墙上乱画，孩子自小喜欢看书，自然就认识了很多字。孩子四岁开始学习小提琴，因为我看书上说小提琴开发大脑，同时我也遗憾自己小的时候没有学过音乐，希望孩子在这方面不留缺憾。后来又让孩子练了书法、乒乓球、游泳，小学四五年级也学了一点奥数、英语和播音，但都没坚持多长时间。我现在感觉放弃奥数还是有点可惜，因为孩子当时挺感兴趣的。孩子爸爸有时觉得我让孩子学了很多东西都没坚持下去不太好，但我觉得孩子小时候各方面都有所涉猎未尝不可，只要时间充裕而且孩子有兴趣就可以广泛尝试。

书法对孩子日后语文卷面分和自信心都有帮助，体育锻炼对孩子的身心健康发育有好处，奥数和英语对高考也有助益，总之，各种兴趣班是可以多尝试的，但要在孩子力所能及而且有兴趣的前提下，如果逼迫孩子学就适得其反了。我尤其不赞成那种每天背几首古诗、写多少个字、做多少道题的做法，那会让孩子的童年苦不堪言。兴趣是孩子最好的老师，我儿子小时候喜欢学小提琴，但不爱练习，我也为此吼过他，也曾几次跟他确认，是否真的不喜欢小提琴，如果不想学就放弃，他表示不想放弃，所以后来就稀里糊涂地坚持下来了，现在小提琴成了他一个很重要的业余爱好。

孩子上小学一年级后，我陪他写了两三天作业，发现如果长期陪下去我可能小命不保，现在看新闻说有的家长陪孩子写作业气的高血压、脑梗，我深感戚戚焉。于是我和孩子说清楚学习是他自己的事，每天放学后要自己写作业，写完就可以出来玩，遇到难题先自己想，实在解决不了再问我。有时孩子说有需要家长听写的作业，我说："你都会了就自己写吧。"就这样，一个"懒"妈妈把孩子锻炼得开始自主学习，写作业的速度也练出来了，因为快点写完作业就可以有更多时间去玩和看动画片。另外，家长不要急于计较每一次考试的分数，要关注孩子是否学会了知识，是否养成了良好的学习习惯，我家孩子小学时很少考 100 分，因为小孩子难免不够认真细致，我总是告诉他只要知识学会了就行，下次考试再认真些就好了。

从孩子小时候开始，我和孩子爸爸经常带他出去旅游，增长见识，拓宽视野，去了很多博物馆、名胜古迹，不见得能记住多少，就是想烙下一个模糊的文化印记。也带他去了清华和北大的校园参观，希望能在他心中种下一颗求知进取的种子。孩子上初中后，小城市不可能太强调素质教育，为了考上重点高中，生活单调了下来，周末不得不上一些学习班，少了很多玩的时间，但我还是尽量不给他增加课外的负担，晚上保证八点多入睡，每个寒暑假争取旅游一次。

高中三年乏善可陈，家长能做的似乎只有后勤保障了，再就是在孩子成绩波动、遇到困惑时的督促谈心，我做的并不算太好，因为工作很忙，也因为我不想做无微不至的家长，我只希望能在孩子成长之路的关键点及时给予孩子指导和帮助。当然，说起来轻松，过程绝不轻松。

孩子高考分数691分，未能达到清华裸分录取标准，因为孩子一直想去清华大学，所以一早就报了清华大学的强基计划考试。这一年恰逢国家取消自主招生，实行强基计划，我陪孩子先去长春参加了笔试，结果孩子出场告诉我，因为是在电脑上考试，他领会错了首页上标明的题量，答了一个多小时后才发现后面还有很多题，心急火燎地抢速度最后还是没答完，我气得狠狠训了孩子一通。等分数出来一看，确实不理想，我就告诉孩子要先在自己身上找原因，为什么别的孩子没有看错呢？要正视自己马虎审题的失误，吸取教训今后改进，然后跟他说下一步的面试必须要重视起来，这是最后力挽狂澜的机会。我又陪孩子去北京参加了面试，短短的两天时间和他谈了很多，也尽力帮他做好面试准备，最后孩子因为综合成绩达标终于被清华大学录取，至今我回忆起来这一波三折的过程仍是感慨不已，好处是孩子在这个过程中学到了如何正确面对压力，采取有效措施攻克难关，我也体验到了和长大的孩子久违的亲近。

总结孩子高中的教训是，有点过于放宽管理，孩子高一高二假期因为参加竞赛培训，忽视了正常作业的完成，当时他成绩不错，我就没严管，到高三才意识到积重难返，当别人做了一千道题而你只做了五百道题，考试时出错率就比别人高。

从孩子一生的角度思考，我们做父母的都希望孩子走得远，步伐走得坚实，不偏离正确的方向，所以我时常和孩子说，希望他树立正确的三观，做一个正直善良、懂得宽容和爱的人，做一个对国家、对社会、对他人有益的人，我认为让孩子树立远大的理想和坚定的信念很重要，比考高分更重要。

回头看孩子的成长之路，我们也有很多没做好的地方，这就是人生，缺憾总是难免。比如我儿子的生活自理能力不够好，这方面我们从小没太要求他，现在看他假期回来房间乱成一团时我就头疼，也一再嘱咐他在寝室要及时收拾书桌和床铺，但鞭长莫及，希望他自己能认识到从而改善吧。

我也不敢肯定我对孩子的教育方法就是对的，现在孩子长大了，需要自己在未来的日子里探索前行，我们做家长的只能给他的人生提供起步阶段的教育和爱，现在开始要学会对孩子放手，相信孩子，深情注视着孩子前进的方向，期待着孩子的人生旅途快乐而有意义。为人父母的幸福和必然，也在于此。

心怀大愿，利他感恩

岚

霖同学，高中毕业于山东省某重点中学
现就读于清华大学医学专业

“高考是人生重要一战，但远不能决定人的一生。进入高校，过往的荣耀和缺憾统统归零，大家又回到同一起跑线。四年以后，同学间还是会产生很大差距。人与人之间的差距真正开始拉大，是从大学开始的。”这是高考出分后我和儿子的对话。我的儿子2002年出生于山东，现就读于清华大学。马上他要过十九岁生日了，借着写心得的机会，回顾一下对孩子教育的得失，希望能给更多爸爸妈妈带来一点启发。

积善之家，必有余庆

河南某大学校长的毕业感言——“纯真避油腻，善良能辟邪”，在社会上引发广泛关注，我也认为培养孩子的善心是第一要事。孩子很小的时候，对周遭的一切还处于懵懂阶段时，我们就经常带他去自然中感受万物，去乡野中体察生活，给他讲所有生灵都有其自然成长的规律，带他去帮助有困难的人，孩子幼小的心灵会有很多感悟。

中考前带儿子去农村散心，返程前偶然看见路边一窝刚刚出生的小狗，一共七只，烈日下奄奄一息。小狗在村口路边比较显眼的地方，我认为会有好心人看到并抱走。离中考只有一周时间了，事情紧急，就催儿子赶紧上车回家，儿子却执意要看看是否有好心人领养。等待期间，他不断给小狗喂水，还向养狗的朋友询问注意事项，甚至骑车去很远的小商店买来羊奶喂小狗。一个小时后仍无人搭理，儿子决定把小狗带回。

我知道这是孩子的善心，虽然我们家人都没有时间养狗，但还是尊重他的决定。后经四处求助，朋友们分养了这七只田园犬。这件事让我感触很深，积善成德，厚德载物，我们一点一滴的善心都会被模仿，被看见，从而给孩子带来深远的影响。

引导孩子树立利他的大愿

孩子读幼儿园和小学时，有时感冒去医院，看见门诊那些重病号或者需要手术的小朋友，我就带他看看能帮上什么忙，也许学医的种子是那时种下的。初中时他的理想是研制药物，他的解释是好的药物能解决很多病人的痛苦，那时他已经有了以减少别人苦痛为己任的悲悯心，我相信大愿能使孩子有动力、定力和担当。家长如果在孩子小的时候能引导他挖掘出属于自己的使命，让他的内驱力得以发挥，那么之后的成长道路会安顺很多。

不管是汶川地震还是新冠疫情，儿子都让我把他的压岁钱全部捐出，他说我们应该能做多少就做多少。高考后，他坚决并如愿报考医学专业，我想这和他自小强烈的愿望和使命感分不开。

重视孩子个性、好奇心和探索欲

我们生活在山东一座沿海小城。在幼儿园、小学和初中期间，每到寒暑假或者劳动节、国庆节，我和他爸爸都会带他出门旅行，那是他最喜欢、最兴奋的事情。后来他在高中成人礼给父母的信中写道：“和很多生活在中小城市的孩子不同，在我很小的时候，你们就带我踏上探索世界的旅程。我依然记得幼儿园时的我在武术班下课回家后看见旅行箱的惊喜，地铁的呼啸，酒店的灯火和王府井大街的车水马龙，诸多风景已经淡去，但第一次探索未知的惊喜和激动，却让我久久不能忘却。”

高三时，每个周末的半天假期里，儿子都要沿海岸线骑行一小时，再去他喜欢的书店坐上一小时，看看闲书。对于他来说，这是一周高压学习后很好的放松方式。从中我体会到，即使时间紧迫，家长也要明白，让孩子找到适合的减压方式，可能是比刷题更重要的事情。

了解孩子，适当求助

儿子刚刚上初中时，我的焦虑感处于“爆棚”状态。孩子的作业和成绩稍有波动，我就会把自己的担忧投射在孩子身上。对他来说，难免会背负很多来自家庭的额外压力。所幸后来我主动结识了几位年长的家长，他们走过我正在走的路，给我提了很多建议，推荐了几本心理学方面的书，比如《正面管教》《非暴力沟通》，这些前辈对我和儿子来说，简直就是指路人。我慢慢放下那种过高的期待，对儿子的学习不再横加指责，而是用心去观察他，用心去感受他。

儿子所在的高中属于省重点高中，竞争激烈，学习压力很大。根据孩子平时的喜好，我鼓励他报名参加了生物奥赛。高二时，因学校和家长都担心影响正常学习，就劝他退出了。但是奥赛带给他的影响还是非常大的，一是结识了许多非常优秀的老师和同学，二是让他发现自己对生命科学特别是遗传基因学的热爱，从而坚定地将医学作为专业学习方向。

家长对孩子的了解不能浮于表面，要经常跟孩子聊天，跟老师沟通交流，从中感受孩子的所思所想，及时给予引导和鼓励。特别是在高中时期，如果感觉自己的能力和水平已经无法跟上孩子进步的步伐，在抓紧自我学习的同时，可以求助外界，特别是求助在孩子心目中有一定威望的人，比如了解孩子的老师、朋友或者邻居，在关键时刻给孩子鼓励和鞭策，常常能达到事半功倍的效果。

儿子高中三年间的化学老师是位非常优秀的老师，她的只言片语对孩子影响非常大。在高三备考期间，化学老师给予孩子特别大的鼓励和帮助，对孩子来说仿佛是恰到好处的雨露。家长在孩子成长过程中，也要留意那些对孩子有影响力的人，在关键时刻向他们求助。

高三心理减压建议

除了上面说的让孩子根据自己喜欢的方式减压，做父母的也应该力所能及地设法为孩子减轻学习压力，让他们的心理得到舒展。父母要意识到，孩子可能存在没有表现出来却深藏于心的压力，不要被孩子表面的“吊儿郎当”所迷惑。我的做法是经常给儿子写信。

高三期间，每个月我都会亲笔写一封信，贴在孩子书桌前的墙上，总结一下这个月来看到的他的进步，甚至是一些“鸡毛蒜皮”的进步。有时他看到信会心一笑，我就特别满足。在高三二模结束后，我给儿子写了一封信，其中有几句话是这样说的：“无论成绩如何，妈妈最欣慰的是儿子在高考前这些日子里的胸怀和意志，我的儿子虽然内心有焦虑和紧张，但是会调整自己，已经是一个顶天立地的男子汉……儿子，你的努力可能暂时看不到回报，沉甸甸的喜悦不会来势汹汹，好运气我们攒到高考，相信妈妈，你一定能成功……我们从自己这里出发抵达未来的世界，而不是通过别人的评价和标签走进未来。”“人生道路太过漫长，不可能有一成不变的岁月静好，也没有永久的幸福。真实状况往往是一会儿希望一会儿失望，一会儿绝望一会儿又充满希望，周而复始。我们能做的，就是不断调整自己的心态，将烦闷、焦躁和乏味拉回到朝气蓬勃的状态。”

感恩会让孩子走得更远

录取通知书到达后的一天，在儿子没关闭的电脑上，偶然看到一个名为“写给自己的信”的文件。经过儿子同意，我读了这封信，看后感动到泣不成声。文中他回顾了自己在高三阶段遭遇的困顿和迷茫，以及对大学生活的规划，其中很多心路历程是我们做父母的不知道也无法感同身受的。最后他逐一感谢了所有能想到的人，包括日夜陪伴他的姥爷、姥姥和父母，有知遇之恩的老师，一起奋斗的同学，真心关爱他的奥赛教练，母校培优班外聘的老师，清华大学的招生老师，还有经常帮助他、请他吃大餐的一个同学的爷爷。末尾一句是“感谢所有未提及的托举起我高考的人们”。感恩之心发自肺腑，情真意切，令人动容。之前他从未给别人看过这封信。孩子有感恩之心，会对周围的一切表达善意，会以平和的心态看待发生的事情。懂得感恩，一定是内在得到了满足。

每个孩子都有一颗生而向上的心，小时候的梦想都是靠每天的实干铸就的，因此不要吝啬对孩子的鼓励和关爱。我经常跟儿子说“妈妈爱你，怎么这么爱你”这样“肉麻”的话，小时候的他听到会有安全感，长大后听到会有满足感，这都会给孩子带来感恩和动力，也会使孩子在重压之下保持乐观的心态，时时刻刻从不同的角度看自己、看世界、看更多的可能性。

儿子高中的班主任老师在家长会上表扬儿子时，让我印象非常深刻的有两点：一是讲他是全班心理素质最好的孩子，每次大考都表现突出；二是讲他是全班三个最实诚的孩子之一，行事低调，做任何事情都不虚浮，让人放心。

下面为广大家长提供一些实际的借鉴。

中高考和一些大考前，父母可以给孩子做以下事情。

（1）保持房屋清洁。干净整洁的房间会散发纯净的能量。

（2）营造和谐美满的家庭氛围。父母首先要调整好自己的状态，在家、在单位、在所有场合都要平心静气。

（3）孝顺长辈。考前可以带孩子去看望长辈，得到师长的祝福，这是增加孩子信心的好办法。

（4）用正向语言引导。不要说“别紧张”“别马虎”，而是说“稍微紧张是最好的状态”“你的考试技巧已经掌握得很好了”，等等。

每个家长对于教育自己的孩子都有不同的心得。格局有多大，就注定双手可以抓住多少机会。别纠结于当下的微末悲喜，别为眼前的蝇头小利而算计。有的放矢，认真专注，更远的彼岸和更精彩的未来，才是孩子人生的目的地！

考试千炼，慎终如始

叶光旗

叶同学，2020级强基计划宁夏排名第一

清华大学选拔后综合评定成绩排名前十

现就读于清华大学未央书院微电子专业

叶同学是宁夏银川人，2002年出生，现就读于清华大学，任清华大学围棋（甲组）队长。从幼儿园到高中全部在公立学校上学，家长从不陪写作业。除了英语，没上过其他科目的课外班。小学成绩中等偏上，初二成绩开始起飞，高中成绩稳定在校前30名以内。

对于孩子的学习，我不是一个一味追求成绩的人，但我实在是见到太多的家长因为孩子每次的考试成绩纠结痛苦，很是于心不忍。思来想去，觉得分享一下我的经验，可能对消解广大家长在子女教育方面的痛苦会有些实际的帮助。我运用自己的理念、经验和方法，通过对考试及成绩的分析，帮助儿子提高对考试和成绩的认知，提升学习的自信心，最终达到帮助他提升学习成绩的目的，这些经验也许能帮助一些家长多打开一扇门。

关于分析考试和成绩的正确方法，我主要总结了以下三个方面。

第一，认清考试和平时作业的关系，帮助孩子认识到学习是自己的事，建立“成绩源于平时的积累”的观念。

“考试”，不过是一份限定时间、限定空间、需要一个人面对的作业而已。大家认可这个定义吗？这个句子的主干成分是：考试不过是一份作业。这是我一直向孩子强调的观点。秉持着这个观念，孩子在小学时，几乎没有额外做过其他试卷。

记得非常清楚的是，小学的时候，每次考试前，除了老师超额布置的作业外，姥姥、姥爷都会催促我们给孩子再买些复习资料。我虽然当面答应，但在只有我和孩子两个人的时候，我非常明确地和孩子说：“一个小学的学期考试而已，如果都要用考前大量复习来应对的话，那是你学习的失败，也是我教育的失败。因为咱们都知道，好成绩是平时认认真真学习的积累，平时不认真，考前临时冲刺，也许会有些效果，但绝对不会长久。考试就是一份综合性的作业而已，不用在考前做那么多复习的卷子。既然是作业，那就平时是什么样，考试时还是什么样。爸爸不会给你多买什么复习资料，你也没必要去买，有那个时间，咱们还不如多玩玩或者去做点自己喜欢的事情。”

由于我一直秉持这个态度，直到高考前，他都没有因为考试产生太多紧张感。当然，这样引导也不免产生了一些“副作用”：孩子虽然思维开阔和活跃，但小学成绩一直算不上突出，小学毕业考试中，数学、语文平均分刚好是 90 分。对于考试，我们秉持的原则始终是那句俗语：“小考小耍，大考大耍，不考不耍”。所以在高考前一天晚上，他还和同学联网玩了一会儿游戏。

正因我对考试抱持这种理念，所以我自始至终反对陪孩子写作业，也反对给孩子批改作业。前两年在家里还翻出过他四年级时我去参加家长会的记录，老师当时公开点名：叶 ×× 家长不给孩子检查作业，签字不负责任。在此我很想加一个笑哭的表情。

在“考试”的定义中，“限定时间”和“限定空间”这两个定语都好理解，关键是对“需要一个人面对”这个定语的解读。做父母的都明白，在考试时，孩子只能一个人去面对，所以想要孩子在考试时能检查出自己的对错，就需要他平时学会自己检查自己的作业。但绝大多数家长平时都是主动帮助孩子查找错误，到了考试时，却要求他们自己检查错误，请问，他们哪里有那个能力啊？这正是我不给他检查作业对错的原因之一。

家长们都说过，学习是孩子自己的事。所谓“自己的事”，最明显的标志不就是自己要对结果负责吗？但对孩子作业对错积极主动负责，却是当下家长的普遍状态。当有其他人一直对某件事情的结果负责，你还会认为那是你的事吗？孩子长大犯了罪，父母可以替孩子去蹲监狱吗？

有的家长会问，那父母负责什么？这正是我教育儿子的原则：“我只对你学习和生活的态度负责任，而你的对错，需要你自己负责任。在平时做作业时，写字横平竖直就是态度认真；在平时的生活中，专注做好当下的事就是态度认真。比如你这会儿正在吃桃，那就好好吃桃，不要去想其他事。”这就是我平时不给他检查作业对错的原因之二。我认为家长更应该对孩子的学习态度负责，而作业的对错应该由他和老师负责。

对“需要一个人面对”这个定语理解不足，是造成一多半孩子学习越来越痛苦的原因。考试成绩只是孩子独自取得的一串数字，却几乎是学校、老师和家长评判孩子最核心的标准。但在平时的家庭作业中，家长并没有一个正确的理念，没有帮助孩子真正提升他们的认知和能力。在考试的时候却要问他们要成绩，孩子渐渐就会对学习产生恐惧和厌恶感，哪里能得到父母期待的好成绩？

第二，认清考试的目的和价值，提升学习的认知和自信心，最终达到提升学习成绩的目的。

首先，要认识到目前的考试只有两种：一种是检测性考试，比如期中、期末考试；另一种是选拔性考试，在孩子读大学前，一般只有两次，即中考和高考。有些地区还有一次小升初。

两种考试的目的和价值是什么？选拔性考试目的很明确，就是根据考试结果对学生进行分流。检测性考试的目的和价值是什么？很简单，既然是检测性的，其目的更多的是为了检测之前学习的不足。如果学习已经足够，试卷上就不会出现孩子不会和模棱两可的题目。

因为有了上面所说的教育理念的支持，孩子每次考完试后，我们俩分析卷子时，都是舒服地躺在床上看手机里的报告，每出现一个题目丢分了，我都会在弄清楚是模棱两可还是不会的题之后说：“这次出卷子的老师又帮到你了，不但快速精准地定位到你的不足之处，还能让你高效率理解并掌握这个题目，真好！”我们不在意检测性考试取得的分数，毕竟在以后的人生中，不会有人问你高一考试多少分。

对于这一点，我们的理念和传统理念有所不同。传统的理念是满分 100 分，取得 80 分就要祝贺孩子，因为他们更看重的是已经掌握的。但我们基本不看得分，而是更关注本次考试有没有快速精准地帮孩子找到不足。儿子只是一名普普通通的孩子，需要在他人的帮助下，通过一点一滴的小进步，来让自己变得越来越好，所以每次通过考试发现他的不足，都弥足珍贵。

上面说快速精准定位到不足，还有一个隐藏功能：为选拔性考试（高考）排雷（填坑）。

我一直认为，在高中以前，学的所有文化知识都有标准答案。只要有标准答案，就一定是有限多的，那么里面的坑也一定是有限多的。也就是说，在高考之前，每填平一个坑，就意味着高考成绩可能会高一点点，所以在高考之前，应尽可能多地填坑而不是追求分数。从这个角度来讲，我更希望每次的检测性考试对儿子来说都是有难度的，每次考试都能帮他找到一个坑，而不是答个满分卷出来。因为相比他掌握了全部知识点，不如说这次考试没有帮他找到一个坑。

再来详细说一下我们是怎么看待考试得失分的。每次拿到卷子后，不管是选择题还是填空题，我和儿子都会把卷面上的题目分为会的、不会的和模棱两可的三类。然后根据得失分情况，分为五小类，具体如下图。

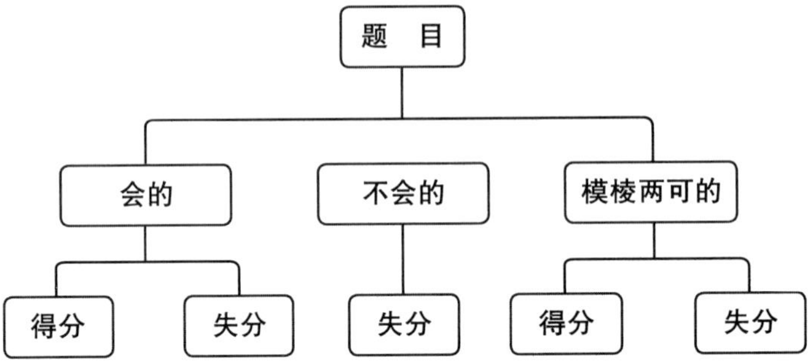

拿到试卷，对于会的题目，我们基本不会投入太大精力，而是把精力更多的放在他不会的和模棱两可的题目上。在我们的认知中，这才是本次检测性考试的价值所在。

由于认知的原因，我们不会对得分产生欢喜，相反，我们会对失分感到惊喜。这样的反应主要有以下两点原因。

一是，成年人都知道不要为已经洒掉的牛奶哭泣。

我无数次对儿子说："没交卷之前，任何事情都有可能发生，80 分到 100 分也许只是一道题而已。在你交卷的一瞬间，你的成绩就已经成为过去时。既然是过去时，那么所有失掉的分数都是已经洒掉的牛奶，不值得为其哭泣，而是要吸取经验，让自己在下一次考试中变得更好。"

二是，从上面图中可以看出，失分有三种情况，分别是会的失分、模棱两可的失分和不会的失分。会的失分，无非粗心。对此，我们一点也不纠结，而是只有一句话："下次能争取进步就行。"

只要是人，就一定会有粗心的时候，我们能做的就是通过一次次实战，尽可能减少粗心，而不是强求做到不粗心。作为普通孩子的父亲，我要做的是帮助他慢慢成长，而不应该强其所难。毕竟他只是一个孩子，没必要用有限的能力去紧盯那些对普通孩子来说难度过大的事情。与其紧盯这些，不如放轻松一些，去做更有利于打开他们思维的事。

对于不会做的题目，造成失分更不必纠结，因为这本来就是自己能力范围内得不到的分。能做的就是在考试以后，更有效、更高效地去学习，在以后得分。

这里面需要详细说的是模棱两可的题目。关于这类题目，我希望儿子在所有的检测性考试中都做错失分。因为一旦得分，他很可能在潜意识里认为自己已经掌握了这个题目，在关键的选拔性考试中就可能摔大跟头。如果失了分，他会在考试后最短的时间内弄清楚并且深刻理解这道题目，这样就会避免在以后的考试中掉进坑里。当然，如果是选拔性考试，站在父母的角度上，我肯定是希望他都能蒙对。

第三，站在更高的高度上，帮孩子认清分数的价值和意义，学会独立思考。

按照前面的分析，似乎分数没有多大意义，其实不然。我是这样认为的：卷面上的分数对学校和学生的意义是不太一样的。学校本身也是一个职场，既然是职场，老师也需要定期或不定期地做工作报告；对于学生来说，需要通过每次考试促使他们去成长，而不是通过分数对他们进行评判和定位。

因为我有这样的认识，同时能帮助孩子认识到考试的意义和分数真正的价值，所以我们从来没有所谓的成绩排名焦虑，无论排名靠前还是靠后。

飞鸟乘风逐梦去，槐树犹在待春归

喜悦

L同学，高中毕业于浙江省某重点中学

2020年考入清华大学数理基础科学专业

时光飞逝，转眼间，儿子在清华大学学习快两年了。这两年对我来说，既快又慢。快的是我不用天天等着他回来，给他做饭、洗衣，过问他的学习情况，日子轻巧得像翻书一样快。慢的是作为妈妈，我好像第一次有了大把属于自己的时间，都不知道如何去打发。虽然儿子不在身边，但每天最开心的还是点开手机，翻看他发过来的信息和照片，或点开学校公众号，了解清华大学校园里发生的点点滴滴。

我确实很欣慰，儿子能进入中国最高学府深造。“自强不息，厚德载物”的校训，“行胜于言”的校风，让我打心眼里为儿子能接受清华大学的培养而感到骄傲。

不知道是谁说过，成功的母亲懂得如何放手。说实话，我从来没觉得自己有多能干，但在我对孩子放手的那一刻，在目睹他走进理想的大学、开启他更加广阔的人生时，我觉得我是成功地放手了。我相信，今后不管有没有我陪在他身边，他都是一个独立坚强、乐观向上、不惧困难、勇往直前的好男儿。

这一路走来，所有的坚持和付出都是值得的！

好习惯让孩子受益终身

我有意识地从小就开始培养孩子各种好的生活习惯，尤其是遵守时间。早上要求准点起床，准时完成上学前的一切准备，坚持午睡半小时，晚上准点上床。渐渐地，即使是假期，儿子也不习惯睡懒觉，他会坚持自己调好闹钟准时起床。规律的作息时间，让他有充沛的时间和精力投入学习，也能合理地安排自己的课外生活。

我对他的学习习惯也格外重视。我始终认为，父母不可能教会他很多知识，但父母完全可以做到让他养成积极主动探索未知的好习惯。学习就像一个系统工程，父母负责安装好每一个管子，水自然而然地就会流进来。因此，从进入幼儿园开始，我就要求他回家后第一件事是要完成老师布置的作业，而且要认真、独立地完成，并告诉他学习是他自己的事，要做到全力以赴。如果孩子有困难，我会鼓励他自己去找老师请教，或自己去查资料解决，总之，要自己主动去寻找解决问题的办法。

当然，作为家长也不能当甩手掌柜，一定要多和老师交流、沟通，及时掌握孩子的学习情况。平日孩子大部分时间在学校，同学与老师最清楚他在学校的表现，所以我经常主动与老师交流，对孩子在学校的表现可以说一清二楚。

儿子刚学英语的时候，因为我不熟悉英语，无法给孩子好的建议，就主动与老师商量买什么参考书，如何帮助孩子提高英语成绩。老师建议我订阅一份英语报纸，让孩子每天至少掌握 15 个英语单词并把它们默写下来。我就把老师的建议付诸行动，培养孩子学习英语的习惯，这对他提高英语成绩起到了很大的作用。

父母的陪伴是给孩子最好的礼物

都说陪伴是最长情的告白，这句话不仅适用于爱情，更适用于父母，父母要多参与孩子的成长过程。我不能说给过孩子多少玩具，带他去过多远的地方，但在陪伴孩子这件事上，我是舍得付出的，而且我也认为父母的陪伴才是每个孩子最想要、最珍贵的礼物。

从小到大，只要儿子需要我，我总是第一时间出现在他面前，从没有给他造成过“妈妈不在”的遗憾。孩子的成长只有一次，我永远不会给自己找借口而忽略了他。小时候只要他愿意出去玩，去操场踢球也好，去公园玩耍也好，我不管多忙，都会立即放下手头的活儿陪他去。

等他稍稍长大一些，我就有意识地带他去各地旅游。记得他上小学时，我带他去武汉看了长江大桥，参观了武汉大学校园。回来后的一次期末考试，老师对他的作文赞不绝口，说他写的作文特别真实，而且从他的作文里能看出我带孩子去过武汉，这更加坚定了我要多带他出去走走的念头。知识不仅在课本里，还在我们行走的路上。

周末，我会让他组织几个要好的小伙伴一起去参加社会实践，做些公益活动，或者一同参观博物馆和科技馆。每个假期，我们一定会安排好时间，带他去感兴趣的地方游览，让他多接触陌生人，感受不一样的人文风情。

一次次愉快而充实的外出游玩，让儿子渐渐从一个腼腆的孩子变成一个开朗、阳光的少年。

上初中后，随着孩子学业负担不断加重，与我们相处的时间变少了，交流仿佛只停留在学习和成绩上，甚至孩子在想什么，我们也不知道，对于我们的提问也是爱理不理。

这时的陪伴尤其重要。我们会与孩子谈一些他感兴趣的话题，可以谈电影、谈电视节目、谈旅游，谈孩子知道我们却不知道的事情，等等。总之，要找到可以让沟通畅快、愉悦的题目。比如，孩子参加学校运动会的跳高项目，在比赛前一晚，他爸爸就兴致勃勃地在家里拉了一根绳，和他一起练习跳高，运动中父子两人其乐融融。

每次当孩子提出“爸爸、妈妈，我想与你们聊聊”，或主动提出需要帮助时，无论我俩有多忙，我们都用心倾听，努力安排时间陪伴。有时确实太忙，但我们也尊重孩子的要求，告诉他：“我们很愿意听你谈话，但是现在不行，等会儿再交流，好吗？”对此孩子也是能够理解的。

尊重孩子，让他走得更远

有人说，孩子在青春期的时候要开始尊重他，我觉得不管在哪个阶段，孩子都需要尊重。越早尊重孩子，孩子会越早独立。我很庆幸自己在孩子心目中不仅仅是个妈妈的角色，更是一个朋友的角色，我们之间无话不谈，轻松自然。

尊重，可以让孩子知道自己的兴趣所在。跟大多数家长一样，我也面临过给孩子报兴趣班的困扰，但我没有替孩子做主，尽管那时候他才上幼儿园大班。只要他感兴趣的，我都会给他报名。“不让他尝试一下，怎么知道他真正的兴趣所在呢？”我当时就是这么想的，所以象棋、围棋、美术、奥数、音乐……他都学过一段。虽然后来很多都放弃了，只坚持了他喜欢的数学，但我也从不抱怨他什么，反而觉得这些经历非常好，至少能帮他找到自己真正的兴趣点。

对于他一直努力坚持的数学，我同样非常地支持，并告诉他：“孩子，你一定要学会尊重自己的选择，对自己的决定负责！”儿子果然没有令我失望，他在数学竞赛的学习道路上一直走得非常稳健。

尊重，让孩子有了更大的发展空间。自从孩子学会阅读后，我们从来不干预孩子的阅读选择。只要他爱看的书，他都可以买回家，他也因此获得了更多的阅读空间，激发了更多的兴趣爱好。比如他自学第三语言，而且学得有模有样，颇有成效。又比如他亲自制作网络小游戏，也颇受同学们的好评。

尊重，让孩子更加独立。每个人都更愿意为自己决定的事负责。自从我们放手让他自己做决定后，他行事也更加稳重、谨慎，所有的学习计划，他都不需要我们参与，自己安排得井井有条，就连填报高考志愿都是他自己填写的。

他有自己明确的规划和方向。记得高考第一次选考和英语考试他都没有发挥好，有些许失利，但他表现得很淡定，不需要我们安慰，自己就调整状态。第二次考试的时候，达到了自己预估的分数。能独立、能担当的品质，让儿子在面对困难挫折时从不惊慌失措，他会坦然接受不能改变的事实，也会积极寻找可行的突破办法。

尊重，使孩子感受到和谐的家庭氛围。我们夫妻俩很少当着孩子的面拌嘴，我对孩子爸爸很尊重，孩子爸爸对我也很体贴，我们三个人之间有任何矛盾，都能及时得到沟通，及时化解矛盾，“平等、尊重、关爱”成为我们家一贯的相处模式。

上大学后，儿子主动建了一个三人微信群，便于我们及时交流，不管是家长里短还是工作学业，我们都能聊在一起、乐在一起。

伴吾儿，勤勉励，共成长

张向武

张同学，高中毕业于浙江省镇海中学

2020 年进入清华大学，成为“零字班”的一员

像所有年轻家长一样，孩子的到来给整个家庭增添了无限欢乐，同时我们也对孩子寄予很高的期望。但孩子并不是顺着我们的心意长大的，因此在孩子的成长中，我们家也曾上演过“父母大声斥责孩子，孩子躲在一边泪眼汪汪”的场面。孩子的状况似乎离我们心目中的目标越来越远，完全不是心目中的理想状态。经过一段时间的观察、反思和总结，我终于意识到，原来很多时候都是我们家长自身存在问题——对孩子的期望值过高。

现实生活中，我们也经常看到对孩子指责、训斥的现象，比如做事拖拖拉拉；吃饭为什么不吃快点；为什么别人能考 100 分，你却只考了 98 分。其实，就算让我们自己考，也不一定能得到 98 分。也就是说，我们经常用成人的尺度去衡量他们，而且是拿很多成年人也难以做到的标准来要求他们。

认识到问题所在，接下来就是如何解决问题。作为家长，我们应该对孩子抱持合理的期望。不仅仅是对结果，更重要的是过程。

在学习上，我们给他的目标是“只追前一名”。同其他同学相比，儿子早一年入学，从小学到初中，虽然他的成绩都能名列前茅，但算不上是最优秀的。尤其是高中，从校排名将近二百名到高考的前三十几名，“只追前一名”的理念贯穿了他的整个高中生活。这也是我们对他在学习结果上的要求。

在成长过程中，我们对孩子的要求是，“自己能做好的事要尽善尽美，自己做不好的事要尽心尽力”。在接下来的成长过程中，无论孩子取得什么样的成绩，即便是“惨不忍睹”，只要孩子“尽心尽力”，我们也不会指责和训斥，更多的是给予孩子拥抱和鼓励。当然，这在一定程度上有助于形成良好的亲子关系：无论孩子有什么事，他都能主动地与我们倾诉，我们也会耐心倾听，能帮他解决问题的就帮他；不能帮他

解决的，就会给出一点小意见，让他学会自己处理事情。

作为理科实验班的学生，儿子从小就表现出对理科的兴趣和偏好倾向。凑巧的是，从小学到高中，儿子的班主任一直由文科老师担任。尤其是高中，所有的创新班班主任都是文科老师，这样能很好地督促学生重视文科知识。作为家长，我们也知道学科均衡的重要性。对理科生来说，“得语文者得天下”，这句话虽带有夸张的成分，但要想孩子全面发展，必须重视孩子的语文学习。

儿子在上幼儿园前，我们就有意识地告诉他，“书中有很多故事，你可以通过自己阅读书本，了解很多知识”。他很小的时候，就通过一些“幼儿学汉字”等动画，认识和掌握了上千个汉字，这为他幼儿时期的自由阅读打下了扎实的基础。

在他读幼儿园的时候，我们就给他买了一些带有精美插图的《史记》《西游记》《三国演义》等名著插画本。我们不仅仅让他自己理解和体会故事情节一波三折的趣味，还要求他把读过的内容讲给我们听。在给我们讲故事的过程中，我们给予最多的是对孩子的肯定与鼓励。

在一次次的肯定与鼓励中，儿子从小就对书本产生了好感。从幼儿园到高中，他阅读了大量各种各样的书籍，从罗尔德·达尔的童话系列小说，到金庸的一系列武侠小说，再到古典四大名著，书籍已经成为孩子日常生活中不可或缺的一部分。

虽然我们让孩子自由地阅读各种各样的书籍，但有一种书我们是不提倡的，那就是只有大量图画而鲜有文字的漫画。个人认为，偶尔让孩子看看这些书放松一下也可以，但如果在这些书上花费太多时间，对孩子的成长并没有好处。因为对孩子而言，这些书籍只有图片的输入，无法感受文字蕴含的魅力。

为了让孩子形成良好的语感，提高孩子的语言表达能力，在上小学三年级时，我们又给他提出了新的要求：在看书的过程中，如果觉得哪句话或哪段话写得特别优美或特别有道理，可以大声地朗读出来，也可以用自己喜欢的方式把它们背下来。刚开始的时候，孩子有点不习惯。但经过长时间的督促，孩子最终形成了良好的阅读习惯，即每天睡前五分钟，大声朗读并背诵美句美段。这一习惯帮助孩子形成了良好的语感，有助于训练专注力，更有助于提高记忆力。诵读的结果，往往是使孩子出口成章，化他人材料为己用，这无形中提高了孩子的写作能力。

爱尔兰诗人叶芝曾言：“教育不是注满一桶水，而是点燃一把火。”只有点燃孩子对知识的渴望，培养他主动学习、主动汲取知识的热情，才能取得事半功倍的效果。

要让孩子主动学习，兴趣和他自身的内在需求是非常重要的，其中启蒙老师对孩子内在兴趣的激发，也起到至关重要的作用。这一点，在孩子学习英语的经历上深有体会。

记得孩子上小学一年级时，看到别的家长都送孩子去培训机构上英语课，我们为了不让孩子输在起跑线上，也帮孩子报了一家外语培训机构，内容主要是学记单词和讲英语小故事。有可能是孩子太小，或者对机构英语课的教学方法不适应，一年下来，导致的直接结果是孩子告诉我们："英语太难了，我英语是学不好了。"听到这些话，说实话我们心里是非常担忧的。对于一门学校还没有开设的课程，我们家长如此"好心"地张罗，给孩子带来的后果却是"我不可能学好英语"这样的认知。一旦孩子有这样的心理认知，再想把英语学好就很难了。

为了打破这一僵局，我们一方面马上停止了原来的培训机构学习，另一方面想办法培养孩子的英语兴趣。凑巧的是，有个朋友的妻子是个英国姑娘，当时正在家休养待产，于是我们就组织了七八个同龄孩子跟这个英国老师"玩"。因为教学过程中没有枯燥的死记硬背，孩子在和外教玩耍交流的过程中，逐渐意识到原来英语也不是这么难学。打破了原来的认知束缚，他对英语逐渐产生了很浓厚的兴趣。从小学到高中，他的英语成绩一直不错，还多次参加全国中学生英语大赛。

另外，从孩子学习中国象棋和书法等经历来看，我们都深刻地认识到，兴趣是孩子学习最好的老师，而启蒙老师对兴趣的激发尤为重要。

在陪孩子一起成长的过程中，我和孩子的妈妈都知道，决定孩子一生的不是学习成绩，而是成为一个懂得付出和感恩的人。作为家长，我们需要培养孩子正确的价值观，让孩子懂得"要想有收获，必须要有付出"，只有通过自己努力获得的东西，才是真正属于自己的，才是值得骄傲的。

记得刚上小学一年级时，由于大部分孩子都上过幼小衔接班，学过拼音，而他没有上过，刚开始有点跟不上，每天回家后都有点泄气的感觉。我们就在一旁劝他："你看，现在只有你每天学的都是新知识。我们不比起点比进步，爸爸相信你不会比其他小朋友差。""不比起点比进步，不比智力比努力。"正是在这样不断的鼓励和激励下，孩子的学习成绩虽然不算遥遥领先，但也能名列前茅。

在物质追求上也一样。小学时期有一段时间，他每天放学后回来都会和我说，哪个同学买了什么，哪个同学妈妈开什么车来接他上下学，并且也要求我换车，表现出很高的物质欲求和羡慕之情。

作为家长的我们，心里虽有些着急，但还是静下心来开导他。“这些东西都很好，但对你来说并不是必需的。你应该关注班级里的同学平时更愿意和谁玩儿，同学们更羡慕谁？”他想了想说：“好像同学们都更愿意和我玩儿？”“那你知道为什么吗？”“有可能是我成绩很好，平时又乐于帮助其他小朋友。”“那就对了，因为其他东西都是同学爸爸妈妈的，你的这些优点是通过自己的付出获得的……”通过一番讲解后，儿子似乎明白了其中的道理，以后再也没有跟我们说过这些事，我们心里也暗暗松了一口气。

作为家长，不一定要上知天文，下知地理，解得了奥数，写得了满分作文，但一定要坚信教育的力量。我们不要只做孩子成长路上的养育者，更要做他们成长路上的引路人。当然，不仅孩子需要成长，作为引路人的我们，也需要在与孩子的日常交流、沟通和引导中一起成长。

在陪伴中共同成长

李艳

赵同学，高中毕业于黑龙江省大庆实验中学
现就读于清华大学行健书院

又是一年高考季！2020年，与孩子备考、高考的场景似乎还历历在目；如今，孩子已是清华学子中的一分子。说起如何教育孩子，我确实没有什么“真知灼见”，但想和各位分享一下作为家长，如何在孩子成长的道路上做好领路人的切身体会和一点儿心得。

德国哲学家雅思贝尔斯说：“什么是教育？教育就是一棵树摇动另一棵树，一朵云推动另一朵云，一个灵魂唤醒另一个灵魂。”教育就是父母用自己的言传身教，以身作则，去唤醒一颗幼小的种子；用自己的切身行动潜移默化地影响他，陪伴他，让他生根发芽，枝繁叶茂。

我们来自北方的一个小城。儿子出生时，家里的长辈年纪都大了，所以我们一边上班，一边照顾他，在磕磕绊绊中将他抚养长大。俗话说“三岁看大，七岁看老”，孩子出生后的头几年是性格养成的关键时期，我们也对其性格着重进行了培养。

挖掘培养兴趣爱好

儿子还不会说话时，通过卡片就认识了许多字。每天空闲时，我就把卡片拿出来，一张一张地教他卡片上的字词读音。时间长了，我就把所有的卡片打乱放在地上，然后说某个字，让他从中找出来，他很快就会找到，从不拿错。

我们坐公交车或者带他去超市时，会随意地告诉他车上的字、超市的名字怎么念，让他在无意间认识汉字。他自己也养成了看见字就读，不认识的就问的习惯。

再大一点儿，他可以自己看书了。我从邮局为他订阅了许多儿童读物，也经常利用上班午休时间，去书店挑选适合他看的书籍。只要有时间，他就能很快地读完一本，过几天还会拿来复读品味，这也使他养成了爱读书的好习惯。

他喜欢玩具汽车，我就给他选各种类型的玩具车，从小到硬币大小的微型车、动画片《汽车总动员》里的各种玩具车，到可以在小区里跑的电动车。他还会与玩具车“对话”，自己编玩具车的故事。

他喜欢画画，就跟幼儿园老师去学，后来在绘画班跟着专业老师学。素描课他可以一节课不说话，不动地方，两个多小时专心致志地画了擦，擦了画，直到他满意为止。这也帮助他养成了做事专一、心无旁骛的好习惯。

在这些阶段，我从不刻意要求他去做什么，只是在他身旁鼓励他、陪伴他。

培养孩子的自律性

小孩子，尤其是两岁的小孩子，刚去幼儿园时都很抵触，没有安全感。孩子去幼儿园之前，我在家里就把道理和他讲清楚，告诉他别无选择，分开时可以哭，但哭过后还是要去。每次看着他满脸的泪水和可怜巴巴的样子，我都会坚决地转身就走，即使心里全是惦记和担心，也不回头看他一眼。我还规定，到超市买东西，喜欢的东西每次只能选一样，不能由着性子没有限制地购买。时间长了，儿子知道该如何取舍。即便同时看中了多个非常喜欢的物品，他也能很快做出决定，选取其一。即使有时我说可以选两种，他也坚持只拿一种，另一种下次再选。

每个孩子都有自己的特点，要针对不同的孩子琢磨不同的教育方法。即使面对的是同一件事情，不同时间，不同场合，处理方式往往也不尽相同。

上学后，对于儿子的学习，我首先让他认清：学习是他自己的事，是为他的未来打基础。我在与朋友或同事聊天时，经常会听到她们说“这孩子太气人了，作业他不给你写啊，他不给你学啊”，诸如此类的话。我传达给孩子的学习观念是：“儿子，你学习成绩的好坏，关系到你的未来，学习过程就是知识积累的过程，通过学习，你的人生会更丰富，你选择的道路也会更宽广。通过学习，你自己的理想和目标都会实现。”从小到大，他从不因学习和我们“讨价还价”，他觉得好好学习就是在做好他当下该做的事情。

这些细微习惯的养成，让他在成长的道路上知道自己该干什么，无须家长要求他做什么、怎么做，他就会自觉地约束自己。

培养孩子爱的能力

在外面或者邀请小朋友到家里来玩，要有礼有节，书籍和玩具可以和小朋友分享，坐车时要给老人让座，等等，一点一滴地教育他要遵守社会公德。

在他遇到困难时，积极正向地引导他。我们和他说的最多的一句话是“爱就是力量”。我经常告诉他，付出爱，给予爱，才能得到爱，一个心地善良且有爱心的孩子，运气肯定不会差。

培养孩子的专注力

专注力的培养需要下大功夫。在儿子面前，我们从不谈论大人之间或者单位的一些事情，让他的注意力放在他自己的事情上。在孩子读书或者学习时，我们也不去打扰他，我们尽可能地看书看报，从不看电视，也不会给他送水果和饮料，以便他能全身心地投入到学习之中。

印象最深的一件事是，他在上英语课时，他的同桌是个爱动的女孩，上课时经常溜到课桌下，作为同桌的他却浑然不知。

我们的原则就是玩儿的时候就开开心心地玩儿，学的时候就专心致志地学。孩子的专注力集中了，学习效率就会随之提高。

提高孩子课堂学习效率

所有的知识点都在老师讲课的过程中，课堂十分钟的认真听讲，相当于课下一小时甚至更多时间的努力，所以我们十分关注孩子在课堂上的学习效率。通过观察孩子的一些行为，就能判断出他上课的状态。

我们经常和儿子谈心，及时关注他的思想动向，有时还多花些时间“陪”他一下，监督他作业的完成情况，而不是一味指责。

儿子上学后，已经养成了独立学习的习惯，所以我们很少操心他的学习，精力大多放在日常的“后勤工作”上。我们并不关注儿子考试成绩的好坏，儿子自己知道总结、考量并不断修正和调整每一阶段的学习效率和效果。他觉得考试不理想时，我会请他出去吃饭。他常常打趣我：“你这老妈真不同，人家都是考好了奖励，你反其道而行之，考得不理想还能吃好吃的。”

一旦发现儿子情绪有波动，我就会坐下来和他聊一聊，帮他出主意，想办法，很快他就会豁然开朗。家长在孩子幼时润物细无声的付出与陪伴，都对他潜移默化地产生了影响。儿子长大后，我们已经成为他最重要的朋友，他也会倾听我们的意见，和我们探讨一些问题。

我性格比较急，当“更年期遇上青春期”，难免会有起“冲突”的时候。曾经有一次，我怒气冲天，忍不住朝孩子发火。但发火根本不起任何作用，甚至还起了反作用，伤害了孩子的感情，事后自己也很后悔。

反思之后，再有按捺不住想发火时，我就控制住自己先不要说话，抓紧下楼，在楼下转上几圈，让自己的情绪平复下来，然后再回家与儿子心平气和地交谈。自那之后，我们再也没有发生“冲突”。我们一直彼此尊重，和平相处，儿子甚至都疑惑：同学为什么要逆反呢，我怎么没有感觉到叛逆的青春期啊！

高中阶段学习虽然紧张，但良好的学习习惯让儿子能够“处变不惊”。考试中成绩出现波动，“一模”成绩不理想，这些都没让儿子改变他考入清华大学的初衷，他一直保持稳定的学习节奏。

我也会不定期地给他写鼓励的话语，粘贴在他的书桌、床头和墙上，他也会经常夸奖我饭菜做得好吃。周末我们经常坐下来聊天，通过沟通交流减轻他心里的压力。虽然也有短暂的焦虑，但因为我们贴心的陪伴，及时化解了他内心的不安，所以这一阶段的时光过得简单而美好。

其实，我们的孩子都是好孩子，只是有时候因为学习的问题，父母放大了他们的缺点，忽视了他们身上的闪光点。初为父母的我们，也要不断地学习总结，对待孩子多一些耐心，多一些平常心，多抽些时间陪伴孩子。孩子成长的过程，也正是父母共同成长的过程。多欣赏孩子的闪光点，并以他们为傲，孩子就会光芒四射！

愿你像白杨一样成长

马冬梅

李同学，高中毕业于乌鲁木齐市第一中学
现就读于清华大学新雅书院

在写这篇文章前，总是想提一提西北随处可见、极其普通的白杨树。在西北干旱地区生长的白杨树直立挺拔，枝繁叶茂。白杨树叶片不大，片片向上，随风飘扬，似乎在为自己能够看得更高、更远而鼓掌！我欣赏白杨树，更要学习白杨精神。作家矛盾就曾经写过《白杨礼赞》，文中赞扬白杨树，说它象征着北方农民质朴、坚强、力求上进的精神。希望我的孩子也具有这种精神！

我来自新疆生产建设兵团，老一辈兵团人吃苦耐劳、坚韧不拔的劳动精神潜移默化地影响着我。大学毕业后，我成为一名中学英语教师。孩子的爸爸是一名建筑工程师，孩子出生于乌鲁木齐市。孩子在我任教的乌鲁木齐市一所区属九年一贯制学校读完小学和初中，中考以全校第一的成绩考入乌鲁木齐市第一中学，高考考入清华大学。我是一名家长，又是一名教育工作者，并且多年从事班主任工作，在教育孩子方面有一些想法，想与家长朋友们探讨与交流。

目前，我们的孩子主要接受家庭教育和学校教育。学校教育多以课本授课为主，学校是输送知识、初步培养孩子人际交往的场所。而家庭是孩子活动的第一场所，家庭教育对孩子的成长起到至关重要的作用。在家庭中，家庭成员的生活观、价值观、人生观，都会或多或少地影响到孩子。孩子的性格不同，在培养方式上也要有所侧重。家长有必要根据孩子的特点、兴趣和爱好，恰当地培养，正确地引导，促进他们健康地成长。

在培养孩子的过程中，我认为需要注意以下几点。

第一，亲子陪伴对孩子一生的健康成长至关重要。如果有条件，尽量不要让孩子远离父母，应跟随父母就近入学。

第二，养成良好的习惯，为孩子的成长保驾护航。良好的生活习惯、学习习惯是从事一切的基础。

第三，兴趣是最好的老师。培养兴趣，是交给孩子独立探索知识的一把钥匙。

第四，恰当的赏识教育，可以培养孩子的信心，增强自信。自信使人充满力量，增强斗志，永不服输，让弱小变得强大。

第五，适当的挫折教育可以培养坚韧的品格，使孩子意志坚强。

第六，培养孩子独立解决问题的能力。让孩子克服依赖心理，尽量不要代劳，放手让孩子去做。在教育孩子的过程中，不建议报太多的辅导班、兴趣班，这些会侵占本该属于孩子独立探索的时间。

下面以我的孩子作为个案来说一下，希望对大家有所启发。

小学之前，以玩耍为主，培养孩子乐观豁达、积极向上、热爱生活的态度。同时根据孩子的喜好，让她读一些感兴趣的书，由图画书过渡到纯文字书籍，不断提高她的识字能力和认知能力，因为她想要知道里面的内容，就会努力地去认识字。

小学期间，陪伴可以给孩子安全感，增加他们的自信和力量。在接送孩子上下学的路上，要尽量避免说教与训斥，最好能探讨复习当天所学内容，如模仿背语文、英语课文，或听背乘法口诀，采用倒背法、提问法等，或出一些数字题让孩子练习加减乘除口算。这时候，我会把自己当成一个忠实的听众并赞赏她，饶有兴致地倾听高不及腰的孩子给自己讲解她学到的有趣知识。我还会穿插询问她是如何理解的，如何记忆的。有时候孩子在困难的地方停住，我会鼓励她继续思索。孩子逐渐有了探索思维，这等于是给她自主探究学习种下了一颗种子。

在小学时期，让孩子养成良好的学习习惯，避免拖延、拖拉很重要。孩子快速完成作业，就有大量自由支配的时间。只要孩子对某一方面感兴趣，不刻意也不限制孩子投入其中。生活本身就是多彩的，有多种爱好，说明孩子精力充沛。随着对爱好的深入探究，孩子可能会有取舍，选择其中非常感兴趣的爱好进一步发展。

我家孩子也碰到了这样的难题，开始学琴时兴趣浓厚，但每天弹同一首曲子，一段时间后就觉得枯燥了，不好好练习。每次老师检查一周弹奏的曲目时，看着她手忙脚乱地乱弹琴，是我最尴尬的时刻。然而每当老师让大家计算节拍的时候，我家孩子总是第一个举手，她能准确地计算出来。从这里也能看出她对数字很敏感，对数字计算反应很快，值得夸赞。

学习舞蹈也是如此，本着锻炼身体的目的，没有强迫孩子非要达到什么级别，只要愿意学习，我们就鼓励支持。学校有节目表演，她也能参与进去，这些都培养了她的自信心。

家长是孩子的第一任老师，对孩子的影响至为重要。有时家长的兴趣爱好也会影响到孩子。孩子的爸爸喜欢游泳，夏天天气炎热，常常带着孩子去水里玩，慢慢地孩子就学会了游泳。耳濡目染的家庭氛围会影响孩子，对孩子的成长也很重要。

进入初中以后，要有意识地培养孩子自主探究、独立思考的能力。要引导孩子养成在课堂上掌握所学的知识，课后自主去阅读、去质疑、去探索的良好习惯。首先，初中学的科目和知识是九年义务教育要求必须掌握的，一定要认真跟上老师的进度。作为基础学科，所有功课都要好好学习，不能有偏科现象。有些孩子可能会对某一领域更感兴趣，这是非常好的事，但此时要注意平衡好各门功课。

家长有时会因为孩子某次考试不理想而焦虑。考试出现偏差，需要了解其中的原因，与孩子一起分析问题到底出在哪里，然后和孩子探讨如何解决问题。对于没有学扎实的课程，要让孩子先把课本弄明白，然后再去请教老师。解决问题的方式，可以在课堂上，也可以是课下，可以与同学探讨，也可以与老师探讨。

有条件的话，可以让孩子给家长讲解知识点，这样做能够让孩子更牢固地掌握所学知识，也能加深亲子关系。有一段记忆很深刻，我在上初二时，曾经为了给父亲讲明白杠杆原理，不得不把物理课本中的力学知识好好复习了一遍。在孩子的学习上，我也如法炮制。孩子对生物很感兴趣，我就借机向她讨教动脉与静脉的流向问题。孩子教授得很仔细，还画图教学。过了一段时间后还对我进行考试，真是让我自叹不如！很多时候，我都装作“小白”，有些方面也确实是小白，虚心向孩子请教问题，孩子都能很耐心地讲解，真是收获满满，幸福满满，孩子成就感满满！

在作文方面，我也会经常提出“拜读”孩子作文的请求。她通常会把写得好的作文展示给我，看是否经得起我的推敲。

初中三年时间与小学相比短了许多，但这三年奠定了孩子高中学习的基础。除了上课，每个周六日的时间安排也非常重要，建议让孩子多读书，非必要少上辅导班，我家孩子是不愿上辅导班的一类。我不太赞成孩子上预科班，但赞同孩子上兴趣班，兴趣班可以扩大视野，拓展知识面。

培养孩子独立思考的习惯，养成良好的生活习惯。许多孩子的人生观、价值观在这时逐渐形成，这将对于他们高中生活是一个良好的开端。

高中是孩子学习最紧张的阶段，三年的时间一晃而过，比初中的日子过得还要快。进入高中以后，大部分学校会提供住宿，有晚自习，孩子可以更安心地与志同道合的同学一起学习。有了明确的目标，就不会感到学习枯燥。这一阶段，孩子有大量知识和作业需要吸收和完成，需要合理利用时间，这时养成良好的学习习惯很重要。不建议孩子长期熬夜，这样会影响第二天的听课质量。

高中阶段孩子住校后，父母的陪伴会相对减少，对于孩子的学习也经常会觉得无能为力，这时听取老师的建议是非常重要的。要坚信经历过中考洗礼的孩子会更坚强、更理性，要信任并尊重他们的想法，毕竟他们不再是一个只听大人话的孩子了。

有时候，家长会觉得孩子很叛逆，不再愿意与家长分享自己的心事，其实这是孩子成长的烦恼。我们要保持平等的姿态和平和的心态，尊重孩子，恰当的时候给出恰当的建议，帮助孩子顺利平稳地度过高中三年。高考前要给孩子适当而非刻意地减压，家长对孩子的学习要有耐心，做好后勤工作，然后静待花开。

许多年许多事经历过后，再回过头来看，确实是一种磨砺和锻炼。就如同狂风暴雨中枝叶翻飞的小白杨，雨过天晴后，小白杨被洗刷得干干净净，依旧昂首挺胸地伫立在大漠荒原！我们的孩子也一样，经历了风雨的洗礼，会走得更稳健、更有力！

希望每一个家庭都能培养出优秀的孩子，我们也为成长中的孩子们大声喝彩。愿他们不负韶华，奋勇拼搏，不辜负父母，不辜负老师，不辜负国家！

一起成长的里程

刘秀芳

刘同学，高中毕业于内蒙古自治区呼和浩特市第二中学
现就读于清华大学行健书院理论与应用力学＋土木水利与海洋工程专业

在我心中，儿子是一个很普通的孩子，有优点也有缺点。孩子是父母的一面镜子，孩子的优缺点其实就是父母的影子。天下父母都有一颗让孩子成材的心，如何培养孩子成为一个有责任、有担当、诚实善良、对社会对国家有用的人，需要父母在孩子的成长过程中不断摸索。陪伴孩子一起成长，也是父母一生最快乐的事。

孩子上幼儿园，这个年龄的孩子不需要学很多东西，但要注重培养他的性格和感知。比如，锻炼他坚强的性格，摔倒时鼓励他自己爬起来，引导他和小朋友分享玩具。有时我和他爸爸也会产生教育观念上的分歧，但我们约好，在孩子面前一定要保持一致。他爸爸工作比较忙，但只要回家就会陪他玩，教他玩电脑游戏，培养他成为一个小男子汉。有一次他爸爸出差不在家，正赶上家里停电，我说："儿子，家里好黑，有点怕。"孩子却自信满满地说："妈妈，不用怕，我来保护你。"

从上小学开始，我们就有意识地培养他的阅读习惯。因刚上学，认识的字还不多，不能完整地阅读小段文字，晚上睡觉前我就会给他讲故事，顺便把他在学校学过的字在故事书里温习一遍。当他能自己看故事书时，碰到生字会来问我，我就鼓励他自己查字典。刚开始陪他一起查，查到生字后顺便告诉他近义字。就这样，他慢慢学会了查字典，我想这也是培养他自己学习的一个启蒙吧。

小孩子天性就是爱玩儿，记得他刚上小学时，我问他："儿子，你想有更多的时间玩儿吗？"他说当然想。我告诉他，你是小学生啦，要学习知识，要写作业，这要占用你玩儿的时间，你只有上课认真听讲，才能在课后准确快速地完成作业，并得到老师奖励，才能有更多时间玩儿。经过我一段时间的督导，他慢慢养成了一放学就写作业，完成作业才去玩儿的习惯。

在生活中，我们着意培养他坚韧不拔的性格。小学三年级的那年冬天特别冷，小

区暖气管道坏了，半个月没有暖气，家里靠电暖气取暖。儿子上火嗓子发炎，嘴上起火泡，嘴唇肿得老高，话也说不清楚。我想让他在家休息两天，但他坚持要上学。他说："妈妈，我要去上学，不然我就要落下啦。"

儿子从小对数学比较感兴趣。四年级时，有一天放学回来，儿子跟我说要报名参加奥数比赛。虽然他没有上过奥数培训班，但是为了鼓励儿子，我很高兴地说，儿子长大了，有自己的主见啦。那次比赛儿子获得了三等奖，其实我知道这不算什么，但为了呵护儿子学习数学的兴趣，我还是给他在课外报了奥数培训班。从参加奥数比赛开始，儿子学习数学的兴趣越来越浓。

四年级上半学期，我发现儿子学习语文的兴趣有点差，写语文作业不太用心，时不时有拖拉的现象。我深知如果没有兴趣，绝对学不好语文，于是在别人的推荐下，抱着试试看的心态，领着儿子去试听了两节语文培训课。课后我问儿子要不要上这位老师的语文课？儿子说："想上，老师讲得很有意思。"通过上语文培训课，儿子又找回了学习语文的兴趣。在语文培训班里，老师每节课都会根据所讲内容布置一篇小作文，儿子一开始写作文有点吃力，经过一段时间的学习后，写作水平有了显著提高，增强了他学好语文的兴趣和信心。

儿子小学以全年级第一名的成绩毕业，并在奥数班600多个孩子中，以全国小学生奥赛第二名的成绩被选送到呼和浩特市实验中学火箭班。能够进入全市最好的中学最好的班级，我和他爸爸都很欣慰。

初中阶段是孩子心智逐渐成熟的阶段，我和他爸爸一点儿也不敢放松对他的"关照"，因为马上面临升高中，想上全市最好的高中最好的班级。我们时刻关注着他每一次的考试成绩和全校排名。为了保证儿子的学习，我和他爸爸一个负责每日接送，一个负责日常饮食，忙忙碌碌的三年很快结束了。

孩子成长的每一步，都离不开家长背后的付出和努力。儿子在初一时学习成绩不错，在全校1500多名学生中排在20名之前。每次放学回家，他就回到自己的房间学习。学累了就出来和我们聊会儿天，聊聊学校的事，聊聊同学的事，聊他感兴趣的事。我也意识到只有休息好，第二天上课的效率才高，因此每晚学习到11点就督促他睡觉。我们一直要求他尽量早点睡，注重提高学习效率。上初一时，我们还保持着给他检查作业的习惯，帮助他查漏补缺。

初二时，他和班里的同学熟悉了，也学会了玩手机游戏，学习有点松懈，在全校排名明显下降。我心里有点着急，找他们班主任老师沟通他的学习问题。老师说他学习不太用功，有点“吃老本”的现象。班主任老师要求我们家长配合，多和孩子沟通，加强监督。

在一次期中考试开家长会的时候，老师把儿子和我叫上讲台，在全班学生和家长面前批评了他，要求我这个做家长的要对孩子的学习加强监督。在回家的路上，我和儿子认真分析了他学习成绩下降的问题。我和儿子说：“认识到了就要立刻吸取教训，加以改正。老师对你寄予厚望，争取中考时能达到你理想的目标，不要让关爱你的老师失望。”他也内疚地说：“妈妈，我知道自己错在哪儿了，我会尽快改正。”此后，他开始用心学习，各门功课的错题本整理得整整齐齐，非常认真。我觉得他也认识到了自己的处境和存在的问题，在老师的帮助下又步入了努力学习的轨道。

经过自己的刻苦努力，初三儿子以全校前20名的成绩进了培优班，学习任务明显加大。初中三年，他没有参加课外培训班，全靠自己努力学习和老师的帮助，完成了升入目标高中的夙愿。

中考体育成绩占40分。儿子的体育成绩一直很不好，但他意识到这40分应该拿满分才行。从初三开始，他每天早晨提前半小时到学校操场上训练。放学回到家，在学习的间隙也会训练，终于在参加中考体育测试时拿到了满分。从这时起，他喜欢上了体育，喜欢上了跑步。直到现在上大学后还在跑步，并在清华大学行健书院担任体育委员。

经过初中三年的努力，儿子中考以全市第六名的成绩考上了呼和浩特市第二中学火箭班。我跟儿子说：“上了高中，又是一个新的起点，希望你在新的起点做好新的准备。”进入高中后，我们意识到在这个阶段，最好的陪伴就是心的陪伴，要让他感受到父母从心理到情感上的支持。我们要时刻关注孩子的情绪，在他闷闷不乐的时候，尽量找一些能让他开心的话题和感兴趣的话题，慢慢引导到他的学习上。平时，我们也会从各方面了解他的学习状态和心理状态，经常宽慰孩子，不给他施加压力，让他自己调整来自学习上的重负。

高一时学有余力，儿子还担任了班里的生活委员，协助班主任老师做些事，在班级里比较活跃，和同学相处融洽。上了高二，他自己也感到有了压力，有时情绪不好。我们始终默默地关注着他，和他聊些生活上的话题，时常和他一起去看场电影，放松一下。

高二开始时，他在学校图书馆上晚自习。第二学期他申请不去学校上晚自习，一个人在家里学习。我们一开始很担心，觉得在学校比在家里有更好的学习氛围。他却说学校上晚自习的人多，容易被其他同学干扰，打乱自己制订的计划，影响心情，只有在家里自己才能静下心来，按自己的步骤学习，我们尊重他的选择。高三是学习压力最大的一年，这一年孩子把压力释放在长跑上，经常学累了就在学校操场上挥汗如雨地跑上十几圈。

他自己在房间里学习，我担心他玩手机，有时借着给他送水果进去查看，他大部分时间都在埋头做题，极个别时间在看手机。他会在学习累了休息时和我们聊聊天，聊聊学校管理的事或同学之间的事，有时聊聊国家的时事。通过聊天，既让他认识到现实生活的真实性，也认识到作为国家的一分子，应该有相应的认识高度和对时事的理解辨别能力。

高中阶段，孩子容易受外界的影响，学习有可能放松，做家长的要时刻关注他的状态。儿子在高二时学习成绩有所下降，当时我们没太在意，只是告诉他："妈妈相信你，你自己能够提高自己。"他自己也说，高二欠下了学习的债，一下还不上，让我们耐心等待。他的化学和生物成绩比较差，我们和他沟通如何提高，问他用不用增加课外辅导学习，他自信地说："没有必要参加外面的补习班，我自己有能力提高。"经过一段时间的努力，这两门功课的成绩确实在慢慢提高，我也慢慢不再焦虑。

直到高考成绩出来，我们悬着的一颗心才踏实下来。成绩出来的那天晚上，孩子哭了，我们也哭了，这是高兴的泪水，是多年紧张心情的彻底释放。回想陪他走过的这段成长道路，我们是在陪伴和欣喜中度过的，也是在紧张和焦虑中度过的。记得高中校长在全校家长会上说过这样一句话：家长要做到"心依暖阳，静等花开"。是啊，每一件美好的事情都不会一蹴而就，我们要做的就是静静等待……真正体会"心依暖阳，静待花开"。

儿子终于圆了清华梦，这也是作为妈妈从他出生那一刻就升起的梦想。

青春不设限

水云起

水木同学，高中毕业于北京市某中学
现就读于清华大学

那年，那个夏日的早晨，紫色的录取通知书在我们面前徐徐展开，洁白的清华二校门跃然立出，清雅的水木校园向孩子张开了怀抱。这一刻，是我们在时光流转里，在一个个或明亮、或素淡又甚或迷惘的日子里，一点点勾画并努力靠近的。

就让镜头往前推一推，回看往日时光。

从不可能到可能

在京城小升初的迷局里，在那个“五升六”的暑假里，一直在课内优秀且从未有过课外学习经历的寄宿小学生，和一直忙于工作，没有关注过升学“江湖”的佛系家长，提前感受到了秋冬凉意。在许多同学的优质升学路已趋明朗的时候，我们才开始了解升学状况，并意识到为时已晚。“几小强”的路，远在天边，无计可近。不止一个好心家长和我说：“你们有点耽误孩子了吧。别人都已经准备了两三年甚至更久，你们现在才开始，不太可能了吧。”

仲夏的黄昏，一些小升初信息交流完毕，我和小朋友坐在校园的台阶上，陷入沉默，夕阳里空气安静地流动着，带着不易察觉的怅然。忽然，她好像想起了什么，转过向日葵般的小脸，天真地说：“我今天拿到了钢琴八级证书，你看对小升初有用吗？”那一刻，感受到了她不肯放弃的隐隐倔强，我心怀内疚，望向天边的落日红晖，然后平静而肯定地回望她，说：“有用（其实不然）！还来得及，只要方法够好，努力也够，啥都有可能。我觉得有九成把握，你能进得了最想去的学校。”

她不可置信地盯着我，再三问“九成？”眼里闪过因迷信老母亲的断言而带来的惊喜。我毫不犹疑地点头，默想：“虽仅一成把握，也要当九成办，然后用十二分努力争取。而小朋友，因为相信，就会保有全力奔赴的心气。”

凡是不可能，都是别人以为，而年轻的孩子们，不必自我设限，没到最后时刻，就要相信一切皆有可能。

我抱着一成的把握，她怀着九成的信心，我们打起了十二分的精神，还是要去那个最想去的学校。我们尝试了很多办法，一切都按冲击目标学校的标准来，逆风奔跑且不改初心。 最后，我们真的做到了。小朋友在短时间里证明了自己翻盘的能力，用心和坚持带来了十个月后她顺利被梦校录取的结果，而且一路考进了竞争最激烈的实验班。

逆袭成功，小小少年快乐地踏上了新的征途。

从“小小鸟”到学生会主席

逆袭“上车”的她，在高手如云、多才多艺的新伙伴中，在这所自由创新的学校里，开始了跌宕起伏的求学之旅。

初一伊始，小朋友便感受到了初登新场的迷惘：学业暂时波澜不惊，其他方面虽小有才艺也还不知如何发挥。小学还是个活动小达人的她，面对眼花缭乱的学生活动，还没摸到参与的大门。这是一只有点迷茫的“小小鸟”。

但我能看到，她观望的眼里一如既往地有光有欢喜，有梦有向往。虽然，多彩的活动与学习成绩无直接关系，还会挤占学习时间，但这些都是见识增长和性格养成的重要路径。那种自然的喜欢，值得珍视和鼓励，并可期待更美绽放，进而生成更多愉悦和自信，滋养心灵，反哺学业。

我还能听到，她绘声绘色描述年级的演出。那些组织者的创意、演员的精彩、做成一件精品的成就感，她看到了，喜欢，却还没有机会参与，因为还不是学生会成员，也没有做过编导。那要怎么才能参与呢？我们细聊：“事情，不都是从无到有、从小到大慢慢做起来的吗？看看有什么小事是可以做的，先参与进去，再一步步拓展吧。”

于是，小朋友顺手就接过了临时空出的一个相对冷门的工作，那就是“灯光师”。这个工作要在后台默默无闻一站数小时，从彩排到正式演出都不能缺位，占时长，容错低。但事无大小，用心都有收获，就这样，“小小鸟”进入了活动圈子：从灯光师，到其他活动角色，再到各种才艺的表现和提升；从跟伙伴们日渐默契、合作愉快，到当选和连任学生会主席，再到不知不觉中连获校长奖、各级三好优干等奖励；她做过校长助理、主持人、演员，玩过模联和公众号，当过主编，画画、弹琴、踢足球忙得不亦乐乎，也组织策划过许多校园活动。

我们会适时地提醒她提前做好时间安排和任务平衡，但从未因学业而阻拦她对各种活动的尝试和投入，并且在她遇到挑战和困难时也会给予鼓励、安慰或建议。

就这样，从初一到高三，有波折、有挫折，有一次不成再试一次的执着和进步，一路充实、一路风景地走过了这六年。回首再望，曲折向上的成长轨迹再次印证了：即使你是个看似平凡的“小小鸟”，也不要给自己设限。如果渴望，就去做，从平处甚或低处，一步一步向前向上走，走到灯火明亮，这时候，你很可能不知不觉就走到了心想之地。而即使你没能走到那个最想去的地方，那些走过的路，遇过的人，犯过的错，经历过的心情和思考，沉淀出的信心和勇气，都会是年轻时最宝贵的财富，将为后续发展的无限可能，做出意料之中抑或是出其不意的铺垫。

从波澜不惊到拥抱清华

在最初的那几年，小朋友的课业波澜不惊。高一伊始，开始划分文理，文科生单独成班。她自觉对文理之分还未有深入了解，便先留在了原体系走着理科路径。到高一结束之时，高考已不远不近，她与年级进军清北的第一跑团之间还有着一段距离。

那个暑假，我们开始认真讨论高考目标的问题。虽然成绩尚有差距，小朋友迷之自信地觉得她还是要去清北的。我很欣赏这种不设限的勇气，同时也认真地与她探讨了如何才能奔袭目标。我们一起正式对未来可能选择的专业进行了梳理和排除，确认小朋友感兴趣或可能接受的专业大都是文理兼收或者只收文科生。那么，是不是转文科会更合适，这样对于她，在报考专业上选择面更大，同时，因为目标更明晰对口，小朋友或许会跑得更快更投入呢？

此时文科班的课程已行进了一年，再转科是比较冒险的，但评估完优劣利弊，我们依然达成了共识：要试！决心虽下，风险犹在，小朋友在提交转班申请时还有一丝丝反复和犹疑，我热情地鼓励：“你越相信能成，又能为之努力，就越能做成，即使万一不成，结果也不会差，求上得中嘛。”

就这样，她跑进了奔赴“罗马”的另一条道路。高一升高二的暑假开始，她靠自学，对落下的前一年课程进行追补，得到了老师和同学很多的鼓舞和帮助：好多老师鼓励她，说她没问题；有的老师马上给出了学习建议；还有个当时并不熟络的学霸女同学，毫不犹豫地借给她全套学习资料，包括个人试卷和错题分析，我们至今感恩不忘。我们也定时为小朋友打气，传递出对未来夸大而确定的信心和乐观，如此也给了她更平稳的信心与安心。

也许因为是背水一战，她在学习上投入了比往常更多的热情和用心，比预期更快地适应了新班的步伐，而且课外活动也基本没耽误。我其实也有忐忑：在这样特别的时期，课外活动是不是放一放为好？我试探过她的想法，用她的话说那就是："各种活动可以给单调的日常学习调调色啊。"一学期后，她的学习已步入正常轨道，且能平衡好学习和课外活动。又过了一学期，成绩持续进步，成功跃入了第一跑团，也因此得到了暑假进入清华夏令营的机会。

在平常的日子里，我们也会聊聊对一些专业的理解和看法。从她的个人特质和爱好看，我感觉自己所在工作领域的一些相关专业可能比较适合她，她也表现出了兴趣。在日常的闲聊中，我会有意跟她分享工作和时事中各种有意思、有启发的案例，顺便提及一些常用的思考框架和分析工具。她总是表现出浓厚的兴趣，会经常提问和追问，还把有的案例做成作业拿到课堂去分享。那时，我不知道这对高考成绩有何用处，只觉很嘉许她好奇探究的精神和举一反三的能力，也认为多了解社会和职场，能激发她对职业的感知和思考，对中学生的全面成长是非常有利的。

而后，在高三寒假清华大学举办的冬令营中，小朋友在高手云集的目标专业面试中与老师互动自如，也畅聊了不少平时关注过的话题和思考，最后获得了专业"优秀"的评定。在后来的北京大学博雅面试、香港大学面试上，小朋友也表现得从容自在，甚至有乐在其中之感。这确实印证了一个观点：凡你所学，必有其用，真是不知在哪里就会帮你发了光。

感谢我们自己，在前行中始终不给自己设限，守定初心，并为自己多开了一扇大门。在穿门而出的道路上，有磕磕碰碰，更有一往无前，最后取得了清华大学、北京大学的加分，以及香港大学的录取通知，并最终收获了清华大学第一志愿专业的录取。

青春不设限

回望来路，由衷地感恩一直托举小朋友追光的老师和学校，感恩一路互相温暖和鼓励的同学和家长，也感恩小朋友自己的坚持和努力。

念念不忘，多有回响。因为心念，思与行都会一直与梦想相系相连，带你去到一个又一个神往之地。青春，是人类最蓬勃开放的阶段，你不自我设限，梦想才有机会引领你去欣赏更广阔和精彩的风景。人生如旅，未来还有长路晴翠迢远，加油，年轻的人们!

尊重，信任，引导

杨群英

刘同学，高中毕业于湖南师范大学附属中学
现就读于清华大学电子工程系

我是一名中学老师，也是一名家长。在陪伴女儿长大的过程中，我深切感受到父母不仅要身体力行，给孩子树立榜样，还要充分尊重孩子，信任孩子，引导孩子自我成长。

尊重孩子每个兴趣

好奇是孩子的天性，好奇心往往能使孩子对某些事物和活动产生求知欲，从而在强烈的兴趣驱动下，去发现、去学习、去思考、去探究。

孩子三四岁的时候，正处于对色彩、空间尝试探索的时期。当时女儿迷上了搭积木、串串珠、搭磁力棒、拼拼图、给芭比娃娃穿戴等游戏，尤其喜欢拼拼图。一些较复杂的拼图需要一个多小时才能完全拼好，她能做到全身心地投入其中，甚至一天要拼上好几遍。很多时候我会放下手中的事，耐心地陪她拼图，我都觉得累了，女儿却乐在其中。很多孩子小时候都拼过中国地图（泡沫版），或者辨认过各国国旗，他们快速、准确的辨识能力，常常让我们这些家长自叹不如。

在孩子成长的过程中，我们一直践行“读万卷书，行万里路”的教育理念。女儿从小爱阅读，在她成长的不同阶段，我们会订阅不同的杂志。每次杂志一拿回家，她就会安静地坐在那里阅读。虽然我们订阅了多种杂志，但远不能满足她的需求，还要不定期地去书店或网上购书，去图书馆借阅等。

我们家坚持节假日周边游和一年一度的暑期远游。每次暑假旅游前，我们会提前做功课，制订旅游攻略。在旅途中，和孩子一起听导游讲解，同时让孩子与来自全国各地的团友交流，增长见闻。旅行结束后，她会写旅游日记记录感想。有人说，“读书是最廉价的旅行，旅行是最深情的阅读”。要么阅读，要么旅行，我们陪着孩子，“灵魂或身体，总有一个在路上”。

从小到大，女儿爱跳民族舞、弹钢琴、画画、写毛笔字、打羽毛球、创作情景剧，等等。我们充分支持她的选择，不断鼓励她发展自己的兴趣爱好。正因为我们一直尊重女儿的兴趣爱好，她对学习始终拥有饱满的热情和浓厚的兴趣。对于老师布置的各种“特殊作业”，她都会用心完成。比如，上小学时，科学课测降雨量实验、种子发芽实验，美术课皱纹纸创意画、“我为家庭做正餐”；初中时，生物课制作叶脉书签、自酿葡萄酒，地理课自制地球仪、用不同颜色种子拼绘中国地图，英语课趣配音等。完成这些作业，不仅加深和巩固了学科知识，也充分提升了孩子的综合素养。

初中阶段，校内外各项比赛、播音配音、体育节、艺术节、志愿服务等，都能看到她活跃的身影，有人戏称女儿是“全能王”。这正是尊重孩子的兴趣取得的教育成效。

给予孩子最大的信任

每个人都渴望得到别人的信任和肯定，孩子尤其如此。信任是一种积极的、真挚的情感体验，必须要以了解为基础。

小学时，老师会要求家长批改孩子的作业并督促更正，很多家长都有陪孩子写作业、帮孩子检查作业的苦恼。部分家长喜欢坐在孩子身边陪着写作业，脾气不好的家长还会忍不住抱怨：“这都不会，上课干什么去了？”久而久之，不仅会让孩子养成依赖父母、不爱思考的坏习惯，同时也可能让亲子关系变得糟糕。对于孩子的作业，我只负责签“已完成”，不检查对错，是对是错，由孩子自己负责。老师下发作业中存在的问题，由孩子自己找不足、想办法。

我认为，学习终归是孩子自己的事，只有相信孩子，大胆放手，让孩子学会自主安排，独立思考，学习能力才会逐渐提升，这样更有利于适应初中、高中的学习生活。小学到初中、初中到高中的学习跨度都是比较大的，以作业为例，各科作业量和难度都会大大增加，而且一般要求学生在完成作业后自己批改。很多中学生被作业所困，很难按时完成，实在不行就借助答案或者直接抄答案，其原因之一是没有遵循学习三部曲，即“课前预习—课堂听讲—课后复习”。这三个环节都很重要，缺失任何一个环节都可能让完成作业变得困难。

对于作业，女儿牢记“把练习当考试”这句话，每次作业都认真、独立完成。写完作业后，仔细对照答案并用红笔更正。实在不懂的地方就做上记号，上课听老师讲解。有了把练习当考试的严谨细致，在考试时自然就具备“把考试当练习”的平和心态。各个阶段教过女儿的老师，都称赞女儿会听课、会记笔记，上课特别专注，课堂效率高。这应该是女儿取得优异成绩的法宝之一。

对比检查孩子作业的“粗放”，我对家校联系本却极为“细致”。工作再忙，我也会在家校联系本上写上一段话，绝非是简单地写上“已阅”二字。从小学到初中，每个学生都有家校联系本，我主要记录孩子回家后的表现和成长的点点滴滴，以此和老师实现有效沟通。孩子也喜欢看我们对她的描述和评价，从中感受父母和老师对她的关注。家校联系本是一种很好的家校联系方式，也是很好的亲子沟通渠道。书面的交流和鼓励，更能表达出父母对孩子的情感、鼓励、信任和期望。

和所有孩子一样，女儿也喜欢看电视，但收看的节目基本上都是《我爱发明》《新闻大求真》《今日说法》《诗词大会》《舞动中国》和体育赛事等节目，基本不看动画片。我们也没有因为担心看电视影响学习就粗暴制止她，很多时候还陪着她看，她从中也收获很多。她特别喜欢看历史剧，通过剧情了解历史事件。在《上下五千年》节目中看到栩栩如生的历史人物形象后，她体悟到中国悠远历史的巨大魅力，有时还学着剧中人装扮自己。

随着互联网和新兴事物的蓬勃发展，各种电子产品与网络设备进入家庭，也给身心尚未成熟的孩子们带来了前所未有的诱惑。在我们家中，网络设备可以说是全开放，这也是我们给予孩子最大的信任。如何使用电子产品和网络，我们让孩子自主选择，同时鼓励她平日多利用网络平台查阅资料，拓宽视野。电视和网络都是“双刃剑”，需要家长的智慧引导，要教育孩子学会自我选择，自我控制，而不是一味地“堵”。家长要以“信任”为“疏导剂”，做到小处放手，大处把关。

在陪伴中引导孩子成长

女儿从小喜欢跳舞，但因胆小不敢在班上表演。小学一年级班级元旦文艺汇演，女儿提出让我和她一起表演节目。为了帮助孩子克服胆怯，不擅舞蹈的我硬着头皮参加了演出，孩子因此得到了极大的鼓舞，之后经常在班级、年级活动中参加表演和主持活动。上大学后，她加入了学校国标艺术团，也有幸参加了清华大学百年校庆演出，虽累在其中，也爱在其中，享受在其中。

作为家长，我们应该用陪伴帮助孩子突破自我。学习英语时，面对复杂的词汇和语法，孩子产生了畏难心理。为陪伴和激励孩子，我重拾曾经热爱的英语，与孩子一起学习。女儿惊叹我的词汇量之大，进而产生崇拜，学习劲头十足。女儿在家长的陪伴中成长，家长也在陪伴中进步。

学习的过程无疑是艰辛的，记得学到《side by side》第四册时，女儿明显感觉磁带速度太快，怎么读都跟不上。但她没有轻言放弃，而是反复练习，直到有一天她激动地欢呼："我终于跟上磁带的节奏了，我可以读得和它一样快了！"那一刻，我打心眼儿里佩服她，佩服她的执着和坚持。

除了养成良好的学习习惯，同样要重视与孩子进行心灵和情感上的沟通。女儿特别喜欢和我交流，每天和我有说不完的话。小到聊日常琐碎，大到聊社会热点。有时谈一些小纠结、小烦恼，比如考试焦虑和作业成堆；有时分享美文、班级趣事和老师语录；有时探讨人生，交流未来发展方向和理想的职业。初中每个学期，女儿都会将随笔和作文整理成一本"成长的足迹"文集，爸爸也会发挥写作优势，对每篇文章进行点评，并为文集作序，在精神上予以引导。

高中生活，我们完全交由女儿自主安排。这个阶段她选择参加物理竞赛学习，面临综合学习和竞赛学习的双重压力，女儿充分展现出了一往无前的冲劲和顽强拼搏的韧劲。翻看高中阶段孩子厚厚一沓物理竞赛笔记本、错题本、整理本，我感慨万分。与其说这里记录的是竞赛试题和解法，不如说是记录着竞赛路上的汗水甚至泪水。

参加第36届全国中学生物理竞赛（省级赛区）理论考试时，一道大题卡壳把女儿拒于省队大门外。得知成绩的那天晚上，我们和女儿一样一夜无眠。第二天起来，女儿重整精神，面带微笑地走进教室，开始了高考综合复习。回望竞赛经历，她无怨无悔。竞赛，是孩子在学有余力的前提下自愿选择的一条充满挑战、努力付出的艰辛道路。通过竞赛，培养了她自主钻研、勤于思考的好习惯，提升了归纳整理、逻辑推理能力，更懂得了"风雨不停步，坚强就是路"的人生道理。

回归综合复习，已是高三那年国庆节后。女儿的综合成绩总体比较理想，在年级排前五十名，但也明显暴露了自己在短板化学学科上的缺陷。基于此，她给复习化学学科制订了有针对性的个性化复习计划。对于物理这门强项学科，特别注意避开所学大学内容及解题思路，运用高中解题方法解题并尽量保持不失分，尽量追求理综高分。

正在孩子全身心地进行高考复习的时候，新冠疫情在2020年春节前突然袭来，让人猝不及防。高校“强基计划”也在此时推出。对于突如其来的变故，女儿比我们想象得更加坚强，更有定力。尤其是疫情期间，两个月宅在家中自主学习，她没有丝毫牢骚和懈怠，全神贯注投入到复习备考中。每天制订合理的任务清单，上午按照自己的计划完成作业或进行梳理总结，下午按学校安排进行周测，其他时间则以两倍速度收听当天所有的网课。她就像一块海绵，如饥似渴地在知识的海洋中吮吸。

这两个月的陪伴，是对孩子和家长的双重考验。我的主要工作是保证一日三餐准时准点，保证准点接收和打印孩子的测试卷，在各种群及时接收发给家长的信息。作为一名高三老师，在这样紧张的陪考生活节奏下，我也要录制网课，在网上批阅作业等。这两个月，我们克服困难，共同学习，相互鼓励。

在这两个月中，女儿吸取着年级每位老师网课的精华，强化基础，提升能力。在这两个月的陪伴中，我也熟知了孩子各科教学进度、使用的资料、考试试卷来源及分数等。两个月后重返教室，女儿迎头赶上，成绩一直稳定在年级前列，实现了弯道超车，在高考中取得了全省前五十名的好成绩，圆梦清华！

成长永不迟到

王秀霞

刘同学，高中毕业于吉林省四平市第一高级中学
现就读于清华大学行健书院

一千个读者就有一千个哈姆雷特，一千个家庭就有一千个教育理念。不同的教育理念，其优劣无法一概而论，但究其一点：适合自己的就是最好的。

为人父母需要学习，家庭教育需要技巧和方法。父母子女一场，是一个互相促进、携手前行的过程。

进入一个新的领域，我们需要不断学习，以适应新的要求。同样，作为新生命的孕育者和抚养者，父母也应该不断学习，学习新的角色需要掌握的新知识、新技能。从怀孕开始，我就学习了关于养育方面的知识，阅读了与教育相关的图书，比如当时流行的《父母必读》《卡尔·威特的教育》《哈佛女孩刘亦婷》《好妈妈胜过好老师》等。书中观点未必都适合自己，但可以提高我们的认知，让我们懂得更多的教育理念，从中汲取适合自己的观念，发现适合自己家庭的教育技巧与方法。

普通而平凡的我，有诸多不足之处，但在陪伴儿子成长的过程中，孩子也会督促我不断地成长与进步。自认为普通的电视节目给予孩子的营养不多，所以不让孩子看电视，同时也要求自己不看；想让孩子多读书，爱上阅读，也就要求自己多看书；在孩子不识字且不能独立阅读时，有时间和精力就陪着他阅读。

有件事情至今让我记忆深刻：孩子上小学时，我在电脑上看《康熙王朝》，孩子随我一起看了几集。突然有一天，他往下翻了翻说："这么多集啊，太浪费时间了，咱俩别看了。"听到孩子的话后，我心中十分惭愧，自此没再往下看。

爱不是控制，更不是变相索取

用爱温暖孩子，但要区分爱和控制。为人父母，大家都是爱自己孩子的，但是一旦表达方式方法错误，爱就会变成控制。不管孩子怎么想，就不让孩子这样，不让孩

子那样，孩子束手束脚，失去了自我，就会变成由父母控制的“机器人”，限制了孩子的好奇心和求知欲，会扼杀孩子的天赋。

从小开始，刘同学想做的事情，只要不违反原则，我一般都是尊重他的，他也会有被理解、被支持、被尊重的感受，反过来他也学会了理解家长，所以我们的亲子关系十分融洽，凡事容易沟通，容易达成一致。高三复习紧张时，他依然会在休息时间玩游戏，看手机，自我放松。我也接受他的做法，只是偶尔提醒一下注意时间。我一直认为，不干涉、不控制反而会增强他对自己行为的责任感。

我和爱人从小就对孩子投以满意、欣赏的眼光，不是他的缺点少，而是尽量忽略缺点，多看优点，将优点放大。在这种情况下，偶尔对他的某方面提出问题，他也容易接受。我们知道，每次责备和发泄不满的行为，以及对孩子不满意的暗示，都会给孩子的心理带来一些负面的自我评价、自我怀疑和羞愧，他需要额外拿出一些心理能量来消化这些负面因素，而这些能量原本是可以用来发展自己的。

换一种说法就是，积极的心理暗示可以激发孩子无穷的潜能，积极阳光的环境更加有利于孩子的成长。孩子在成长过程中，若是有爱的滋养，必定会给予父母意想不到的惊喜。相反，父母时时以爱的名义行控制之实，则是对孩子的一种变相索取，必定会招致强烈的反抗。

确立目标，让学习变成自觉行为

能力有大小，目标有远近。每个人的目标都不一样，在我看来没有优劣之分，只能区分适合与否。家长不仅要督促孩子学习，还要潜移默化地将目标融入孩子的心灵，帮助孩子确立适合自己的目标，而不是由家长生硬地确立目标。

刘同学从小喜爱阅读，养成了喜欢思考的习惯。在阅读过程中，孩子绝不是仅仅学会知识，而是带着问题去阅读，从思考中获得成就感。同时，每个阶段不断提高的成绩，也让他收获了满满的自信。在这个过程中，理想的种子在他幼小的心灵中生根发芽了。

目标赋予他前进的动力，发自内心的动力才是做好一切的源泉。所以，即便上了大学，刘同学依然尽力要求自己学习目的不功利，重视实效，不为了绩点而顾此失彼。为了绩点而学习，就会失去自我，可能会变成所谓的“空心人”。学习和工作若只是为了功名利禄，便无法真正实现自我价值。

磨砺自律和毅力

小时候，刘同学学习长笛，是在爸爸的陪伴和指导下进行的。通过学习长笛，他变得越来越自信，也越来越自律。虽然没有音乐方面的天赋，但“选择了就不轻言放弃”的信念约束着刘同学，使他克服了学习长笛的重重困难，一直坚持到高中时期。记得小时候练习长笛时，因为吹奏不好，完不成任务，经常被爸爸批评，他又急又气又委屈地号啕大哭，但哭过之后又接着练习。

刘同学在学习长笛的过程中克服各种困难，逐渐掌握了长笛的演奏技能。他能把自己不擅长的事情做好，也磨砺出了自律精神。

由于怕身体长不高，我带着刘同学从小就学习打篮球。篮球运动既锻炼了身体，提高了他长跑的能力，同时又磨炼了毅力，他也因此领悟到毅力在学习与生活中的重要作用。说教是空洞的，生活中真实的经历才能让他体会出一些道理，所以我鼓励孩子参加各种活动，通过一次次的切身体会，来理解深奥的人生道理，习得一些宝贵的品质。身为父母，创造各种机会让孩子增加生活经历和学习体验，对孩子来说是不可多得的礼物。

阅读的意外收获

我的语言文字能力薄弱，生怕孩子在这方面受限，所以我有意识地培养孩子的阅读习惯。刘同学两岁多开始运用识字卡、识字挂图等工具接触文字，通过游戏的方式认字。通过优质的婴儿画报、幼儿画报开始接触阅读，运用指读方式增加识字量，在学前班阶段就能独立阅读简单的文字。孩子就像一张白纸，在恰当的时间做恰当的事情，他的潜能真的超乎想象。

为了让他保持阅读的兴趣，我帮他选择故事性强又深受儿童喜爱的图书，但坚决不选择只有图片没有文字或者少许文字的书籍作为阅读资料，因为文字能够让他发挥想象力，而图片限制了想象力。我把优质的动画版《三国演义》光盘买回来陪着他看，制作精良的动画视频调动了他对《三国演义》的兴趣，进而推动了他看古白话文的《三国演义》书籍，奠定了他在文言文方面的知识积累与阅读量。

虽然对于当时八岁的他来说，古白话文读起来还有些生涩，但兴趣的力量是能够克服各种阅读障碍的。他可以猜测不懂的文字含义，主观臆断地去读书中的生字，看似囫囵吞枣地在读书。当时我没有要求他用查字典的方法来读书，当遇到不认识的字又影响阅读时，如果问我，我会告诉他。如果一味地让他去查字典来读书，会影响读书的兴趣，也是一种损失。因为不愿意花时间查字典，在小学的时候，刘同学经常会说有错别字的成语，那时我们经常叫他“错别字先生”。我们猜测出正确的成语后，会不断给他纠正，把这样的故事当成笑话来处理，一家人觉得特别有意思。这种读书方式看起来不可取，结果却是非常令人满意的。

因为顾虑孩子只看四大名著这类经典图书会对阅读产生排斥，毕竟经典书籍孩子不一定都感兴趣，太功利的阅读只会适得其反，所以我们还为他购买了金庸全册图书，让他对阅读充满不竭的渴望与兴趣。

养成了阅读习惯，虽然这种习惯并没有为他的语文成绩带来明显的助益，但广泛的阅读开阔了他的眼界，提高了快速理解能力和学习能力，这也是意料之外的收获。

作为父母，我没有天赋和能力成为他的榜样，但我肯在方法和技巧上下功夫，并取得了一些小小的成绩。人无完人，一同成长的过程中也有遗憾，例如刘同学的审美能力不足，对美的追求过于淡然，这不仅仅体现在日常的穿戴上，还体现在书写能力等方面。希望在今后的生活中他能够发现自己的不足，不断地自我完善。

做孩子成长路上的引路人

刘晓丽

陈同学，高中毕业于黑龙江省大庆实验中学
2020年考入清华大学水利水电工程系

孩子来到这个世界，父母就是模板，作为父母，我们一定当好孩子成长路上的引路人，和孩子一起进步成长。回想陪伴孩子成长的这段岁月，有几点心得和大家分享。

玩中学，体会快乐学习

玩中学，就是想方设法将兴趣融入学习之中，让兴趣成为第一出发点，在兴趣的引领下，将每一个单调枯燥的知识点逐一攻破。

在幼儿园阶段，主要是想办法提高孩子的专注力，通过折纸游戏、画画、各种棋类游戏等，保证孩子在不被打扰的环境中，长时间专注地做某一件事，这给孩子后来的高效学习奠定了基础。同时，在学龄前阶段有意识地提高孩子的识字量，通过小卡片、幼儿画报等教孩子识字。带孩子出去玩时，公交站牌、各种牌匾、各大商场铭牌等，都是教他认字的好时机。这样，孩子在上小学前就积累了很大的识字量，很早就可以看一些小故事书、小画册、小漫画等，较早地开始从书中获取知识。

小学阶段主要是培养良好的学习习惯。放学回家，第一件事就是写作业，写完作业才可以出去玩儿。每天基本是写完作业就到了吃饭时间，然后就是心无旁骛地玩儿，比如踢足球和玩各种游戏等。

到了初中阶段，虽然作业量稍有增加，但孩子争分夺秒地学习，听课和写作业时能做到精力集中，学习效率高。动力之一便是他写完作业就能看喜欢的电视节目，比如科教频道和综艺节目等。通过看电视，孩子的知识储备量也在增加，特别是表现在写作能力上。初中假期时，孩子依然在完成作业后玩魔方、三国杀、棋牌、撕名牌大战等游戏。我也曾想过假期让他参加校外培训班，但孩子振振有词地说道："如果假期都要去补习班，教育部为什么规定有寒暑假？"他的理论是：假期玩儿高兴了，积蓄一定的能量，开学才能全力以赴地学习。孩子玩的时候快乐地玩，学的时候也能做到认真地学。

高中阶段学业负担明显加重，但孩子仍然坚持参加学校的各种体育活动，每周组织同学踢一场足球。每次运动后他都大汗淋漓，这既是娱乐也是一种减压方式。在备战高考期间，甚至在高考当天，跑步运动也从未间断。正是这份坚持，让孩子在高考中能稳定发挥。

孩子在小学、初中、高中阶段，无论学习多么紧张，他总是能挤出时间适当地放松自己，做各种体育运动，玩自己喜欢的游戏，看科幻小说等，这使得他心态特别平和，可能这也是他高效学习的秘诀。对于一个学生来说，良好的学习习惯和较强的学习能力至关重要，因为这决定着孩子能走多远，能达到什么高度。

自主学，养成良好习惯

培养独立自主的学习习惯，教给孩子正确的学习方法。小学阶段的阅读不仅可以扩大孩子的知识面，也会有效提高孩子的学习成绩。其他学习方面，如复习、背单词、写作文、解答应用题等，都有一定的技巧，要引导孩子运用正确的方法自主地去学习。遇到不会的题，首先让他对照所学知识点认真地思考，不要总是依靠家长和老师的讲解，借此培养孩子独立思考的习惯。

受其他家长的影响，小学阶段我们也曾经报过奥数培训班，但孩子极不喜欢培训班的环境和氛围，只去了一天，报班策略就“夭折”了。但孩子喜欢数学，尤其是对每次考试的附加题特别感兴趣。小学阶段参加学校的奥数竞赛，成绩也比较突出。所以这里不建议家长采用各种“报班”策略，一味地追求各种“补”，而是应该让孩子在兴趣中成长，培养孩子的自主学习意识和思维能力。“补知识不如补思维”“学知识不如学方法”。盲目“补课”不仅会浪费孩子的时间和精力，还有可能陷入“恶性循环”。比补课更加重要的，是自律和自学能力。

小学重视习惯，初中重视态度，高中重视能力。若能在对的时间培养对的能力，便会起到事半功倍的效果。如果因补课耽误了习惯、态度和能力的培养，即便取得一些成绩，效果也是暂时的，经不起时间的考验。

知识好补，能力和思维难补，而学习依靠的往往是后者。特别是高中阶段，每天课业特别繁重，一定要保证孩子课堂上精力充沛，跟住任课老师的思路，提高课堂学习效率。有的孩子在仅有的一天休息时间里，还要出去“补课”，大脑得不到休息、放松，致使课堂上昏昏欲睡，反而得不偿失。

孩子成绩不理想时，我也曾经焦虑过，委婉地询问孩子要不要找个辅导老师，但都被孩子立即制止。他通过做题和提升思维能力等方式，不断地调整自己的学习策略，寻找解决问题的办法。有效的教育方法是，不要进行“填鸭”式的教育，最重要的是锻炼孩子独立自主的学习能力，让他们勤思考，多总结。对孩子而言，这是上初中、高中、大学甚至走上工作岗位后，都会受益终身的好习惯。

铸韧劲，练就强大内心

孩子要适应社会，必须要有强大的抗挫折能力。作为家长，要教会孩子恰当地管理自己的情绪，坦然面对失败和挫折。孩子从小喜欢数学，高一便参加了校内的数学竞赛班，坚持了三年并取得了不错的成绩。就在我们满心欢喜，想通过竞赛走一条捷径进入名校的时候，孩子在竞赛中失利，给了我们一记重棒。但我们及时引导孩子，告诉他“条条大路通罗马”，挫折反而成为成功路上的一剂“良药”。

由于准备竞赛，其间停课数月，落下了好多课程。但孩子通过这次挫折，意识到不能急于求成，于是不再追求“一蹴而就”的成功，认识到学习必须扎扎实实，脚踏实地。孩子在短暂的消沉后，便立即投入高三的备考中，奋起直追，高三阶段从全市“一模”的四十多名追到“三模”的第四名。

2020 年初的新冠疫情，给我们高三家长和考生上了难忘的一课。疫情期间，孩子上了四个月的网课，我们既是家长又是老师。好不容易盼来疫情好转，开学已经是 5 月份。开学时考试成绩不理想，直接影响了强基计划优秀选拔。走竞赛这条路已经失利，强基计划没有希望，剩下的只有“裸考”一条路，这对孩子又是一个考验。但此时此刻他没有动摇上清华大学的决心。算上高考延期的一个月，一共两个月的时间，他拿出了拼搏的劲头，努力刻苦学习。这时候，他认为自己已经无路可退，他的“清华梦”在此一搏。最后他以 697 分裸分考入清华大学，关键时期没有气馁是重要的一点。由此可以看出，强大的内心是孩子一生的财富。

善沟通，扫清思想障碍

在孩子成长的过程中，我们会面临一个又一个烦恼。在高二时，我们便遇到了家长和孩子最敏感的话题——早恋。隐约从其他家长口中得知，孩子有这个倾向，于是我便每天晚自习放学时“潜伏”在学校，经过几天观察得以证实。

面对这个棘手问题，作为家长，我们积极地教育和引导孩子，告诉孩子这是正常的心理及生理发育过程，要用正确的观念面对，学会认真地处理自己的情感，选择合适和正确的时间与方法。其次，要增强孩子对行为的控制能力，让孩子学会适当地克制。若是有非常强烈的恋爱冲动，自己就会分心，从而影响学习。同时可以适当地引导，让恋爱成为努力学习的动力，这样才能让自己慢慢好转，学习也会好起来。经过各种委婉的劝导，动之以情，晓之以理，几经周折，在我们娘俩的泪眼婆娑中，孩子终于答应高考结束后再谈感情的事。孩子经过这番洗礼后，也日渐变得成熟了。

建议家长在孩子高中阶段一定要提高警觉，正确引导孩子处理好“早恋”问题。引用一句带了多年毕业班老师的经验之谈：孩子一旦处于热恋期，神来了都没有用。

进入大学是踏入人生道路的一个新起点，未来的路还很长，我们家长将以另一种姿态与方式，继续陪伴孩子成长，期望我们的孩子能够成为国家的栋梁。

父母如星子如月

郭靖

张同学，高中毕业于重庆市第八中学

现就读于清华大学

坐在电脑前，突然百感交集。时光荏苒，回望过去，这一路走来，跌跌撞撞，有眼泪，有欢笑，有痛苦，有煎熬，不断总结，不断反省，失败与成功交替而行，成长路上，我们并不孤单。

有效的沟通和陪伴

孩子是妈妈的心头肉，每个妈妈都爱自己的孩子，愿意对孩子倾其所有，给孩子无条件的爱。但是，“爱之不以道，适所以害之也”。对女儿不合理的要求和不合规矩的言行，我会严加制止。记得刚上小学不久，女儿在学校学会了说脏话，我发现后及时和女儿沟通并指正。这个时候孩子小，没有辨别是非的能力，但又喜欢模仿，所以我没有指责打骂，而是告诉孩子应该如何做。

陪伴是最长情的告白，沟通让我们靠得更近。上小学时女儿住校，打电话成了我们每天的必修课。每天晚上，女儿都会给我打电话，或者在约定的时间我打电话到学校，这个时候无论我在做什么，都会认真倾听孩子的心声。即使在外应酬或聚会，我也会找一个安静的地方，静静地听孩子诉说。我知道女儿想我，需要我，即使我没有在身边，也要让她知道妈妈一直都在。

周末回家，我会放下手中所有事情，陪女儿做她喜欢做的事。大富翁、五子旗、跳旗，我们玩得不亦乐乎。曾经有一段时间，我不太喜欢玩大富翁，每次陪女儿玩的时候，总是一会儿做这，一会儿做那，不够专注。女儿对此有意见，我也没有太重视。后来我发现她主动和我交流的时间少了，也没那么愿意和我说话了，我意识到问题的严重性，马上做出改变，只要女儿想玩什么，我都用心专注地陪伴。很长一段时间后，她才慢慢地把她的心门向我打开。孩子的观察力很强，心思很敏锐，你是否用心，她都能感受得到。

每周放学路上，是我们沟通的最佳时间。一周没见面，孩子有一肚子话想要倾诉，有快乐有趣的，也有委屈抱怨的。开始我总喜欢给孩子讲大道理，讲着讲着孩子就闭上嘴，什么也不说了。她自己心里憋屈，甚至都要哭出来了。我看着很着急，于是努力改变自己的沟通方式。遇到女儿不开心的时候，我就只带上耳朵，认真倾听就好，让她先发泄情绪，偶尔陪她一起吐槽。和她建立同理心，等她平静后再慢慢沟通，这个时候孩子才愿意听妈妈说。由此可以看出，有时候倾听远比说教更有用。

孩子青春期时有“小秘密”了，也有了自己的思想，有些话不太愿意和妈妈讲。她们觉得自己长大了，比妈妈懂得更多，会有一些逆反心理，也变得更加敏感。如果家长和孩子沟通时不注意方式方法，就容易发生冲突。

我的方式是给女儿写信，把我想说的话都写下来，有时放在她的书桌上，有时放在她的枕头边，孩子看了就能明白妈妈的想法，也知道妈妈是理解她的。在智能手机充斥的时代，书信变得难能可贵，这个习惯我们一直保持着。现在女儿上大学了，我依然会偶尔给女儿写信，我能感受到女儿收到家书时的幸福。

每到假期，我都会陪女儿出去旅行。在路上，我们相互照顾，一起去发现大自然的神奇。外出旅行，使女儿的视野变得更开阔，心胸更宽广。

在失败中总结有效的方法

女儿两岁的时候，模仿能力特别强，学爸爸唱歌有模有样，唱得声情并茂。我经常在电视上放儿歌、古诗、英语，让孩子在无形中学习。我喜欢在生活中教女儿学习，比如，我用扑克牌算二十四点来锻炼女儿的口算能力，但因为我好胜心强，每次都赢女儿，使得女儿很自卑，总觉得自己口算不好。后来我常常故意出错，想以此建立她的自信，但最终收效甚微。我意识到这可能是我给女儿留下了阴影，从此我不再关注她的口算。当我不再关注的时候，她才慢慢放下这个问题。一直到高三，女儿才从口算中解脱出来，不再出错。

亲子路上没有一帆风顺，我时时关注着女儿的一些变化，不断地反省并改进自己。每个人都会出错，重要的是我们要学会在错误中发现问题，解决问题。教育孩子的过程中，父母要多观察，了解孩子的心理，多发现、多表扬孩子的优点，让孩子有自豪感，这样孩子才觉得人生更有意义。

阅读可以打开知识的大门，丰富孩子的世界。女儿很小的时候，我就喜欢给女儿买书。那时候喜欢把她抱在怀里，用手指着字给她一字一字地读，到现在我都认为那是件特别幸福的事情。上小学后，我也变得有点“功利”，总希望她多识字，所以不再给她买她喜欢的绘本。后来女儿越来越不爱看书了，我也明白了学习要从兴趣开始。从此女儿想买什么书我都支持，充分尊重她的选择。

为了培养女儿的兴趣，不爱学习的我也试着去读她喜欢的书，和她一起分享书中的趣事。绘本能激发孩子的想象力，那一个个温暖的故事，会被女儿讲得非常生动，偶尔还能让我落泪。父母是孩子最好的榜样，为了给女儿营造好的学习氛围，她在家的时候，我尽量放下手机去看书。后来我也慢慢喜欢上了读书，经常和女儿交换书籍阅读，我们也有了更多的共同语言。有时女儿很久没有阅读，我会让她给我推荐书籍，其实是在暗示她也该读书了。润物细无声，这无声的语言远比说教、命令更有效。

我们经常交流读书心得。在交流中，我看到她的思想逐渐变得成熟，看问题越来越有深度，我也在努力追赶她。我告诉女儿，世界很精彩，妈妈愿意陪你一起去探索，去经历。阅读是一所随身携带的“避难所”，未来即使人生跌落低谷，我们依然要仰望星光，有站起来的勇气。

尊重和信任孩子，让孩子做自己

我女儿很独立。因为我相信她自己能做到，所以让她学会自己掌控自己的人生，让她做自己。我允许女儿犯错，也愿意给她犯错的机会，让她在犯错中去认识世界，在犯错中学会遵守规则，在犯错中学会管理自己。女儿很小的时候，我就让她学习自己吃饭和洗澡。

上小学时，我送她去住校，一是想给女儿优质的教育资源，更重要的是，我不想禁锢女儿的思维，不想每天把自己的想法和思维强加给她，希望她有更多自由发挥的空间，让她自己去探索这个世界。周末回家，我从不给女儿检查和批改作业，而是让她自己检查，让她明白学习是她自己的事情，要靠自己去完成。不给女儿检查和批改作业，是希望老师能了解女儿的弱项，能更有针对性地帮助她。

虽然女儿成绩靠前，但一直不拔尖。我知道孩子就像一颗种子，每个孩子的花期不同，因此我不拿她和其他孩子比较，她只需踏实走好每一步。我告诉女儿，人生就是一个不断经历、不断探索的过程，好好享受学习，在学习中找到快乐，不必太关注结果。学习不是为了考一个好学校或者找到一份好工作，学习更多的是丰富自己的大脑，培养自己的思维。要养成终身学习的习惯，为社会创造更多价值。我相信过程做好了，结果不会太差。我相信自己的孩子，只要默默耕耘，静等花开就好。

学校就像一个小社会，有竞争也有压力，这些都会让孩子感到措手不及，甚至无能为力。在中学阶段，压力越来越明显。女儿有自己的想法和要求，考试失利也会丧失信心、焦虑甚至逃避，因此在初中时女儿想出国。她认为出国以后，学习环境会宽松一些，也能见识更广阔的世界。

我没有反对，但她爸爸坚决不同意，为此我们大吵了两次。孩子哭着说："我自己选择的路，跪着也要走完。"从女儿这句话中，我看到了女儿的坚强及对自己选择负责的一种责任心。我不想抹杀女儿的学习动力，顶着她爸爸的压力，悄悄地支持她。我知道她现在的想法不成熟，还没有勇气去面对高考，但我相信随着知识的增加，她会做出更正确的选择。

进入高中后，她开始学习雅思英语，为出国学习做准备。老师知道后怕影响其他科目的学习，也持反对态度，但孩子依然坚持自己的路。在高二时，第一次雅思考试，她就拿到了 6.5 分的成绩。她很清楚自己的目标，也考虑到想去理想的大学，仅仅英语优异是不够的，其他科目的成绩也要达到一定的水平。

在这两年中，女儿的努力我都看在眼里。她没有像有些同学那样半夜都在学习，她有自己的规划，按照自己的节奏前行。为了让自己学得更轻松，也让自己有更多的休息时间，她经常总结学习方法，让学习更高效。因此孩子不但雅思考试考出了不错的成绩，其他学科的成绩也在稳步上升。慢慢地，孩子的自信心回来了，认知改变了，出国的意愿也没有那么强烈了。在这个过程中，孩子的毅力得到了锻炼，变得更勇敢坚强，也敢于面对高考。后来她毅然改变了自己的想法，全力准备高考。

在青春期，随着心理、身体的成长，早恋也成了一个值得关注的问题。我女儿也不例外。高二时我发现了一些异常，通过一段时间的观察，我主动找女儿沟通。记得那天晚上我们谈到了 12 点多，我对女儿的想法表示尊重和理解，并在沟通中了解到女儿对待感情是纯真的，同时她清楚自己当下最重要的任务是学习。我充分信任自己的孩子，让她不要有心理负担，并在这个过程中让她学会爱与被爱。

早恋不是洪水猛兽，我们要做的是正确引导。青春期的一段情感经历，能为孩子未来的幸福打下基础。

以身作则的力量

我和女儿说过：做妈妈对我来说是第一次，没有经验，妈妈也会犯错，但妈妈愿意学习，愿意改变，愿意陪伴你终身成长。

女儿成长的过程，其实也是我自我蜕变的过程，我陪伴孩子成长，孩子促使我进步。家庭教育没有一个固定的模式，生活就是我们的大课堂。我一直有一颗探索世界的好奇心，强烈的求知欲让我不断突破自我边界，向上生长，我希望用自己的行动潜移默化地去影响孩子。

家庭教育是一个复杂的过程，在这个过程中，我们最可以使劲儿的地方就是自己。孩子就像生机勃勃的树木一样，需要阳光、雨露和适当的肥料。我们要允许她用自己的方式成长，我们只需用心陪伴和耐心等待。最终，她可能会长成和我们想象中不一样的样子，但一定会给我们带来惊喜，让我们拭目以待吧！

陪伴琐忆

黄晓春

曾同学，高中毕业于浙江省温州中学
现就读于清华大学未央书院

初为人母时，心中虽有一点育儿蓝图，但有些模糊。其间看了不少育儿书，听了不少育儿经，后来结合自己浅薄从教的经验，摸出一些育儿门道，现分享给大家，以求抛砖引玉。

早识字，常诵读

在孩子牙牙学语时，我会拿绘本给他讲故事，订阅《幼儿画报》《东方娃娃》等优秀少儿读物，教他识图认字。有空就带他出门沿街认字，让他在玩乐中学习识字。

记得有一次，我们路过“国家电网”公司时，他竟然会念“国家电网”四个字。我惊喜之余，问他是怎么认识“网”字的，他说：“那是蜘蛛网的网，我在绘本里见过。”

就这样，他通过不同途径识字，在绘本上识字，在儿歌里识字，在古诗中识字，不长时间就认识了不少字，并在多次认读中得到巩固。那段时间孩子特别好学，记忆力也很不错，儿歌、古诗跟读几遍自己就会念了。

记得有一次，儿子来学校玩耍，我正在检查学生背古诗《暮江吟》。有一个学生读得磕磕绊绊，背诵就更不用说了。我只好读一句让这个学生跟一句，接着我与学生半句对读，最后让学生独自试背给我听。前面两句“一道残阳铺水中，半江瑟瑟半江红”还行，第三句就接不下去了。此时，一旁的儿子却随口接下去：“可怜九月初三夜，露似珍珠月似弓。”办公室的同事笑了，夸他好厉害，那个学生也不好意思地笑了。那时，儿子对语言的感觉很不错，古诗听几次就能背下来。

上小学时，他的作业我基本没管，只要求他把学过的课文背诵给我听。我想，只要培养他的阅读习惯，提高阅读兴趣，孩子多读书，语感就会好，记忆力就会提高，理解力也会提高，学习起来肯定会轻松愉悦。在我的表扬和激励下，小学低中段课文背诵不成问题。到了高年级遇上长课文，他也会有点偷懒，不想背诵。这时我就给他讲古代名人多读书成大事的励志故事，让他坚持再多读几次，直到背会。

此后，他对背课文饶有兴趣，就算《渔父的故事》《小英雄雨来》这样的长课文，他都能坚持背下来。

从小练就的诵读童子功，对他初中、高中的学习大有益处。像他这样的理科生，就算花很少的时间学习历史、政治科目，成绩也常常名列四个竞赛班的前茅。

正所谓：积背于少年，受益于终身。

亲其师，信其道

一个人只有在亲近、尊敬自己的师长时，才会相信和学习师长传授的知识与道理。有这样一个故事：有个孩子的父亲是生物学家，一天孩子看到一种从没见过的植物，就向父亲询问名字。父亲假装不知道，让他去问老师。之后，这位父亲事先与老师沟通，让老师帮忙第二天给孩子解答。孩子此后逢人便夸他的老师有多么了不起，对老师特别崇拜，从而特别喜欢他的老师。

家长的举措是因为家长懂得只有亲其师，孩子才能信其道，教书育人的效果才会好。所以我也时刻提醒孩子平时多找老师沟通学习，亲近老师，喜欢老师，因为老师是天底下最无私的人。我们一直都尊敬老师，在孩子面前总是夸赞老师的优点，小学阶段孩子就很喜欢所有的任课老师，因此门门学科喜欢，科科成绩优异。

初中时，孩子一直保持一个习惯，就是一有空就跑去老师办公室。他们初中语文、数学、英语、科学四位老师在同一个办公室，他经常主动去找老师帮忙解答一些难题，作业本上有错误，也请老师面批指导，没事时跟老师聊聊生活和学习，老师有时给他一颗糖，他心里就会“甜”上一整天。老师给了他无尽的爱和鼓励，他也成了老师办公室的常客。

记得他在数学家摇篮班时，有一次数学考砸了，别人都考了 90 多分，他只考了 60 多分，非常沮丧。写在脸上的表情被数学老师看到了，问他怎么一脸不高兴，他说出自己内心的不自信与灰心。数学老师安慰他说：“人一生不知要经历几千场考试，一次失利不算什么。再说这也算不上失利，仅仅是一场小测试而已。老师教的上一届学生郑同学，在数学家摇篮班时也经常考 60 多分，但他从不灰心，一直努力学习，最后被温州中学提前录取了。没事儿，老师看好你！”他听后，全然释怀，更加坚定信心地努力学习。

这也许就是亲近老师的好处。

高中时，他依然喜欢去老师办公室串门。在那里，他感受到语文老师知识渊博，从容大气；数学老师幽默风趣，思维敏捷；英语老师资历深厚，可亲可敬；生物老师教导有方，和蔼可亲。生物老师经常表扬他注意力集中，思维敏捷，还打趣说要把他的学习方法传授给自己的儿子。老师时不时地关心他的学习和生活，还经常拿些坚果等小零食奖励他，给他补充营养。他就在处处温暖的关怀和处处激励的话语中健康成长。

心理学告诉我们，学生在课堂上的认知速度和质量，与其认知态度、情绪、情感具有密切的关系。如果孩子信其师，学习效果就不用担心了。

学之道，贵以专

《三字经》中有句话："教之道，贵以专"。教学相通，"学之道"同样是"贵以专"。

刚上幼儿园时，我们就关注他习惯的养成，合理安排时间，该玩时就放开了玩，该学习时就专心学习。学习时，绝不可以三心二意做小动作。记得在他很小的时候，我们就专门给他选了一些大型的积木，让他一玩就是大半天，直至作品搭建完成。还特地给他报了围棋学习班，培养他专心致志的好习惯。从小我们就给他讲伟人毛主席在长沙读书时，每天坐在闹市口看书，以养成静心和恒心好习惯的故事，鼓励他也要养成专心的好习惯，学习时尽量不受外界环境的影响。

在他上小学时，我们规定每周五他认真完成老师布置的作业后，奖励他玩一个小时的电脑。初中时，他认真完成作业后，奖励他吃夜宵时看半个小时电视。他在享受美味佳肴的同时，看着喜欢的《快乐大本营》节目，笑得前仰后合，别提有多开心了。为了这难得的快乐时光，他会很有规划地安排自己的学习时间，在规定的时间里认真高效地学习。

记得高二时，有一次他牙疼。周末回家我带他去看医生，当时人很多，要排队等候。等轮到我们时，我发现他正拿着书本在候诊大厅认真学习，叫了他好几声也没听到。嘈杂的排队大厅和熙熙攘攘的人群，根本不影响他专心学习，好一幅"两耳不闻窗外事，一心只读圣贤书"的景象。

孩子从小就喜欢坐在餐桌边和家人一起学习，不喜欢独自坐在他的房间里。即使有时家里来客人了，我们怕吵到他，让他去自己的房间学习，他也总是喜欢敞开房门，还笑嘻嘻地说："没关系，你们说你们的，我学我自己的，不搭嘎的。"我们充分尊重他的意愿，因为他在我们眼皮子底下学习，就不会做小动作开小差了，学习效率也更高。

《淮南子》曰：心不专一，不能专诚。也就是说，心不专一，就不能集中精力做事。因此，专注力的养成，对于孩子的学习与成长都具有非常重要的价值。

陪伴琐事，细小零碎，虽显粗糙，但胜在原汁原味。

三分天注定，七分靠打拼

焦相莹锦

唐同学，高中毕业于深圳外国语学校

现就读于清华大学电子工程系

唐同学是一个没有参加过奥林匹克竞赛的平凡孩子，在此将他一步一个脚印、逐步成长的过程分享给大家，与大家共勉！

很多时候，做一件事的决心有多大，态度有多坚决，意愿有多强烈，成功的概率就会有多高，它们是成正比的。那些能成事的人，说白了，往往并不是他们有多强大，有多聪明，只是他们比别人更有态度，更能豁得出去罢了。

兴趣早发现，爱好早培养

两到四岁是多数小孩子最佳的语言学习期，我们幸运地及早捕捉到了。记得儿子三岁那年，有一次我带他去同事家玩。深圳到处都是花，我同事抱着他，见到“花”就跟他说“flower”，回到家后，他坐在那里自己说“flower”。由此发现他对英语很感兴趣且很有天赋，于是我赶紧买了一张《爱爱说英语》的光盘，每天限时播放 15 分钟，时间一到就停止，吊他的胃口。每天他都很期待，很快就看完了。后来我又买了一套纯英文字幕的动画，里面都是经典童话故事，如《狮子王》《白雪公主和七个小矮人》《阿拉丁》《美人鱼》《美女与野兽》等，内容充满了丰富的情感和正义感，并且故事都很欢快，他边看边唱边说，学到了不少英语单词。

儿子在幼儿园上的是以“英语浸入式教育和蒙台梭利教育”为主的深圳市莲花二村幼儿园，在那里，他的英语基础又得到了进一步的铺垫。小学进入深圳市天健小学，整个小学阶段基本上是在愉快中度过的，成绩一直处于班级前列。到了中学，他先后就读的是深圳知名的深圳市百合外国语学校、深圳外国语学校。除了在小学高年级最后阶段，受身边家长影响，给儿子报了数学和英语辅导班之外，就没上过任何课外辅导班了。

其实大多数学校老师都比辅导班的老师优秀，最好的老师就在我们身边。关于这个话题，儿子初一的时候就毫不犹豫地说："我们学校的老师教得好！"

树立高目标，步步趋近

儿子小时候跟着幼儿园外教老师学习时，听到了哈佛大学这所学校。我就顺水推舟，告诉他哈佛大学是全球排名第一的大学，问他："想不想进入哈佛大学学习？"他说："想！"我就告诉他："那咱们第一步先把英语学好，小升初的目标就定外国语学校，好不好？这样以后到国外留学，沟通才会顺畅。"

小学毕业时回老家，在北京中转，虽然时间很紧张，但我仍然打车带着儿子到了清华大学。当时清华大学校园已过了入校参观时间，我们就在门口参观了一下。从那一刻开始，"我要上清华大学"的目标开始注入他的心中。

小升初，儿子考上深圳市百合外国语学校。这所各项排名一直稳居深圳前两位的初中，培养了孩子很多优秀的品质，让孩子养成了良好的学习习惯——错题本和标注成五颜六色的各种笔记井然有序，让他之后的学习效率更高，成绩也一直非常稳定。

家长示弱，培养担当

家长要勇于做个懒妈妈、笨妈妈，在孩子面前学会示弱，让孩子感觉到自己很厉害、很有价值，孩子也会越来越独立，越来越有担当。

儿子上小学时，家里有个小黑板，没事儿就请他给我们当小老师。"儿子，这道题妈妈不会，能给妈妈讲讲吗？"他就在小黑板上给我讲。讲着讲着，他的思路就会在原有的基础上越来越清晰，进而能举一反三。

另外，每次带他出去玩儿，比如坐地铁，我就跟他说："儿子，到站了，记得告诉妈妈，妈妈总是记错站，别坐过站。"时间长了，一坐车，他就很上心："妈妈，到站了，下车！"

成人达己，学会分享

越分享，越富有。记得儿子小学六年级的时候，班里进行了一次投票选举，内容是"谁是班级人缘最好的人？"班里四十多个学生，儿子获得了三十多票。有个同学的妈妈回家问自家孩子："你为什么选唐同学？"她说："因为每次问他问题，他都是笑呵呵地给我们讲解，从来不会拒绝。"

到了高中，学习时间紧，但同学向他请教问题时，他从来都是不厌其烦地给同学讲解。这样时间长了，各学科的各个知识点，他成了思路最清晰的那个人，在帮助别人的过程中成就了自己。

体会成功，激发自信

体会成功的喜悦，对孩子至关重要，孩子会因此越来越自信。印象最深的是儿子读初中的时候，他初一刚入学时成绩在年级百名左右，但初二有一次考试一下子考进了年级前五十名，回来告诉我们时，脸上满满都是成功的喜悦。

从此以后，他一发不可收，一步步地进入年级前十、前五、前三。对于中考，他没有压力，因为考前他已被保送进了深圳外国语学校高中部。

自信、自强、自律

中学六年，儿子都在校住宿，自我管理。他很自律，六年下来，几乎是同样的作息时间，晚上 11 点之前一定睡觉，基本上都不用我们操心。

高一第一次全年级考试，他考了年级第十八名，第二次考试是第十名，第三、第四次考试分别是第五名、第三名。

在高二文理大分班时，儿子的文理成绩都是年级第一名。第二学期学校会设保送班（语言类），全校每年大约有 10 个清北保送名额。如果能进入保送班，那么清北之路会轻松很多。但我们遵从他的意愿，走上了"裸考"之路。这条路注定更加艰辛，也具有更多不确定性，但我们相信，只要孩子自信、自强、自律，眼里有路，心中有光，就一定能到达他预定的高度。

高三上学期一切正常，成绩一直稳定在年级第一。但是高三最后一个学期，新冠疫情突如其来，学校不得不开展为期半年的网课教学，高考也因此推迟一个月。每天大量时间对着电脑学习，那真是一段不同寻常的日子，老师和学生在网课上都花费了大量的时间和精力。最让人无可奈何的是，一波网课下来，儿子视力急剧下降，有段时间右眼还得了麦粒肿。去医院包扎了一下，独眼继续上课。

即使这样，他仍私下向老师们多要了好多套卷子，坚持每天大量刷题。但长时间的网课和大量频繁的考试，让儿子在情绪上出现了问题，成绩也有所波动。考虑到在家里上网课有很多干扰因素，我决定给他换个新环境去调整两周。老师也及时对他进行了心理辅导，使他逐渐找回了状态。

恩师指路，指点迷津

儿子成长过程中，幸运地遇到了几位很优秀的老师。说优秀，不仅老师课讲得好，最重要的是能通过话语和行为，引导孩子的内在成长，在学习和做事上，让孩子从被动变成主动。孩子一次得高分容易，难的是他能持续精进！

第一位恩师是深圳市百合外国语学校初三班主任刘老师，语文班主任对孩子的影响至关重要。他讲课声音不是很大，需要用心去听。他随口就可以引经据典，让全班同学都爱上了语文。中考全班 38 人，其中 34 人考进了深圳排名前四的高中，另外 4 人考上了排名前八的高中。

第二位恩师是深圳外国语学校的周老师。周老师是学校特聘的老师，担任理科“尖刀班”的语文老师。高三第一次考试结束，班主任杨老师就让每一位同学确定一个高考目标。当时，儿子写的目标是上海交通大学，其实这是孩子不好意思将清华大学的目标公开出来。杨老师写的评语是：目标定低了，老师陪你冲清北！相对其他科目来说，语文是儿子的弱项，高三之前，语文成绩一直在 110 分左右，怎么也突破不了 120 分，孩子也很焦虑。这时周老师对孩子说了一段话，至今还保留在孩子上网课时的平板电脑上，这里分享给大家：

> 先安下心，你的语文上 120 分是没有多少意外的。现在不是质疑自己的时候，只管向前走就是。做不好的，就静下心，想想自己哪个环节出了问题，然后改之。与其他同学固然有些差距，但不必妄自菲薄。语文相对而言是你的弱项，却是别人的强项，你需要做的不是将其变成你的强项，而是做到弱项不弱即可。记不住是因为重复的遍数不够，多练就是。
>
> 好久没有做套卷了吧？出现这种情况，正说明得赶紧刷套卷子啊。多刷几套试题不就可以了吗？不必着急，越到后期，负面情绪的破坏力越大，故而尤要让自己平静。遇到问题解决即可，不要去怀疑，不要沮丧。
>
> 学习有时会出现一种高原期，发现自己怎么做都没有明显收获，但其实

有些收获是潜移默化的，是在不知不觉中进步的，要熬过这一段黑暗时光。譬如车进隧道，看不见光亮，无须怀疑，只要继续摸索着向前走就是了。慢慢地，光亮便会出现。我很喜欢桃花源记中“初极狭，才通人，复行数十步，豁然开朗”这几句。其实这是很多事物的共有过程。慢慢来，步步为营向前进。“看前面，黑洞洞，待我赶上前去，杀他个干干净净。”京剧里有如此唱段，关键是“待我赶上前去”啊，可不是“待我焦虑忧惧”一番呢。加油！

高考，儿子语文考了127分，这是有史以来他的语文最高分！

从儿子身上我们也体会到，成功就是坚持超越，勇于挑战极限！要早早树立目标并为之坚持。没有人能随随便便成功，所有的好结果都是规划出来，拼搏出来的。不经一番寒彻骨，怎得梅花扑鼻香！

不惧挫折，圆梦清华

杨莉

杨同学，高中毕业于陕西省安康市紫阳中学
现就读于清华大学美术学院

2020年，杨同学高考文化课成绩496分，专业课陕西省联考成绩267分，全国清华大学设计类校考成绩545分，最后以综合分216.7分的总成绩顺利被清华大学美术学院信息设计系录取。现在提笔回顾往事，在杨同学考上他理想中的大学这件事上，作为母亲的我还沉浸在激动和兴奋中，整个过程仿佛就发生在昨天一样。一个从大山里的小县城出来的孩子，考入清华大学是多么的荣幸啊！

回望杨同学十几年来的求学之路，一路走来跌跌撞撞，有过骄傲，有过失败。很多家长问我是怎么把孩子培养出来的？我认为，在求学道路上，家长和孩子要一起携手共同面对，孩子有志向肯学习，家长随时做好生活上的照顾和思想上的鼓励，有这些就足够了。每个孩子都像一朵花，花期一到自会绽放，不过是时间早晚的问题。

杨同学的童年是在自由和快乐中度过的。我觉得小学阶段应该以开发兴趣为主，尽量让孩子在开心快乐的玩耍中学习。孩子在小学阶段学习成绩不算太优秀，但也获得过一些奖状、证书之类的荣誉，曾在全国小学生作文竞赛中获得过一等奖。这些成绩激励、鼓舞着孩子，让他对学习产生了浓厚的兴趣，给了孩子更多的自信。作为父母，我们只是陪伴和欣赏。

有一件事我至今记忆犹新。孩子二三年级的时候，学校请了省里的教育专家来演讲，其中有个环节是让孩子自愿上台大声说出自己的理想，杨同学很兴奋地举手跑到台上，大声说“我的理想是考上清华大学”。当时台下的同学们都哄笑起来。在我们这个小县城，到那时为止还没有考上清华大学、北京大学的人，况且他还只是一个小学生，所以同学们都当笑话听了。可杨同学这种自信胆大的回答，得到了教育专家的赞赏和鼓励，当时还送给他一个MP3播放器作为奖励。放学回家后，孩子跟我讲了这件事，我鼓励他只要有梦想、有自信，朝着目标努力奋斗就好。

在没有压力的轻松氛围中，杨同学以很一般的成绩进入了初中。进入初中，我们意识到了学习的重要性，我和孩子共同制订了考取市重点高中的学习计划。这样的坚持并不轻松，孩子可以自由支配的玩耍时间基本没有了，并且偶有怨言。但是我坚持对他学习上严格要求，每月每周制订相应的学习计划，这些为他高中阶段自主学习奠定了坚实的基础。只要养成好的学习习惯，以后即使没有人督促他学习，他也会自觉自律。

中考时孩子不负期望，以总分全县第十六名、数学单科全县第二名的成绩进入了县城高中，同时获得高中学校奖励的五千元奖学金。他的中考成绩达到了市重点高中分数线，也得到市重点高中以及另外一所市级中学的邀请，但因我工作原因，不能去市里陪伴孩子上学，又担心他住校自理能力不足，身体吃不消，虽然孩子有点不情愿，我还是毅然决定让他在县城读高中。就这样，杨同学顺利进入了他们那届最优秀的实验班。这个班是全年级理科的尖子班，班里学习氛围很浓厚。

我个人觉得，学习成绩的优劣，固然和学校的优质资源有一定的关系，但也不是必然的，学习关键还是要靠自己努力。他学习成绩优异，兴趣爱好广泛，踊跃参加学校各项文体活动，在学校广播室做播音员，经常在班里办板报。在学校第一届诗词大会上成功表演诗歌朗诵，在学校演讲比赛中荣获一等奖。

孩子除了学习好，德智体美劳也得到全面发展，在学校健康快乐地成长着。高二下学期某一天，正是晚自习时间，我受邀来到老师办公室。根据孩子目前的学习成绩以及画画方面的爱好，班主任和省美术专业老师给我和孩子提出走美术道路的建议，可以实现孩子的清华梦。班主任老师分析，以杨同学的文化课最好成绩，考一所985或211大学应该问题不大，但考清华大学或北京大学还是有几十分的差距。省美术专业老师认为杨同学在美术方面有天赋，可以通过一年的美术集训报考清华大学设计类专业，加上扎实的文化课，很有希望实现“考上清华大学”的梦想。

我当时很困惑。孩子没有进行过专业的美术训练，只是喜欢画画而已。孩子当时很自信地说：“妈妈，我喜欢画画，不怕苦，我想考清华大学，你就让我试试吧。”当时我心里非常纠结，以孩子现在的文化课成绩，考一所985、211大学是很有把握的。如果走美术这条路，不确定因素却很多。如果暂停文化课学习，进行美术专门训练，势必影响文化课成绩。但是想到孩子从小就有一个清华梦，他有权决定自己未来的学习方向，于是我选择了坚定支持！

走美术这条路，要付出比文化类考生更多的人力和财力，还要孩子有相当大的毅力和决心，在文化课和专业课两不误的情况下齐头并进。接下来的日子里，孩子在还没有学完高三课程的情况下，离开了高中学校，奔波于西安和北京的美术培训学校之间，进行专业课的魔鬼式集训。

孩子拿起画笔，开始了没日没夜的训练。那是孩子最艰苦的一年，第一次离开家住进了集体宿舍，经常画到凌晨一两点才休息……文化课全是利用专业课休息时间自学的。

可以说除了吃饭和睡觉，其他时间全部用于学习，可想而知有多么拼命。我记得当时孩子去培训学校之前，体重是 140 多斤。几个月后去看他，已经瘦到 120 多斤，而且整个人蓬头垢面，一副脏兮兮、可怜巴巴的样子。看到孩子的样子，我眼泪都不禁流了出来，心里真的很难过。但他那种全身心沉浸于画画的状态，也着实让我佩服。作为一个专业零基础的学生，他要用比旁人多几倍的时间来学习和追赶。

就是这样全力以赴，2019 年清华美院校考还是失败了。虽然当年高考文化课成绩达到了一本线以上，美术省联考也通过了，可以顺利报一所 211 院校。但我从他的眼里看到了泪水，从他的脸上看到了不甘心！孩子眼里流露出的那种失落，让我有一种揪心的痛。孩子最后决定，不去其他大学，再冲清华大学。他选择了复读，来年再战清华。从哪里跌倒，就从哪里站起来。

2019 年高考结束没几天，他就又辗转于西安和北京之间，进行专业课培训。既然选择了远方，就义无反顾地去拼搏吧！我也在同年向单位递交了提前退休申请书，选择一路北上，陪伴孩子，共同面对来年的高考。可想而知，孩子当时是在多大的自我压力下选择复读的。

经过再次努力，一年后，杨同学终于不负期望，取得了省联考理科类全省第十名的好成绩。由于孩子文化课底子好，联考成绩上一所 985、211 大学已经没有悬念了，这也给我和孩子带来了极大的鼓舞，吃了一颗定心丸。

后来，在两三个月的时间里，他补习了文化课，高考也考出了超一本线的好成绩，最后顺利通过了清华美院专业课校考，取得了全省设计类专业第二名、全国第 117 名的好成绩，终于圆了杨同学的清华梦！

我清楚记得清华美院校考发榜那天，我和儿子一起查看成绩。当看到“是否入围”那一栏里的“是”字时，我竟“啊”的一声尖叫起来，根本没仔细看各科成绩，就激动地边哭边笑大声喊着：“儿子，过了过了……你考过了！”我抱着儿子号啕大哭，儿子看我又笑又哭的样子，轻松地说：“妈妈你哭个啥呀？”我说我高兴啊，妈妈怎能不激动呢？走过两年外地求学之路，付出那么多艰辛，我的孩子，你终于实现了梦想，圆梦清华！如今，孩子实现了人生第一个奋斗目标，将在清华园里接受最好的教育，并继续为之努力学习！

在一路陪伴孩子学习、生活、成长的过程中，我的感悟是：

第一，作为家长，我们必须和孩子一起树立学习目标，坚定孩子的学习信念。无论他的学习目标是什么，理想是什么，家长都要配合孩子，要多鼓励孩子去实现学习目标。

孩子幼年时，并没有形成科学的人生观和世界观，这个时候家庭教育尤为重要。要正确引导孩子，让他知道学习的重要性，让他对学习产生浓厚的兴趣。

第二，用心陪伴，是孩子学习道路上最好的礼物。学习是一件很辛苦的事情，作为家长，要做孩子最坚强的后盾，学习上经常鼓励，生活上悉心照顾，尽量让孩子在轻松快乐的家庭氛围里学习和成长。

第三，孩子自身的努力最关键。只要孩子自己确定了学习目标和方向，家长要做的就是当好一个鞭策者，鼓励孩子的同时也要监督提醒。在他不想学的时候，在他疲劳的时候，在他退缩的时候，家长要激励他向着目标努力奋进。

第四，家长要和学校紧密配合，实时掌握孩子在学校的学习表现，充分了解孩子的兴趣。要和老师经常交流，这样家长才能和学校一起，共同促进孩子的学习和成长。

希望我们的学习和成长经历，能给大家提供一点参考，让家长朋友在我们的故事里受到一点启发，感悟到一些家庭教育上的方法。只要孩子有理想、有信念、有毅力、下功夫、肯攀登，一定会实现他们自己的梦想。

找到学习的内驱力

毛一红

胡同学，高中毕业于清华大学附属中学

现就读于清华大学电子系

要相信孩子积极向好的本性，克服内心的恐惧，学会逐步放手，引导孩子找到学习的内驱力。

——题记

在那个明媚、清朗的初夏，儿子以 693 分考上了清华大学。

这个成绩既在情理之中，又在我的意料之外。回想起儿子圆梦清华的过程，我不禁感慨良深。这一路走来不易，跌跌撞撞，磕磕绊绊，其中有激烈的手机争夺战，也有温馨的亲子时光；有彼此的信任支持，也有痛苦的挣扎摸索。

儿子学龄前，我从育儿书籍中了解到儿童阅读的重要性。为了培养孩子的阅读兴趣，我坚持每天给他讲一个故事。每当故事讲到高潮的时候，我便会故意卖一个关子，促狭地对儿子说："请听下回分解！"儿子急于知道后面的故事，我就鼓励他自己阅读，遇到不认识的字，就用汉语拼音读出来。随着识字量的增加，他渐渐能够单独阅读了。这时，我的任务就变成帮助孩子挑选适合他的书籍。从开始阅读的故事书、人物传记，慢慢过渡到游戏科学、动物自然，再到小说文学……孩子读的书越来越杂，越来越多。在书的世界中，儿子感受到巨大的乐趣。

打开孩子的阅读大门之后，他的理解能力、逻辑思维能力相继得到开发。我发现学习上的很多事情，在孩子面前都相应变得简单了。

在孩子儿童时期的学习教育上，我是轻松而愉悦的，因此便以为我在孩子教育问题上已经得心应手了，未曾预料到青春期后面一系列猝不及防的变化。

为应对小升初，儿子报了奥数课外班，玩耍的时间大为减少。当他顺利考取目标学校后，我们的心态发生了很大的变化。我琢磨着，儿子上的是重点学校，老师都很优秀，只要儿子能沉下心来，把课堂知识吃透了，效果自然不会差。但儿子在学习上没有拓展，没有深入。他的很多同学参加了课外班学习，学习进度比较超前，他们非常优秀且自信满满，时间长了，儿子的排名就开始下滑了，人也变得越来越不自信。等到我发现问题时，孩子已经跟不上同学们的进度了。

儿子在班里成绩平平，不像小学时那样名列前茅，也不再热爱读书。学习上没有成就感，开始在游戏上花的时间越来越多。为了“升级打怪”，他好几次忘记做作业。面对这种情况，我不是给孩子苦口婆心地讲道理，就是忍不住焦虑埋怨。现在回想起来，我有些后悔没有及时察觉孩子心理上的变化，在对待打游戏这个问题上，没有正确引导孩子，导致我们后来发生了不断升级的手机争夺战。

儿子的成绩没有任何起色，我简单地认为他成绩下降都是游戏惹的祸。儿子则变着花样与我对抗。我不再像以前那样，对玩游戏保持开放的态度，而是粗暴地禁止孩子打游戏。从此我便踏上与孩子斗智斗勇的征程——没收手机，藏数据线，定规则……然而无论怎样，我始终都是输家。孩子有各种方法应对我，他甚至悄悄买了一个手机，继续他的游戏爱好。

这场拉锯战愈演愈烈。

到了高一，儿子有幸考进了附中重点班。此时我与孩子约定：打游戏可以，但是要遵守规则，在规定的时间内打游戏。我相信孩子有足够的自制力，都这么大小伙子了，应该对自己负责。然而好几次半夜醒来，我都发现儿子在偷偷打游戏。看到这种情景，我无比愤怒，认为孩子愧对了我对他的信任，冲动之下砸掉了他的手机。儿子对我的做法非常生气，很长一段时间我们的关系降到冰点。他的成绩也由高一的年级第八名开始慢慢下滑，第三十名，第五十名……第一百多名。

面对不断下滑的排名，我鼓励孩子不要着急，慢慢来。然而，孩子却似乎表现得对成绩毫不在乎。

高一结束后的暑假，孩子参加了学校一个夏令营。指导老师是来自麻省理工学院和清华大学的教授，我与他们沟通孩子的情况。他们告诉我：“别的孩子都在殚精竭虑地做实验，你儿子却在努力打游戏。教育是点燃，不是灌满。家长要想改变孩子，关键是要找到孩子学习的内驱力！”

一个曾经非常优秀的孩子，为什么越来越对学习没有兴趣了呢？学习的内驱力如何找？我的教育究竟哪里出了问题？我开始反思自己。

我大量阅读发展心理学书籍，了解青少年的心理发展规律。儿子处于青春期，正是发展同一性的时候，这个时期孩子对自主的要求比较高。而我因为自己的焦虑，不相信孩子有向善向好的能力，不敢放手让孩子自我管理。当孩子感觉不能自己做主，不能为自己做选择，并自认为是在给家长学习的时候，他哪里来的学习动力？

于是升高二的暑假，我和孩子爸爸到手机店里买了当时新出的手机，请孩子吃了一顿大餐，很有仪式感地把手机作为最用心的礼物送给孩子。同时，我们也和孩子郑重其事地签了一份《手机管理协议》，把手机放权给他自己管理。

此后，儿子在课堂上有好几次违反我们之间的协议偷偷打游戏。班主任老师找我反馈这个问题，我将孩子前前后后的情况以及家长对此事的想法和打算都告诉了班主任老师。班主任非常有经验，听我说完后，他表示理解，并说可以观察一段时间，看看孩子的自我管理情况有没有变化。

我表面上看起来镇定自若，其实脑子里一直紧绷着，时刻关注着孩子的发展变化。

看起来，事情似乎在向着不可预料的方向发展。

儿子的成绩慢慢下降，好像完全不想学习的事情了，排名由年级第一百名下降到第一百二十名。同时多名学科老师向班主任反映孩子上课偷偷打游戏。

我心里着急，但表面上依然温柔而坚定。同时与孩子强调规则的重要性，学会对孩子信任而不放任，继续让孩子自我管理。

外表镇定的我，其实多次对自己的放手产生怀疑。每当我动摇信心，想收回孩子手机的时候，孩子爸爸就成为我坚定的精神支撑。我和孩子爸爸讨论：培养孩子自主管理的能力和上重点大学，如果只能选一个，我们该如何抉择？结果我们都选择了前者。

在彼此的支持中，时间来到了孩子的高二下学期。

看起来孩子的学习情况依旧没有好转。孩子依然对学习没有兴趣，成绩不但没有提高，年级排名还下降到两百名开外。

孩子在清华大学附属中学重点班，同学们的表现都非常优秀。然而同学的优秀对他激不起任何波澜。用孩子的话说：“他们优秀关我什么事呢？即使不打游戏，我也会看网络小说，我没有学习的动力。”

我对孩子的期望值越来越低，也不再抱有让孩子上清北的期望，觉得如果孩子能够考上北京理工大学、北京交通大学也不错。

当我觉得事情已经到了无法收拾的地步时，转机来了——儿子考了班里倒数第一。那次考试也是清华大学暑期训练营的选拔考试。面对倒数第一的成绩，儿子想上清华暑期训练营的愿望自然也泡汤了。班里的同学大都去了清华暑期训练营，只剩下几个孩子在教室上课。面对空荡荡的教室，儿子感受到了无比的落寞。他跟我说，他第一次有些后悔了，他决定不带手机上学了，他要努力学习。儿子还和我说，他其实是很想上清华大学的。

祸兮福所倚。塞翁失马，焉知非福?

虽然失去了上清华暑期训练营的机会，但儿子学习的目标和动力终于找到了。他开始主动要求老师给他讲解高二落下的课程，其间学得非常辛苦。这个过程充满焦灼，成绩提升比预期要慢，儿子不断努力，又不断遭受挫折。

有了内驱力，儿子的表现与之前判若两人，他非常坚强，表现出了良好的心理素质和自律能力。虽然整个过程就如坐过山车一般，高低起伏，但终究峰回路转，平稳着陆。

陪伴孩子的过程，也是父母修行的过程。家长要相信孩子向善向好的能力并适时地学会放手。当孩子感到自己被信任时，他就会做到真正的自律，学习的内驱力也许会在不经意间被激发。

世上没有一条通往成功的道路是平坦的。对于那些心有所往、矢志不渝的孩子来说，哪怕步履蹒跚，这个世界也永远乐意为之让路。乾坤未定时，每个孩子都是一匹黑马。若是激发出他们学习的内驱力，他们就会变成奋蹄疾驰的千里马，向自己的人生目标奋力奔去，风雨无碍，山川无阻!

手机，这个“无所不能”的智能终端产品，用得好就是“生产力工具”，用得不好，会影响孩子的身体和学习，给亲子关系带来巨大挑战。手机争夺战，会在很多家庭上演，处理不好的话，表面上看输家往往是家长，而“赢家”很可能就是那个不幸的“失败者”。

为了了解孩子的思想，我不仅阅读了大量教育类书籍，同时也看了很多心理类书籍，甚至报考了国家二级心理咨询师。我也试图理解孩子喜欢游戏背后的原因是什么，但这些远远不够，还需要家长有一颗强大的心，温柔而坚定，耐心再耐心!

回顾那一段充满焦虑、迷茫，甚至一度感到无助的过往，我也有一些反思：考上重点学校并不是进了“保险箱”，仍要时刻关注孩子的学习状况。内驱力的产生要建立在尊重孩子的基础上：第一，让孩子对学习有自主感；第二，帮助孩子从学习中找到成就感；第三，培养多元的兴趣爱好。前两点说起来容易，做起来难，需要家长多用心琢磨，观察和了解自己的孩子。家长也可以在适当的时机以合适的方式进行“旁敲侧击”式的激发，比如讨论人生意义，赞扬孩子的成长，提示更高的目标，让孩子早日明白，不管是钻研学习还是徜徉书海，都是为了更多地吸收人类文明的精华，丰富自己，充实自己。只有自身丰富了，在现实世界的人生路上才能走得更高更远。在更高处看世界，风光无限！

内外

院外菁菁石上青　内里翠柳传书音

母指文曲接天地　子跃龙门摘九星

绘画／杨朝越　作诗／李东航

借汝之光，得见光明

深柳斋主

张同学，毕业于石家庄精英中学
现就读于清华大学钱学森力学班

人们常说，家是孩子的第一所学校，父母是孩子的第一任老师。父亲是天，母亲是地。天地有大美而不言！为人父母，本身就是一场边学边问的重生。陪娃长大，本身也是一场破茧成蝶的修行。

克里斯蒂亚诺·罗纳尔多说：值得拥有的东西，全都来之不易。即使我是小学老师，对待家庭教育中经常出现的种种问题，我也时常彷徨。随着儿子的不断成长，随着我教过的上万名学生的成长，以及和我一直保持思想交流的众多家长朋友的沟通，渐渐地，我意识到了我一直在进取、汲取、践行。

人们常说，好的学校是因为有好的大师。作为父母，在家庭中怎样充当“大师”，才会赢得孩子对我们的敬爱，或是无论孩子“隔在远远乡”，还是有心事“结在深深肠”时，能够想起家并在遇到困难时，觉得父母一直在给予他力量呢？

在教育上，我亲力亲为。用一句话形容：我是吃馆子跑到了后厨，看戏走进了后台。支撑我对儿子十八年家庭教育的准则是“德、智、体、美、劳”的人才标准。在儿子每个关键的生长期，不失时机地给予他学养、学品、技能。当儿子被清华大学钱学森力学班录取时，我的记忆像铁轨一样延伸开来，悠远而漫长……

小学篇——基本保持家长权威

儿子小学阶段，我家基本上保持了家长权威的势头，家庭成员之间相互配合，彼此赋能，勇于打破对方固有的思维，激活彼此新的认知。我和丈夫决定的事情，轻易不取消，都会不打折扣地执行。我们要求儿子做好自己分内的事情，各司其职。

我本人做事情有计划、有执行，大小事情都做得井然有序，讲究效率，对儿子的影响也很明显。作为家庭的女主人，不管工作多忙多累，我都不打折扣地把家里收拾得干净、整洁、有序，做饭有时有点，作息有规律。这对我儿子的影响也是明显的。

儿子读四年级时，我离开学校去了机关。慢慢地，我意识到我和儿子说话的语气发生了改变，改变了我十六年来当老师养成的职业习惯。丈夫对我教育孩子的某些方式表示反对，或者对我的观点提出异议时，恰恰是我反思的最好契机！我不再好为人师，滔滔不绝地发表高论，而是考虑别人的感受多一些。针对儿子教育问题采取的步骤、方式、方法，思考清楚后再执行，哪怕是节奏放缓一点。对于儿子的教育，并不是我一个人单打独斗，有丈夫的大力支持，效果也会事半功倍，儿子也无法利用父母之间的分歧钻我们俩的空子。

儿子上学前班之前，我和丈夫、孩子姥姥、外甥女模拟课堂，让孩子扮演老师的角色。我们四个拿小板凳儿坐在客厅里，放上移动黑板，请儿子当老师。我们几个人事先商量好，上课故意捣乱。他讲童话故事的时候，姥姥在课堂上无精打采，不时喝水，爸爸东张西望，外甥女抓耳挠腮，就像孙猴子，我手里不是抠橡皮就是叠飞机，还和丈夫小声说话，每个人都表现恶劣，儿子气得无法阅读，制止这个，提醒那个，按下葫芦起了瓢。最后我们总结："儿子，你要上学了，课堂是严肃认真的，要专注地听课，尊重老师。"

儿子五岁上学前班，上课是出了名的高度专注。高效的课堂学习，知识都能当堂消化吸收。下了课，他会以极快的速度写同步作业。一直到小学四年级，他的书包都会放在我办公室。第二天早晨，儿子按照课表，从我办公室抽屉里找出当天上课用的书本，装进书包带到教室，甚至周五也经常不把书包背回去。但从四年级下学期到六年级，他必须往家背书包了，因为我离开了学校。但晚上到家时，儿子的作业在学校都已经完成了。

儿子的钢琴、书法、乒乓球、篮球、围棋、快板、单簧管等特长的培养，都是在小学毕业前完成的。毕业之前完成哪一项，我们仨全都设定了目标，做了计划。计划儿子六年级打上围棋业余五段，结果提前一年实现，读五年级时他在上海顺利升级业余五段了。我自己会弹钢琴，就没想让他钢琴考级，但儿子和钢琴老师商量，学习这么长时间，怎么也得有个结论啊，所以小学六年级他考了钢琴十级证书。

从二年级开始，我再也没有陪儿子去上过钢琴课，都是老师在本子上写好要求和练习曲目，以及注意事项和指法要求，儿子独立练琴。练琴时间长短我不干涉，我也从不在旁边盯着。练习质量好与坏，由钢琴老师负责，我只是告诉老师注意激发孩子的兴趣，选适合他的钢琴作品，量也要适度，坚持下来最重要。2014年元旦，儿子当时读六年级，他离开学校二十多天，去西安音乐学院为表姐伴奏《鸟儿在风中歌唱》，这是一首有难度的花腔女高音声乐作品。西安音乐学院的教授提醒表姐注意气口儿时还夸赞儿子：“你看小弟弟弹奏这个乐句，能够注意呼吸，他小小年纪就能弹奏出音乐性和作品的情感。”我听了非常欣慰。

我们安排的素质教育特长和技能在小学阶段全部完成，这一切和学校教学并不矛盾，反而赋予了儿子过硬的学品和学养。这些品质和学养将伴随他一生，教会了他学会战胜自己。素质教育的培养也为今后的学习考试打下了良好的基础，先学会战胜自己，再与同龄人竞争。

从五岁开始，我们陆续安排儿子发展各种特长。每项特长训练一般都是本着动静结合的宗旨，穿插有序地进行，不至于让孩子手忙脚乱。寒暑假有比较长的时间，我们都会和孩子一起制订学习和旅行计划，每个暑期都要出去旅游半个月，也会把各项学习错开安排。我们为儿子规划篮球的训练，他一直坚持学到了初二。

儿子刚上一年级时，我们就要求他的书房不再摆放玩具，不能带零食进入，学习桌必须整洁，除了学习用品，其他一切从简。安静整洁的房间，是孩子专注学习并能高质量完成作业的保障。

初中篇——从权威性到示好

初中三年，我家的主要指导思想就是将权威性转换到示好，优先考虑孩子学习和娱乐之间的取舍。娱乐、锻炼做到计时提醒。在这样的节奏下，儿子娱乐、锻炼上很少浪费时间。这样做既建立了绝对标准，又赋予孩子娱乐的选择支配权，其中蕴含着家长的智慧巧思，也暗含着家长的决断和驾驭之术。

周末和暑假的某些凌晨，我敢于叫醒眯着眼窝舒服睡觉的初中生。叫醒那一刻，当然也是做妈妈的不舍！凌晨3:20起床，我们一家三口接上儿子的同学胖胖和小布，4点准时到封龙山脚下，开始按照既定计划爬山，这样做是培养儿子抗拒诱惑的能力。

家务劳动对孩子来说是必不可少的。我儿子从小学一年级开始，一直到中考之前，都在参与家务劳动。初中阶段基本是周末晚上负责擦地、洗碗，收拾厨房卫生。高中阶段在学校住宿，他自己手洗贴身衣物。

学习疲倦时，孩子们也会约场球，相约一起去游泳，或者看一部大片。儿子爱看《名侦探柯南》，我也从不限制他这一爱好。这些运动和休闲娱乐，伴随了他三年初中时光。

儿子学习累了之后，还有一种消遣方式，就是在网上下围棋。他数学之所以学得好，可能和他五岁学习围棋有关，因为有人称“围棋是最好的数学头脑体操”。

高中篇——有所为，有所不为！

儿子读高中时住校，住校更能检验儿子童年和少年时期培养的素质和技能，儿子的表现证明，他能很好地适应住校的一切生活。无法陪伴儿子，我也从之前繁忙的一日三餐，迅速调整到另一个纬度——自我学习提升。我要做的就是投资自己——深度学习！用自己的精神、方法和提升影响和带动孩子，让家成为我们终身学习的俱乐部。

儿子高中三年的住校生活，对我来说是最大的释放，我投入到学习的时间超过以前的总和。正如汪曾祺所言，“一定要爱着点什么，恰似草木对光阴的钟情”。其实，即使孩子住校了，我们也一直在和孩子并肩前行。

高中三年，我给儿子整理了很多东西，写了很多暖心、开悟、深思、淡然、平和的文字和温馨小纸条。我会根据儿子的考试节点、节气和身心状态，把自己准备好的“锦囊妙计”及时送到他手里。儿子的同学也经常找他要我写的纸条、信件以及整理的名言。儿子也乐于分享，因为儿子懂得：一个人走得快，一群人走得远。班级里的同学抱团取暖，才能考出更好的成绩，才能锐不可当！

为了和成长中的高中生愉快交流，交谈有质量，当父母的要努力寻找灵感。灵感从哪里来呢？我的药方是大量的阅读！阅读要博杂一些，包括人物传记。我们每天都是怎么学习进步的，最有效的方法就是跟优秀的人深度聊天。读伟人传记，就是跟优秀的人聊天，阅读过程中你会觉得他离你很近，你会深受鼓舞，充满斗志。读书多了，在和孩子交流的过程中，你和孩子会彼此悦纳，敞开心扉。

教育和陪伴孩子是一场竞逐，陪伴孩子成长，是最长情的告白。从短处来说，是一场旅行，从长处来说，是漫长的人生……爱的教育是最美、最有穿透力的和声，家庭教育处处离不开爱，不给孩子糊涂的爱，学会做不糊涂的父母，这如同一场修行。在这场修行中，我们要不惧，不骄，不给自己设限……

行远必自迩，流水不争先

黄敏

李同学，高中就读于广州大学附属中学

2020年考入清华大学电子工程系

学龄前——满怀欣喜，慢慢走来，止定静慧

每一个学龄前的宝宝，都如一缕稚嫩清新的春风，徐徐向父母吹拂过来。有些宝宝天生对语言比较敏感，牙牙学语时即善于表达，讲起故事绘声绘色。有些宝宝只是喜欢听故事，语言迟缓一些，模仿慢一些，也很正常。宝宝在学龄前的听说敏感期，个个满怀欣喜，他们慢慢发现自己，感受周围。

无论是牙牙学语，还是蹒跚学步，宝宝都会以自己的方式观察周围的世界，喜悦地感受自己生命中的丰富，慢慢发现自己感兴趣的事物。父母要鼓励宝宝多听多想，宝宝愿意说也好，不愿意说也不勉强。每天坚持零碎时间听故事和阅读，不打卡，不定任务，不求赞，如每天生命中的喝水吃饭一般自然。

在亲近文化与自然的亲子户外旅途中，可以为宝宝打开一扇音乐和语言的心窗，欣赏沿途风景，感受广阔美好的文化和自然世界。如沐春风，满怀欣喜，有缘结伴，山水一程，慢慢走来，让世界的丰富，通过感官、感受和想象，变成宝宝自己生命的丰富。父母所做的，只是心平气和，悠然陪伴。

平凡居家的日子里，也有静待花开。在父母及亲人的微笑和鼓励中，游戏和体验是这个阶段宝宝很重要的内容。我家宝宝小时候的游戏很多，和很多其他的宝宝一样：积木、折纸、画画、听古典音乐、玩魔方……父母也会陪孩子一起玩游戏，但是更多的是孩子自己一个人玩，安安静静，非常有耐心，有持续的专注力，安静地愉悦自己，全然不在意玩具本身的贵贱。

例如折纸飞机，看似非常简单，零基础起步。安静的小屋里，轻柔的背景音乐相伴，一两本纸飞机折纸书，几张普通的白纸，一瓶胶水，一把剪刀。仅仅这些，就筑起了

宝宝想象力和创造力的折纸魔法梦工厂。宝宝自己一个人可以专注独立地完成：专注力从三五分钟到一两个小时；作品从简易单张纸飞机，到复杂的十几张白纸拼起的“猛禽”“大黄蜂”“幻影”……有时为了这一架“不可思议”的纸飞机，孩子乐此不疲，反复比画设计，拆解安装，逐个模块拆解制作：机头、尾翼、机身和挂架等，再拼接黏合……通常需要几个小时甚至几天，他很享受这段专注愉悦的时光，享受慢慢探索的过程和制作的乐趣。错了有什么关系呢？从头再来；今天没有完成吗？明天再来。没有一蹴而就，急于求成，有的是一点一点的探索和呈现。

绝大多数游戏，宝宝是主体。在保证安全的前提下，父母的引导有一两分，宝宝自己的自主探索有六七分，还有两三分是亲子或与小伙伴分享喜悦和交流心得。知止而后能定，定而后能静，静而后能安，安而后能虑，虑而后能得。平凡的玩具和游戏里，蕴藏着珍贵而朴素的“止定静慧”，培养了宝宝的自主探索和专注力。

小学篇——一路前行，收获习惯，思辨笃行

小学阶段，特别是十岁以前，是培养孩子习惯的黄金时期。我们做父母的，更多的要关注如何引导孩子养成良好的习惯，呵护探索兴趣，点燃学习热情。我们要少关注课内成绩是多一分还是少一分，多关注一些品格的播种和习惯的养成。

播种计划执行的行为，收获独立的习惯。孩子自己的事情自己干，养成自主预习、专注听课、主动复习的学习习惯。在学校能学到的知识，不用在机构重复提前学习。孩子能自己独立完成的，哪怕慢一点，家长也不用代劳。除非特殊情况，需要请假或延期。

播种自由自在的行为，收获思考的习惯。和孩子一起多亲近大自然，多去徒步登山，在徒步山野中洗涤身心，滤除噪音；在登山征途的蜿蜒起伏中登高望远，在自由中观自在。在自然中思考，可以体验不同的维度和角度，横看成岭侧成峰，远近高低各不同。承认个体有差异，位置有不同，有理性的多维度思考，亦有感性的同理心培养，更有韧性的逆境思维。各处都有不同的风景，陪伴孩子成长的路上，我们要多点耐心和发现的眼光。

播种复盘反思的行为，收获探索的习惯。小学阶段的课外思维拓展，主要是数学思维拓展和围棋拓展。围棋也只是一周一次普及兴趣班的那种细水长流。上午上课，下午或晚上就复盘，养成趁热打铁、温故知新的习惯。数学思维也是举一反三、优等

生数学的那种普及版难度，让孩子把学过的相对比较有难度的题目，再跟家长讲述一遍。类似围棋复盘，多讨论不同的解题思路，多碰撞一些思维的火花，家长能否做出难题，无所谓。让孩子能当个小老师，讲题或讲棋，能让家长听懂，能理清自己思路，有反思，有探索，就达到预期效果了。复盘反思会占用较多的时间，如果周末上午和下午都有拓展，就太赶场了。满堂灌新知识，不好消化，复盘反思的时间少了，探索力减弱，反而消化不了，过犹不及。

中学篇——行远必自迩，流水不争先，厚积薄发

初中、高中六年的时光，我家孩子都在学校住宿，和同龄的小伙伴们一起学习成长，有着深厚的感情。学校绝对是中学学习的主战场。要紧跟学校的老师与课堂，感受学习的乐趣。

在学校的每一堂课里，都力求有收获。运用实用高效的自主、自由、自律学习方法，收获系统化的学科知识。提高上课效率，勤思多想，复盘反思，温故知新，才能打下坚实的基础。刷题的目的，是知识的架构和贯通、学科素养的培养，锻炼发现问题、解决问题的探究能力。良好的学习习惯，扎实的学习基础，行远必自迩。感恩中学老师们的兢兢业业，点燃了孩子们的学习热情。小伙伴们相互学习相互促进，氛围感满满。

如何平衡竞赛、培训、拓展和课内学习的关系，孩子有自己的计划和节奏。基本上假期多集中拓展，周末单次拓展，平时跟上学校进度。这样的策略也是基于自己的大学目标和信息 / 数学竞赛能力，适合自己的节奏和方法就是好的方法。别人的方法与路径，也可以借鉴一二，但很难完全复制。

期中期末复习期间，要看各科是否平衡无短板。如果有特别弱的科目，不要急，可以拟定计划，小组专题学习三五次。加强针对性的练习，不一定能快速提升学科素养，但是大概率能提升学科成绩。

有效记录学习笔记，帮助复习、整理。笔记兼顾效率和清晰的思路，可以整理重点、难点和易错点，也可以记录自己的心得、体会和感悟。不要“抄书”式记笔记或者将老师讲的全部抄下来，也不用过于注重美观，只要自己看得清楚，舒服就好。孩子说他本人没有错题本，感觉整理太花时间。后来换了一种方式，有好题赏析本。每科特别好的题目，分条目整理，一科一本，理顺学科脉络，形成自己的知识架构。

初中、高中住校，每周回家一次，家是温馨的心灵港湾和靠谱的后勤加油站。和

谐的家庭氛围让孩子开开心心回家，短暂休整后，又高高兴兴回学校。如果平时大考后风和日丽，家人就一起放下手机，走进大自然，徒步、骑行或登山。途中即使辛苦，波峰波谷，蜿蜒起伏，也是开心乐事。人生如逆旅，你我皆行人。路上行人，或前或后或同行，皆算平常。家人友人能同行一段，亦是缘分。关注自己的旅途感受，做最好的自己，与人为善，珍惜同行，少一分比较和浮躁，多一分珍惜和感恩。

高中阶段假期比较紧张，难得有长假。借着申请大学夏令营、冬令营的机会，参观学习了好几所高校，如南方科技大学、中国科学技术大学、清华大学、华中科技大学，它们都是很好的学校。在心里播下种子，少些患得患失，做好“冲、稳、保”的思想准备。

少年前行，打好基础，行远必自迩。考上大学，也只是一个新的起点。相信自己，积极进取，做最好的自己。人生旅行路上，有感恩珍惜，有波折起伏，最是平常心。

孩子面对各种波折，也在积蓄力量，要学会接纳自己，更要相信自己。我们家长更多的是静待花开，相信与祝福。如儿童时孩子折叠纸飞机，拆拆装装，比比画画，在实践中“止定静慧”。如少年时徒步登高望远，在思考中“思辨笃行”。从复盘中反思探索，从失败中吸取教训，持续努力，厚积薄发。行远必自迩，在于由浅及深；流水不争先，争其滔滔不绝。

让孩子阳光成长

程辰

叶同学，高中毕业于福州市第一中学

现就读于清华大学致理书院

又是一年开学季，儿子转眼在清华大学已读大二了。回顾孩子的成长历程，我们有欣慰，也有遗憾。欣慰的是，在孩子成长道路上，我们给予了他最大的支持和鼓励，一路和他相伴同行；孩子性格开朗，兴趣多元，喜欢钻研，并考上了理想中的大学。遗憾的是，初次做父母，在教育孩子方面还有很多不足之处。在此总结了些许教育心得体会，希望对家长朋友们有所启发。

学习做父母

国内几位教育行家都说过相似的话：“在当今社会，问题家长比问题孩子多。”“要想教育好孩子，先要教育好家长。”在我们身边，大多数家长觉得孩子学习不好或习性不好，就是学校、老师或孩子的问题，却没意识到其实很多情况是家长自身的问题导致的。家庭是孩子出生后接受教育的第一个场所，父母就是孩子的启蒙老师。父母的言传身教就是孩子的教材，教材教什么，孩子就学到什么。正所谓“孩子的身上总能映射出父母的影子”。

常见的“问题家长”主要有三种类型：专制型、溺爱型和忽视型。有这些问题的家长，其孩子的学习、心理或行为也容易出问题。最理想的家长是民主型家长，他们平等对待孩子，和孩子亦师亦友。民主型家长的教育方式让孩子更易于和乐于接受，培养出的孩子心智发展会更好，长大后幸福感更强。

作家池莉说：“现在太多的父母只愿在孩子身上花钱，不愿意花时间、精力和心思。实质上是家长变得糊涂了，自私了，懒惰了。”这句话一针见血。

因此，家长要学会自我教育，学习做父母的智慧，提升做家长的水平，才能胜任父母这个无人可替的岗位，教育好孩子。

学习“如何做父母”，我们那个年代主要是通过看家教方面的书籍和文章；现在网络上有很多家庭教育课程和家教视频、音频，这些都是很好的学习途径。通过这些“家长学堂”，我们可以了解孩子身心成长的规律，把握孩子不同阶段的心理特征，学习教育孩子的法则和技巧等，避免一些教育上的误区，更好地帮助孩子解决成长中的问题。

快乐教育

我们理解的“快乐教育”，是让孩子在健康快乐的心态下成长和学习。所以在孩子小的时候，我们总会尽量满足他的合理需求，陪他玩玩具，做游戏，帮他养小鸟、金鱼等，让他随意涂鸦，尽情玩耍，呵护孩子的天性。童年是人生性格塑造的重要时期，一个快乐的童年，会让孩子从小建立对世界的信任，并逐渐养成良好的品性。

孩子上中学后，学业加重了。为了保护孩子的学习兴趣，我们注意避免给他施加成绩上的压力。每次考试后，我们不会刻意询问他的分数，只是问他做错的地方是否掌握了，并着重分析失分原因，找出对策。

教育名著《斯宾塞的快乐教育》一书认为：孩子在快乐的时候，他学习任何东西都比较容易。相反，在情绪低落、精神紧张的状态下，他的信心会减弱，智力和潜能也会大大降低。有的家长对孩子考前施压，考完就问分数，这会让孩子感到紧张和反感。在不放松的状态下，考试往往难以正常发挥。特别是有些家长，因为孩子学习成绩不理想，经常斥责他们，这样会让孩子产生逆反和厌学心理。快乐教育是“科学的人本管理”，让孩子快乐，才能激发孩子的学习兴趣与潜能。

培养兴趣特长

我们希望孩子在学生时代，除了努力学习，还要发展几项兴趣爱好，让精神充实快乐，让生活多一些色彩。因此，从孩子小时候，我们便注重对他兴趣爱好的多元引导与培养。

读书滋养心灵，增长知识和见识，所以我们刻意培养他阅读的习惯。孩子小时候，我经常和他一起翻看童话书或儿童绘本，同时绘声绘色地给他读书上的文字，希望借此培养他对文字的兴趣，发现识字的乐趣和奥秘。双休日，我们经常带他去新华书店看书；在家里，我们家长也时常翻阅书籍。或许是环境的熏陶，孩子逐渐体会到了阅读的乐趣，阅读的涉及面越来越广泛，历史、传记、文学、侦探等各类书籍都来者不拒。

我特别喜欢向他推荐励志类书籍，希望励志书能给他带来精神动力，带给他榜样的力量，让他更富有进取精神。说起励志书对孩子的影响，记得有一次，儿子说他看了北京大学一对双胞胎学生写的书，感觉很励志，那天晚上他一鼓作气，做数学题直至凌晨两点。有位教育专家说：让孩子爱上阅读，教育就成功了一半。我相信这句话是有一定道理的。

孩子在幼儿园时便对中国象棋很感兴趣，那时他还不太识字，却能看懂枯燥的象棋棋谱。于是，我们便顺应他的兴趣，给他报了象棋培训班。通过近十年的学棋生涯，孩子的棋技从最初的“重在参与”提高到获得县、市少年组象棋赛冠军。下象棋潜移默化地锻炼了孩子的逻辑思维能力，培养了耐心和专注力，增强了心理素质。

我们都喜欢音乐，所以希望孩子也能感受音乐带来的美好和快乐，并且认为学习钢琴有利于孩子大脑的发育，于是给孩子报了钢琴培训班。孩子初学钢琴时觉得练琴枯燥，因此停了一段时间。后来我在网上寻找对策，看到一位家长分享的经验，便尝试着付诸实践。

我经常坐在钢琴前随意弹奏，或是翻开孩子的钢琴书，让他来教我弹钢琴。也许是弹奏声让他感受到学琴的氛围，也许是当老师让他有成就感，渐渐地他重拾对钢琴的兴趣，又时常坐在了钢琴前。此后他继续去上钢琴培训课，直至通过业余十级考试。学琴提升了孩子的音乐鉴赏力，培养了他持之以恒的精神。此外，孩子在学业繁重或压力大时，弹琴可以让他舒缓心情，释放压力。

孩子小时候体质较弱，不喜欢运动，在和孩子反复做思想工作后，他先后学过乒乓球、跆拳道、篮球、游泳。体育锻炼不仅增强了他的体质，还让他体验到运动和团队协作的乐趣。

孩子在高中时，通过自主招生考入了福州一中。福州一中是一所注重素质教育的中学，校内社团众多。我们鼓励孩子积极参加社团活动，多接触新事物，丰富课余生活。孩子先后加入了模联社、交响乐团、化学社和象棋社。社团活动激发了孩子的潜力，锻炼了孩子的组织能力，增强了协作精神。

我们这儿是个小县城，各种资源有限，所以我们经常让孩子去外地学习和拓宽视野。

为了锻炼孩子的公众表达能力和独立能力，我们在孩子十三四岁时，就让他独自远去北京和天津参加演讲夏令营。孩子的可塑性是很强的，每次结营归来后，我们都发觉他的语言能力与胆量得到了提升，譬如此后他敢于在学校竞选班干部和参加辩论赛了。

节假日里，为了让孩子感受音乐大师的魅力，我们会带他去大城市欣赏中外钢琴家的演奏会。为了让孩子感受体育运动的热烈氛围，我们还带他去观看全国青运会、中国职业篮球联赛等体育赛事。

我们希望孩子在最美好的年华里体验到：青春不只有眼前的作业，还有诗和远方。

当好后援团

在儿子的学习方面，我们家长最大的作用，就是给予他鼓励和支持，做他坚实的后盾。

我觉得和老师保持良好沟通是很重要的。从孩子上幼儿园起，我们就经常和老师交流，从中了解孩子在学校的学习生活状态。当孩子在学习中遇到困难时，及时向老师寻求个性化指导。真的很感谢孩子的老师，他们都很有责任感。当我们向老师寻求帮助时，老师们都会热心地给予建议和指导。

孩子刚就读福州一中时，我们便让他做好受挫的心理准备，因为福州一中几乎集结了全市最好的生源，学习竞争激烈。我开导他："我们小城市的教育资源不如大城市，一开始成绩不如别人是正常的，但以后我们会慢慢赶上的。"我还和他说："在家长群里，大家一说到外招生，就说外招生是学霸。"这其实也是一种心理暗示，让他树立自信心。

有一次孩子回家说："老师让我们设定目标大学，我想考清北，你觉得怎么样？"我知道当时儿子的成绩并不拔尖，但依然对他说："别人可以考上，你也可以考上。""把目标定高一点，努力了，就算达不到，能够达到目标的80%，也是很优秀的。"

高一开学不久，学校各种竞赛兴趣班开始招生。孩子喜欢化学，想参加竞赛，打电话来和我们商量。我从网上和老师口中了解到，福建省是化学竞赛弱省，学校化学竞赛没有专职教练，孩子参加竞赛会更加辛苦；而且学习竞赛课程会占用大量学习时间，假如将来没有进入省队，会影响高考的学习进度。但我们知道孩子对化学特别感兴趣，便决定支持孩子先学习竞赛课程，之后是否继续视情况而定。

孩子参加竞赛学习后，我们上网查阅了大量竞赛的相关信息，帮助孩子查找培训班，关注各类竞赛公众号，进各种化学竞赛群向教练和前辈们请教，把竞赛经验转发给他。我们还经常和家长们相互交流，获取信息，全程和指导老师保持密切联系。竞赛之路是艰辛的，需要孩子有强大的承受力。家长要为孩子做好后勤工作，并给予精神上的充分支援，孩子才能以更好的姿态坚持走下去。

后来孩子在高二时获得了全国化学奥林匹克竞赛（初赛）省第十名，高二组第一名。老师说他是个好苗子，于是他决心走竞赛之路。高三时孩子进入省队，参加了全国化学奥林匹克竞赛决赛。在比赛中，因实验分数拉分过大，与金牌差之毫厘。孩子很失望，情绪低落，我们和带队老师不断安慰、开导他，和他说，你已经做得很好了，比赛是有运气成分的；学竞赛能走到决赛，就已经很优秀了。当孩子遭遇失败的时候，肯定他的长处，引导孩子以积极正向的思维看问题，他的心态会变得积极自信。

决赛结束时，距离高考只有七个月的时间。因之前参加竞赛，孩子的文化课落下很多，他感到学习压力很大。我们时常通过电话和孩子沟通，关注他的情绪变化，倾听他的诉说，给他精神慰藉，帮助他缓解焦虑。

为了减轻他的思想负担，让他放松心态，我们对他说：即使考不上清北或985院校，只要学习自己喜欢的专业就好，以后还可以考清北的研究生。家长在孩子面前以平常心看待高考，有助于孩子以稳定的情绪和平和的心态迎接高考。

最终，通过老师的关心和帮助，以及自身的不断努力，儿子如愿考上了一心向往的清华大学。

在孩子成长的过程中，教育不能只依靠学校和老师，家庭教育才是塑造孩子一生的基石。家长用心学习做父母的智慧，给孩子一个宽松的成长环境，让孩子心态阳光，并与孩子携手一路同行，才会成就孩子更好的未来。

在家教中扮好父母角色

紫堇

王同学，高中毕业于辽宁省本溪市高级中学
现就读于清华大学行健书院

得知家长们准备分享子女教育经验，内心有一点点激动，但是我长时间不知道该如何下笔。其一是因为孩子属于侥幸进入清华大学，与身边的“学霸”相比，确实有很大的差距。其二是因为自身也不是一个合格的家长，作为父母，孩子从小到大也没有过多操心，不知道自己散养式的教育有没有借鉴意义。经过一段时间的思考，我还是决定把自己的感想写出来，权当自己与孩子的一个总结与纪念。

言传身教是最好的示范

我们和大部分家长有着同样的教育孩子的目标——要把孩子培养教育成一个积极向上、健康快乐的孩子。这里所说的“积极向上”，是让孩子有一个正确的“三观”，而不是只会学习、只注重成绩的“精致利己主义者”。“健康”包括身体健康、心理健康和言行健康。“快乐”就是让孩子每天都要阳光，都要善良，对生活充满热爱之情。

我们在孩子的教育上没有更多的功利色彩，希望孩子先成人再成才。在这一目标下，我们尽自己的所能，将孩子锻炼成一个身体健壮的人，让孩子成长为一个具有阳光心态的人。我们从来不用别人的标准来衡量自己的孩子，从来不用过高的目标来要求孩子。平时我们只是多关注孩子的喜好特长，多关注孩子的快乐进步，给孩子自我发展、自由发展的空间和机会。

高中时，孩子一度对自己的未来特别迷茫。因为当时刚刚从小县城考到市里读高中，面对学业的压力，同学的排斥，孤身在外的难挨，孩子一度很自卑，学习成绩一直徘徊不前。面对这种状况，我们没有指责和批评，而是一点一滴地鼓励，潜移默化地引导，和她一起参加学校活动、公益活动，给她展示的舞台，帮助她一点点找回自信。

每周末见孩子时，不管她学到多晚，我们都和她一起读书学习。空闲了，我也会和她讲自己当年一人孤身在外的不易，和她分享我们工作、生活中遇到的不如意，介绍遇到逆境的应对方法。经过一段时间，孩子慢慢找回了状态，面对学习压力不再困惑，面对人际关系不再迷茫，面对困难不再逃避。我也真正体会到，在这个过程中不仅孩子在成长，作为父母也在反思中得到了进步。

尊重理解是最好的沟通

作为家长，在教育孩子时要有充分的耐心。在要求孩子时，要把她当成大人，充分尊重她。对待孩子，父母应该回归到孩子能接受、能理解的层面，因为孩子毕竟是孩子，她在理解、分析、行动上还跳不出孩子的局限。每当孩子做完一件事情时，我们总是努力发现长处与亮点，在表扬中批评，在肯定中鼓励，从不求全责备。我们用足够的包容、宽容之心和持久的耐心，让孩子在愉悦中学习和成长。

在事情没有敲定之前，我们充分尊重孩子，主动征求孩子的意见。一旦目标明确，就要坚决付诸行动。这就是大家常说的：既有承诺又有践诺，要言而有信。我们比较看重亲子闲聊的无形作用。无论事大事小，只要是我们承诺了，都要做到有头有尾，善始善终。与此同时，也用这一标准要求孩子。事情做到什么程度受多种因素影响，但做与不做，能不能做到底，就是态度和习惯的问题了。为此，我们力争让孩子真正感受到理想变为现实的过程，引导她对事情的落实有一个正确的认识和执行，通过事情的落实、事情的结果来教育和影响孩子。

记得高二第一次模拟考试，她考了全年级第 149 名。对这一成绩，其实当时我非常上火，但是想到孩子是个要强的人，她自己肯定也很难过，所以我们没有苛责她的成绩，而是与她沟通，问她需要我们当父母的怎么做。她当时只提出一个要求，就是不在学校住宿，想出来租房住。

说句实话，我和爱人都在县城工作，在市里租房，即便不考虑经济方面的压力，单是陪读的困难我们就很难克服，因为双方老人都年老体弱，我们工作又十分繁忙。但是既然孩子提出来了，我想她也是经过深思熟虑的，所以我选择了尊重，全家所有人也克服一切困难，轮流排班帮我们渡过难关。

有一段时间，我晚上五点下班，开车三个小时去市里陪孩子，第二天早上五点起程回单位，每天往返。那段困难的日子，至今想起来还热泪盈眶。孩子成绩进入高二后也突飞猛进。

用心陪伴是最好的鼓励

我觉得陪伴不仅仅包括日常生活的陪伴，更多的是心灵的陪伴。这种陪伴中，我们要扮好父母和朋友这两种角色。

其一，要扮好父母的角色。父母疼爱孩子是天性，我们尽可能多地让孩子感受到我们爱她，这样会让她时刻感到温暖，也会增强她的自信心。作为父母，我们既不能束缚孩子成长，也不能放任孩子自由发展，而是要担起应承担的责任。在孩子面前，我们既有“生养”的亲情，更有“养育”的责任。平时，我们也总和孩子交流“乌鸦反哺”“羊羔跪乳”这样的故事，有意引导她，让她知道爷爷、奶奶、姥爷、姥姥辛苦一辈子，应该孝敬他们，让老人们感受到我们的爱。

孩子出生时，因为剖宫产脸被划伤，作为父母心都碎了。但是在她的成长过程中，我们总是让她正确面对别人的询问与议论，不让她因此自卑、怨恨。

记得高考分数出来后，孩子考的不是很理想，她很失落，觉得愧对为她付出的亲人们。我们虽然此前也有很多期待，但是面对这样的分数，全家人都没有责备孩子，因为我知道，孩子更无法面对三年努力换来的这个分数。当时，同学们陪着她查分，分数出来后得知裸分进不了清华大学，他们都离开了。孩子流着眼泪，和我说自己的清华梦破碎了。

当时我很心疼，因为高中三年，她真的是奔着清华梦在努力。我虽然难过，但还是很清醒地告诉她，还可以为强基奋斗，这是改变命运的唯一机会。

我永远也忘不了她考进强基分数线时的惊讶，忘不了面试时的紧张，忘不了得知被录取时的喜悦。只能说何其幸运，赶上了第一届强基计划招生，有幸进入了清华大学。

其二，要扮好朋友的角色。孩子需要朋友。不仅需要年龄相仿的朋友，也需要能给她正面影响，帮助她走向成熟的朋友，父母就应该是孩子最亲密的朋友。我所说的这种朋友，是和孩子建立在平等的前提下，在教育孩子的同时，与孩子共同生活、共同学习、共同游戏，同时履行好自己的角色，潜移默化地教育并影响孩子。

在生活中，我们随时都在鼓励她要“相信自己，尝试去做，一定会做到最好”！和许多孩子一样，她从小学习了舞蹈、绘画、作文、英语、手脑速算，繁重的课业负担，常常让她变得急躁。我们没有急功近利，而是尊重孩子的选择，孩子喜欢就会愿意去学，就会学得很好，我们只是起到陪伴和引导的作用。

记得孩子刚开始学习手脑速算时，完全没有兴趣。我们就有意识地让她多看别的小朋友如何手脑速算，激发她的信心，鼓励她常练习，让她知道学习是一个刻苦的过程。

我们还处处让孩子感受到朋友般的平等。我工作很忙，但是无论多忙，我都不会忘记对她表达思念，有时一个小纸条上写上几句话，也要让她知道我们爱她。

作为父母，我们应该是孩子最亲近、最知心、最重要的朋友。现在的孩子大多是独生子女，在学校有同学有伙伴，回到家后往往很孤单。孩子是一张白纸，是一杯清水，孩子的人生底色是什么颜色，家里的伙伴至关重要。孩子到清华大学后一度很抑郁，因为身边的人都太优秀了，而且学习压力更大，她心理出现了多次波动。我不论多忙，只要发现孩子情绪不对，都会克服一切困难赶到孩子身边。有好多个周末下班后坐车深夜入京，见孩子一面后再匆匆返回，因为此时的孩子还没有做好拼尽全力的准备，我们需要在孩子不知所措时给她温暖，做孩子的知心朋友，陪伴她健康快乐地成长。让孩子有伴不孤单，有爱很温暖。

以上是我一点不成熟的体会。在教育孩子方面，特别是将来要和孩子一起成长的道路还很长，我愿意和各位家长多交流、多学习，一起做一名合格的清华学生家长。

齐头并进，实现梦想

牟志国

牟同学，高中毕业于山东省广饶县第一中学
现就读于清华大学美术学院

2020年孩子有幸考上清华大学美术学院，这是各位老师辛勤教导和孩子自己努力的结果，也有一些幸运的成分。在这里我把文化课和美术两手抓的一些经验、教训和大家分享一下，希望对通过美术特长报考清华大学的这部分学生及家长有一点借鉴或帮助。

孩子很小的时候，我们就带着孩子开始阅读。特别是在小学阶段，随着识字量增大，孩子很快喜欢上了阅读，看了很多书。我们一直注意培养孩子良好的习惯，比如回家先完成作业才能玩儿，考试做完试题后都要检查两遍，做作业或画画要专注，等等。得益于喜欢阅读并有良好的习惯，孩子从小学到高中的文化课学习都比较主动且学得扎实，家长少操了不少心。

孩子从小学三年级开始学习美术，其实那时我们并没有认真考虑过孩子将来从事什么职业，或者怎么考大学、考什么样的大学之类的问题，只是觉得小学课程对于孩子来说比较轻松，应该多学些东西，多一个兴趣爱好，发展一个特长，这也多少有一些从众的想法。

非常感谢孩子的舅姥爷，是他那个时候把孩子引领到学习美术这条道路上的。回头看，非常庆幸的是孩子学美术起步早，打下了比较扎实的基本功，为后来通过美术特长报考清华大学美术学院并能够取得优异成绩奠定了坚实的基础。

三四年级寒暑假，孩子放弃玩耍去学习美术。那个时期，孩子画画的成绩很一般，我们甚至有些担忧孩子可能不是学画画的这块料，占用孩子大量的休假时间学习美术是不是合适，也有点动摇要不要继续学下去。小学五年级暑假，非常欣喜的是，孩子的画画水平有了突飞猛进的提高，这应该就是量变到质变的一个过程吧。

现在想来，学习的好多阶段都有类似的瓶颈期，此时一定要坚持，只有坚持下去，才能见到光明。坚持的过程是枯燥的，有时候也是孤单的，来自时间成本、经济支出等方面的压力，很可能会导致分心并最终放弃。但做一件事情，不能轻言放弃，只要有恒心，有毅力，正确地看待努力过程中暂时的停步不前，一定能有所收获。

那个时候，孩子舅姥爷的美术学习班是我们那里最好的美术班，很多孩子家长非常认同这个学习班的教学。有些家长对孩子学习美术非常重视，投入很大的精力，一直陪伴孩子学习。功夫不负有心人，能够一直坚持下来的学生，后来发展得都很好。学习班里有一个同学考取了中央美术学院，有好几个同学考进了“八大美院”。

我们同村的一个孩子也在这个学习班，她画画很努力，画得非常好，家长也非常支持。2020 年高考的时候，她的美术专业课考得比我们还要好，但是她的文化课稍微差一点，最后去了北京交通大学。如果她文化课成绩再稍好一点的话，同样能被清华大学录取。所以，想通过美术考取更高层次的大学，文化课的学习一定不能松懈，文化课的学习与美术的学习要合理规划，齐头并进，两手都要抓，两手都要硬。孩子上小学的时候就是这样，寒暑假时间学习美术，其他时间在学校正常上课学习。

初中后我们去了县城上学。初中学习比较紧张，我们坚持平时在学校上课，寒暑假时间再学习美术。孩子在初中阶段文化课成绩比较好，基本保持在年级前十名左右。初升高，我们这里有自主招生政策，高中提前半年招生，一部分初中学生考入高中，提前学习高中的课程。我们参加自主招生，按文化课成绩被高中录取。实际上，自主招生主要是想发展一些竞赛学生进行特别培养，根据特长选择参加物理、化学、生物或者信息等竞赛课程。孩子根据自己的实际情况，毅然选择了美术，被分到美术班继续美术课程的学习。

有了这样的文化课和美术基础，我们开始考虑高考的方向。

我们家在山东省的一个小县城。山东是高考大省，对于我们这个小县城来说，通过文化课“裸分”成绩考取清华大学、北京大学的学生少之又少，异常困难。我们对孩子文化课的学习情况、孩子在美术方面的特长潜力认真做了分析：仅凭现有的文化课成绩，考取山东省内的优秀大学已经非常困难了，但如果改变策略，在保证文化课成绩满足高校要求的前提下，发挥孩子在美术方面的特长和潜力，通过美术特长争取考上一个更高层次的大学，应该是可行的做法。

高中课程更加紧张，孩子还是坚持之前的学习方法和策略，平常主要学习文化课，星期六或星期天一个半天学习美术。但高三有一年时间要到外面的画室参加集训。2019 年五一时开始集训，那时高二课程尚未完全结束。2020 年，由于疫情的原因，高考推迟到了 7 月份，清华大学的美术专业校考安排在全国高考之后。

7 月 7 日到 10 日高考结束，孩子紧急赶赴青岛，7 月 12 日参加清华大学美术学院校考。天道酬勤，十几年的奋斗得到认可，孩子顺利通过了清华大学美术学院的校考。文化课总分 620 多分，孩子顺利被清华大学美术学院录取。高三一年没有学习文化课，高考能取得这样一个分数，我们非常满意，这也是之前坚持学习文化课的回报。仅按这个分数填报志愿，当年也能被 985 院校录取。

回顾这么多年来陪伴孩子一起走过的求学之路，孩子能从山东小县城步入清华大学这个学术殿堂，要说经验，大致可归纳为以下几点：第一，一定要重视文化课的学习，尽量提高文化课的成绩，再难也不轻言放弃；第二，美术学习尽量从小开始，苦练扎实基本功；第三，初中和高中阶段要认真做好文化课和美术课的学习规划，合理分配学习时间，在高校美术校考中以不变应万变，以取得满意的成绩。

以特长考取名校的道路也是艰难的，孩子的节假日和寒暑假都要用来学习美术，学校的课程也不能放松，和其他同学比起来，要付出加倍的努力。我们一直鼓励孩子坚持，孩子也把这种拼搏当作一种磨炼，锻炼了不管多难多累也要克服困难勇敢前行的意志力。

清华美院一向对高考文化课成绩要求很高，从 2021 年起，想要被清华美院录取，文化课成绩必须要在本省的一本线以上才行，也就是说，即便你画得非常好，美术考试能取得非常好的成绩，但文化课成绩在一本线以下，也失去了被清华美院录取的资格。2022 年，我们县一中有一位同学的美术校考排全国 140 多名，专业课是比较好的，但文化课没过一本线，与清华美院失之交臂。

前些年是文化课成绩稍差的学生学习美术，现在越来越多的是文化课成绩很好的学生学习美术，竞争越来越激烈了。孩子读了大学之后，我们了解到，2020 级清华美院有些同学的文化课成绩高达 670 多分，2021 级美院同学文化课成绩高达 650 多分，越来越多“学霸”级别的学生转为美术生，这条路也越来越“内卷”了。所以这里也想提醒广大家长和希望考取高层次大学学习美术的同学，一定要重视文化课的学习。如果文化课成绩低，到了最后报考学校的时候，它会成为一个拦路虎，将你拒在名校门外。

追光而行，未来可期

潘慧君

翁同学，浙江省镇海中学2020届毕业生
现就读于清华大学未央书院

育儿经验？真是惭愧，着实没有。只能说无证（家长证）上岗，一路跌跌撞撞，至今还算安好。孩子上大学后，倒是一直想着码一些文字，记录与孩子共同成长的岁月。如今借外力促成，甚好！

这份亲手制作的“致我亲爱的孩子”的成人礼物，与其说是两本相册，不如说它是图文并茂的十八年时光流淌。每次翻阅，在老母亲的眼里，这些画面永远生动鲜活。

亲爱的孩子，感谢你让我们为人父母。听你一声啼哭呱呱坠地，看你战袍加身策马奔腾，陪你扬帆甬城，插羽北征，我们和你同甘苦共成长。年幼无知五尺小童长成品学兼优好少年，我们为你自豪。

三年多的千里往返，我们乐在其中。你一直是我们的骄傲，我们永远是你的“粉丝”。高考来临之际，爸爸妈妈代表亲友团向你说一声：儿子，以梦为马，不负韶华！你是我们心中最亮的星！

以上这段“家长寄语”写于孩子高考前夕。浙南偏远山城之年幼无知五尺童成长为清华大学追光少年郎，我们自然无比欣慰。回首过往，感触良多，其中最深的莫过于“追光而行，未来可期”。世间嘈杂纷繁，切勿被辉煌灯火迷了双眼，乱了方向。细思量，追光而行方有未来可期。

幼儿园之光——育才小学

宝贝驾到，“魔童”降世?

孩子25个月，进入离家步行三分钟即达的育才幼儿园。在园里第一天的“杰作”：化身奥特曼，击败四个小朋友！这难道是“魔童”吗?

幼儿园小班时的一天，老师来电话，惊慌告知孩子“失踪”。最后发现小朋友独自在园子里“探险”，而且自得其乐！

幼儿园大班时，参加“中央电视台希望之星英语风采大赛”。初赛时期，我并没过问，任由孩子自由发挥。入围后，我开始发挥英语教师的职能，努力帮助自己的孩子。每晚枯燥乏味的模式化训练，削减了孩子的参与兴趣。一天晚上，孩子说：“妈妈，我不想参加比赛了。”晓之以理、动之以情无效后，我采用了最无奈的办法——威胁恐吓，强制参与。孩子最终获得“最有创意宝宝”奖！

基于孩子“爱玩，需要监管，逼一把可以出成绩”的特性，我思考，孩子适合哪所小学呢?民办“育才小学”是我的首选。既然是民办学校，学费自然不低，对于我们工薪家庭来说确实是一笔不小的开支。育才小学是当时县城里唯一一所实行午餐管理的学校，对于另一半不在同城上班的教师妈妈而言，这是最大的便利。同时，这样的封闭式管理有利于孩子在校的稳定性。并且丰富多彩的大课间活动，为好动的孩子提供了许多释放能量的机会。基于此，学费就是小事了。

2008年7月，我参加驾照培训考试，恰逢孩子幼儿园毕业。没了幼儿园的暑期班，只好把孩子送到一家培训机构，进入一个混合年龄的班级。一天傍晚，我去接孩子，因为时间尚早，于是一个人在园子里走走看看。忽然发现小卖部冰柜前有一个小朋友在认真地选冰棒。上课期间，出现这样的事情不应该呀！定睛一看，这不是自家的孩子吗！孩子看到我，早已心虚，不敢吱声。教室里其他孩子都在练字，他的位置在最后一排，桌上的写字本大片空白，即使写了字，也是潦草不堪。这不是典型的“学渣”吗！

回到家，还获知了更多让我不寒而栗的事情：老师并不怎么管理，所以中间经常去小卖部也无人知晓；班里有个大孩子，总喜欢找低年龄段的孩子赌棋，输了要给钱，不赌还不行……天呀，这不是“小混混”吗?

眼前这个孩子还是那个在育才小学面试中获得98分脱颖而出的孩子吗?

正邪就在一线间。那一刻，我确定自己的择校是正确的。我相信，通过面试录取新生的学校，一定可以把这块“顽石”雕琢成器。

小学之光——育才奥数班

学海初探，乐在其中。

2008 年 8 月 25 日，孩子正式成为育才小学一年级新生。经过一周的适应期后，孩子已经喜欢上可爱的新班级和美丽的大校园。在这里，他遇上了他的数学启蒙老师。幽默风趣且平易近人的郝老师，深受孩子们爱戴。在郝老师的引领下，孩子的数学天分渐渐崭露头角，多次获得数学“希望杯”一二等奖。小学六年级的第二个学期，获得县“小数学家”称号后，代表本县前往市里角逐市“小数学家”称号。看着台上那个熟练地切换 PPT，自信满满地解说小论文的“数学小王子”，我倍感骄傲。市“小数学家提名奖”的荣誉称号，激励孩子在数学的海洋里继续徜徉。

小学二年级的时候，好朋友家的儿子以优异的成绩考取了育才初中奥数班，并享受公费生的待遇。孩子告诉我们：“爸爸妈妈，我也要考奥数班，也要成为公费生。”这是一种荣誉，全县前 20 名学生才有这个资格。这一次，孩子自己找到了他要追逐的那束光！从小学五年级开始，为了选拔奥数班的苗子，学校定期进行语文和数学模拟考试。数次模拟后，人选已初见端倪。小学六年级初，前一晚因为发烧去医院打吊瓶的孩子，以全校第一名的成绩顺利实现目标——育才奥数班公费生。小学生活完美收官。

孩子小升初之际，育才集团的动荡曾经引发师资队伍不稳，让我对育才初中的信心打了折扣。为了寻找更多的机会，也为了历练孩子，我们参加了县外另三所知名度较高的学校的招考。小小少年挺争气，考取了其中两所学校的公费生。其中一所距离我们县城 100 多分钟车程的中学抛出的橄榄枝让我们颇为心动：该校每年输送到省内热门高中的学生数量颇多，理科师资强大。

我一夜无眠，思绪万千。初中阶段是孩子成长的关键时期，思维能力在这个阶段快速成长，性格在这个阶段初步形成；纵观身边外送就读小学或初中的孩子，没有特别成功的案例；孩子身心健康一旦出现问题，10 分钟的步行对比 100 分钟的车程，优势不言而喻；父母的陪伴相比强大的师资，我认为前者更为重要。就这样，我们坚守最初的那道光，留在家门口的学校就读。

初中之光——镇海中学

身披战袍，策马奔腾。

春风十里，不如你。我要告白魅力镇中。桃李不言，下自成蹊。老校如此低调，却引来无数学子竞折腰！

2014 年 6 月 23 日，我的朋友圈有这么一条记录：浙江省高考，文理科状元都来自镇海中学！百度搜索“镇中”发现——学校学科竞赛硕果累累，高考成绩年年斐然，社团活动丰富多彩……我迫不及待地把这所神奇的学校分享给了刚刚小学毕业的孩子。

2014 年 10 月 20 日，班会课上，班主任让学生们在黑板上写下心仪的高中。孩子坚定地写下了“镇海中学”四个大字。从此，镇中就成了我们家素未谋面却心驰神往之地。

2016 年 7 月 24 日，陪同孩子参加镇中面试，念想了 761 天的传说中的学校，终得一睹真颜。园林式的校园让我赞叹不已，流连忘返。目之所及，并非一座座司空见惯、千篇一律的教学楼。亭台、楼阁、小桥、流水、师生……我不由自主地对在这儿学习和工作的人们心生艳羡。

在此，我谨代表 2020 届学生家长，衷心感谢各位领导，在你们的带领下，我们大浙江才有如此吸引人的魅力镇中！

这是我在“镇海中学 2020 届毕业典礼”上，作为家长代表的发言稿，句句都是肺腑之言。孩子小学毕业时，我们就锁定了“镇海中学”这道光。

高考结束后，孩子应邀回母校演讲时如是说：“感谢育才初中，为出身山城的我们提供了沃土，滋养我们成长；感谢教导我的各位老师，没有你们孜孜不倦的教诲与无微不至的关怀，我不可能褪去当年的浮躁与轻狂，一步一步走向镇海中学，走向清华大学。”

确实，七年级上学期的孩子是浮躁轻狂的。初为中学生，还是小学那“乐在其中”的模样：经常在球场上撒欢，忘了班主任规定的自习时间，大汗淋漓地抱球回教室后没少挨批。班主任满脸黑线：“以第一名成绩入校的真是你吗，完全不像！”我还因为孩子的语文作业，被语文老师特意约谈。了解到孩子的学习状况后，我积极主动地和老师配合，利用碎片时间，督促他查漏补缺。晚间接孩子放学，我经常提前去学校，尽可能多地向老师了解情况。幸好离学校只是10分钟的步行路程，而非100分钟的车程。

渐渐地，孩子有了中学生的样子，有了追光少年的样子。老师说，参加镇海中学招考的学生，要具备以下条件：综合成绩积分名列前茅；两个理科竞赛的省一等奖。于是，七年级下学期，我家少年进入了“身披战袍，策马奔腾”的节奏。每次与外校联考，综合成绩稳居前列；两次获得数学“希望杯”全国金奖和科学“睿达杯”省一等奖；八年级下的暑假，孩子被镇海中学提前录取。

值得一提的是，儿子在告别母校时，对着教学楼深深鞠躬，并默念“感谢母校，一定不辜负母校的培育！”这偶然知晓的一幕让我深为感动。懂得感恩的孩子会更快乐、更幸福。我心中默念：功不唐捐，玉汝于成。

高中之光——清华大学

扬帆甬城，插羽北征。

提前被镇海中学录取后的某一天，与孩子闲聊：“儿子，下一道光是什么呀？”“清华大学！”回答铿锵有力。好，那我们就“扬帆甬城，插羽北征”。

镇海中学提前招生是最早开始的，但是直到中考后，才会召集学生入校，而其他学校都是提前一个学期入校就读。一年的空档期，看着孩子没了往日的节奏和学校的管理，家长难免心绪不宁。其间有学校来挖生源，我果断拒绝后，也难免暗自思量：其一，入读镇海中学，可以毫不夸张地说是“千里之行”，镇海中学 = 自驾车 1.5 小时 + 动车 2.5 小时 +0.5 小时地铁 +0.5 小时公交车；其二，儿子擅长数学，对比两所高中，数学竞赛都挺好。多方深入了解后，又一次守住了初心，北上。

说实话，孩子被镇中录取后，我也曾犹豫过：真的要把孩子送到千里之外求学吗？

独自纠结，不妨去听听前辈们怎么说吧。2018届学生家长吴爸爸告诉我：“镇中的老师十分敬业，他们以校为家，爱生如子。学生遇到问题，可以随时求助老师。孩子一旦出现情绪波动，老师都会及时关注并进行疏导。最重要的是，老师绝对不会在校外办补习班。”2017届学生家长叶妈妈对我说：“镇中的老师把每一个孩子都当成宝，你就放心吧。”一番话让我彻底心安。三年的时光，让我坚信：他们的评价经得起一轮又一轮的验证。

——选自本人在“镇海中学2020届毕业典礼”上的发言稿

值得庆幸的是，镇中开始采取行动。2016年11月，镇中开启了每月一次的按学科分班的周末学习营活动。学习营活动虽然课时很少，但我们总算有个奔头。虽然这是一次“千里之行”，我们也赶得不亦乐乎。由于在周末学习营中表现突出，儿子补报参加了2017年9月的全国数学奥赛联赛并斩获一等奖，幸运地获得清华大学自主招生降60分的认定。就这样，清华大学的光芒很早就照耀在儿子的前方。

然而，三年的高中生活并没有因为这60分而一帆风顺。2020年8月清华大学发来的录取通知书，浸染了孩子多年拼搏的泪水、汗水和成长之痛，还有老师的辛勤付出和家长的陪伴支持。每次千里迢迢去镇中看望孩子，他爸爸负责改善伙食，我负责交流谈心，观察孩子的思想动态。

孩子回母校和学弟学妹们交流时，他掏心掏肺地说：

“初中、高中阶段面临巨大的升学压力，会对心理产生影响。我上高中时，心理就出现过波动。我经历过联赛180分满分自己拿0分的惨剧，也遇到过仅仅因为一句话，昔日好兄弟险成路人的痛楚，更有自己内心无妄而产生的无穷烦恼。”

“1月份首考，我考出了429分的‘感人’分数，只有一门生物是100分，名次位列班级倒数第九名。这意味着来年我要面对五门科目火力全开，而其他人只需要学习三门甚至两门。屋漏偏逢连阴雨，1月份选考成绩刚刚放榜，紧接着自主招生宣布取消，这就意味着清华大学降60分录取的机会飘散如烟。我回到了高考的起点，还背负着首考惨淡的分数。这时我的内心几乎是崩溃的，看不到任何希望。看着周围同学手捧“清北之约”，而且作业很少，分数很高，我看不见任何光亮和出路。但是我的高中班主任一次又一次地告诉我，逆风翻盘的不在少数，乾坤未定，你我皆可是‘黑马’。我要做的就是相信自己，做好自己手头的每件事。就这样，高三下学期，我顶着首考的烂摊子，认真对待每一次测试。最后在高考中交出了一份自己还算满意的答卷，进入了清华大学未央书院。”

回首来时路，如果每一次选择都无怨无悔，那就成功了一半。所以，在孩子年幼时，光影缭绕处，家长务必谨慎把关。帮孩子选择适合自己的那束光并陪伴前行，定能径行直达。

愿我家的追光少年，从此把自己活成一道光！同样的祝福也送给心有期盼的广大家长。

春风化雨，润物无声

静文

柳同学，高中毕业于河北衡水中学
2020年保送清华大学生命学院

我们来自河北的一座小城，孩子在本地就读幼儿园、小学和初中，高中在衡水中学学习。在孩子的教育上，我们相信潜移默化的力量。

学前教育注重打基础

自孩子出生后，参照有关婴幼儿教育的书籍，我们进行了不十分系统的家庭教育，主要通过亲子游戏的方式进行。孩子还在襁褓中时，我们就不断地和他交流，给他看一些色彩对比鲜明的图片，听一些轻音乐，利用手偶表演节目等。这些努力和尝试不求有立竿见影的效果，而是注重水滴石穿的力量。注重过程，过程到位了，结果应该不错，这就是所谓的养成教育吧！

比如在他三岁的时候，有一段时间总是给他讲寓言故事，并没有要求他背诵。然而，在一个偶然的场合，孩子一字不差并且声情并茂地给我们讲述了《乌鸦的悲剧》这个寓言故事。也正是这件事，让我们更清楚地意识到孩子教育是一个潜移默化的过程。

上幼儿园以后，我们经常让他讲幼儿园里的所见所闻。这样家长可以更多地了解孩子的兴趣爱好、交际能力等各方面的情况。做得好的，给予表扬并鼓励他坚持；做得有偏差的，及时引导改正。家庭氛围相对民主、轻松，让孩子有一个快乐、阳光的童年。

小学注重激发学习兴趣

转眼孩子就上了小学。当时曾经考虑过是否找一所重点小学就读，后来在素质教育观念的影响下，选择了一所离家近的小学。小学规模不大，但是正因如此，孩子和老师、同学甚至门卫大爷都相处得很好。小学六年，我们在学习上主要是引导孩子养成爱提问的习惯，在学习中注意发现问题。发现问题后，自己首先进行思考，然后才可以和老师或家长讨论。

小学期间，我们利用课外时间给孩子报了电子琴、围棋、游泳等兴趣班。最先学的是电子琴，但是没能坚持下来，孩子实在是对弹琴没有兴趣。现在回想起来，跟家长没有引导好可能也有关系。三年级的时候开始学习围棋，围棋算是坚持下来了，到小学五年级暑假已经打到了业余三段。在兴趣培养上，我们不强求孩子，以免损伤他的学习兴趣，但只要他感兴趣的事情，就引导他坚持并深入地去做。

通过上兴趣班，可以锻炼人的意志品质。比如孩子学围棋的时候，在长达半年的时间内几乎没有赢过一个小朋友，屡战屡败使他一度萌生了不想再学围棋的念头。看到这一幕，我们就和他一起聊学围棋的意义，启发他分析自己下棋时的优缺点。多次谈心后，他认识到了自己的不足，坚定了继续学棋的信念，开始一步步缩小和对手的差距，直到最后战胜对手。至今我们还记得当时他赢棋后兴高采烈的模样。这件事对他的影响很大，他的意志力得到了明显的提升。这种顽强的意志力，对他后来的学习生涯产生了积极的影响。

此外，在孩子年龄小、没有鉴别能力和自律意识的时期，家长一定要注意潜移默化地引导孩子坚持做对他将来发展有益的事，不要受环境影响随波逐流，比如对电子产品使用的把控，等等。

初中侧重学习方法指导

河北省内没有特别好的大学，河北的孩子面临巨大的升学压力。为了孩子高考时能考取好一些的大学，在小学和初中时，家长就要让孩子努力拼搏。基于此，孩子小学毕业的那个暑假，他放弃了曾经喜爱的围棋，开始为考入重点高中做准备。

首先要和孩子沟通，明确初中学习的重要性。其次是让孩子安排好自己的时间，制订好时间表，将学习、锻炼和娱乐合理安排。最后是明确学习的重点，对薄弱科目、内容多分配时间，多分析总结并反思，先基础再精深。充分利用好错题本，学习过程中注意学以致用。由于注意了学习方法，孩子初中学习成绩整体上是上升的，从入学时全年级排四十多名到中考时全校第三名，如愿考入衡水中学，完成了他的既定目标。

初中生正值青春期，存在逆反心理，所以和孩子相处时要注意方式方法，更要潜移默化地引导他。我们先给孩子打好预防针，争取让孩子对一些人和事有一个大致的看法和应对方法。比如什么样的女孩子才是真正的优秀？怎样才算是阳光男孩？如何看待班上同学中存在的一些不良现象？诸如此类的问题，通常是在饭桌上一起讨论，让孩子充分发表他的看法，然后在他的观点基础上交换意见。有些事不必当时分出对错，过一段时间之后再谈，效果可能会更好一些。

初中三年，孩子不仅能配合老师做好班里的工作，也能主动帮助同学解决学习上的困难，同学之间关系融洽，不知不觉中长成了小小少年郎。

高中突出意志品质培养

中考后的暑假里，孩子在衡水中学夏令营听了有关生物学科的宣讲后，对生物产生了莫大的兴趣。他向我们表达了学习生物的强烈愿望，并从此走上了生物竞赛之路。众所周知，学科竞赛的道路上强手云集，竞争激烈。当年国家又出台了新的政策，随着竞赛政策的调整，竞争激烈程度更进一步，很多家长因此不愿意让孩子继续竞赛之路。当时我们也有过思想斗争，后来统一了认识——生物竞赛不只是为了考取名牌大学，而是从兴趣爱好出发，培养自学能力，同时把它作为将来个人事业的发展方向。

作为父母，我们尊重孩子的选择，但是要求他一旦做出决定，就要有拼搏到底的精神和不断超越自我的勇气。如果没有坚定的意志品质做支撑，是绝对不可能在学科竞赛的道路上走到底的。高中生物竞赛对思维能力的要求，虽然没有数学和物理那么高，但它也要求竞赛生必须具备勤奋好学的品质，拥有融会贯通和举一反三的能力。另外，耐心和专注力同样十分重要。

虽然前期做了大量的铺垫和准备工作，但是孩子的生物竞赛之路仍出现了不少坎坷和曲折，是坚定的意志让他不离不弃，不断前行。一开始学习还算顺利，他的奥赛成绩一直名列前茅，高一暑假就代表学校参加了省赛，取得了不错的名次。高二时，随着竞争的加剧，他的情绪出现了很大波动，导致学习状态明显下滑。作为家长，我们当时有些心软，也曾劝过他放弃，可是对生物的热爱，使他决定坚持下去，于是我们和孩子一起想方设法，克服困难。

后来他发现听歌可以缓解他的焦虑情绪，就一次次打电话让我们给他放同一首歌，直到后来他居然把那首歌的简谱都写了出来。最终孩子战胜了自我，重新成为一个阳光男孩。这也许就是兴趣激发了意志，意志产生了动力吧！

高二下学期，他进入省队。暑假里又在全国中学生生物奥林匹克竞赛中取得金牌并进入国家集训队，获得了保送的资格，最终进入清华大学生命学院学习。

一路走来，孩子得到了方方面面的帮助——老师、同学和其他家长。还记得他的教练和他们说过一句话："一个人可能走得很快，但是一群人可以走得更远！"可以说，没有他人的帮助，就不会有孩子的今天，尤其是在衡水中学这个高手云集的环境里。我们非常感谢大家对孩子的帮助，耳濡目染，孩子也学会了常怀一颗感恩的心。

"父母是孩子的第一任老师"，家庭教育的重要性不言而喻。在家庭教育上，由于家庭成员及所处环境的不同，教育方法也不尽相同。个人认为，孩子成长过程中需要家长的陪伴，家长不能把孩子看成自己的附属品，更不能居高临下地进行教育，要学会俯下身来，进入孩子的世界，同孩子一起成长。家长和孩子成为朋友，才是好的家庭教育。

"十年树木，百年树人"。家庭教育不可能一日毕其功，而是一个长期的过程。在这个过程中，需要家长耐心细致，如春风化雨，润物无声，才能在潜移默化中去影响、改变和塑造一个人。

成材之路，行而不辍

静水流深

颜同学，现就读于清华大学

2020年高考结束后的某一天，我们十分欣喜地收到了来自清华大学的录取通知书，心里顿时感慨万千。十二年寒窗苦读，儿子终于考上了自己心仪的大学。回想一路走来的点点滴滴，愿与所有有期待的孩子家长分享我们亲子教育的心得体会。

主动、用心培养孩子的好习惯

儿子小的时候，由于我和他爸爸工作都比较忙，所以一直在农村和奶奶一起生活，直到上幼儿园才把他接到县城里。那时发现儿子非常胆小，我们才认识到家长陪伴的重要性，并认识到在教育方面需要父母分工明确，明确由谁来引导和培养孩子好的习惯。由于他爸爸工作非常忙，我就承担了这个艰巨的任务。为了改变孩子的性格，我们周末只要有空就带他去公园里游玩，和别的小朋友交流玩耍。渐渐地，孩子就不再胆小了。在这个过程中，我们有意识地教他识字，培养他的兴趣。上小学的时候，他几乎是班里识字最多的孩子。

读一年级时，学校要求家长先给孩子解读作业，然后孩子再写作业。为了培养孩子独立完成作业的能力，我就做孩子的思想工作，劝他自己试着读读作业要求。我告诉他，作业上所有的字他都认识，虽然不知其意，但只要多读两遍就会理解，而且以后写作业都要靠自己独立完成。有时候数学作业碰到比较难的题目，儿子就会撒娇，说他的同学都是父母帮他们完成作业的。每当此时，我会要点小心机，假装和他一起做题，但每次都是先等他想出来，我才会说我也想出来了。经过几次磨合较量，儿子觉得我这个老妈一点也靠不住，也就不再问我了。慢慢地，孩子也养成了独立思考、坚持不懈的好习惯。

记得有一次孩子把一道数学竞赛题拿出来问我和他爸爸，我俩面面相觑，都不会做，他却没有放弃。第二天放学回家，他开心地告诉我，他今天用一天的课余时间把这道题解出来了。

我们家提倡民主自由，家长尊重孩子，信任孩子，只要他说课文会背或作业完成了，我就给他签上名字。

为孩子的兴趣方向掌舵

有一段时间，我们发现孩子喜欢上了游戏。为了不激起他的逆反心理，我们没有马上制止，也没有大棒一喝去教训和批评他，而是转移他的爱好和兴趣。我经常在他面前说："你天天玩植物大战僵尸，很无聊，还不如看看电视节目。"

为了转移他的兴趣，我经常带孩子看中央电视台的纪录片，以及《科学探索》《地理科学》和《百家讲坛》等节目，探讨其中的内容，不懂的时候，还带着孩子查找书籍。后来发现儿子慢慢喜欢上了阅读，喜欢从书中汲取各种营养。

他看的书种类很多，只要是他想看的，我们都买给他，满足他。大量的阅读使他有了很多积累，写作文的水平也随之提高，有时作文还被老师选为范文读给同学们听。

借助外力弥补家长的不足

小学四年级的时候，数学老师说孩子有数学方面的兴趣，于是我们在征得孩子同意的情况下，送他去参加数学竞赛培训。因为我们的能力有限，没法满足孩子对知识的渴望和需求，于是我们就借助外部教育资源，就这样一直坚持到初二，为他打下了良好的基础。

英语学习一直是他老爸心头的痛，想当初他老爸就是英语不及格，拖了后腿，以致没考上重点大学。为了不让孩子步他老爸的后尘，我们下决心要把他的英语提上去，在儿子四年级的时候，给他报了英语培训班。一路走来，儿子的学习态度都非常认真，每次上英语课，他都会自己先预习一遍，争取到老师那儿一次就通过。这样，由最初的低级班很快就升到了高级班，英语成绩突飞猛进。作为家长，我们很幸运没有被自己的惰性打败，和孩子一起风里来、雨里去地坚持下来，让孩子收获满满。

学玩结合，让学习更有效率

“读万卷书不如行万里路”，这是儿子的口头禅。于是我们约法三章，只要到寒暑假，我们都会带孩子与小伙伴们结伴旅行，领略祖国的大好河山。在旅行中，孩子学会了待人处事，互相谦让，尊重别人，善待生命，也学会了为自由出行做攻略，生活自理能力也大大提高。

李大钊先生曾说过：“要学就学个踏实，要玩就玩个痛快。”爱玩儿是孩子的天性，我们鼓励他只要早早完成作业，就可以和小区的小伙伴们尽情地玩耍，这样就养成了他做作业高效率的好习惯，而且从不拖沓。

他也是一个非常自律的孩子，通常玩一个小时就回家看各类课外书，晚上准时熄灯睡觉。早睡早起，能让他每天都以饱满的精神状态去上课，上课注意力非常集中，能把老师讲的内容及时消化掉。就这样，儿子的小学、初中阶段在轻松又愉快的日子里度过了。

学科竞赛与文化课兼顾

中考时他也面临着选择，他想考上省排名数一数二的名校。经过一番努力，他也实现了这个梦想，这些都归功于良好习惯的养成，才能一切都水到渠成。

刚上高中时，孩子对物理比较感兴趣，于是就参加了物理竞赛学习。对于一个初中没有物理竞赛基础的“小白”来说，学习过程是比较痛苦的，但他没有被困难打倒，凭着一股韧劲坚持了下来。最初一点儿都听不懂，孩子就把老师上课的内容全都记下来，回家再自己上网查找资料，消化不懂的内容。他给自己定了一个目标，要在三个月内把高中物理书全部过一遍。梅花香自苦寒来，经过一学期的努力，孩子已经能跟上竞赛老师的节奏。当然这些都是在他没有放弃文化课学习的前提下，利用课余时间，凭借对物理的热爱去学的。

记得有一次期中考试，因为忙于参加学校的辩论赛，没有好好复习，他以为凭着平时的积累就可以应付，结果考砸了。作为家长，我们没有批评他，而是鼓励他，让他自己找原因，他也把这次失利当作警钟一直记在心里。不进则退，后面的文化课他再也没有松懈过。

高中阶段就在物理竞赛和文化课二者兼顾中度过了，这紧张又充实的三年，孩子也收获了丰硕的果实。当然，还要感恩那些为孩子辛苦付出的老师们，没有他们的无私奉献，也没有儿子的今天。

总结与孩子一起相伴走过的路，我觉得作为家长，让孩子从小养成好习惯很重要。好习惯养成了，后面管教就会越来越轻松。

快乐学习，全面发展，幸福生活

蒋蕊

小豆儿，高中毕业于中国人民大学附属中学

现就读于清华大学探微书院，攻读化学生物理学和工学双学位

豆儿爱好广泛，喜爱游泳、滑雪、骑马、乒乓球等运动，体育成绩优秀。思维敏捷，热爱辩论，曾获“亚洲杯”辩论赛冠军、“联合会杯”辩论赛团体冠军，并在多个辩论赛事中获得单场最佳辩手。

豆儿没有参加过竞赛类学习，有同龄孩子面临的大部分问题，比如贪玩儿、学习不上心、沉迷手机，学习成绩也是跌宕起伏，“惊心动魄”。我从不认可“输在起跑线”这句话，我认为人生处处都是起跑线，只要有能力，肯努力，随时可以赶超。

如何培养孩子拥有一个强大的内心、高尚的灵魂、高贵的品质、良好的修养、足够的能力，是家长应该思考的事情，会学习只是其中的能力之一。

早教寓学于乐，潜移默化

豆儿的幼儿园上得断断续续，五岁半退园在家玩了一年多。我当时很推崇《窗边的小豆豆》这本书，觉得应该尊重孩子的天性，让孩子充分地玩儿，培养兴趣，寓学于乐。

豆儿的童年是在操场上快乐地度过的，每天跟小朋友滑滑梯、荡秋千、拍皮球。通过运动，既锻炼了协调性，也促进了身体和大脑的发育。

我给豆儿买了拼图，她很喜欢。从开始十几块的平面拼图，到几百块的复杂拼图，再到后来的立体拼图，她能用磁条拼出球、船、城堡等模型，拼图对于开发智力以及空间感知能力的培养大有助益。

从豆儿一岁起，每天睡觉前我都会抱着豆儿，看着画本给她讲故事，有时一个故事会连讲一周。再后来，听完故事，我便让她讲给我听。她虽然不认识字，但看着画面，能讲得几乎一字不差。时间久了，便在不知不觉中培养了她的语言表达能力和识字能力。

学龄前的孩子记忆力奇佳。每天家里都播放《三字经》《弟子规》《唐诗三百首》等启蒙读物，虽然她对古诗文一窍不通，但晚上我跟她一起玩古诗接龙游戏时，却惊奇地发现她背起来毫不费力。只要多听几遍，她就能熟练地背下来。

豆儿四岁开始上美术课，并且一直坚持到初中。通过绘画，她树立起了审美观念。虽然没有系统的早教，但豆儿的语言表达能力明显优于同龄的孩子。三岁时，她就会自己造句子："踢踢踢，踢得大门开开开！"

小学培养习惯，全面发展

豆儿上学第一天，我问她学了什么，她一个字也答不上来。让她去写作业，回到房间半个小时却一个字都没写，我一气之下没收了全部玩具。又过了半个小时，来到房间，发现豆儿在玩橡皮，在纸上画画、擦掉，再画画、再擦掉，我没收了橡皮。再进房间，豆儿在玩尺子。我没收了尺子，她又开始玩铅笔。没有办法，我只能坐在她边上，看着她写作业！

盯了两个多月，她才终于知道主动做作业了，我便也放了手。小学低年级，一定要盯着孩子回家先写作业，然后再做其他事，帮助孩子养成自觉、专心写作业的习惯。

四年级时，我发现豆儿的作业越写越慢。我问她为什么，她说："反正作业也写不完，还不如先玩儿呢。你回家后我再写作业，写不完你也不会布置新的奥数作业了。"我这才意识到自己的问题：只想着奥数课外班加码，让她追赶，却忘记了孩子爱玩儿的天性。于是我改变策略，只要完成了学校的作业，就可以出去玩儿。从此之后，豆儿写作业的速度明显加快了。

刚学习奥数时，我对她的表现不停地夸赞："这道题好难哦，豆儿真厉害，爸爸估计都不会！"果真爸爸不会做（假装不会做），于是豆儿很开心地继续做题。"这道题妈妈看都看不懂，豆儿给妈妈讲讲呗。"豆儿很喜欢当老师这个游戏。通过给妈妈讲解奥数题，她自己梳理了一遍思路，这类题目就全会了。

通过学习奥数，豆儿形成了良好的学习方法：预习—上课认真听讲—回家复习—将课上听老师讲才做出来的例题再做一遍（还是不会，再问学校老师）—写作业—改错。按这个流程，一堂课的内容，孩子大部分能自己消化、吸收和理解。同样，这种学习方法也是后来学好中学数理化科目的保证。

豆儿小学阶段的每个假期都是在不同地方度过的，从海岛到高原，从热带到北极圈，我信奉“读万卷书不如行万里路”。外出旅行中，每天晚上，我们都会留些时间拟定第二天的行程，交流当天的见闻，并写到日记里。通过旅游，她结交了不同地方、不同国家的小朋友，谈吐愈加落落大方。通过体验不同的风土人情，参观人文历史景观，让她增长了见识，开阔了眼界。在自助游过程中，通过应对各种突发情况，培养了自理、自立能力。同时，她还写出了一些不错的文章，为日后的写作和提升思辨能力打下了坚实的基础。

豆儿的课外兴趣班多且杂，书法、美术、乒乓球、骑马、滑雪、街舞，她全部都坚持了下来。体育类的课外班对她来说就是玩，她都特别喜欢。她还参加过一些书法和美术比赛，取得了一些不错的成绩和奖项，这点燃了她持之以恒的兴趣与信念。学了两年奥数，小学五年级时，豆儿被点招进了北京最好的中学。六年级没有提前学习初中的课程，而是愉快地玩了一年。

初中制订目标，严格执行

豆儿初一、初二学习成绩中等，学校的各种活动她全部参加，当然是玩得比较开心。初二暑假她突然发愤学习，每天制订详细的学习计划并且严格对照执行。从初二下学期期末到初三开学考试的短短两个月内，豆儿的成绩从年级第二百名跃升至年级前十名。在同学们惊羡的目光中，豆儿后期顶住所有考试的压力，成绩稳居前列，并作为毕业生代表，在初中毕业典礼上发言。

她自己总结成绩飞速提升的经验如下。

第一，确定目标，内驱力至关重要。

豆儿说她原来没觉得学习好有多重要，上不同大学以后有什么区别。初二时，她跟好友深入地聊过一次，好友说：上一个好的大学是为了进入一个更高的平台，以后可以有更多选择的自由，可以结识更多优秀的人。她觉得这个话有道理，也想与学习优秀的好友在清华大学做同学，于是开始发愤学习。

第二，跟紧学校老师的节奏，不依赖课外班。

豆儿的初中老师不赞成上课外班，说孩子快速学了一遍后，上课时就容易不用心听讲，课外班学习的基础并不扎实，不如不学。这一点在豆儿这里得到了验证。豆儿只有英语一直在上课外班，而英语成绩是她所有科目中最差的。她自己总结说：反正有课外班，为什么还要自己学？英语不背单词，不背课文，不做作业，课内知识又觉得简单，所以不认真听讲。

其他课因为没有上课外班，只好自己学，跟紧学校老师的进度，认真完成作业。豆儿喜欢几乎所有的老师，下课经常黏着老师问问题，没事儿放学后也去不同的老师办公室混着。

虽然没上课外班，但豆儿自己解决了所有错题，又按照老师的建议，针对薄弱科目买了习题集自己挑着做，举一反三，基础反而打得很牢固。

第三，严格执行学习计划，实现逆袭。

初二暑假时，豆儿每晚睡前都会制订第二天的学习计划，时间精确到每个小时。我问："每天你都是做那几门课的作业，有啥必要每天做计划啊？"她说："每天学习的内容不同，有的作业今天做不完，第二天就要多一点时间，把今天的补完。比如学习数学的时间调整到 8:00—9:30，学习语文的时间就短了，所以需要每天调整，制订第二天能够完成的计划。"虽然每天每门课完成的时间有限，但一个假期严格按照计划执行，作业数量和质量都很可观，豆儿利用暑假实现了"逆袭"。

高中戒掉手机，成绩突进

上高中后，我完全放手，学习的事情上没再管过她。我经常出差和加班，假期时，豆儿曾自己在家待过二十几天。由于缺乏关注和疏忽大意，不知道她什么时候迷上了网络小说，平时手机不离手。高三寒假才发现学校许多作业她都没做，假期作业更是基本没写，成绩也从高一的年级前 50 名下滑到高三上学期的年级 350 名。

疫情期间在家上网课，这为她无节制地使用手机提供了便利条件，母女二人为此争吵不断。孩子大了，强制没用，说多了还会产生逆反心理，我为此费尽了心力。

帮助孩子戒掉手机，实现成绩飞跃的方法如下。

一、谈话。请老师、亲戚、同学跟她谈，好钢用到刀刃上。劝说她提高学习的自主动力，从主观上减轻手机的依赖性。

二、找同学一起学习。有同学做伴，大家共同学习，减少看手机的时间。

三、谈判条件。每天吃饭时可以看一个小时的手机，其他时间手机放在客厅，不生硬施压，帮她逐渐摆脱手机诱惑。

四、及时鼓励。夸奖她自律，能克服手机诱惑；夸奖她聪明，学习有方法。既然初三时成绩能实现飞跃，高中也一样能实现飞跃，增强她学习的信心。

五、做好眼前的事。不要去想结果怎么样，只想如何把不懂的问题搞懂，把没记住的知识点记住，把该看完的内容看完，目标清晰。制订计划并严格执行，看手机的时间得以有效压缩。

六、以身作则。跟孩子一起努力，每天工作之余，帮助她整理错题，将三年积累的每科错题拍摄下来并打印成册。连续三周我都为此忙碌到晚上 11 点。有时豆儿推门进来，看见我在帮她工作，也便回房继续学习去了。

七、有效分配精力。举一反三，文理相间，思背相融。集中时间做错题，通过刷错题寻找自己的知识薄弱点。

最终豆儿克服了手机的诱惑，利用五个月的时间，实现了成绩的快速提升，圆梦清华。

期盼人生旅途，生活美好

往事如昨，温馨如梦。作为上天赐给我们今生最为珍贵的礼物，豆儿孕育、出生、成长的历程，遥远而清晰，如昨日般历历在目。有时，父母真的不愿孩子长大，想永远把孩子捧在手心里照顾、呵护。但时间最是无情，孩子羽翼渐丰，终将长大成人。他们像展翅的雄鹰，飞向广袤无际的天空，不论是一碧千里，还是彤云密布，他们终将独自面对，这是无法改变的现实。

女儿，未来的生活并不都是风和日丽，一路鲜花，也会风雨交加，荆棘遍地，甚至后者才是生活的常态。面对这些，一定要有足够的心理准备，同时还要积累知识与修养，有足够的能力储备，才能够举重若轻，化解一切艰难困苦。

在此，我想告诉你：

首先，要有自己的事业。不论大小，你要有自己的工作，自己的事业，要自食其力，做一个自立、自强的人。

其次，要有一颗包容、善良的心。海纳百川，有容乃大。要多看别人的优点，爱情和友情都不可或缺，得到与付出都是幸福。

第三，要有一个强健的体魄。身体健康才能去享受生活。坚持运动可以增强体魄，可以愉悦身心，也可以锻炼自己的意志，让你精力充沛地迎接工作、生活中的各种挑战。

第四，要有高尚的追求。与良好的习惯终身相伴，保持一两种爱好，比如阅读、美术、旅游，时时更新自己，时时发现新的世界。

第五，要有良好的心态。不要遇难而退，“为之，则难者亦易矣”，回顾人生，最值得回忆的东西一定是与困难抗争、挑战并突破自我的那些时光。要勇敢坚强，同时不要给自己过多的压力，凡事都要努力拼搏，然后坦然接受一切结果。生活中不如意事十之八九，要常思一二，以平常心对待。最重要的一点是，不要与别人攀比，每个人追求的目标不尽相同，要知足常乐。

最后，学会精致地生活，希望你能把自己塑造成一个灵魂高贵、气质优雅、宽容随和、温婉美丽的女人。轰轰烈烈的学业和事业只是人生中很小的一部分，生活其实是由点点滴滴的琐事组成的，由点点滴滴的美好串成的，洗衣做饭打扫房间，都会带来愉悦感和满足感；衣着整洁，把自己打扮得漂亮大方，自己快乐也会让别人赏心悦目；有一个整洁的房间，把杂乱无章变得干净有序，自己看着舒服的同时也会有成就感；做一顿可口的饭菜，养好自己身体的同时，看着家人和朋友品尝更是一种幸福。认真对待生活中的每一件小事，从平凡的生活中感受快乐。

人生是一次次跋山涉水、探索异境风光的奇妙旅程，我坚信你以后会拥有美好的生活，会一生健康、快乐、幸福，而这，也是我对你的期望。

演员·粉丝·投资者——一直在路上

荷

唐同学，高中毕业于长沙市某中学
现就读于清华大学

在陪伴孩子成长的路上，我没有什么高深的理论，也谈不上什么经验，这里写下的都是我陪伴儿子成长路上最真实的感受，希望能给大家一点启发，带来一点收获。

当一个家长，要扮好几个角色。

当最好的演员

作为家长，你希望孩子做到什么，你就要示范给他看。比如你不希望孩子玩手机，你就不要当着孩子的面时时刻刻捧着手机不松手；你希望孩子爱上阅读，你就要在孩子面前装模作样地拿着一本书看，哪怕你把手机夹在书中；你希望孩子谦逊有礼，你自己就不能动不动生气、抱怨。只要你演得好，不让孩子发现破绽，你就成功了。

2013年11月6日，我发了一个朋友圈信息。儿子在做奥数题时，有两道题目不会做，天色已晚，我说："你先睡，妈妈来帮你做。"然后我发了一个朋友圈，大概意思是奋战半个小时，终于攻克两道难题。儿子第二天早上起来，深受感动。实际上这两道题目真的是我花了半个小时做的吗？不是，是我在网上搜的。但是我不能让儿子知道我在网上搜答案，所以我要演戏。

有的家长因为工作或者特殊原因，没时间陪孩子，那么你可以发挥你的演员天赋。当你好不容易有一次机会陪孩子的时候，你可以设一个闹铃，当闹铃一响，你假装接起电话说遇到了一个很紧急的事情，需要你亲自处理。这时你再郑重其事地说："不行，我今天答应了陪崽崽，今天谁都不要打扰我，什么事也没有我陪崽崽重要。"你说的那么大声，孩子听到后会怎么想，他会不会觉得很开心呢？也许你陪他的时间和次数很少，但是你偶尔来这么一出，他是不是很受感动，以后会更体谅你呢？

也就是说，家长在孩子面前必须得当最好的演员，学会演戏，你就会慢慢发现你的教育水平越来越高。

当最忠实的粉丝

作为家长，不要羡慕别人家的孩子，因为别人家的孩子再优秀，也跟你没有半点关系。打好自己的牌，管好自己的孩子，这才是最重要的。我们始终要相信，优秀也好，平凡也罢，自己的孩子最好。

我们身边有些家长，有一个很怪异的现象：他用放大镜去看自己孩子的缺点，或者不由自主地夸大自己孩子的短处，却经常忽视甚至无视自己孩子的优点或者长处。

也许有些家长认为，要是夸自己的孩子，是不是太骄傲了？其实这完全是错误的，孩子对父母的鼓励和赞美是非常在乎的。比方说家里来了客人，客人说："哎呀，你崽崽好有礼貌啊，好乖啊！"有的大人就会回应："哎呀，礼貌是有，就是学习成绩不好。"你这种自认为谦虚的话，其实是给孩子的心灵造成了一种伤害，打击了他的自尊心。

此时应该怎么做呢？家里越是有客人来，越是有外人在，你越要夸自己的孩子怎么怎么好，哪里哪里好。夸的声音越大越有效，要让孩子听到。当他听见你的赞美后，就会更有动力，信心也会随之倍增，他会不由自主地想做你口中的那个孩子。

你说他爱看书，他肯定愿意在客人面前表现，就会主动去看书。夸多了，他自然成了一个爱看书的孩子。孩子觉得你夸奖了他，他就想成为这样的人，久而久之一个好习惯就养成了。所以每个父母要争当孩子的头号粉丝，用欣赏的眼光看待他，真诚地赞美他，虚心地向他请教。

做孩子的粉丝时，还有一点要特别注意：就是当孩子跟别人发生争执，被老师批评，尤其是他觉得自己委屈的时候，你不能一概而论地说，"哎呀，你肯定是错的啊""肯定是你不对""这样是肯定不行的"，长此以往，孩子就不再信任你，他会向你关闭他的心门。当他认为向你诉说无济于事，就不愿意再跟你多讲，孩子也就这样被你从身边推走了，两个人愈行愈远。

所以不管孩子遇到什么事，我们都不要急于去评判，急于去下结论，而是先学会倾听，让他说出他的想法，你再说出你的看法，然后两个人一起心平气和地去寻求一种最好的解决方法。如此，孩子才会愿意跟你沟通，才会相信你。在他失败或者无助的时候，他第一个想到的就是你。这样，无形之中，你就掌握了孩子成长路上的一切动态。在最关键的时刻，你们一起做选择、做决定，孩子也会少走很多弯路、错路。有父母做孩子的坚强后盾，孩子会更阳光、更自信、更乐于表现自己，敢于面对外面的风风雨雨。

记得儿子初三的时候，他跟我说："妈妈，我喜欢上了我们班的一个女同学。"这时可能很多家长会说："哎呀，你千万不能早恋啊，现在是学习的关键时刻！"

我是怎么说的呢？我说："崽崽，妈妈听到你说这个话特别的开心。"他还以为我说反话。我又接着说："因为从小到大，你都没有跟我说过你喜欢哪个女孩子，我一直都有点儿担心你在感情方面有什么障碍，现在我终于知道啦，你可以正常地喜欢别人，妈妈真的特别高兴。"他当时也特别高兴，后来又告诉我很多关于那个女孩子的事情。我用一种不露痕迹的方法去引导他，让他顺利度过了初三这个敏感期。

当最无私的投资者

把钱和时间花在教育上，是最好的投资。不要吝啬你的时间。孩子的成长不是一朝一夕之事，家长陪伴孩子的过程也是漫长的。不要三分钟热度，想起一出是一出。不要说自己忙、没时间，时间就像海绵里的水，挤一挤总会有的。

2014年，我把儿子送到长沙读书，每个星期往返老家和长沙，一年下来花费甚多。有人说，你花那么多钱，吃那么多苦，到时候考一个普通大学，那不是划不来吗？还不如买套房子给他。其实，我们辛辛苦苦工作，不就是为了能让家人生活得更好一些吗？我们花钱投资教育，并不是为了让孩子回报我们，也从来没期待过让孩子回报我们，我们的初心只是单纯地希望孩子能够过得幸福快乐。

我是70年代出生的，记得小时候，万元户是很了不起的，算是好大一笔财富。可是现在看来，一万元又算得了什么呢？也许，你觉得给孩子留很多钱，留几套房子，留几个门面，就可以高枕无忧了。但现代社会瞬息万变，充满着不确定性，比方说金融危机、战争、疾病、通货膨胀、自然灾害等，世界首富都有可能破产，更何况是我们。如果我们在教育方面不舍得花钱，斤斤计较，想让孩子比我们更优秀、更成功，绝不可能。

如果孩子没有接受良好的教育，很有可能成为一个一事无成的人；假如孩子不懂事，交友不慎，染指赌博，再大的家业也禁不起折腾。授人以鱼不如授人以渔，只有培养孩子赚钱的本领，培养他们良好的品性和素养，走到哪里都不怕，什么时候都不怕。

所以我们投资孩子教育，千万不要去算细账，说什么划不划得来、值不值得、有哪些回报这样的话，只要你有这个能力，只管大胆地去投资。如果没有能力，就要创造条件去投资孩子的教育。毋庸置疑，教育肯定是回报率最大的一种投资。

做最合理的规划师

父母之爱子，则为之计深远。作为家长，我们都望子成龙。《礼记·中庸》有云："凡事预则立，不预则废"。有好规划才有好未来，当然这个规划并不是无原则的溺爱，事事包办，而是要教给他们本领，帮助他们做长远打算。

那么，家长如何帮助孩子做生涯规划呢？

正确的自我认知：帮助孩子了解他的性格、兴趣、能力以及价值观，让孩子对自己有一个全面、客观的认识。性格是我们每个人的稳压器，我们天生的性格决定我们适合做什么；兴趣是发动机，俗话说兴趣是最好的老师，选择自己喜欢做的事情，会获得最大的原动力；能力是燃料，意味着自己擅长做什么；最后，价值观是人生的方向盘，也就是我们最看重的事物。将这四个层面梳理清楚之后。我们就会对孩子有一个全面、清晰的了解和认知，为接下来的生涯规划打好基础。

比如，有的孩子不喜欢钢琴，喜欢画画，家长在不了解孩子兴趣的情况下自作主张买回一架钢琴，正所谓"钱也花了，戏不好看"，不但浪费，孩子也提不起兴致，事倍功半。

看到作家游宇明写的一篇文章《只能陪你走一程 》，对文中内容深有感触，这里引用其中的一段话结束今天的分享。

> 你爱自己的父母，希望他们长命百岁，但你再孝顺他们，他们也会走在你的前面，你只能陪父母一程；你喜欢自己的儿女，时刻梦想用自己的身躯为他们遮风挡雨，然而，你再高大，总有一天，你也要走在他们前面，你只能陪儿女一程。
>
> 是呀，因为只能陪一程，所以，一切都那么珍贵，都那么值得珍惜。珍惜孩子在我们身边的每一天，珍惜孩子的每一个微笑，每一声哭泣，每一次犯错，每一声呼唤，珍惜他们现在对我们的依赖和需要，珍惜他们在我们身边点点滴滴吧，不让我们的人生留下遗憾。

风轻云淡，一路同行

邵亚芹

尹同学，高中毕业于赤峰市敖汉旗新惠中学
2020 年考入清华大学临床医学专业（协和）

我们一家生活在内蒙古的一个小县城——敖汉旗。2020 年，孩子考入了他从小梦寐以求的清华大学。高考分数下来，我们一家都很平静，没有特别的激动。现在想想，家长平淡的心态，也许是影响他的原因之一吧！我们是普通的工薪家庭，在学习方面几乎没给过孩子什么，能给予孩子的，就是宽松的学习环境和家长对他的鼓励和引导。

孩子经验分享

第一，养成良好的学习习惯。

良好的学习习惯，是他成绩一直名列前茅的主要原因。儿子从小就非常自律，主动学习，学习专注，自己支配时间。从小学到高中，他的上课状态一直是老师教育其他学生的典范。初中老师曾这样说过：一节课 45 分钟，别人可能只有 30 分钟在状态中，而他全程都在认真听。

从一年级开始，中午放学后，儿子手里都会拿着课本和作业本，到家第一件事就是写作业。他说每堂课后都会猜到当天老师要留的课后作业，所以在中午必把上午的课后作业（猜的）完成，下午放学再利用很短的时间把剩余的作业完成，然后就可以和小伙伴们出去玩了。我下班晚，小学时晚上几乎没见他学习过。

寒暑假更是如此。假期作业一般在放假前一周下发，他在刚放假两三天内就完成了，所以整个假期的时间几乎全由他自己支配。

小学时，老师让家长检查的家庭作业我会按要求检查。初中到高中，他在家学习时，我从不去打扰，全部由他自己负责。

我们这个小县城没有什么“高大上”的培训班，大都是辅导孩子作业的补课班。

儿子也没上过补课班。我从小就教育孩子：没必要上补课班，校外再好的老师，都不如自己的老师教得好，有什么不会的可以在课上课下问老师，没必要花冤枉钱浪费那个时间。他还真奉行了我的理念，把不会的知识点全都在学校消化了。他经常会和我聊课后排队问了老师哪些问题，老师也非常欣赏他这种学习态度。

第二，凡事有计划，学习效率高。

凡事有计划，有适合自己的学习方法，学习效率高，是他成绩好的最重要原因。

高考结束后和儿子聊天，我问：开家长会时，老师要求晚自习回到家后至少要再刷一套题，你回来也不学习，为什么成绩一直很好？他说平时的学习技巧就是课前预习、课堂消化。课间十分钟里，前三分钟巩固课堂上老师要求掌握的知识点，两分钟准备下一科的学习资料，后五分钟出去放松。晚自习学习效率高，他一般会刷一两套题。我们旗高中考出的清北学生没有竞赛生，全是裸分，老师的经验就是多刷题来提分，要求孩子尽量接触到所有的题型。

儿子说他在校时已经把时间安排得满满的，有张有弛，到家就该放松，所以晚自习后的大多数时间，他都是玩手机、打游戏、看小说、看直播、浏览新闻等。儿子是个“吃货”，直播刚兴起的时候，他对“吃播”非常感兴趣，看到好吃的还要和我分享。高三下学期我对他玩手机很反感，曾有一段时间把手机交由班主任保管，但回家后我的手机就会被他霸占，一点没耽误他玩儿。孩子说这是他放松的一种方式，现在想想应该也对，在校学习一整天，回家没有别的解压方式，也只有手机了。

高考题型、范围和解题步骤的得分要点他全部掌握。他说每做一套题，每考试一次，都会和正确答案进行对照，哪步多余，哪步应该得分，他都弄得明明白白。高中三年，他积累了非常正确的解题思路，高考数理化试题在步骤上没有丢分，分数也估得非常准，和实际分数相差无几。

第三，心态平和、放松学习。

心态平和、学习放松是他成绩优秀的法宝。生命中最快乐的是拼搏。儿子心态非常好，他很享受学习的过程和乐趣。每每通过自己的思考得出一种新的解题方法，他都很享受。到高三总复习后，数学老师鼓励学生们自己讲题，课堂时间留给学生。儿子经常会有不同的解题思路分享给同学和老师，他自己从这个过程中得到了自信。信心增强了他的实力，实力使他学起来更加放松。

第四，书写规范。

书写规范，应该也是他高考拿分的优势。儿子的书写特别规范，他的语文和英语高考成绩超出平时，应该和这方面有关。他小学时字体已经很规整，看过他的字的人，都以为他从小练过书法。升入高中后，他又在老师的要求下重新临摹适合电脑阅卷的字体。高考英语考试时，由于时间充裕，他在誊写英语作文时，会用铅笔在卷子上轻轻画上规范的四线三格（写完擦掉）。一手工整的字体，无疑给他高考起到了锦上添花的作用。

第五，目标明确，立志学医。

应该是从儿子有记忆的时候起，他奶奶就一直在和病魔做斗争。奶奶患有丙肝，每个季度都要去北京住院一次，一年四次，有时过年也会在医院度过。从我们小县城到京城治病，治病的过程可谓五味杂陈，无奈、辛苦、心酸、失落、失望等多种滋味，让奶奶情绪非常低落。长年求医问药之路的艰辛，儿子从懂事时就看在眼里，疼在心里。每一次爷爷奶奶大包小包背着东西从家里出发时，儿子满眼都是泪水，拽着奶奶的衣角不愿放手，儿子的学医梦就是从那时开始的。

他很小的时候就写过一篇作文——《长大后，我要当医生》，那篇作文我们全家看后都感动地哭了。高一暑假，我们专门来到北京大学医学部感受了一下医学部的氛围。更为有缘的是，我们同时预约参观清华大学和北京大学校园，但只有参观清华大学校园的预约获得成功，现在想想也许是天意吧。2020年爆发的新冠疫情，更加坚定了儿子的学医路。

高考分数下来，清华大学招生老师和我们沟通时，儿子非常坚决地选择了清华大学临床专业（协和），而且志愿栏就填了这一个志愿。

家长经验分享

一、遵从孩子的意愿。孩子不愿意干的事从不勉强，当然，必须由他完成的任务或者该他这个年龄段干的事，我们也会加以引导，让他接受并愿意去干。

二、鼓励孩子上网。我们小地方的大部分家长和老师，都会谈电脑和手机“色变”，因为身边好多孩子从小就爱去网吧，沉迷于网络游戏。我在这方面和别人不同，孩子四岁时，我就给他配了电脑并开通了网络。我认为孩子是因为好奇，所以才会沉迷于网络。

我让他从小上网的目的，一是满足他的好奇心，让他不要对网吧游戏有什么期待。二是网络也是一种学习工具和手段，通过网络能学到家长给不到孩子的知识和信息。我要求孩子上学时间不许动电脑，周五做完作业后可以玩儿，周六日可以尽兴玩儿。我对自己孩子的性格很了解，他很自律，什么事该干什么事不该干，他心里有数，所以一点也不担心他沉迷网络和虚拟世界。

三、保证充足的睡眠时间。我一直奉行休息好才能学习好的理念。休息好了，白天才有充沛的精力听课。他晚上从不熬夜，初中时大多晚上 9 点睡觉，高中时 11 点睡觉，正常午休。充足的睡眠时间保证了他的学习效率，他从没在课堂上打过瞌睡，所以能做到课堂上老师讲的内容全部在课堂上消化，不会错过老师讲的每一个知识点。实际上，没有什么比听老师课堂上讲的内容更重要、更全面的了。

四、建立良好的亲子关系。和孩子沟通聊天，是解决和释放孩子压力最有效的方法。下晚自习的路上，我会倾听他在学校一天的生活和学习情况。他经常给我讲一些他经过好长时间才解出来的题，尽管他讲的内容我大多听不懂，但我还是耐心地听着，还时不时插上一句不着边际的解题方法和建议。儿子高中时早恋过，分手后，他也会和我分享他恋爱时的小故事。对他倾注了感情的回忆，我不忍心去破坏，他在回忆，我在倾听。

高中三年晚自习回家的路上，我和儿子大都是这样过来的。三年里风雨无阻，晚上九点半我准时在校门口等候。我非常愿意当他的听众，我俩也都很享受这样的过程和时光。

五、当然，我也有烦恼和焦虑的时候。儿子是个喜欢接受新鲜事物的孩子，高三总复习，反复做题让他腻烦起来，于是有点叛逆。疫情期间这种情况更为严重。那段时间老师很辛苦地网络授课，他的表现极其不佳，完全不像他这样的孩子应有的表现。网课不及时上，老师留的作业不做，我居家办公，目睹了他整个学习状态。

叛逆期的孩子大部分是不听家长话的，所以我求助于老师，让老师私下和他沟通交流，和班主任老师联合起来对付他。我提了一个方案，让班主任要求他每晚刷一套题，然后我把他做好的题发给班主任检查。坚持了几天后，他又开始耍小聪明，他把以前做过的题拿来让我发给班主任。我发现后也没点破，既然不愿意干，就不再强求他了。那段时间真的很煎熬，好在复课后他又回到了正常状态。

相信有一部分家长会有我这种感觉，在这里我想告诉大家：孩子真的需要引导，强迫是没有用的，一定要相信孩子。成绩好的孩子会管理自己的时间，会自己平衡学习和放松时间。不要认为埋头苦学才是孩子正常的状态，平时不看分数只看排名即可。正常情况下，平时的排名就是高考时的排名。

在培养孩子上，我不是一个精心的母亲。我曾在儿子最后一次模拟考试前睡过了头，导致他错过了数学考试，这件事我自责至今。儿子好的学习习惯得益于当过小学教师的奶奶，学习过程归功于他的老师们。记得高中第一次开家长会，老师们表态说：家长们只管做好后勤工作，学习就由我们来负责。

这里我要特别感谢儿子就读的敖汉旗旗直幼儿园、新惠第二小学、新惠三中、新惠中学，更要感谢孩子的每一位老师。老师们的精心培养成就了今天的他，同时也希望儿子不忘初心，在学医路上一直前行！

人生至要，莫若教子

刘光兵

DD 同学，高中就读于湖南师范大学附属中学理科实验班
2020 年通过强基计划被清华大学致理书院录取

DD 同学，从小热爱数学，“小升初”考入湖南师大附中博才实验中学，直升湖南师大附中高中理科实验班，高一获得清华大学自主招生最优惠签约，在全国高中数学联合竞赛中共获得一次省二等奖、两次省一等奖，第 35 届全国中学生数学冬令营获得银牌。

我是 DD 同学的父亲，金融科技工作者。我们来自湖南的一个小城市，儿子 DD 的出生给我们的家庭带来了欢乐，也带来了新的希望。十八年来，我们一边学习如何做好家长，一边关注儿子的成长。在儿子的成长过程中，我们因材施教，引导他树立远大的理想，不惧怕困难，勇攀科学高峰，最终高考进入了理想的大学。

优生优育，抓住幼儿生长发育黄金期

生孩子之前，我爱人每个周末都要坐车去长沙，我们担心这样对胎儿发育不利，所以在婚后三年生活安定以后，才生下儿子 DD。在这三年期间，我阅读了大量的育儿科普资料，为当一名合格的“奶爸”做了万全准备。

为了让 DD 有一个健康的身体和聪明的大脑，DD 六岁前的食谱都是我按照科学标准亲自调配的。当他还是个婴儿时，我们便意识到早教的重要性，开始与儿子进行频繁的互动交流，想方设法弄点花样吸引他的注意力，还会做一些捉迷藏的亲子游戏，训练他的观察能力。当他哭闹的时候，我就抱着他合着舞曲跳动，这样既能安抚他的情绪，也能训练他的乐感。在家空闲时，我总会字正腔圆地教他几个简单的词汇。就是这么神奇！ DD 大约满七个月的时候就牙牙学语，叫了一声“妈”。满十一个月的时候，他已经能与我们进行简单的对话了。尤其是他的听力特别敏锐，对语言的理解能力也很强。

从那以后，我们的沟通越来越顺畅，什么事情都可以达成共识。儿子从不大哭大闹，邻居们见到这个小精灵都爱逗他。我喜欢抱着DD每天看挂图上的汉字，并且绘声绘色地向他讲解，这样坚持了两三年，逐渐培养了DD学习汉字的乐趣和习惯。DD在语言方面表现出一定的天赋，动画片中的汉字基本都认识，街边的招牌他也爱念一念，给我们夫妻带来了惊喜！

对儿子语言方面表现出的专长，我们有意加以引导。依稀记得，我常常在睡前教他诵读古诗，并引导他想象诗歌描写的画面，感受诗人抒发的感情。虽然他似懂非懂，但是在潜移默化之中，增强了他的语感和记忆力，增加了文化底蕴和知识量，效果非常好！小学生必背的那72首古诗，他就是在七岁前背熟的。

素质教育，是义务教育阶段的必修课

高考录取看重分数，工作中更看重综合素质，所以二者我们都得兼顾。

儿子小学阶段参加过播音主持、篮球、乒乓球、拉丁舞、书法、象棋等课外才艺培训，主要是培养他的业余爱好。

在文化教育方面，我们更是未雨绸缪，尽量以先进的教育资源满足他。虽然我们生活在小城市，但是在孩子的文化教育方面，我们决定向长沙看齐。对DD的语文、数学、外语，我们抓得很细很紧，也让DD早早地接触了古诗词、外教口语、奥数。小学每期的期末考试前，我们通常会拿一套长沙名校的考卷来测试他，在开拓他思维的同时，我们也了解了他的差距和问题所在。我深知数学的重要性，就精选了几本小学、初中奥数书籍给他看，我自己也看。六年级时，奥数已经是他的长项。一套小升初《知识大集结》，为他的语文和英语学习打下了坚实的基础。从他后期的表现来看，DD对小学的基础知识掌握得相当扎实。在长沙多所名校组织的招生联考中，儿子考过总分第一，也考过数学满分。

因为小学阶段打下了扎实的基础，培养了良好的学习习惯，所以DD初中的学习相对轻松，在长沙市组织的语文、数学、英语、物理、化学和生物竞赛中获得了六个一等奖。在注重孩子成绩的同时，我们也会带孩子进行游学，拓宽视野。初二暑假，我们全家到上海旅游，带他参观了上海科技馆，拜访了一位被评为“国家杰出青年”的科学家叔叔，叔叔的求学和科研经历深深地激励了DD。这次上海之游开阔了他的视野，也在他的心底筑起了一个“清北梦”。

亦父亦友，做一个严爱并重的父亲

作为父母，我们的家风很严，对孩子的品德看得很重，注重防微杜渐，有一点苗头就要教育。有专家说，如果小学阶段不及时加以管教，上了初中以后可能就管不住了。DD 的思维非常活跃，学习成绩也很好，但是非常调皮，总爱耍一些小聪明。所以，《小学生守则》儿子抄写对标过！青少年违法犯罪案例，我没少给他警示教育过！情节严重时，他也被小竹枝惩罚过！

到了中学阶段，随着儿子的心智逐渐成熟，我也从一个严父心甘情愿地转变为他的学友，经常和他探讨学习计划和学习方法。儿子每个学期都有规划，他会交我帮忙审议，我就根据他的情况提一些合理、具体的建议。为了激发 DD 学习的主观能动性，我常常以身作则，父子俩经常比赛做难题。青出于蓝而胜于蓝，比赛大都以我的失败告终。

当然，成长之路并不是一蹴而就的。每当儿子有迷茫的时候，我都会充当一名规划师，为他明确目标，把握方向。在高三参加高中数学联赛三个月前，DD 的状态比较差，当时在竞赛组内成绩并不拔尖，综合科目还落下了许多课程。我们父子俩仔细分析了当时的形势，果断决定退出竞赛组，并制订了一个详细的“逆袭”方案。经过不懈的努力，三个月后的全国高中数学联赛，已经在高考班的业余选手 DD，最终以全省前几名进入湖南数学奥赛省队，也算是成功逆袭。

每当儿子消沉的时候，我都会充当一名心理治疗师，与他谈心，为他加油鼓劲。2019 年 11 月底，DD 从冬令营回来时，一模成绩仅有 480 分，此时离高考只有半年时间了，并且 2020 年 1 月高考政策发生变化，让我们有些措手不及。高校自主招生政策有变，每月的模拟考试成绩又不理想，觉得早早就锁定的清华大学这个目标离我们越来越远，DD 也难免有些焦虑。

为了安抚儿子的情绪，周末一家人在长沙团聚时，我们在湘江边上与 DD 散步谈心，一方面为他加油鼓劲，另一方面积极劝导他放下包袱，轻松上阵，不要患得患失，大不了复读一年。在这种轻松的家庭氛围中，DD 的学习成绩稳步上升，重新找回了自信。

积极参与，做学习上的好助手

从 DD 上小学四年级开始，我就关注一些教育方面的公众号。通过这些平台，我能清楚地了解时下的教育政策，并且知道有哪些好的教育资源。现在，有了国家智慧教育平台，学生上网课更加方便。在之前，我只能买一些视频学习资料存在云盘上，不管儿子身在何处，都可以随时观看。DD 的理解能力强，很适应这种学习模式，老师讲得生动有趣，他学得又快又开心。他花了一年半时间，完成初中数学竞赛课程，并且还高效地学习了学校的其他科目。

在儿子做的学习规划中，我始终强调要科学管理好时间，文理科交叉学习，同时保证充足的睡眠和锻炼身体的时间。针对假期和日常的课外时间安排，DD 都有一个精确到分钟的作息时间表，所以学习虽然紧张，却井然有序，既能高效利用时间，又能全面发展。初三时，我们在校外租了房子，学校晚自习结束后，儿子回家还可以再学两个小时的数学。由于没有大人陪读，我们就安装了一个远程监控装置，用于每天准时提醒孩子起床和睡觉。初三寒假前，DD 以各科总分全校第三名的成绩拿到直升湖南师大附中的指标，同时也学完了高中数学教材，刷完了《高考理数 53》。

引导交友，成长路上不孤单

孩子长大了，就该有他自己的朋友圈子，我鼓励儿子多交良师益友。小学时，我们鼓励他与院子里的同伴玩耍、打球、交流。如今，儿时的同伴都上大学了，放假了也总会小聚几次。初中时，他与全校的尖子生交流学习方法，互相借鉴，共同进步。高中时，他喜欢与本校竞赛组的学长交流，向他们请教。在上海新星培训时，他也不忘结交一些外省的新朋友。现在这些学长、学友很多都是清华北大的学生，DD 和他们建立了深厚的友谊。

儿子在清华大学学习我很放心，也到了放飞的时候。进入大学后，如果没有困难或紧急的事情，我们要求他尽量少与我们联系，半个月交流一下就行了。2021 年寒假期间，他告诉我每天的学习、生活安排得非常紧凑，学习成绩比大一更好了，兼职还能有一点收入，可以不再要我们支付生活费了，我们夫妻听了非常高兴。

父母的陪伴终究是一场渐行渐远的旅程。我们陪伴过，付出过，惊喜过。儿子已经成年了，有一个比较清晰的人生目标，能热爱生活，并积极主动地拥抱生活。相信他能行健致远，做一个对社会有用的人。

磨砺始得玉成

杨宁

杨倏然，高中就读于南京师范大学附属中学
现就读于清华大学行健书院钱学森力学班

我们是江苏南京人，孩子小学、中学分别就读于银城小学和树人中学。2017 年，中考以 661 分被南京师范大学附属中学录取，并通过选拔进入中国科技大学菁英班。高中开始参加竞赛，2018 年获得数学竞赛赛区二等奖、物理竞赛赛区二等奖、生物竞赛省级一等奖、化学竞赛省级二等奖，2019 年获得数学竞赛铜牌、物理竞赛赛区一等奖。2020 年高考以 430 分（南京市第二名）被清华大学行健书院钱学森力学班录取。

激发好奇心和探索欲，让孩子终身受益

我爱人是小学教师，在育儿方面比较有耐心，喜欢谆谆教导她的学生们。儿子出生后，她就特别在意家庭教育，孩子很小的时候，就积极激发他对外面世界的好奇心和对未知事物的兴趣。我们喜欢与孩子进行“为什么”的互动，生活中的林林总总，我们也会抓住时机启发他对未知事物的思考，渐渐地激发了孩子的好奇心和求知欲，他也表现出了很高的学习热情和专注度。

孩子小时候，我们曾抱着他坐过一次长江轮渡，之后有一段时间，他就特别喜欢坐轮渡。那时南京下关码头的轮渡，人、自行车、摩托车都可以上船，我抱着他，他聚精会神地凝视着菜农的筐篓及里面的蔬菜、上下班工人的自行车、挑行李铺盖的扁担、运货的摩托车，眼神中流露出强烈的欢喜，看得不亦乐乎。

记得他两三岁时就爱听新闻联播中的国歌，几分钟的时间里可以做到目不转睛，聚精会神。后来小学时学习钢琴，他在琴凳上一坐就是半天，不停地练习，而且不肯离去，根本不需要家长监督。至于各类作业，更是不用我们烦心，做不完连饭都不肯

吃。转眼已是初中毕业，他对学习的热爱，极高的专注度，对这个世界的好奇和探索，大大提高了学习热情和效率。

对知识的渴望、热爱和极高的学习效率，让他在攻读九年的小学、初中时光里游刃有余，儿子也自然成为“别人家的孩子”。如今想来，自小培养孩子的好奇心以及对知识的渴望和热爱，对孩子的成长特别重要。

在至暗时刻，给予信任和鼓励

在孩子成绩出现波动，受到挫折时，家长更需要坚如磐石般的信念，给予孩子充分的信任和鼓励，共度困难时光。

到了高中，一切都变得不同。曾经优秀的他变得普通甚至落后，这时的他遇到很多的失败和挫折。还记得中考前，儿子有幸参加了南京师范大学附属中学特长生测试，但遗憾落选。南京各高中每年都会拿出一部分名额，以各类特长生的名义在中考前校测选拔，通过测试的学生，中考分数会有相应的优待政策。各地应该皆是如此，作为初中学生家长需要提前了解，早做规划。

凭借着中考的运气，虽然儿子考入了南京比较好的高中——南京师范大学附属中学，但这个过程回想起来也是历经艰辛和坎坷。高中一开始，儿子成绩就落后于班级同学。高一上学期结束，他的成绩直接班级垫底。失败和挫折萦绕在家长心间，但我们仍然做孩子最坚强的后盾，相信他通过努力，一定会到达胜利的彼岸。之后就是逼入绝境后的漫长奋发追赶。高二暑假时，孩子成绩已经有了较大提升，有幸获得了清华大学邀请码，他兴冲冲地去参加暑期综合营。清华大学校园很美，学长志愿者们很热情，食堂伙食很精致，同学们也都很优秀、友善。我的孩子相比优秀的孩子们仍有较大差距，最终败北暑期综合营。

在儿子焦虑的时光里，我们的内心也日夜煎熬，为他难过，为他的前程担忧。即便这样，我们仍然不露出一丁点儿的焦虑，整个家庭氛围温馨平和，让孩子感受到我们相信他的能力，给足孩子勇气和力量。后来孩子又有幸获得学校推荐，参加北京大学数学夏令营，结果仍然落选。再后来申请清北物理营未果，申请工科营未果……

2019 年 11 月，我带儿子去武汉参加数学竞赛国决。九省通衢的武汉风光秀美壮丽，热干面、莲藕汤鲜香可人，然而儿子的成绩却如江水一般奔流直下。考完试后，我们试着与南开大学的老师沟通，希望孩子将来能够到南开大学学习。参加南开大学面测时，第一道数学题就不熟练，以后的题更不顺利，整个测试灰头土脸地结束，儿子大呼：与南开无缘！拿到铜牌后的儿子不甘心，又报名清华大学丘成桐数学班选测。在武汉做完机试综合题，得到了去北京继续选测的机会，但不出意外地折戟于数学专业一试。

尽管历经苦难，但我们越战越勇，越挫越勇。当所有机会用尽，发现离清北愈行愈远时，我们仍然坚定信念，不忘清北目标的初心，决定裸分拼高考。

苦心人，天不负

儿子经历了高中三年的重重打击、挫折而没有丧失勇气和斗志，才是考入清华大学的重要因素，这期间也有家长不离不弃的坚守和支持。高考最终被清华大学录取的光环，让曾经痛彻心扉的失败与挫折，让持续三年的纠结、焦虑、遗憾、教训，都黯然失色。这期间家长与孩子的心路历程终生难忘，如人饮水，冷暖自知。

最后的高考冲刺，全家人心无旁骛，全力以赴地拼高考，孩子成绩稳步提升，屡创新高，最终叩开了清华大学之门，笑看紫荆花开。

培养阅读与写作习惯

孩子成功逆袭，最终考进清华大学，还要归功于他自小养成的爱好阅读和写作的习惯。在繁忙的学业中，儿子仍然坚持仔细地读每一本书，认真地写每一篇文章。

2020 年以前，江苏的高考政策是仅语文、数学、外语三门计分，总分是 480 分。语文满分 150 分，其中阅读理解和作文是大项。儿子语文成绩非常突出，为进入清华大学贡献了十分重要的分数。建议家长朋友们一定要注重孩子的阅读和写作习惯与能力的培养。

不畏浮云遮望眼，乱云飞渡仍从容

儿子如今圆梦清华，人生路途仍然遥远。经过挫折磨砺的儿子，我们相信他拥有屡败屡战的勇气，因为百折不挠的坚韧品格已经养成。“真的猛士，敢于直面惨淡的人生，敢于正视淋漓的鲜血”，面对困境，勇敢地正视所有的困难，不灰心，不放弃，勇往直前，一定会迎来黎明的曙光。

孩子，你已经走进了清华大学的知识殿堂，让勇气点燃的火把永不熄灭吧。这莹莹之光一定能够照亮你以后的人生，让你在前行中气定神闲，风度翩翩。

《礼记·学记》有云："玉不琢，不成器；人不学，不知道。""是故学然后知不足，教然后知困。知不足然后能自反也，知困然后能自强也。"

与诸位家长共勉。

教育无止境

申莉

刘同学，高中毕业于江苏省苏州中学
现就读于清华大学金融专业

高考成绩公布后，孩子取得了高分，很多家长好奇地问我们教育孩子的秘笈。其实哪有什么秘笈，我们做父母的也还处于学习期，孩子高考前也和其他家长一样忐忑不安。要是有什么不一样，也是孩子自身的特点似乎有些许不同。在这里，与大家分享几点体会。

好的习惯终身受益

小学期间要开始注重培养孩子独立的品性和习惯，好的品性和习惯会让孩子终身受益。

生活上，我们要求孩子自己的事情尽量自己做，作息时间规律。孩子坚持自己整理书桌、书包，书桌保持干净整洁，书包做到分门别类。另外，她也养成了自己的书包自己背的习惯。

学习上，孩子有自己的作息时间和计划，没有特殊情况，会做到今日事今日毕。我们是双职工家庭，没有充足的时间盯着孩子。每天放学，邻居帮忙接回来后，孩子会主动先练半个小时的钢琴，写半个小时的书法，然后开始写作业。每天我们回家吃完饭后，孩子的作业基本全部完成了，一家人还能一起出去散散步，聊聊天。晚上九点上床听半个小时左右的故事，九点半之前就关灯睡觉了。之后的十几年，孩子基本都是遵循着这个时间点，很规律。其实习惯一旦形成，孩子遵守起来也就自然而然了。

这里分享一个小故事。有一天提前放学，孩子去邻居家玩儿，大家都玩儿得很兴奋、很激动时，孩子突然停下，赶紧往家里跑，说她练钢琴和书法的时间到了。邻居家长目瞪口呆，问我们一年级的孩子怎么做事那么自律？其实就是习惯养成了，就像有了生物钟，到了那个时间，她就想着要做那件事了。

品格上，我们与孩子反复强调要“认真”。认真上好每节课，认真对待老师的每个要求，认真完成每次作业和考试。记得一年级时，孩子耗时最多的就是在预习和复习上。有的孩子可能觉得老师布置的是口头作业，应付一下就可以了，但是我们的孩子不管老师让读几遍，她都会认真读熟为止。我想这种认真对待作业的软性要求和不搞形式主义的硬性要求，才能培养出她踏踏实实的学习品格吧。

好学好问，不轻易放弃

转眼孩子就上初中了，这个时候很多题目我们做父母的无法解答了，我们也不能不懂装懂，就鼓励她多去问老师。于是不管午休时间还是放学时间，只要老师一有空，她就去找老师请教。

记得有一次，她去办公室问数学题目，可是她的任课老师不在。她环顾四周，看到一位似乎是教数学的老师，就问“您是数学老师吗？”老师回答“是。”于是孩子就把问题拿出来和老师讨论起来。从这一点也可以看出她好学好问不放弃的钻研精神。

辩论是解决问题的利剑

到了高中后，我们在学习上已经不能再给她任何帮助了。为了丰富解题思路，她会定期组织“大牛”同学们针对某一主题展开讨论。与其说是讨论，不如说是辩论，因为我亲眼看到有一次为了论证一个论点，她和别人“吵”得面红耳赤。她也很愿意参加学校举办的各种辩论赛，并且会提前查找资料，做好充分的准备。

有一次我问她，辩论是真的有用，还是只是在为论点争辩。她倒也很坦白地说，正确与否不重要，论点也不重要，重要的是可以互相学习各自的思考方式。我想这就是她解决难题的一把利剑吧。一个好的学习氛围和相对开放的辩论环境，会促进孩子们的整体进步，这是难能可贵的。

好朋友带来好运气

高考前，每个同学都会有不同程度的高考恐惧症。我家孩子也不例外。虽然我们想尽各种办法给她进行心理辅导，但是她给我们的结论是“越辅导，压力越大”。

为了减轻高考带来的压力，这次她没有去找老师，而是去找她的好朋友。通过朋友间的聊天沟通，最后她终于放下心理包袱，轻松走进了考场。

我曾经好奇地问她怎么解决高考压力的，她说“您永远不懂”。是的，好朋友之间的沟通，胜过父母和老师那种看似正确的“废话”。给孩子留一些自由空间，前进的路上少不了好朋友的陪伴。

培养兴趣，跟着感觉走

有家长问我们给孩子报了多少兴趣班、学习班，说实话，小时候就只报了钢琴和书法的兴趣班，到了小学后就基本停掉了。关于学习班，初中的时候她会根据自己的学习情况，自己去报她认为学科薄弱的学习班，主要是利用寒暑假的时间去学习。到了高中，我们也曾经问她要不要报学习班，她给的回答是老师讲得很到位，不必报学习班了。回答看似漫不经心，实则是她遵从自己的内心，不强求，不违背。

黑马，黑马，还是黑马

我的孩子不是天才，无论在小学、初中还是高中，开始阶段都不是那种特别优秀的。但在每个阶段，她一直都是一步一个脚印，稳稳地向上！

小学四年级前，她还只是班级里的中上水平，五六年级就逐步开始凸显出来了。小学毕业时，她的成绩几乎满分。

初一和初二阶段也只是班级前十名，但是初三时，孩子的成绩就开始超越了。中考前不但被当地最好的中学提前录取，并且中考时也考出了全校第二名的好成绩！

高中更是如此。重点高中高手如云，孩子高一、高二时还只是年级一百多名的成绩，最后高考却冲刺到了冠军！

她遇到的每个老师，在小学、初中和高中毕业时，都将她比喻成一匹黑马！所以，家长对待孩子不能急躁，要鼓励孩子当一匹不妥协、不退缩、不惧苦难、所向披靡的黑马！相信孩子，鼓励孩子，慢慢放开，静静等待！

成长二三事

幼儿园的时候，每次我去接她，都会带上点零食。到了教室门口，每个家长都会去寻找自己的孩子，我也不例外。这个时候，其他孩子看到家长都会笑呵呵，伸头探脑的，但我的小孩即使看到我也面无表情，继续做她手中的事，这让我觉得有点尴尬。出了教室，我迫不及待地给她零食，但她还是一言不发，只是拉着我的手往校外走。

直到走出校门，她才好像换了个人似的，笑眯眯地和我聊天。我想这一点可能就是孩子比较遵守规则，知道“在什么场合做什么样的事”吧。

小学第一学期期末考试刚刚结束，数学老师就打电话通知我去学校一趟，我感觉情况不妙。老师开门见山地说，你家孩子只考了82分，后面大题目都做错了。当天下午，我提前请假在家里等她回来，还准备好给她来一场记忆深刻的反思教育。好不容易听到了开门声，我深呼吸了一下，刚要发火，突然一声痛哭就开始了：“这次我没考好。”我一下子蒙了，让她先进家门，她也不进，只管哭。没办法，我只好在门外把她的试卷拿出来一起分析，分析完了以后，她才进家门。一场风波就这样结束了。我想她这样的表现，应该也是对自己负责吧。

孩子初中阶段是提前两个月被苏州中学录取的，原本不需要参加中考。已经被录取的孩子，这时大部分都已经离开学校，开始提前学习高中的课程。我的孩子却认为这样做会影响班级的备考气氛，她还要“为学校争光”，所以她坚持和同学们一起认真复习，讨论习题，并参加了中考，最后整个班级是他们学校考得最好的一个班。这里也可以看出，好的学习氛围是有益进步的，孩子在学习上永远不能自私！

写在最后的话

以上就是我分享的孩子一路成长的点点滴滴。总结起来，就是家长要做一个合格的父母，给孩子提供稳定的生活与和谐的氛围，同时要做孩子亲密的伙伴，适当地对孩子进行监督和引导，和孩子一起健康成长。

小学多陪伴，帮助孩子养成良好的生活作息习惯；初中要逐步“断舍离”，配合学校安排，完成学业计划；高中要互相减压，做好后勤保障，营造宽松气氛。

不盲目报名参加补习班，不随意增加孩子的焦虑，要相信孩子，相信学校！我们做好自己，也成就了最好的孩子。教育永无止境，愿我们一起努力，共同进步！

多一点坚持，让梦想开花

踏遍春山

晗同学，高中毕业于河北省某中学

现就读于清华大学日新书院

作为一个小县城的普通家庭，我们当初并没有必须培养孩子上清华大学的愿望，最终进入清华大学，也算是一份意外的收获吧。回顾这一路走来，我最深切的感受就是很平实的五个字：多一点坚持。

培养孩子阅读的良好习惯

早期阅读是刺激孩子大脑发育的最佳手段之一，也是很好的提高孩子语言表达能力的方法。良好的阅读习惯，对于孩子的未来发展也至关重要。近年来，高考语文的阅读量不断增加，历史、地理、政治科目的很多题目，其实也是在考察孩子的读题能力，甚至数学、物理、化学题目也增加了对于阅读能力的考察，所以阅读能力强的孩子，在各个阶段的学习中都会占有优势。

培养孩子良好的阅读习惯，家长首先要以身作则。女儿小时候，晚上我们基本都是捧着书本睡着的。孩子未必天生热爱阅读，但妈妈读书时专注的表情和陶醉的微笑，肯定会吸引孩子。耳濡目染，孩子自然而然地会走进阅读的世界。每次读完书，我会让孩子说说她读了什么故事，这样可以锻炼孩子的思维能力和总结能力。

我们经常从书店买回各种图书给孩子阅读，带她到图书馆看自己喜欢的书，让她感受读书的乐趣，渐渐地，孩子喜欢上了读书。孩子小学和初中阶段，我对她阅读的内容不做限制，不一定非得是对学习有益的功利性阅读，培养阅读的兴趣是最重要的。

培养兴趣，给孩子自由发展的空间

我们坚持的教育方式是建立在自觉自愿和适当引导之上的，配合兴趣取向，在完成基础文化课学习的情况下，自由支配课外时间。根据孩子的要求选择合适的业余兴趣班，同时鼓励她坚持下去，不要三天打鱼两天晒网。虽说兴趣是最好的老师，但只凭最初的新鲜劲，很难真正做好一件事。任何长期的学习都会出现懈怠，这时候就需要鼓励孩子坚持一下。就像著名的“荷花理论”，在你想放弃的时候再坚持一下，也许下一刻就可以见到满池花开！凡事始于兴趣，成于坚持。

我女儿喜欢唱歌跳舞，我们就给孩子选择了舞蹈班和声乐班。跳舞一直从幼儿园坚持到初中毕业，声乐一直从幼儿园坚持到考上大学。会唱歌的孩子，以后的生活会更丰富多彩，会跳舞的孩子会更有气质。

我们还积极引导孩子参加各种社会公益活动，从小培养孩子的责任心和爱心，从中也锻炼了她的社交能力，加深了她对社会的了解。

读万卷书，行万里路。我们还利用假期时间带孩子外出旅游，饱览祖国的大好河山，既开阔了她的眼界，又增长了知识。孩子的成长需要空间，更需要家长给她自由发展的空间。

苦心人，天不负

高中三年，我们陪孩子经历了她有生以来最艰苦卓绝的一场战斗。一路走来，我觉得两方面的品质至关重要。

第一，今日事今日毕。当天所学的新知识一定要当天理解吸收，不懂的要想尽一切办法弄明白。千万不要把不懂的问题直接装进行囊，这样负重前行，速度就会越来越慢。有一次，女儿新学的数学知识没理解透，她担心一个知识点不懂会影响第二天听课。我们得知情况，夜里十点驱车 100 多公里，从学校接出孩子，请来数学老师连夜解决她当天的疑问。那晚女儿只睡了大概四个小时，早晨六点就返校正常上课了。

第二，孩子拼，家长也要拼，尽一切努力给孩子助力。高中阶段，女儿确实做到了心无旁骛地学习，但也经常因为学习压力造成身体上的不适，影响了情绪，偶尔也会焦虑甚至暴躁。作为家长，一定要耐心倾听孩子的心声，对孩子进行心理上的安慰和疏导，让孩子找到发泄的出口。每个人的承受能力都是有限的，千万不能一味地要求孩子坚持、坚持、再坚持。

困难时刻的坚持，印象最深刻的莫过于高中最后一个学期的一次事故。一次打饭时，女儿和一个男孩发生碰撞，造成嘴唇受伤，缝合了五六针，有几天根本张不开嘴，一个礼拜只能吃流食。这种情况下女儿坚持不住院治疗，以免耽误功课。作为父母，我们既心疼孩子，也为孩子的坚强深感骄傲。

女儿经过三年的坚持和努力，步入了清华大学的殿堂。任何成功都不是偶然和巧合，而是日复一日的付出和努力换来的。面对人生挑战，我们和女儿都做到了不回避、不退缩、不“躺平”，始终相信狭路相逢勇者胜！种种经历让女儿形成了百折不回、永不言弃的品质，这种品质也会让她受益终身。我们家最常说的一句话就是：所有苦难，都是戴了假面的祝福！

兴趣是最好的老师

王仕秀

优优同学，高中毕业于北京市某重点中学
现就读于清华大学

优优的爷爷奶奶都是农民，姥爷姥姥是工人。父母均毕业于安徽一所普通的理工大学，目前在北京某IT公司从事软件开发与测试等技术工作。

作为70后的父母，我们一直都是“放养型”育儿。在整个“放养”过程中，我们与孩子的关系像朋友一样，经常聊天，互相信任，分享快乐和烦恼。

快乐是童年的必需品

作为父母，我们对孩子的教育理念在孩子很小的时候就达成了共识，那就是给孩子一个快乐的童年，任孩子发展天性。所以优优的童年是在一种没有设定目标，也不和别人家孩子比较中度过的。如果说刻意引导，就是我们认为孩子如果开始说话时就学习英语，有可能不像父母那一代学英语那么吃力，发音那么不标准。所以从孩子能说话起，陪伴他童年的就有一支点读笔，自上幼儿园起就开始在英语培训机构学习。从长大后的情况来看，从小学习英语，对孩子以后的英语学习有很大的帮助。

兴趣是出发点

优优小学上的是北京市东城区史家胡同小学分校。自小学起，我们也给他报了各种兴趣班，希望发现他的爱好。围棋、羽毛球、葫芦丝、国画、体能训练……有的是校内班，有的是校外兴趣课。我们共同的认识就是小学课程相对简单，不用报一些额外的文化课课外班。所以除了每周三个小时的英语课，其他的休息时间，孩子都是在与邻居小伙伴的玩耍中度过的。

东城区的初中教学比较均衡，我们对孩子小升初的选择也没有更多的想法。东城区的小学根据教委要求也不断减负，孩子在学校就能完成所有的作业，回家能做的只有玩了，所以小学一年级到三年级，全家都过着其乐融融、母慈子孝的日子。

这种平静是在一次我接孩子放学时和别的妈妈聊天中打破的。优优同学的家长用不可思议的语气说："你们怎么能接受电脑派位升中学，我可不能让我儿子的前途靠一台电脑去左右。"我诧异地问："那有什么办法呢？"这个家长说："上课外培训班，对升学会有一些帮助。"征询了孩子的意见之后，我们给孩子报了数学课外班。

父母支持是孩子成长的翅膀

自小学四年级开始，优优就开始了每周末三个小时的数学课外学习。平时没有任何作业，周末集中一天学习英语和数学，所以时间还是比较多的，男孩子们经常一起聊天，一般都会聊游戏，于是家里经常出现孩子玩 iPad（苹果平板电脑）游戏的身影。为了防止他出现近视的情况，我们经常会把 iPad 藏起来或者更改登录密码。

有一天，孩子爸爸看见他用一种奇怪的语言在一个网站上写游戏，就问孩子这是什么东西。孩子抬起他的小脑袋说："你们不给我 iPad 玩游戏，我只能自己设计出来游戏玩了。我们学校计算机老师说这是 Scratch（少儿编程工具），可以通过这个设计游戏。"

孩子爸爸发现他可以用中文去表达一个比较复杂的逻辑，说不定这孩子还真能编写点简单的代码，设计游戏总比玩游戏好吧。孩子爸爸想真正引导一下孩子，于是给他买了启蒙孩子计算机语言的第一本书——《父与子的编程之旅：与小卡特一起学 Python》。孩子接下来的大多数编程作品也与游戏相关，比如模仿腾讯的小游戏，用 Python（一种程序设计语言）编写出了许多可以让同学们玩的小游戏，包括《滑雪游戏》《飞机大战》《玩游戏中学数学》。许多同学开始来找他，问怎么玩这些游戏，孩子也越做越开心。孩子爸爸根据孩子学习的进度，又给他找了一些相关书籍，如编程方面的图书，孩子就这样进入了计算机编程的世界。

日子就这样不知不觉到了小学六年级。小升初的时候，家长们都开始焦虑起来。我们在面临择校时，才发现证书的重要性。没有相应的证书，自然也失去了一些好学校的考试通知。这时有个同学家长提醒了我们，她说："你家孩子可以走科技特长生这条路。"

我们开始到处打听，了解到需要一些证书，学校才能知道你有这个特长。我们又开始疯狂拨打各种培训中心的电话，询问有没有关于少儿编程的证书。终于，某个培训中心回话，要参加海淀区和北京市的一个信息学比赛，并且这个培训中心就能报名。最终不负所望，孩子拿到了北京市小学生信息学比赛一等奖。北京市十一学校有信息学特长生招生计划，有了这个证书，孩子顺利报名，经过一上午的上机考试，最终成为北京市十一学校的一名信息学特长生。

充分信任学校

进入北京市十一学校，孩子也正式成为北京市海淀区的中学生。在东城区学校减负的环境下学习了六年，初中面对的学习压力可想而知。还好信息学特长每周只上一个晚上的课，孩子可以用更多的时间去缩小与其他同学文化课的差距。幸运的是，经过孩子的努力，初中综合成绩一直在学校排名靠前。作为海淀区教育界“六小强”的北京市十一学校，我们相信老师一定比外面的培训机构更了解高考，更了解学生。我们听从学校老师的建议，不再上任何课外班。

十一学校除了给孩子提供专业的文化课学习外，同时也为孩子提供了发展兴趣的沃土。我们了解到全国青少年信息学奥林匹克竞赛是除了高考外的另一条升学渠道，但这条路布满荆棘。首先要通过所在省的两次选拔考试进入省队，代表所在省进入国赛现场。国赛现场如果考进全国前 50 名，才可以保送清华大学和北京大学两所高校。

进入初三，在信息学全国联赛前，教练说希望孩子停一个月的文化课进行准备。停课意味着期末考试成绩的名次可能落后，孩子压力很大。但孩子仍然想坚持文化课和竞赛课同时进行。既然孩子能承受，我们做家长的也只能做好后勤工作。但这种选择带来的结果就是没有寒暑假和周末休息时间。在兼顾文化课和竞赛课的同时，孩子经常夜里 12 点才休息。

高一，孩子通过北京市省队选拔考试后，成为全国青少年信息学奥林匹克比赛北京队正式成员。后来在浙江余姚市举办的全国第 39 届信息学奥林匹克比赛中考到全国前 50 名，成为国家集训队选手，就这样与清华大学顺利签约。

回忆过往岁月，如果说我们对孩子的帮助，首先就是及时发现了孩子的特长，并全力支持他，帮助他成长。其次是帮他收集各种信息，寻找能让他的特长成长的沃土。

最后是给孩子托底，如果在竞赛上失利，那就回归高考赛道，即便失败，我们也帮他想好了其他途径来做备选，让他放心。

我曾经问过孩子："你感觉成为国家集训队选手，父母帮你做过什么事情吗？"孩子回答了一句："有啊，就是家里至少不是贫穷到我一定要通过读书来改变什么，那我就可以按照自己的兴趣和爱好去做自己想做的事情，所以说得谢谢你们给我提供了一个不用太辛苦的成长环境吧。"

优优有自己的爱好，又遇到一个可以让他的爱好充分成长的学校，遇到一个责任心很强的教练，进入一所心仪的大学学习，何其幸哉！

根深才能叶茂

张娟年

高同学，高中毕业于革命老区的一所县级中学
现就读于清华大学

如果把一个孩子的成长过程比作一棵大树，那么，学龄前、幼儿园和小学阶段就是根，中学阶段就是干，大学阶段就是叶。要想孩子茁壮成长，必须让孩子根部粗壮，以后才能在成长过程中枝繁叶茂，有所成就。

很多家长认为孩子上高中了，需要好好照顾，在生活上费尽心思，孩子却一点也不领情，甚至和父母对着干，学习成绩也是一塌糊涂。家长总说孩子这么大了还不懂事，但我认为，是孩子的根出现了问题。孩子小的时候家长没有用心陪伴，没有为孩子树立正确的人生观、世界观，没有养成良好的习惯，长大了自然会出现问题。

回想高同学的成长过程，我陪伴他最多的是小学阶段。初中阶段，学习上的事我基本就不过问了。高中阶段，在学习上我是属于“扯后腿”的角色。

孩子小的时候，都会对外界充满好奇，高同学也不例外。他幼小的心灵充满了对知识的渴望，每天都会问好多“为什么”。散步的时候、骑车的时候、吃饭的时候，他的小嘴巴就没停过。对他的问题，我总是耐心回答。不懂的就会告诉孩子：学习会让我们知道答案。

上了幼儿园，他对识字产生了浓厚的兴趣，课堂上老师讲的偏旁部首他都能记住。这时他又开始问：“妈妈，一个单人旁加一个十字是什么呀？”类似的问题源源不断地从他的嘴巴里冒出来。上小学前，他已经认识了大量的汉字，这为培养他的阅读习惯奠定了基础。

上了小学，随着识字量的增加，高同学越来越喜欢读书。开始是读科学画报，那时家门口装了报箱，他每天放学回来第一件事就是看报箱。如果杂志来了，就欢呼雀跃，高兴得不得了；如果没来，就像霜打的茄子，没了精神。一本杂志，高同学不厌其烦，一遍一遍地翻看，新杂志很快就被翻得不成样子。

他的阅读面很广，杨红樱、郑渊洁、沈石溪的书基本都看过，牛顿、爱迪生、居里夫人等名人传记也喜欢看，毛泽东、周恩来、邓小平等国家领导人的传记，也在潜移默化中激励着他。

小学一年级到五年级，我每天都会检查高同学的作业，在检查的过程中发现问题，及时纠正。有了错字就多写几遍，题做错了就回到课本的知识点复习巩固。在学习小数除法的时候，他单元检测考了七十几分，检查试卷发现都是计算错误。于是，每天中午放学回家，我先给孩子出十道计算题，孩子做题我做饭。经过十几天的训练，出错越来越少。后来虽然偶尔还会出现粗心计算错误的情况，但他都会认真改正。清楚地知道自己的短板并努力去克服，是高同学的一个良好品质。

小学一二年级的时候，我发现高同学的语文还好，数学差了一些。课本上的练习没问题，难一点的题就不会做，于是我开始陪他学习奥数。刚开始学奥数，他连基础的题型都不会做，我就一点点讲给他听。慢慢地，开始做一些稍有难度的题目，要求也逐步提高。学习奥数都是在假期，一个年级学习一本，直到小学毕业。奥数开阔了孩子的视野，拓展了知识面，培养了孩子的思维能力。虽然小学阶段学校不排名次，但高同学的基础还是比较牢固的，数学成绩也一直不错。

进入初中，他已经养成了良好的学习习惯，什么时候做作业，什么时候看书，什么时候玩游戏，他都会安排得有条不紊。初中阶段，他的成绩一直都在学校前几名，对学习充满了浓厚的兴趣。令我安心的是，不是要他学，而是他要学，学习上根本不用别人督促和提醒。这个时候，他阅读的书大多是科普类的大部头，如《时间简史》《果壳中的宇宙》等。

他喜欢看课外书，也喜欢看新课本。每到放假，他总是找来下一学期的课本看个不停。初三的时候，他就在看高中课本了。同学的爸爸曾问我："高同学开始学习高中课程了？"我告诉他，不是学习，只是他喜欢看而已。预习，让他的课堂效率很高，重点能当堂掌握，难点也能马上突破。

初三复习阶段，高同学看到有的同学在数学课上不听老师的讲解，而是做拔高练习，他也随之进行拔高练习。在一次摸底考试中，他的成绩"惨不忍睹"。从这次失败的教训中他总结经验：老师讲的内容即使自己都会了，也一定要认真听讲，因为考点都是从基础中来的，稍不注意就容易掉进坑里。即便到了高三，他也谨记这个教训，每节课都认真听讲，不让自己出现疏漏。能从失败中总结教训，这也是高同学的宝贵品质之一。

高中开学前，我对孩子说："进入高中，各个学校的尖子生都来了，成绩能进年级前五十就不错了"，孩子也认同我的说法。因为有这个思想准备，所以高一开始，孩子在学习上毫无压力。第一次月考，孩子回家很激动地说："我考了第一！"我问："班里吗？"他说："全校！"当时我心里一沉：这样的开始，以后得多大的压力呀！以后的日子，我从没有主动问过他成绩。考好了，表扬；考不好，宽慰。在学习上从来没有给过他压力，因为他给自己的压力已经够大了。

进入高中，作业一下子增加了好几倍，这让孩子倍感焦虑。晚自习回家，他总是带着作业再写一会儿，这样睡觉就要 11 点多。我考虑再三，决定"扯他后腿"，下最后通牒：作业即使写不完，也不能带回家。如果带回来，就从楼上扔下去。虽然做法简单粗暴，效果倒是很明显，高同学一般都能在 11 点前睡觉了。

作业完不成，孩子很着急，私下里我也经常和孩子的老师沟通，询问孩子在学校的情况，以及如何帮助孩子解压。我对孩子说，高中作业多，完不成是常事，要有选择地去做。经过半个学期的磨炼，高同学基本适应了高中生活，学习安排得有条不紊，焦虑的情绪逐渐变得平和。

一上高中，孩子就和我说要参加物理竞赛。他请教了学长，买了教材，开始了艰苦的竞赛学习之旅。说艰苦，是因为学校没有竞赛教练，除了假期出去培训，其他时间只能自学。既要学习文化课，又要学习竞赛，孩子总是觉得时间不够用。遇到疑难问题，找不到老师请教，只能自己冥思苦想，有时候一个问题思考好几天也想不出结果。看着他紧锁眉头、闷闷不乐，我很是心疼，可我帮不了他，只能干着急。在后来的比赛中，高同学获得了省级一等奖。这段学习经历，开拓了孩子的思维，培养了很强的自学能力，甚至改变了他大学专业的选择。

高三的时候遇上新冠疫情，孩子居家学习。每天早晨，他都会六点准时起床晨读。居家学习的几个月，他的作息时间和在学校一样。当学习遇到问题时，他都会及时向老师请教，或语音交流，或文字交流。当天问题当天清，这是孩子的习惯。他说如果不及时问就会忘掉，疙瘩不及时解开，会越结越大。

高中三年，每晚我都会到学校去接他放学。不长的路，是孩子最好的放松时刻。聊聊老师，聊聊同学，聊聊学习，交谈是孩子释放压力的过程，也是我了解孩子情绪的过程。

高考成绩出来，孩子圆梦清华。中间有老师的付出，有孩子的努力，也有运气的成分。回首孩子十二年的求学生涯，感谢每个阶段遇到的每一位老师，感谢孩子的每一个好习惯，更感谢孩子孜孜不倦的刻苦精神。作为家长，陪伴孩子成长的过程中，有自认为做的还不错的地方，也有感到无法弥补的遗憾。

我们生活在革命老区的一个小县城，经济比较落后，教育资源匮乏，收入也比较微薄。在不多的收入中，只要孩子想买书，我都会毫不犹豫地支持。能为孩子提供阅读的条件，是我做的最正确的一件事。我最遗憾的是孩子的自信心不足，这与我有很大的关系。我很少表扬高同学，总觉得夸不出口。其实，父母及时适当的表扬和鼓励对孩子至关重要，也是培养孩子自信心的重要途径。当我意识到这个问题的时候，孩子已经长大了。如今我尽量去弥补，希望能有所改变。从小没让孩子学一门乐器，是孩子的遗憾，也是我的失误。

未来的路很长，希望高同学能循着兴趣，开心快乐地走好每一步。

只管耕耘，莫问收获。孩童时期悉心地陪伴，孩子会汲取爱的养料，努力成长。愿每一位父母都能在孩子成长的过程中不缺席不越位，愿每一个孩子都能健康快乐地成长为参天大树！

我们伴你星辰大海

学而思

林同学，高中毕业于清华大学附属中学
现就读于清华大学生命科学院

2020 年，我家小女有幸从清华附中考入清华大学，一时间我成为同事们眼中的“人生赢家”，大家纷纷请教子女教育经验。我内心深知，这是孩子自己顽强拼搏和老师们精心培育取得的成果，作为家长，我做得远远不够。

千淘万漉虽辛苦，吹尽狂沙始见金

孩子成绩偶尔起落都很正常，如同高峰与低谷相互交织。家长和孩子都需要坦然面对学业中的顺与逆，调整心态，坚定信念。

2019 年秋天，生于“非典”的这一代考生升入了高三，我家女儿也一样，转眼就进入到高考冲刺阶段。高中以来，孩子的成绩排名一直比较靠前，参照学校历年考入清北的人数，到了高三，自然而然就开始期待她能考上清北。没想到，高三上学期第一次模拟考试，就给我们来了个下马威，孩子的考试排名直线下降。按照学校家长会的通报，距离清北的分数线有 10 分之多。当时我们的心情一下子就沉到了谷底，反复思考到底哪里出了问题。

从高二期末到高三的期中，只有短短的四个月，我想是不是因为参加竞赛的学霸们都回归高考了，之前排名靠前都是一种假象？孩子不适应高三的考试试题，需要调整和重新适应？或者孩子的学习方法不对，成绩上不去？不管是哪一个，我想首先应该调整的是家长的期待，不能给孩子造成压力。于是我们小心翼翼地安慰孩子，告诉她还有很多学校也是很优秀的。

我们本意是给孩子放松心态，不要刻意关注分数，发挥出自己的最好水平就好。可是孩子听了却很生气，她反问我：“你们是不是不相信我有这个能力？”她的反问让我开始反思，我想可能应该给她积极的鼓励和肯定。当她再问我：“妈妈，我会考上清华大学，是吧？”我坚定地回答：“你一定会的！”

虽然内心知道客观上会有诸多不确定性，但是我明白，家长的鼓励会坚定孩子的信心，筑牢她信念的基石，激发她潜在的力量。如果这个时候劝她降低目标，倒是会让孩子觉得你不相信她的能力，削弱她的信心。不同的孩子需要不同的鼓励和缓压方式，大家可以根据自己孩子的特点选择。

一张一弛，文武之道

2020年一场突如其来的新冠肺炎疫情打乱了高考的复习节奏，在冲刺的最后阶段，孩子们只能在家里上网课。4月底终于可以返校上课了，此时距离高考仅剩两个多月。之前孩子都是放学自己回家，为了减少病毒的传染概率，我们决定每天接送她上学和放学。这段护送的日子，意外地收获了很多陪伴孩子的时间。

每天回家的路上，我们会扯一些家长里短。进小区停好车，孩子似乎不愿意直接进家门，我们就一起在小区里遛弯，有时候甚至和她一起荡秋千、压跷跷板等。孩子玩得很开心，仿佛又找回了儿时的快乐，一玩儿就是半个多小时。

此时我的心里也很纠结，都快高考了，这样会不会很浪费时间啊？放松一下心情更有助于冲刺吧？两种不同的声音纠缠在我的脑海，此起彼伏。经历了期待、彷徨和信任的心路历程，最终我还是选择了信任，相信孩子的自我调节和控制能力，愉快地享受难得的亲子时光。

终日昏昏忙碌间，偷得浮生半日闲。劳逸结合，才是智慧的选择。

志之所向，无坚不入

女儿从小的志向就是考入清华大学，而且对于这个目标，她是“咬定青山不放松”。鉴于高考前我都是以鼓励和坚定她的信心为主，高考结束后，我想应该降低预期，防止期望越大，失望越大。那个时候我每天不停地唠叨，能考上清华大学非常好，上不了清华大学，还有其他很多优秀的学校。孩子听到这些劝导，不但不能接受，还很坚决地表态，如果上不了清北，就选择复读。我被噎得够呛，好好的花样年华浪费在复读上，我坚决反对。于是家里两天一小吵，三天一大吵，各不相让。

有一天孩子忽然郑重地对我说，“妈妈，我要实现自己的梦想，免得以后后悔，这样做有什么不对吗？”我一下子被问住了。孩子上清华大学的执念很早就有，并且一直在为这个梦想努力拼搏，此时我却劝她放弃追求，真的是为她好吗？孩子有自己的主见和人生定位，作为家长的我们是否有权横加阻拦，并自认为是为孩子好呢？

不抛弃，不放弃，经得起诱惑，受得了挫折，守得住方向，成功的路上并不拥挤，因为坚持下来的人不多。“有志者，事竟成，破釜沉舟，百二秦关终属楚；苦心人，天不负，卧薪尝胆，三千越甲可吞吴。”想到这一点，我的心情豁然开朗，终于欣然接受孩子的观点，如果成绩不理想就复读，让孩子在追求梦想的道路上自由飞翔。幸运的是，孩子一举实现了自己的梦想。

人生的路，需要自己走，总有一些事，需要自己做。任何人，无论亲疏都无法替代，也不能替代。艰难，自己去承受；欢欣，自己去感受。人生起起伏伏，风风雨雨，生活中的一切关键还是要靠自己，不经历风雨，永远是温室里的花朵。作为家长的我们，需要给孩子更多的引导、鼓励、信任和支持，默默陪伴，静待花开。

你若盛开，清风自来

书砚

喻言，高中毕业于北京师范大学第二附属中学

羽毛球项目国家一级运动员

2021 年考取清华大学，现就读于清华大学生命科学学院

就像世界上没有两片相同的树叶，世界上也没有一模一样的孩子。每个家庭有每个家庭独特的教育模式，当父母的关爱正好契合孩子的个性，教育就变得水到渠成，轻松愉快！

对于言哥，我们更多的是给他自由成长的空间，就像种下一粒种子，从容地静待花开，最后欣喜地看着他长成自己最好的样子。其实如果我们愿意俯下身，就会惊喜地发现，在陪伴孩子长大的过程中，也能从他们身上学到很多，比如对人宽容、做事认真、从容自信、自觉自律，以及对父母的无限包容。这十八年，言哥该学的学了，该玩的玩了，美好的“小恋情”也经历了，什么兴趣爱好都没耽误，并如愿考取清华大学。分享他的成长经历，希望可以为读到这些文字的家长带去一点启发。

做不焦虑的家长

很多时候，孩子成长过程中出现的问题，都是源于家长的过度焦虑。焦虑孩子会生病，焦虑孩子不好好学习，焦虑孩子游戏成瘾……如何做个不焦虑的家长呢？我觉得要提前做好功课，了解孩子每个成长阶段的共性，仔细观察自己孩子的个性特点，在孩子出现问题的时候正确引导，这些都是缓解焦虑的好办法。

认识我的人都知道，我是个特别不焦虑的妈妈。我之所以不焦虑，除了通过大量阅读，提前了解孩子不同成长阶段的特点，做好心理建设和应对准备之外，还因为我常回望养育孩子的初心——健康、快乐，我想这也是大多数为人父母者最大的心愿吧。我之所以不焦虑，也因为我常常对自己说，我的生活已经足够好，不需要孩子来为我证明什么，他需要做的只是坚持自己的梦想，做最好的自己。我之所以不焦虑，更因

为我一直相信孩子是优秀的，不是因为优异的成绩，而是因为优秀的品格。

培养优秀的品格

言哥的到来是个意外。当知道即将有小生命来临的时候，周末逛书店的主题就变成了胎教和育儿。通过大量的阅读，我们提前了解了孩子必经的每一个敏感期，在 0—6 岁幼儿阶段，陪伴他度过了一段美好的童年时光。在日常生活和游戏玩耍中，孩子形成了自主、自律、自立的品格，养成了阅读和运动的好习惯。

孩子的学习成绩，并不是我们最看重的，我们一直关注的是孩子的性情和品格。“行有余力，则以学文”，要先学会做人，然后才是学习，所以我们从小对言哥品行方面的教育比较多。言哥勤俭节约，衣食住行从不攀比，经常鞋子穿破了也舍不得扔，吃饭从来都是光盘。言哥待人有礼貌，尊老爱幼，乐观阳光，积极向上，乐于助人，热心公益。言哥愿意分享知识，从不怕被人超越，愿意与身边的人共同进步，一起优秀才是真的优秀。孩子优秀的品格和良好习惯的养成，离不开家长潜移默化的影响。

把童年还给孩子

“幸福的童年治愈一生，不幸的童年用一生来治愈！”玩儿是孩子的天性，每个孩子都应该拥有幸福的童年。对我们来说，和孩子一起接近大自然，感受四季变化，比多记住几个英语单词更重要。和孩子一起登山临水，户外探险，住帐篷数星星，比多做几道数学题更重要。

一个拥有幸福童年的孩子，不管长大后遇到怎样的挫折，回忆起曾经的快乐与美好，都会有勇敢面对的力量！在言哥的童年记忆里，有一家人自驾出行饱览一路风景的经历，有日骑百公里累并快乐着的体验，有和小伙伴一起露营探险的美妙……

营造温馨的家庭氛围

家庭是最好的学校，父母是最好的老师。我一直觉得，家长要做好家长，孩子要做好孩子，各自安好，是一个家庭最好的状态。爸爸妈妈一定不要把大部分甚至是所有的心思都放在孩子身上，而是要安排好自己的生活，这样孩子才不会有很大的压力，家长也不会觉得累。

另外，家长认真做好自己，这本身就是孩子学习的榜样。在我们家，爸爸在妈妈心里永远是第一位的，妈妈在爸爸心里也永远是第一位的。这种温暖和谐的家庭关系，会给孩子足够的安全感和幸福感，能够让他专注于学习和自我成长。

培养良好的习惯

从小学到高中毕业，言哥没上过一天课外补习班，最后裸分考进清华大学，我觉得这与从小养成良好的学习、生活习惯有很大的关系。一定要尽早引导孩子养成良好的学习、生活习惯，孩子自己能做的事，绝不出手帮忙。

从言哥上学的第一天我们就约定，学习是他自己的事情，是他要不要学，不是我们要不要他学；按时完成作业、整理学习用品是自己的事，因为磨蹭上学迟到也是自己的事，我们一概不着急。既然没人替他着急，小朋友只好凡事自己用心。我们一直告诉言哥，学习要靠平时的积累，不可以靠小聪明临时抱佛脚。每次期中期末考试，我们都会带他去打球或者听音乐会、看电影，他的成绩也一直名列前茅。

立好规矩，各自遵守，大家都轻松，好习惯也慢慢养成了。在三年级之前，帮助孩子养成良好的学习习惯，这是为人父母的责任。这样做不是放任不管，而是该放手的放手，不该缺位的永远不能缺位。从小学一直到高中毕业，虽然言哥算不上聪明的孩子，但是因为自己知道努力，加上老师们的专业、敬业以及学校良好的学习氛围，我们不用为言哥的学习操心，反而都轻松愉快。

课外班不是必需的

关于课外班，我很少与人辩论。你愿意学，就要相信学是好的，我不愿意学，我就笃定不学是好的，大家只是理念不同，没有绝对的对错之分。我是一个内心很强大的妈妈，一直坚持自己的教育理念，不跟风，不盲从，不纠结，不会因为别人家孩子都在学什么，就让孩子跟风去学什么。

但是我也不反对家长给孩子报课外班，而是会提醒家长要发现孩子的兴趣，尊重孩子的意愿。帮助孩子选择他真正需要和喜欢的，这样才不会既浪费了金钱，又浪费了孩子宝贵的时间。家长需要注意的是，报课外班勉强孩子学习，有可能打击孩子学习的兴趣。

培养兴趣爱好

在培养兴趣爱好上，我们坚持尊重孩子的选择，避免功利。言哥兴趣爱好广泛，用他自己的话说，除了学习成绩，哪儿都挺好的。喜欢弹钢琴，练琴的初心是培养孩子的音乐素养，当成长道路上遇到挫折的时候，可以有自己疏解的渠道；喜欢打羽毛球，初心是培养一项体育爱好，当青春期精力过剩的时候，有个宣泄的出口。

这些兴趣和爱好坚持了八年，孩子洒下了很多汗水，经历过很多挫折，最终他以主力队员的身份获得北京市羽毛球锦标赛团体亚军，取得国家一级运动员证书。发展兴趣爱好，最重要的是培养孩子勇于拼搏、坚持不放弃的意志品质。

没有涟漪的青春期逆反

言哥的青春期顺畅得如一缕清风吹过，几乎没有涟漪。有时候我们仨也会一起回忆并讨论，那个令大多数人头疼的青春期，在我家为什么如此平淡就过去了呢？怎么一点叛逆的感觉也没有呢？结论是，言哥所有的事情基本都由自己做主，我们差不多都是支持和鼓励，根本没有给他逆反的机会。

正视网络游戏

我们家的聊天模式经常是这样的：“你这孩子，又在学习！”“你这妈妈，不然呢？”“你就不能玩会儿？”“哈哈哈，好吧！”我觉得孩子天生是有自律性的，如果家长给孩子充分的信任和足够的自由，孩子会主动自律，以免辜负这份信任和自由。

因为我本身贪玩，所以对于言哥玩游戏，我基本上不反对，甚至是鼓励的，有时候还会陪他一起玩。但是会提醒他，学生阶段的主要任务是学习，玩游戏可以，但是自己要有节制。在这种宽松的氛围中，他不用躲躲藏藏，而是可以大大方方地玩儿。直到高三，他依然每天都有游戏时间，高考期间也不例外。

正确面对“早恋”

我不喜欢“早恋”这个词，谁不曾年轻过呢。既然都有过青春年少，那就应该理解，孩子们到了十五六岁，自然会对异性产生好感，这是多么纯洁美好的感情啊。

对于青春期的“小恋情”，我一直是欣赏并鼓励的，告诉他这时候的感情是纯粹而珍贵的，虽然最后不一定走到一起，但是要认真对待。当然，我也会再次提醒言哥，学生阶段的主要任务是学习，喜欢一个人很正常，要两个人互相鼓励，共同进步。

总结我们教育孩子的经验，其实真的很简单，只有几个字，就是我的八字魔法：尊重、欣赏、鼓励、信任。不过做起来也的确不容易，就看你有没有强大的内心敢于坚持。

言哥初中、高中的成绩都不算拔尖，而且起伏很大。但是我们给他充分的信任和自由，让他敢于试错，自己从错误中总结经验教训。我们从不拿他和别人比，只和自己的过去比，所以他对自己一直是自信的。只要给孩子充分的尊重、鼓励和信任，用欣赏别人家孩子的眼光去欣赏自己的孩子，大胆放手，孩子一定会给我们惊喜。

很多时候，我觉得并不是孩子不够优秀，而是因为家长过多的干预和包办，剥夺了孩子优秀的权利。我们一直跟言哥说，知识靠平时积累，只要努力了，走出考场就没有遗憾。人生那么长，高考只是无数人生大考中很普通的一个，重要但不会决定你的一生，用平常心去面对就好了，至于结果，就不是自己能控制的了。

学习不是为了中考，也不是为了高考，而是为了做一个对社会有用的人。生命是美好的，尊重并享受生命成长的每一个过程，不拔苗助长，不越俎代庖，不为将来牺牲当下，过程幸福，结果一定不会差。

永远记得，有一种优秀，叫作妈妈觉得你优秀，不是因为成绩，而是因为努力。

有一种爱，是不打扰。给孩子足够的成长空间，不干涉，不打扰，时时鼓励，时时欣赏，静静等待，孩子终会成长为最好的自己。

你若盛开，清风自来！

愿子生羽翼，一化北溟鱼

郭科研

郭同学，高中毕业于清华大学附属中学

北京市三好学生和北京市优秀学生干部

2021 年考入清华大学未央书院

孩子拿到清华大学录取通知书，这一刻犹如十八年前他呱呱坠地，在等待和期望中，一切都是那么美好。与孩子走在共同成长的路上，有成长的快乐，也有蜕变的痛楚，有憧憬未来时的无限渴望，也有遇到困难时的自我救赎，有持续努力时的相互鼓励，也有互相埋怨时的“一地鸡毛”。

尊重孩子

作为家长，我们此生与孩子有着无与伦比的缘分。但我们深知，缘分再深，我们也都有各自的人生，只能相互伴随成长，绝不可能代替。在孩子成年前，我们可以发挥较大的主导作用，引领孩子成长。孩子是一个独立的生命体，在陪伴和引领的过程中，要尊重孩子，努力找到孩子身上的特点并因材施教。遇事俯下身子，多与孩子商量，逐渐放手，让孩子实现自我成长。

在孩子成长的过程中，家长要做的很重要的一件事情，就是努力找到孩子身上的特点。这可能需要我们花费较长的时间和精力，需要长时间的深入观察、思考和总结，但是这些努力都是非常值得的。因为找到了孩子的特点，我们就有了因材施教的基础，可以在孩子成长过程中更加有的放矢。

通过观察孩子在学校上学的情况以及在英语、钢琴、合唱、游泳等课外班的表现，我们逐渐总结出他的特点：有较强的内生成长动力，但自我规划能力不足，从众性强，更容易“近朱者赤，近墨者黑”；执行力强但变通能力不足，记忆力强但灵活应用能力欠缺。根据孩子的特点，我们觉得他更擅长“扎硬寨，打呆仗”。相较于别的孩子，他的成长更需要目标引领和周围环境的正向影响，引导得好，他将是一块学习的好料。

实践证明，找到孩子的特点并因势利导，非常有助于在孩子成长的过程中扬长避短，可以起到事半功倍的效果。不过，既然是特点，每个孩子都是不一样的，所以需要家长长时间用心观察、对比分析和总结提炼。观察分析过程中还需要不断地与孩子交流，达成一致的认识，并在孩子不同的成长阶段加以修正。

自我成长需要放手。找到孩子的特点，目的是有效地利用这些特点，趋利避害，逐渐形成孩子自己的学习和生活习惯。实践表明，在孩子实现自我成长的过程中，关键要素是家长，家长要有意识地转换角色——从“指挥”到“参谋”，从“有为”到“无为”。如同小时候孩子学走路，需要家长从“手把手”到“逐渐放手”一样，让孩子在不时摔跤中不断前行。

孩子的自我成长过程与“学走路”相比，持续的时间更长，很多评价指标不像学走路时那么可量化和可视化，很多时候还会出现反复，所以家长放手时会很纠结、很矛盾。既要敢于放手，又要善于在背后“补台”。

看着孩子出现了一系列问题，想帮又不能帮，真是挺折磨人的。这时家长一定要在心里不断提醒自己，孩子的人生是他自己的，我们只是伴随成长，不可能跟着他一辈子，出现问题是必然的。同时我们要承认孩子的不完美，就像我们自身的不完美一样。正是在不断地犯错误和改正错误的过程中，孩子逐渐获得了第一手经验，在不知不觉中形成了自我成长的“闭环”，之后会不断地持续改进。

学会商量

在与孩子共同成长的过程中，矛盾和冲突是不可避免的。尤其当“青春期”遇到“更年期”，故事情节就更加“精彩”了。在解决与孩子之间的矛盾和冲突时，“商量”是个好办法。

比如，在解决孩子用手机这个“老大难”问题时，就可以通过“商量”来解决。双方先通过“商量”，讲清楚手机在孩子成长过程中的重要作用以及长时间使用手机产生的弊端。问题的关键是如何掌握好使用手机的“度”，让手机作为工具为人服务，而不是人被手机控制。有了这个共识之后，双方再通过“商量”找到解决办法。如果家长觉得孩子用手机时间过长，需要提醒他时，就走到他面前并让他看见，但不提要求不做评判。孩子看见之后，如何处理由他决定，家长的任务只是提醒。

实践证明，“商量”是解决家长与孩子之间矛盾和冲突很有效的办法，关键点是双方责、权、利要明确，并且双方要在理性和友好的氛围下达成一致意见并共同遵守。在此过程中，家长与孩子之间的感情深度，会在很大程度上影响“商量”的有效性。双方关系越“铁”，“商量”的效果越好。

双方感情的深度，除了天然的血缘关系和父母十几年如一日的无私付出，还需要有意识地“经营”。这种“经营”可以是晚自习结束后到校门口接孩子回家，可以是孩子放学到家前给他准备水果捞和蜂蜜水，可以是愉快的亲子一日游或亲子体育比赛等。“商量”是为了更好地达成共识并解决问题，尊重和信任是基础，父母与孩子也不例外。

相信自己

第一次做父母，在孩子成长过程中，每个阶段都会遇到很多现实的问题，也会听到很多好心的建议。面对这些建议，我们需要认真对待，同时更要充分相信自己。实践证明，只要我们全身心地参与了孩子的成长，在实践过程中全力以赴并不断总结思考，对于孩子的教育，没有谁会比我们家长更有发言权。因为我们在第一线，掌握第一手资料，更了解孩子和实际情况。

我的孩子在两岁上幼儿园时，朋友们说孩子两岁上幼儿园太早了，小时候应该让孩子玩儿够，否则长大了孩子容易贪玩儿。然而我们知道，孩子那时候的玩伴很少，看护他的姥爷曾经是一名军人，长时间的军队生活，养成了严谨的作风和不苟言笑的性格特点。在两岁这个孩子融入社会的关键期和语言爆发期，上幼儿园是权衡之后相对的“最优解”。

在孩子两岁开始学英语时，朋友们说英语不能学得太早，你们家没有英语环境，过早的英语学习容易让孩子在中文与英语的转换过程中产生混乱。然而我们知道，孩子上的是双语幼儿园，两岁时他就可以用英语给我们讲图片故事，从教学结果来看，较早的英语学习，不但没有给他造成语言学习上的混乱，反而促进了他的语言学习。

在孩子五岁学钢琴时，朋友们说钢琴最容易扼杀孩子的学习兴趣和童年，培养孩子不能太功利。然而我们知道，安排孩子系统学习钢琴，是我们让孩子多次尝试，在他真正表现出喜欢以后才开始的。学习过程中，通过观察我们发现，学钢琴很好地锻炼了孩子的专注力和对音乐的感知力，也让他更能“坐得住”，非常有利于他养成好的学习习惯。事实证明，他是适合学钢琴的那部分孩子之一。

我们给孩子报篮球、羽毛球、游泳、跆拳道等多个体育兴趣班时，朋友们提醒兴趣班不能报太多，否则孩子太累，哪个也学不好。然而我们知道，报多个体育兴趣班，最重要的目的是为了比较，是想利用多个体育兴趣班，让孩子找到自己喜欢的体育项目。有了感兴趣的体育项目，可以实现“文明其精神，野蛮其体魄”。

在我们让孩子上“优才班”并举家搬迁“陪读”七年时，朋友们提醒这个投入太大了，没必要这么大动干戈，得不偿失。然而我们知道，孩子小学三年级以后，已经表现出了对学习的较强兴趣和能力。但是他较强的从众性，需要更好的学校以及周围环境的正向引领和激发，好学校的高要求也更有利于他发挥执行力强的特点。同时，我们内心也很享受与孩子共同成长的过程，不想缺席他重要的成长阶段。

每个孩子的成长路径是不一样的，作为家长，我们走自己的那条路时，需要认真听取别人的建议，但更需要躬身入局，因材施教，需要相信自己的判断。就像“小马过河”，需要大胆尝试并小心求证。对于孩子的成长，没有现成的路，我们只能在实践中探索，毕竟我们大多数人都是第一次做父母。

有效借力

每个孩子的成长都离不开外界环境。进入社会之前，孩子的成长环境除了家庭，最重要的是学校，我们要相信学校，相信老师，与他们形成最坚实的统一战线，并肩前行，荣辱与共，这对孩子的成长非常重要，也是我们最有效的借力。

作为家长，在选择孩子的学校时，但凡我们有选择权，一定是选择现有条件下最心仪的。既然各个不同阶段的学校都是现有条件下的最优选择，我们就需要对学校保持足够的信任和包容的心态，努力与学校形成教育合力，不纠结，不抱怨，沿着学校指引的方向和节奏前进。相信学校的同时，我们更要相信老师，并努力树立每一位老师在孩子心目中的光辉形象，让孩子一直认为自己的老师是最棒的。

老师在孩子心目中的形象越高大，教育教学效果就越好，其中的道理很简单，因为亲其师才能信其教。孩子的成长，需要教育的合力，社会教育、家庭教育、孩子的自我教育等都是重要的组成部分。在此过程中，学校和老师起着重要的作用，相信学校和老师，是很好的借力，往往会让我们事半功倍。

人生是一段旅程，感激上天的眷顾，用亲情把我们与孩子紧紧连在一起。与孩子共同成长，是我们每个人重要的人生课题。我们在等待与希望中互相温暖和慰藉，在跋涉与思考中感悟生命的美好。成长的路还很长，让我们活在当下，知行合一，志存高远，且行且珍惜！

宠辱不惊，不负韶华

杰西卡

S 同学，高中毕业于北京市某中学
现就读于清华大学美术学院

陪娃学艺十年，作为家长，最深刻的感受就是要学会不断地调整自己的心态。

众所周知，因为艺术专业的特殊性，它的评判标准经常是不固定的，没有标准答案，甚至不同的老师也会有不同的看法。所以，在荆棘密布的艺考之路上，我们必须时时调整心态，才能艰辛地走下去，尽力到达一个比较高的平台，为今后的继续学习和发展注入新的动力和信心。

女儿在幼儿园时期就表现出绘画兴趣，到了小学更是一发不可收，家里满坑满谷都是她的画。一年级时，班主任提醒我，孩子有绘画天赋，可以送到儿童画班去培养。但我觉得绘画是创造性的工作，过早去儿童画班反而会固化她的思维，还不如就在家画“野画”。如果长大点儿还能保持这份热爱，就直接送去接受专业训练。

小学四年级，女儿开始接受专业绘画训练，正式走上了平时上学、周末学画的道路。进了绘画班，各种信息多了起来。我们也了解到某重点中学有美术特长生班，小升初就开始招生，几乎所有来这里学画的孩子都是以这个为目标。自然而然，我们也准备向这个方向努力。

有了目标就有了干劲儿，女儿不仅绘画进步快，学习成绩也随之有了很大提高。到了小学五六年级，已经到了班里拔尖的水平。不过既然定下冲击某重点中学美术特长班的目标，画还是要坚持学下去，毕竟为了学画，她已经付出了很多。

徐悲鸿大师曾说，“学艺之道无它，锻炼意志第一”，这句话我们是深有体会！考前的两个假期集训，每天都抱着四开的画板，坐着没有靠背的凳子，连续十几个小时地画。这种训练量让很多家长都心疼不已，觉得是对孩子身心的伤害。有时候因为画得不好，还要被罚留在画室擦地。十一二岁的孩子，画了一整天，还要趴在地上一块砖一块砖地擦地，擦到晚上九点多还不能回家。若是在练习中不小心犯了提醒过的错误，还要在脸上画记号，回家要使劲洗才能洗掉。

那段时间可以说挑战了孩子生理和心理的极限。我们做家长的在旁边看着孩子小小的身影备受煎熬，不心疼是不可能的。不过想想这些在大城市长大、娇生惯养的孩子，平时也实在没什么苦可吃，确实应该锻炼锻炼，这份苦就让她咬牙承受吧！

付出就有收获。小升初之际，女儿的素描已经达到了不错的水平，文化课成绩也拔尖。看过她作品的专业老师，无一例外地都很看好她。我们全家也是自信满满，认为这场考试已经是囊中之物，十拿九稳了。考试当天，女儿出来说完全发挥了平时的水平，一家人喜气洋洋，就等着几天后收到通知书了。

然而事与愿违。发布考试结果的那一天，成了我们在学艺道路上终生难忘的一天。因为从没领教过艺术考试的不确定性，也没有经历过失败，所以落选结果带来的震动是巨大的，远超过它本来的强度，给初经艺考的我们上了沉重的一课！

那天我们守在电话前，随着手机不断接到同伴的报喜消息，我们的座机仍然悄无声息，全家的焦虑不断地升级，直到彻底失望，仍然不相信眼前的结果已成事实。这件事后，我们过了很久才慢慢接受。后来全家人萌生了放弃学习绘画的想法，毕竟孩子文化课成绩不错，考大学是没有问题的，何必非要走这条艰苦的艺考之路呢！

小升初前两年，孩子没有周末，所有的周末都在画室度过。没有假期，所有的假期都在画室集训。遇到重要的比赛，就是打着吊针也要去参加。谁不想自己的孩子快乐健康地成长呢！我曾经因为孩子过于辛苦，长期睡眠不足，偷偷地担心流泪。怕她身体受损，万一将来得了什么大病，我会悔恨终生。

但是经过几天的考虑，女儿决定还是要坚持学习绘画。我们尊重她的意见，全家人收拾心情，开始了初中阶段的学习生活。有了上一次的教训，我们放平心态，平稳度过了初中阶段，在中考中取得了理想的成绩，凭文化课考入重点中学。高中阶段仍然文化课和专业课两手抓，常年利用周末和假期从事专业绘画训练。

六年时光飞逝，转眼就来到了高考。我们对高考没有明确的期待目标，孩子绘画成绩和文化课成绩都不错，最好的结果当然是考进清华大学美术学院设计类专业，这也是她最向往的专业。可是看看每年寥寥无几的招收名额，我们深知难度太大，只好把这个目标放进心里，很少和旁人提起。

艺考一关一关过。在联考集训中，孩子非常抗拒那种机械式的训练方式，不肯配合，所以集训一直断断续续不系统。我们也不勉强她，艺术学习是需要心气儿的，没有那个心气儿，勉强她也不是办法，只好调整自己的心态，随她去。果然，联考的成绩不太理想，但是毕竟多年训练的底子在，综合类大学的艺术专业勉强上线了。这也意味着，即使她在接下来的校考中发挥不好，一个合格证也没拿到，凭联考和文化课成绩，也能上个不错的综合大学。第一个任务完成，全家都稍微松了一口气。

接下来参加校考，也就是各大艺术院校自己组织的专业考试。校考也不顺利，报了几所艺术院校，纷纷折戟沉沙，要么没通过，要么通过分数也不高，录取可能性不大。因为各个艺术院校招生的侧重点不同，考试内容不同，和联考的评判标准也不同，所以并不能说你联考分数高，就一定能通过某个“牛校”的校考，也不能说你“牛校”的校考高分通过，就一定能通过稍微“低端”一些的学校的校考。

各校的校考可以说是纷繁复杂，初试、复试、三试。各花入各眼，出乎意料的事件频出，任何结果都见怪不怪。孩子和身边的同学都随着校考结果的逐步揭晓心情起伏，家长的心态也从一开始的略感失落到后来逐渐麻木。我们都深知没有时间也没有理由崩溃，只有勇敢地走下去，去迎接最后举行的清华大学美术学院校考。

清华美院校考在三月底的一个周六举行，灰蒙蒙的雾霾天，考场入口没有想象中那么拥挤，考生不算多。孩子们背着沉重的画具，没有什么表情，家长也没有人大声说话，默默地送孩子到门口。路上过往的人们谁也想不到，这里正在举行一场改变很多人命运的重要考试。

之前我曾多次预想过这一天，想象中到时候一定是非常紧张和兴奋的心情，没想到真正到了这一天，全家人都异常平静。经过几轮考试的洗礼，我们都做好了用联考分数去上综合大学艺术系的心理准备。漫长的各种联考校考，加上因为疫情影响导致的考试方式的变化，考试时间的推迟，半年多没碰文化课的担忧，让大家的耐心几乎消耗殆尽。

终于，清华美院校考分数出来了，女儿取得了三科专业课的高分，这一下分担了高考文化课考试的压力。以她的水平，在高考中正常发挥，就可以稳妥达到清华美院的分数线了。

回看过往，历程坎坷。幸而总是能及时调整心态，所以也没栽什么大跟头，结果也很满意。其实每一个节点的决策也未必都正确，比如到现在，孩子还有点后悔选择艺考，她还是想学更感兴趣的哲学、政治学和经济学。但是有了清华大学的教育资源，她想学这些学科也是有很多机会的。

艺考之路，最忌讳的就是“非某学校不上”的心态，周围因为这个心态而错失目标校的小伙伴比比皆是。艺考是最不确定的一条路，只有埋头付出，拥有绝对实力，忠于自己的艺术理想而非执念于某校的人，才能笑到最后。只有相信自己的能力，百折不挠，不到最后一刻不言放弃的人，才能最终实现自己的理想。

这就是我们陪孩子学艺十年的心路历程，记录于此，哪怕能给后来者一点点启示，也不枉此番深入的复盘与反思了。

脚踏实地步寰宇，仰望星空梦苍穹

宝峰

Amy 同学，高中时期被评为北京市三好学生、北京市优秀学生干部

现就读于清华大学临床医学专业（协和）

家长如是说

转眼间，经历了为备战高考而奋斗的高三，孩子如愿考入清华大学学习。对于我们来说，在孩子成年前，这一年的陪伴最为紧密也最具挑战性，因此格外难忘。与大多数家长一样，我们知道，要成为合格的陪伴者，需要具有平和的心态和稳定的情绪，需要提供良好的环境条件和全面有力的支持。

但每个孩子都是独特的个体，在大家广泛认可的一些共性指导意见下，具体的做法和合适的“度”往往无法一概而论。我们经常和孩子一起讨论，结合孩子的实际情况与特点不断地思考与尝试。我们重点在以下几个方面进行了摸索，陪伴她顺利度过高三时光并最终攻克高考难关。

关于高考目标

设定高考目标，在学生和家长心里占据了重要位置，后续诸多状况甚至结果，究其根本都会受到它的影响，而且至少会持续整个高考阶段（我们认为其实会更长远）。设置的目标或高或低，或虚或实，究竟怎样才是适合自己的孩子呢？最初的迷茫过后，为了避免因难以把握合适的“度”而陷入纠结和焦虑，在与孩子讨论相关问题时，我们把重点放到了怎样认识高考这件事情上，“多少分”“哪个学校”这样的话题在考试前尽量淡化，或仅出现在我们的调侃当中。

高三这年，我们和孩子尽力达成并逐步强化了这样一些共识：成年后每个人都将面临诸多挑战，高考是其中来得最早也是最重要的挑战之一，需要尽最大的努力去攻克它；高考结果固然重要，但并不足以决定人生，高考过程中提升的能力、获得的成

长经验以及经历的艰难与磨炼，具有更为长远的价值，值得投入更多的关注；高考结果受多种因素影响，有一定的不确定性，但遵循学习和考试的基本规律，努力把握自己所能做到的，就是一种胜利，而且我们都要相信平时努力，结果一定不坏。

这些看似空泛的“鸡汤”式说法，大家都会讲，但我们心里是真正认可的，我们觉得也是适合我家孩子的。在后面遇到困难或困惑时，我们常常先提醒自己和孩子是否背离了这些共识，然后再考虑具体的解决办法。高三一年，虽然我们离时时保持“不忧不惧、不慌不怠、持续奋进”的要求有差距，但孩子整体处于平稳向上的状态。对孩子来说，高考的具象性目标好像并不是预先树立起来去拼搏追求的，而是随着学习过程慢慢涌动出来的，并且在后期持续地推动着她。

职业理想与专业选择

与对待高考的具体目标不同，孩子较早就开始思考并明确了职业理想与专业的选择。最初，孩子目睹并忧心家里老人生病的苦痛，萌发了学医的念头。高中时参加学校组织的“医学放大镜”社会实践活动，增加了对医生这个职业以及医学专业的理解。

2020年初，突发新冠疫情，医务人员救死扶伤、甘于奉献的崇高精神，世界防疫形势以及对医疗技术与医学研究的迫切需要，都让孩子感受颇深。在这个过程中，孩子认真思考过，我们也共同讨论过一些学医面临的不利问题，例如学习时间长、难度大，工作艰苦、回报不高、医患关系堪忧等。但最终，孩子仍逐渐确定了从事医学专业的职业理想，不畏艰苦与劳累，并为坚守这一信念努力学习。我们家长也感到很欣慰，在语言和行动上始终赞许并坚定地支持她的选择。

我们认为，职业理想和专业选择上的这份笃定，对孩子高三学习起到了积极作用。首先，这使得高考的关注点部分转移到专业上，孩子的心理状态更加有利于备考。毕竟，相比“为了考上顶尖大学”这个目标，“为了能考上喜欢的医学专业”的想法能够在减轻焦虑的同时，让她始终保有勤奋学习的动力和热情。另外，通过提前了解信息并理性思考，孩子对医学专业的艰辛有了心理准备，更相信长久努力的力量，能够在学习备考过程中克服困难，超越自我。

比起高一高二，高三的学习显得紧张而枯燥，孩子却很自然地投入到刻苦学习中，把这份忙碌当成是对将来高难度学习医学的热身。在高三的学习中，孩子也遇到了不少困难，比如某些学科要点难以深入理解与应用，物理成绩拔高遇到瓶颈，一段时期作文写作难得要领。但她常常在一阵小抱怨后，转身努力去寻找原因并解决问题，没有真正被打趴下，反而有种越战越勇的劲头，后期的成绩也进一步提升。

孩子需要我们家长做的事

高考中孩子冲锋在前，我们家长在后面需要做些什么呢？实际上这是因人而异的，特别需要细致地去体察孩子真正的需求，否则家长可能就是“做得多错得多”，不仅无效，还会带来额外的干扰和压力。

就学习本身这件事来说，我们知道，学习的主体是孩子本人。学校老师教学水平过硬、经验丰富且高度负责，会根据实际情况教给孩子科学的学习方法，有针对性地进行指导，比如如何夯实基础、查漏补缺、补短板、突强项……各方面都有切实的措施。我们既没有能力，也没必要在技术、方法上给孩子具体深入的辅导，所能做的主要是通过观察与沟通（与孩子、老师）来跟踪孩子的学习状态，发现问题时与孩子一起分析原因，配合学校老师一起给予必要的支持。这个过程中，鼓励和信任最为重要。来自老师、父母、朋友等多方面的真诚鼓励会增强孩子的信心，为孩子的进步持续注入能量。

信任是亲子双方互相作用的，孩子相信父母和她是站在一起的，是她的坚强后盾，遇到任何困难都可以与父母讨论并探索解决途径；同样，我们也相信孩子有学习动力，有自己的个性、优点与短处，有纠错的能力，只要能保持良好的学习状态，就是很大的成功。

每次遇到困难，我们都当作一次考验。尤其是当孩子觉得自己努力了但看不到进步而烦躁、焦虑的时候，我们会尽量提醒自己要稳住阵脚，不要急于将她硬拉到所谓的良好状态上去，而是多听她自己说一说。我们希望她了解，这些是学习动态变化过程中的一些外在表现，无须太在意，但也提醒她应该更关注分数背后可能存在的问题，只有消除问题，切实提高学习能力，才是有效的进步，才不违背我们对高考的共识。最后孩子往往能够自己找到真正的原因并进行改进，这也增强了她学习的信心和克服困难的力量。

除了关注学习状态，我们常常督促、鼓励孩子加强体育锻炼，注意有规律地作息。高三时，除了体育课，她差不多隔天就约上小伙伴去体育馆运动。充足的睡眠是提高学习效率的保证，因此我们与孩子约定不熬夜，不打疲劳战。孩子也会自己寻找解压放松的方式，比如偶尔看个电影，逛逛街，聊聊天，时不时坐到“荒”了好久的钢琴前面弹奏一曲。这些活动使得孩子能够保持旺盛的精力，以昂扬的精神状态度过高三，闯过高考，最后取得满意的成绩。

孩子在清华园开启她的新生活后，我们有时周末会到校园门口去看看她，聊聊天，然后目送孩子骑车进入校园，看她渐行渐远的背影慢慢消失在校园小路转弯的地方。高考结束后，我们和孩子感到很幸运，不仅是因为高考过程很顺利，更因为得到了很多老师、亲朋的悉心教导与帮助。同时，高三一年的陪伴，我们都有很大的收获，希望孩子从中学习到、感悟到的那些，能继续支撑她走得更远。

每个孩子都是独立的个体

李耀杰

李同学，高中毕业于北京市十一学校
现就读于清华大学未央书院数理＋精密仪器专业

首先我想说的是，每个孩子都是独立的个体，各有各的特点，所以在教育孩子的问题上，家长要因人而异，因材施教。我只是将陪孩子走过的这18年回顾一下，希望对各位读者有借鉴作用。

首先说一下我认为比较重要的几个点。

亲子关系很重要。良好的关系让家长有话语权，说的话有信服力，孩子也愿意去听。好的关系也有利于帮助孩子平稳度过青春期。试想一下，如果你和孩子形同陌路甚至视若仇人，谁会愿意去听一个陌生人或者仇人的话呢？

成绩固然重要，但生活更重要。家长要明白，成绩只是检验学习成果的途径。学习只是孩子生活的一部分，不是全部，就像工作和孩子也只是家长生活的一部分一样。

焦虑是难免的。初为父母，没有养育孩子的经验，一切都是在摸着石头过河，别人的经验到自己这里也只是理论而已。教育体制改革一直在进行，幼升小、小升初、中考、高考政策的变化……这些都会让家长产生焦虑。但这是大多数家庭都会面临的问题，所以也不必太在意。

下面说一下我们在孩子各个阶段的教育方式。

学龄前：陪伴和养成良好的生活习惯

我一直认为，孩子上幼儿园之前是培养孩子良好生活习惯的最好时期。为什么这么说呢？因为在孩子上幼儿园之前，孩子接触的人基本都是家里人，孩子主要的学习途径基本靠本能和模仿，这时候培养生活习惯是家长可控的。到了幼儿园，你就不知道他所处的环境是什么样的。不要总觉得孩子小，什么都不懂，其实在孩子可以与大人简单沟通的时候，就是他们习惯养成的最好时期。这个阶段以言传身教为主，告诉他们什么是对的，什么是错的，哪些事可以做，哪些事不能做。

等孩子上了幼儿园，就要关注孩子在幼儿园的表现，比如与其他小朋友相处是否融洽，性格是内向还是外向。小朋友第一次离开家，独自一人面对外面的世界，家长一定要给予更多的关爱。当然，这里的关爱不是溺爱。

面临幼升小，我们当时为了孩子能更好地幼小衔接，没有上幼儿园大班，而是选择了上学前班。在学前教育的时候，我们没有过多地在意让孩子背多少古诗，认多少汉字，而是陪孩子看儿童读物，带她去外面玩耍，一切都是顺其自然。

在孩子五岁的时候，我们带她去乐器行，让她自己挑选一样乐器，并且告诉她，选了乐器就要坚持学下去，至少要学到小学毕业。之所以让孩子学乐器，是想开发她的左右脑，培养她的恒心和毅力。后来孩子选了古筝，一直学到初二。中间也有想放弃的时候，但因为有约定在先，她就一直坚持了下来。现在看来，这是一个正确的决定，而且现在孩子很喜欢弹古筝。

再说一个掉过的“坑”吧。在孩子四岁的时候去咨询游泳班，教练说四岁可以学了，我们就让她去学游泳。我家孩子那会儿胆子比较小，并没有学会游泳，但是还好，也没给她造成怕水的心理阴影。等她长大一点，经常带她去游泳，她自己倒是扑腾会了。所以什么时间学什么，家长要根据孩子的情况，不能人云亦云。

小学阶段：培养良好的学习习惯和阅读习惯

首先，低年级是培养学习习惯的黄金阶段：上课要认真听讲，课后认真完成作业，做事不拖拉。小孩子做作业磨蹭，对很多家长来说都是老大难问题。我们解决的方法其实很简单，就是和孩子说好，只要她认真完成作业，就可以干自己喜欢的事了。那会儿她回家要练琴，还要写课外班的作业，其实挺忙的，记忆中好像她没有做作业拖拉的毛病。

其次，这一阶段对于阅读习惯的培养至关重要。我家孩子那时候阅读理解并不好，她的思维总是很独特，一回答中心思想之类的问题就扣分。我就和她说，你不能按你的思路来，你得知道出题人的思路。后来给她买了一本阅读理解的书，多做题，再答题就基本能掌握规律了。

到孩子中高年级的时候，基本就是自己管自己的学习，我们就是看看她哪里有问题，帮她解决问题。比如阅读理解不好，就买相关的参考书，作文写不好，就给她买作文相关的书。

除此之外，小学阶段打基础很重要，比如数学口算，语文字词书写、拼音，英语单词记忆等。对于课外班的选择，不要拔高，一定要根据孩子的接受程度来挑选。在养成习惯的基础上，小学阶段也是能力培养的阶段。

比如，考试临场发挥能力的培养。这时候就体现出她学习古筝的好处了。因为要考级，而考级都是自己一个人进考场，面对两个评委老师演奏，所以她的心理素质还是不错的。

再者，意志力的培养。从她十岁开始，每年都去参加徒步活动；另外，她学了两年跆拳道，训练很艰苦，所以她养成了能吃苦的习惯。

当然，开阔眼界也是十分必要的。小学除了学习，我们还带她去各处游玩，有时和朋友一起游玩，有时一家人出去游玩，既增加了亲朋、亲子之间的交流，也增长了见识。

初中阶段：建立适合自己的学习方法

先说一下初中学校的选择：离家不要太远，学校尽量挑选教学质量好的。在教学质量差别不大的情况下，选择校风校纪好的。

小学养成良好的习惯以后，初中我们基本没有管过她的学习，只是有问题的时候帮她解决问题。比如她刚上初一的时候，觉得数学学得不是太好，我们就给她报了数学课外班。初二要有物理课了，她自己要求初一暑假先学一下物理，我们就给她报了物理暑期班。英语语法学习出现问题，就给她买了语法练习册。这个时候学校正好在推广思维导图，孩子就基本上跟着学校的学习进度走：认真记笔记，认真完成作业，整理错题本。

初中正好是孩子的青春期，但我们相处还挺融洽的，当然也会有矛盾。比如有一段时间，她觉得我们对她好是因为她学习好，如果学习不好了，我们就不喜欢她了。遇到这种情况，我们一般都是先冷处理，然后等大家心情都不错的时候再把话说开。

高中阶段：完善学习方法体系

高中学校的选择还是秉承了离家近、学校教学质量高的原则。

高中阶段，我们做家长的主要是做好后勤工作，所有学习都是孩子自己完成的。

整个高中阶段没有报课外班，全程跟着学校的课程走，孩子从学习中等一步一步前进到年级前几十名。

最后再说一下和学习方法相关的几点。

首先，孩子的主观能动性要调动起来。学习不是一件容易的事，但如果孩子的好奇心和兴趣被调动起来，那么学习也就不是一件苦差事了，不过这需要家长从小鼓励。在孩子小的时候，要接受孩子有可能比别的孩子学得慢、忘得快、理解力差的事实，不要着急，不要拔苗助长，而是要有耐心，耐心帮助孩子解决问题。

其次，培养孩子的自律性。好习惯的培养要从小抓起。规则的制订和执行一定要明确，不能朝令夕改，不能大人今天高兴了，孩子就可以无法无天；不高兴了，孩子什么都没做错就挨骂挨打。

第三，锻炼孩子的记忆力。上学后，该背的该默写的，都要让孩子认真完成，不要觉得是浪费时间。

第四，提高理解力。要多阅读，多写作，多玩一些逻辑类的游戏。

第五，培养稳定的心态，提高适应能力。大考最后考的其实都是心态，心态平稳，适应性强的孩子，最后一般都能发挥稳定。学习舞蹈、绘画、器乐和各种体育项目，耐力训练、挫折训练和延迟满足训练，都是培养孩子心态的好方法。当然，要在孩子能力范围内培养，不要贪多。

最后，最核心的就是认真听讲，认真记笔记，认真完成作业，做好预习复习，学会归纳总结。这些可能都是老生常谈，但是在孩子学习中真的管用。

学习之法在课本之外

金鹏

金同学，高中毕业于清华大学附属中学

2019年考入清华大学，现就读于清华大学自动化系

时光荏苒，孩子高考仿佛还是昨天的事情，如今儿子却已经大三了。孩子的成长是家长的培养帮助和孩子自我发展的过程。回顾儿子的成长过程，有成功也有失败，有意料之中也有无心插柳。这里带着几分忐忑，聊聊儿子成长过程中的一点体会和感想。

培养独立意识

要想让孩子学会独立，首先需要保护和培养他的独立意识。儿子从小就很独立，在日常生活方面，我们对他没有太多的限制。在有安全保障的前提下，他想做的事情基本都可以得到满足，即使满地狼藉也没关系。

年幼时，我们会带他去买衣服和玩具，那时的他十分积极。我们也尽量满足他的要求，即使当时我们有其他更好更合理的选择。

刚上小学的时候，有一天下班，发现他自己在家里给我们切了一盘苹果，这让我们大为震惊。当时我们努力忍住对他安全的担心，积极地称赞他的这种行为。小学期间，有段时间他承包厕所的卫生工作。直到现在，我还很清晰地记得，他让我们休息，自己却在卫生间里把物品整理得整齐有序，马桶也刷得干干净净。

上小学后，孩子每天自己整理书包，我们很少提醒他需要带什么东西，忘记带东西的次数反而越来越少。当时学校作业很少要求家长签字，我们虽不会每天当着孩子的面查看作业，但会时常在孩子睡着后看看每科的作业和考试等情况，对他的学习情况有清楚的认识，及时给予帮助。

从小学开始，出门旅行，准备行李的事情都是由孩子自己负责：将物品分类打包，摆放得清楚整齐。出门在外，他反而会提醒我们各种注意事项。记得有一次带他出去

旅游，我们分工合作，每天交替做决定去哪里玩，谁决定就由谁负责这一天的行程路线。那一次我们玩得很愉快，收获颇多。

初三开始，我们决定让儿子做个预算，一次性给他全年的开销费用（除学费外），让他自己决定买什么，怎么花。从那之后，他便开始自己购买所有的衣服、鞋子及日常用品，财务打理得井井有条。高中时做生活委员，管理班级的班费，他也没有出现过任何差错。

中考成绩出来之后，儿子完全可以上北京分数最高、清北升学率也更高的中国人民大学附属中学，但他自己更倾向于清华大学附属中学，给出的理由是喜欢清华附中更加宽松的学习氛围，我们也积极支持和赞同。

儿子上了高中后，基本上都是自己决定和处理所有的事情，小到穿衣吃饭和每门课程的学习。例如，他能根据各门功课和知识点的掌握情况，为自己制订合理的规划，补足短板，各门功课均衡地发展。大到文理分科、参加高考有关的各种活动，他自己也都能应对自如。填报清华大学的志愿时，对于专业的选择，我们也完全尊重了他的意见。上大学后的实习实践、未来发展方向等，也都是他自己做决定。

渐渐地，儿子已经能够根据自身及外部的情况，妥当地处理问题。独立也是一种习惯，习惯养成后，自然就会独立地处理各项事情。

学会自己思考

身边的很多父母选择给孩子上各种课外补习班，孩子的校外时间占得很满，很多孩子疲于应付。我们不太赞同把大量的时间花在课外补习班上，一方面，上课及课后练习的时间太长，占据了孩子大部分时间，没有空闲时间去做自己喜欢的事情。孩子的精力是有限的，这样就会挤掉孩子思考的时间和空间。另一方面，补习班老师对课程的讲解和深入总结，确实让孩子不用花太多的精力，就能在短时间内掌握很多有利于考试的知识和技巧，但这样做的后果就是剥夺孩子们自主学习、提高学习能力的机会。

学习要伴随终身，学习能力的培养和提升，也是教育最重要的一部分。学习能力的培养，首先得让孩子学会独立思考，并不断练习，慢慢提高。这需要父母具有耐心，给孩子有效的帮助和支持。

儿子上初中后，报的补习班很少，补习时间也很短。儿子是个自主意识很强的孩子，报任何课外补习班，都需要跟他商量是否需要，若非必要便不会报名。因为有所选择，课外班的针对性较强，如果他发现不能解决他的问题，或者学习效率比较低，就会要求立即停止。

当他在学习中遇到问题或察觉某个专题学得不够好时，他会自己及时解决。他的办法是去书店买一本相关知识的书，自己研究并加以练习、总结，直至攻克难关。这种学习方式虽然比上课外班效果慢，但这不仅能提高学习成绩，更重要的是能提高学习能力，受益终身。

发现兴趣点

人们常说，兴趣是最好的老师。如果对所学的东西充满了兴趣，就会主动学习，对学习也会更加专注，达到事半功倍的效果。父母通过日常观察，发现孩子的兴趣点并积极引导和支持，对孩子日后的发展很有帮助。如果将来能在感兴趣的领域工作，也是一件很幸福的事情。

儿子小时候对电动类玩具不感兴趣，但特别喜欢能动手拆卸、组装的玩具。发现这一点后，从幼儿园开始，便让他参加了一些兴趣班和锻炼动手能力的课程，比如手指游戏、剪纸、插画等。上了小学后，上的最多的也是动手类课外课程。其中小小建筑师和工程师系列课程，一直坚持到小学毕业。家里最多的也是儿子最喜欢的玩具，积木和变形金刚，一玩就是几个小时，不知疲倦。慢慢地，儿子会用积木做各种玩具和小机关，从静态到动态，越来越复杂多变，我们经常为之惊叹：仅用小积木块和皮筋做手枪，就能发射子弹；为了上床后不用下床关灯，用积木和绳子做个小机关，只需在床上拉动绳子，积木就会打在开关上，灯随之熄灭。诸如此类的事情很多。

对于孩子而言，玩玩具和游戏也是一种学习，是一种积极的思考和动手能力相结合的活动。有了兴趣，会主动去学习他想了解的东西。儿子在高中时就自学了SolidWorks 软件（三维设计软件），津津有味地设计各种零件。

这种在机械和自动控制方面的极大兴趣，使他在高考志愿的选择上没有过多犹豫，直接选择了清华大学的自动化专业。将未来的工作与自己的兴趣结合起来，工作中就不会觉得辛苦，反而成为一种快乐。

热爱运动

运动的好处很多，不仅能强身健体，让人精力旺盛，也能释放压力，保持身心健康。从小培养孩子运动的习惯，也是受益终身的事情。清华大学有一句口号，就是“为祖国健康工作 50 年”，意在鼓励清华学子多参加体育运动，强健体魄，为国效力，这也是清华文化的重要组成部分。

儿子小时候学过羽毛球、乒乓球等运动课程，小学开始踢足球，初中还是校足球队的成员，大学经常参加学院间的足球比赛。足球运动已经成为他最喜欢的运动项目，会一直陪伴着他，给他带来健康和快乐。

家的作用

家庭是孩子健康成长的地方，是孩子最快乐、最放松的地方。宽松有爱、积极向上的家庭氛围，有助于孩子身心健康，父母的言传身教也是对孩子最好的教育。我们的家庭理念是：努力学习工作不一定能成功，但不努力连成功的希望都没有。每个人的学习工作都是自己的事情，孩子也一样，所以每个人都要努力做好自己的事情。

儿子从小就建立了这样的理念：学习是他自己的事情。初中时，我听到最多的关于学习的话就是：“老妈，我的学习你不用管了。”孩子的成长是分阶段的，每个阶段有每个阶段的特点和需求。青春期是需要父母与孩子共同面对的阶段，父母的耐心和包容是对孩子成长最大的帮助。清华附中王殿军校长在初中开学典礼上对父母说过一句话，“多做饭，少说话”。这话我们很赞同。克制自己的控制欲，降低自己的局限对孩子的影响，让孩子拥有更多的自由，让孩子更好地成长，这应该是每个父母的必修课。

孩子的成长过程不仅有快乐，也伴随着挫折、压力和痛苦。耐心倾听孩子的话，及时关注孩子的心理健康和情绪变化，在他需要时给予宽慰和力量，帮助孩子度过沮丧时期，让家成为孩子最安心和最能汲取力量的地方。

纵观孩子成长的过程，还是有很多遗憾。儿子很喜欢也很擅长动手搭建各种机械，喜欢创客，喜欢机器人，但我们没能为他提供更多参加机器人赛事的机会。带孩子出去旅行的时间太少，书法练习坚持的时间太短，家国情怀教育不够，因自己的不成熟，也曾给孩子带来伤害，等等，这些也让我们时时感到愧疚！

春风化雨，感恩前行

婉星

晨晨同学，高中毕业于北京市某中学
目前就读于清华大学物理专业

在孩子成长的过程中，有喜悦，有焦虑，有成绩，有挫折，有幸运，也走过不少弯路。考上大学，只是人生一小步，只是幸运一点点。因此，不敢信口妄言，只就自己感受比较深的方面谈几点体会。

做好规划，步步为营

凡事预则立，不预则废。规划或谋划能力对学习生涯乃至今后的生活都有重要影响。

第一，重视规划。

规划的制订比规划本身更重要，因为它代表了你的态度。有了目标和规划才能知道当前应该做什么，做到心中有数。长期规划指出大方向，也许不是非常清晰和明确，也不可能一步到位，但可以动态分析，不断修正。短期规划则需要具体可行。

做好规划需要家长不断学习，拓宽视野。当然，目标和路径要结合孩子的兴趣、特点而定。比如儿子小时候喜欢科学，我就鼓励他参加相关的兴趣班。通过探索学习，孩子充分发挥了自己的特长，不断在多个竞赛中获得成绩和奖项，这对提升他的自信心有很大帮助。也正是在这个过程中，逐步萌生了去清华大学读书的念头。

第二，提升获取信息的能力。

当今社会的竞争，一定程度上是信息获取能力的竞争。我主要通过官方网站、家长论坛、微信、QQ 群、教育讲座等途径获得信息，往届家长也给予我很多指导。小升初时，我通过家长论坛了解各个学校的特点，并在家长论坛的组织下参加了几所中学的宣讲会。高考前，我有选择性地听了一些讲座，经常在家长群里聊聊天，获得了很多关于大学专业和志愿填报的知识。此外，实地考察也很重要，每到升学前，我都会去一些目标学校参加校园开放日，走一走，看一看，聊一聊，感受一下。获得第一手资料，心里更踏实，和道听途说是不一样的效果。

良好的亲子关系

良好的亲子关系是孩子顺利成长的保障。有了良好的亲子关系，孩子成功时才能和你分享喜悦，遇到挫折、困惑时才会和你沟通。只有良好的沟通，教育才能发挥作用。

第一，正面教育。

强化优点，弱化缺点。许多家长总是淡化孩子身上的优点，容易看到孩子的不足和问题，甚至立即指出并反复强化。父母可能是怕孩子骄傲自满，但是这样很容易打击孩子的自尊心和自信心。实际上，强化孩子的优点，能给他们极大的鼓励和自信，让他们身上的优势获得更多的发展。哪怕孩子就一次表现优异，我们也要抓住机会，多次强调，让孩子深刻感受到表现好的作用。如能恰到好处地在公共场合提到，效果可能更好。孩子犯错时，要避免再在伤口上撒盐。犯了错误，孩子自己也会产生自责心理，如果家长抓住错误不放，孩子的自责心理就会慢慢消失，进而产生抵触情绪，时间长了可能会养成不良习惯。

第二，情绪平和。

家长内心的焦虑与浮躁，有时比孩子的学习问题更可怕。正如《家庭教育真正缺失在哪里》这篇文章指出，母亲要做到“虚、弱、柔”。孩子需要母亲良好的情绪去孕育和保护，母亲看到孩子的问题时，如果能够不露声色，才能赋予孩子内心成长的动力。情绪不稳就会破坏孩子的内稳态，孩子平息自己内心紧张的情绪，就要消耗很多心理能量，还能留下多少心理能量用于学习和自我成长呢？因此，母亲保持情绪平和，就是对孩子最伟大的教育。

儿子的学习也有起伏，我时常也会焦虑，于是看了一些关于教育和心理学的书籍及视频。有位好朋友是教育心理学博士，她给了我很多指导。建议家长朋友们有时间也学一点这方面的知识，既能转移注意力，又能学以致用。但知易行难，家长需要毅力和不断摸索。

第三，学会放手。

有一次儿子对我说：“妈妈，有时我本来自己主动想做的事情，你一逼我或者督促我，我反而不想做了。”这就是内生动力和外部压力的区别。我们想要让孩子积极主动地学习，这种“积极主动”的动力来源于哪里？当然是来源于孩子的内心。只有孩子想学习了，才不用父母督促，才会积极主动地学习。同时，放手让他们动手打理自己的一切，即使遇到挫折，也能及时纠正和调整，以后再处理同类事情，就能快速去解决。此外，父母在孩子的学习中应适当退出，转移注意力，去做自己的事情，实现自我价值，这样做也能给孩子树立榜样。

提升综合素质，全面发展

通过观察周围学生，我认为综合素质高的孩子，学习也会更好。综合、平衡地发展，是长期行为，而只重视成绩，忽略其他，则是短期行为。

第一，培养健全的人格。

良好的品行能够产生强大的正能量，也决定了孩子未来能走多远。培养孩子胸怀天下、家国情怀、责任担当、懂得感恩、正直守信、积极进取、坚强乐观、吃苦耐劳、关心他人等良好品格，无论是在学习、工作还是生活方面，孩子都会终身受益。家长的格局和习惯能够影响孩子，日常言行需要以身作则，潜移默化，润物无声。也可以鼓励孩子积极做公益，多参与社会实践活动。

第二，锻炼强健的体魄。

“身体是革命的本钱”，尤其到高考前，大家的智力水平和知识储备都差不多，这个时候拼的就是体力了。吃好、睡好、身体好，也是一种竞争力。运动锻炼不仅能够健身，还能让人保持良好的精神状态，更好地排解学习带来的压力。

第三，培养良好的沟通能力。

心理学告诉我们，孩子的问题主要是情绪问题，学习不好大多是因为负面情绪困扰，很少因为智力。善于沟通能使他们开朗乐观，建立良好的人际关系，在低谷期有效调节情绪，树立信心，走出困境。此外，孩子将来都是要走向社会的，善于沟通，才能更好地与人相处，团结协作，获得理解和支持。

第四，培养一定的劳动能力。

劳动能激发孩子的成就感、责任感，也能给业余时间增添乐趣。生活能力、劳动技能还可能会影响将来的适应能力和家庭幸福。可以从做饭、洗衣、打扫卫生等简单的家务活入手，或参加务工务农的实践活动，培养动手能力。我经常对儿子说，以后不论从事什么工作，只要是用自己的双手诚实劳动，自力更生，都是好样的，都是值得自豪的。

从容面对成败得失

成长的道路不可能一帆风顺，暂时落后并不可怕，适当的挫折也能锻炼心理素质，关键是怎么对待。

第一，坚定信心。

家长要多鼓励、认可和肯定孩子的努力。在孩子做错的时候，不要过多苛责，而是要积极帮助他找到错误的原因，解决问题。儿子原来英语较弱，但我一直都说他没问题，说他在英语方面有天赋。鼓励他先设定一个小目标，从每一次小测试入手，连续观察成绩的变化，自己跟自己比，哪怕进步一点点，也是值得鼓励的。后来孩子的成绩真的赶上来了。其实，只要家长自己乐观豁达，不把焦虑传导给孩子，孩子也会充满信心的。

第二，适时调整期望值。

对于高考，要战略上轻视，战术上重视。高考前夕，我主动调低了期望值，跟孩子一起分析，以我们目前的成绩最好和最差的情况可以报考哪些学校，学到哪些技能，从事什么职业。经过分析发现，不管考上哪所学校，只要学好专业知识，有一技之长，将来都可以自食其力，成为对社会有用的人。事实证明，自己减压了，孩子的状态也更好了。

第三，相信学校。

特别幸运的是，我们一路走来，遇到了许多很负责、有情怀的老师，无论是班主任、各科老师还是竞赛教练，他们都能信任和鼓励孩子，在孩子退步或迷茫时，会与之及时沟通。如果家长不能很好地与孩子沟通，不妨交给学校和老师，他们更有经验，也能更理性客观地看待问题，沟通可能更有效。

以上几个方面是我觉得陪伴孩子比较重要的几点，自己做得也不够好，也在不断努力中。

再说一下我们的遗憾和教训。

第一，重理轻文。

孩子小时候理科成绩较好，而文科学习花费时间较少，后来越来越意识到人文学科的重要性。用孩子的话说，文科能够解决你的方向和动力问题，而且现在理科题也是大段的文字描述，因此，缺乏文科素养和积淀，不仅容易产生思想上的困惑，也会影响理科学习中的分析理解。文科是慢功夫，需及早重视，长期积累。

第二，自己对儿子的鼓励不够。

我们经常会指出他的缺点和存在的问题，对优点和取得的成绩肯定不足。

过往皆序章，归零再出发。高考只是一个环节，而人生是一场马拉松。路漫漫其修远兮，吾将上下而求索。每个孩子都有自己的梦想，人们对成功和幸福的定义也不同，相信只要持续努力，每个人都会不断地收获惊喜和成果，也终将实现或接近自己的目标和梦想。

感恩每一位给予关心、支持和帮助的老师、家人和朋友，让我们在前行的路上更有信心，更有勇气，也更有力量。

春风化雨，静待花开。愿莘莘学子坚毅奋斗，不负青春；祝每个孩子都健康、自信、快乐，活出精彩人生！

看清自己，看见未来

王木子

王同学，高中毕业于北京市十一学校

2018 年考入清华大学，现就读于经济管理学院经济与金融专业

孩子在 2018 年终于进入了心中梦想的高校，此时回过头来看以前走过的路，可以归纳为几句话——起于目标，发于热爱，重在方法，贵在平衡。

听从内心，自立目标

目标要是真实的，自愿的，是孩子的心中所想。当然，刚开始的时候目标可能不是很清晰，比如想去什么样的大学，是出国读书甚至留在国外，还是去哪里工作。随着年龄的增长和知识的积累，这个目标会逐渐清晰明朗，切实可行，成为孩子努力的方向。

就像电影《无问西东》里的情节，清华大学学生吴岭澜因为各种考虑，对学文还是学理拿捏不定，当时的教务主任梅贻琦对他说："学文还是学理，不是按学哪个前程更好，对自己更有利，甚至对社会更有利去衡量的，而是人应该遵从内心那个真实的自己。"那什么是真实呢？"什么是真实？你看到什么，听到什么，做什么，和谁在一起，要有一种从心灵深处满溢出的不懊悔也不羞耻的平和与喜悦"，这应该是我们设立目标的出发点。只有当孩子觉得目标是自己确定而非家长强加的，她就会发自内心、有意愿地自主去努力，并不断地调整自己的行为。

一个长远的目标也需要一系列小目标的支撑。孩子进入高中后，明确了自己想考上清北的目标，初升高的暑假就自愿去学校听竞赛课，高一暑假参加了竞赛封闭学习，高二暑假主动学习高考考纲之外的知识，以备大学的严格考察。这是目标引发出的自主性，成为孩子执行目标的有效动力。

呵护热爱，引领成长

每个人的成长都是一件内驱的事情，是自我发动的事情。不管是成年人还是孩子，只有当他体验到了乐趣，体验到了快乐，他才会去追求。在压力下的追求，其实是很有限的。作为家长，职责就是帮助孩子顺应天性，让她能够找到自己的兴趣，投入足够的热情，在快乐中成长。

小学的时候，孩子有幸碰到了一位优秀的数学启蒙老师。这位老师是一位让孩子们非常喜欢，也让家长们很欣赏的师者，老师自己对数学也充满了热爱。他讲述数学在各个方面的重要性时，引起了孩子对学习数学的浓厚兴趣，让孩子愉快地在数学的海洋中遨游，体验到数学的美好，并且乐此不疲，为数学这一学科的学习打下了坚实的基础。

因为热爱数学，并且取得了一定的好成绩，能明显感觉到孩子的自信心和成就感提高了。这份自信同时增强了孩子做其他事情的掌控感，对提高其他学科成绩起到了积极的促进作用。作为家长，我们喜欢严谨、严格的老师，因为这样会让孩子对学习有敬畏和认真的态度，孩子耳濡目染，也慢慢养成了良好的学习习惯。孩子只有在快乐的过程中去追求，才会不断地成长。

关注方法，培养习惯

在孩子可以建立自主学习能力的时期，养成自主学习的习惯非常关键。孩子在成长的不同阶段可能有不同的特点，要发现孩子的天性特点，尝试找到适合孩子的学习方法，让孩子以一种与其能力相匹配的学习方式螺旋前进。这其实对家长的要求很高，我们要随着孩子的成长不断地提升和转换角色，做到恰如其分地陪伴。

在孩子小学一二年级的时候，她的注意力集中时间只有 15 分钟左右。做数学作业时，我们不会让孩子将所有数学题目都做检查，一开始是先小范围查错（针对有错的题目前后 3~5 题），练习自己查错题的能力；然后针对错题，自己讲解为什么会做错这道题，接下来让她出 1~3 题的同类型题，最后根据做题的实际情况，再看是否需要进一步讲解。这样一个循环，同类型的题目就基本掌握了，而且是真正意义上掌握了。

家长要根据自己孩子的特点，摸索出适合孩子的学习方法，孩子就会慢慢养成良好的学习习惯。学习方法体现在方方面面。小学时候，有一次去舞蹈老师家里学习舞蹈，当时应该是练习倒立。有的孩子不太容易倒立起来，舞蹈老师严厉地说了一句“你们要学会用脑子来学习！”当时就感觉这句话特别震撼。

“用脑”，其实有很多层含义，要想想动作是怎么完成的，每一步应该用到哪一部分的力量，做的时候也要不断琢磨怎么才能做好，而不是做无效的重复。学习也是一样，大量刷题有可能就是无效的重复，家长需要帮助孩子理清思路，理解问题，也许就能找到破解的方法。

把握平衡，相互促进

要学会平衡学习和生活的关系。孩子成长过程中并不仅仅只有学习，还应该去体验生活中的各种精彩，这也可以为学习增加更多的动力。

孩子学了很多年的舞蹈，从幼儿园就开始学，成为一个从小到大的爱好。在高三学校组织的活动中，还和几个小伙伴在紧张的学习之余一起排练，带给同学们一场炫酷的舞蹈表演，赢得了老师“长腿小姐姐”的称号。

上大学后，也一直积极参加学校的健美操比赛和学院的学生节活动，结交了很多新朋友。从这个角度来说，培养孩子广泛的兴趣，可以增强孩子的心理素质，丰富孩子的精神世界。自己喜欢和擅长的运动，可以帮助她提升生命的张力，彰显个性。

学习的过程中应该学会放松。上高中的时候，孩子突然迷上了李健，清华大学走出来的学长“男神”，这也坚定了她要上清华大学的决心。作为家长，我们也一直陪着孩子追“健哥”。最经典的一次，就是周末陪孩子去南京看“健哥”的演唱会，我们还发了朋友圈。看到朋友圈信息后，孩子同学的妈妈一个电话就打了过来，“她居然去看演唱会了，我们家孩子还沉迷于数学题海中出不来呢……”当时隔着电话都能听出同学的各种羡慕。孩子去看演唱会，对她来说是一种调剂，在紧张的学习中让自己休息放松一下。她会选择适合自己的放松方式，作为家长的我们要给予足够的支持，并且相信放松后会带来更高的学习热情。

中学期间，我们还带着孩子去郊区爬山，也曾爬过北京郊区最险峻的箭扣长城。每一次爬山都是一次挑战，既锻炼了孩子的意志品质，又能感受到经过努力后的那种一览众山小的喜悦。这种挑战精神对于学习来说具有很好的促进作用，让孩子能勇于面对学习和生活中的挑战。

喜欢这样一句话："这个世界需要的是有生命力的人。"教育是一个终身积累的过程，而最好的教育，就是让孩子勇于持续不断地探索自我和这个世界，在学习的过程中提升自己的能力。升学、高考只是某个特定阶段孩子内在积累的外在展示，一个人生命中的真实积累不会因为这些事件顺利与否而发生改变，即使碰到一些暂时的困难，只要孩子能坚定自己的信心，保持良好的心态，持续努力，最终还是会获得和自己能力匹配的人生。

苦力未必得玉树，用心才可育芝兰

灯盏窝

龚同学，高中毕业于中国人民大学附属中学

2021年考取清华大学，现就读于清华大学医学实验班（八年制）

有人曾说过，教育是一种自省的途径，向外劝导你的孩子，向内劝导你自己。好的教育，应该是把重心放到教育自己、认识自己上，这样才能更好地认知孩子，发现孩子的特点，才能让孩子的特点变成特长。在不断自我认知的修炼和提升中，我们觉得孩子的成长在以下几个方面特别重要。

因材施教更快乐

你认识你的孩子吗？你了解他吗？他的性格和你一样吗？其实这些问题未必每个家长都能回答上来。记得孩子两岁多的时候，我们发现他的观察能力很强，尤其对数字特别敏感。他很小就喜欢汽车，书里画的，路上跑的，都烂熟于心。有一次看见一辆很小众的汽车，他立刻告诉我们是哪个国家生产的，是什么型号的汽车。更让我们惊奇的是，他还告诉我们在哪本书哪页的右下角，就有这个汽车的图片。我们当时的确被吓着了，惊叹他有如此惊人的观察力和记忆力。

他常常在车牌号的数字上做文章，这几个数的大小排列规律，甚至加起来有多大，能否被3整除，都是他津津乐道的事情。他上幼儿园大班的时候，因为中午不想睡午觉，又不敢随便乱动，就躺在床上玩自创的加法游戏，心算1+1、2+2、4+4、8+8……算到一万多，2的幂次计算已经无形中在他脑海里形成了。幸好孩子的这些小特点被我们及时捕捉到了，我们开始有意识地把数字和数学以及背后蕴含的逻辑推理、理性思维、严谨习惯引入到他的生活中，让他在数学中体会到解决问题，尤其是凭借自己的思维创造获得的快乐。虽然他在后来的数学学习中也遇到过很多困难，但是始终没有放弃数学背后对严谨逻辑的追求，对优美思维的兴趣，也始终对陌生领域充满好奇心与包容心，对探索未知充满期待。现在想来，才知道发现孩子、了解孩子，及时引导并放大他的特点有多么重要！

专注高效更轻松

大千世界，诱惑那么多，想要专注于一件事真的太难了！但是只有专注，才能将自身的潜力发挥到极致。在培养孩子专注做事上，我们是下了一番大功夫的。孩子从小就特别喜欢玩乐高积木，从玩具拆封到最后拼完，我们尽量不打扰他，让他在沉浸中体验探索和学习的快乐。他经常在拼插过程中自己设定各种人物角色，设计事件情节，从所见所闻的故事中汲取素材，同时配上自己的解说。一个机械的拼装游戏，硬是让他演绎成了一部声情并茂的动画大片。

除了在他酷爱的事情上特别专注，我们还经常有意识地把他这种专注力引导发散到其他事情上来——尤其是在生活中的许多小事上，让他体验到专注做事的好处，比如又快又好地完成各项任务，并在完成了该做的事情之后，有大把的时间可以自由支配，这让他的学习和生活一下就进入了高效的快车道。在这个快车道上，孩子不断体会到专注带来的高效，高效形成的“学霸”效应，自然而然就形成了专注、高效的良性循环。

小学六年级进入人大附中早培班之后，虽然孩子再也没有上过一个课外班，没有参加过任何竞赛辅导，但他都能专注高效地学习，始终保持稳定的学习节奏和效果。

独立学习更自信

让孩子学会独立自主地学习，其实是家长对教育引导的自信，这也必将使孩子在学习上建立自信。我们从孩子很小就告诉他“学习是自己的事情”这一理念。虽说这个道理很简单，但是在现实中，很多家长却在孩子启蒙之初，就把自己变成了孩子学习的主力军。陪孩子做作业，检查作业，陪上补习班，给孩子讲题，所有这些，都让孩子觉得学习这件事儿是全家的事，我学不好不是我的责任。这样做的后果就是孩子没了学习动力，家长陪学辛苦且收效甚微。

儿子从上小学开始，就非常适应独立自主的学习，预习、复习、总结都主动积极。如果有不懂的问题，他会自己找老师、同学求教和探讨，这也促进了他与老师的交流沟通。我们就是始终在他身边提醒、督促和观察，并在他的思想情绪出现波动时给予引导和帮助。这种独立学习的态度，让他越发学得轻松和自信。

早培 18 班是被京城家长戏称为“宇宙第一班”的班级，班里的孩子个个天赋异禀，很多在高一、高二就拿到了国赛金牌，进入国家集训队，提前进入清北和国外大学学习，甚至夺得奥赛冠军。在这个高手如林的地方，儿子不参加课外补习，不请家教帮忙，虽然心理上也有一定的压力，但他并没有被别人带跑节奏，也没有迷失方向。他始终选择适合自己的学习模式，坚持自己的道路，稳扎稳打，这就是我们的“道路自信”。

在这些年的教育成长过程中，如果说有什么遗憾，那就是没有让孩子培养出一个终身热爱的体育运动项目。不过还好，清华大学是号称“无体育，不清华”的教育圣地，这让我们多少释然了一些。

以上是作为家长用十八载光阴沉淀下的一点思考，虽然远不能代表成长道路上的全部，但其中有那么一部分，历经时间的打磨后愈发令人回味。如果这些点滴心得能给家长和同学们在奋斗的道路上带来些许启发和鼓舞，我们将不胜欣慰。

最后附上我们在孩子高一入学时写给三年后十八岁的他的一封信。

写给未来的我们

冬儿：

就算学校没有要求家长给三年后的孩子写信，我也早就想跟你好好聊聊了。可是不用想都知道，要你听完我的唠叨，那有多难！其实我自己都不能容忍自己变成一个“语量”极大的人（这是你最近的常用词）。但下面要说的话，是想告诉你，更是想说给我自己，让我们共勉，成为更好的自己。

首先是做个快乐的人。有这样明确的意识，大概是我四十岁以后的事情了。虽然悟出这个道理有点晚，但是特别值得欣慰的是，你生来就有快乐的天赋。记得早培班六年级的时候，你的选修课居然是相声兴趣组，这让我既吃惊又高兴。吃惊的是你天生有自娱自乐的基因，高兴的是你有勇气用这种方式在自娱的同时带给别人快乐。我觉得，做个快乐的人，不是整天没心没肺地傻活着，而是在认清了事情本质，分析了事情发展的最坏结果，还能以乐观的态度和积极的心态去面对挑战，直视困难。在这件事上，我很佩服你！我的快乐修炼会一直在路上。

其次是学会管理自己。这是一件很难的事情。在管理好自己的学习、工作和生活这些事情上，我对你是很有信心的！我最想说的是管理好自己的情绪，别让自己的坏情绪影响到别人，这对我们三个人都是一个很棘手的课题。

管理自己的情绪，不是简单的压抑，而是明白在合适的场合、时机，采取适当的方式来宣泄和调整。控制好自己的情绪，是完成所有事情的大前提，任何头脑冲动下做出的决定，都会导致功亏一篑。你放心，爸爸、妈妈还有这个家，永远是你、是我们释放压力，挥洒激情最好的地方！

最后也是最重要的，就是锻炼一个健康的身体。健康的身体是一切的基础，这个论点够写个长篇巨著，我就不赘述了。众所周知的道理，在生活中很多人都会以种种借口忽略、放弃，那就是舍本求末！当然，我其实更提倡培养一个体育爱好，将锻炼身体融入爱好，那将更长久，更有意思。如果你现在还没有一个特别的体育爱好，没关系，什么时候开始培养都不晚。我记得我曾跟你说过，我的锻炼目标就是在我八十岁的时候，还能像现在一样在乒乓球场上挥汗如雨！要不你也定个小目标？

好了，就说这些。不管你是准备迎接高考挑战还是已经实现了自己的愿望，如果看完这封信，你的内心坚定愉悦，脸上笑意盈盈，那我真高兴！

妈妈

2018.8.15

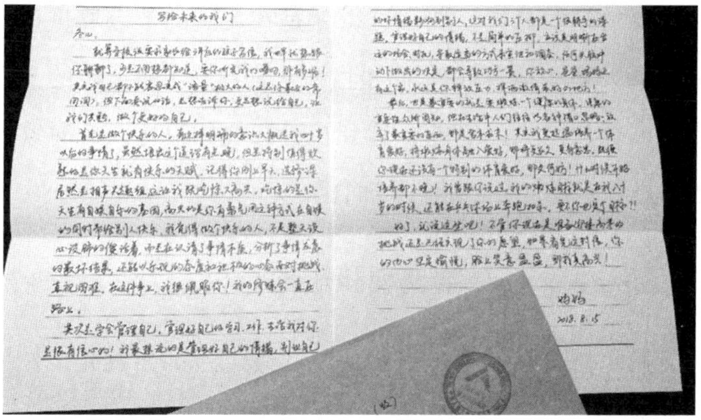

躬身力行道途坦，静待花开终有时

劲松

刘同学，高中毕业于清华大学附属中学

现就读于清华大学美术学院

执笔写这篇文章的时候，正值北京最美的春夏交替之际，女儿已经顺利拿到了保送研究生的资格，而我最想和有缘看到此文的家长和同学朋友们说："只要你眼里有光，心中有梦，脚下有风，你和清华大学的距离，其实只是时间的问题。"

当然，有幸牵手清华大学，也只是人生的一个起点。真正的人生是一场马拉松，让我们放眼未来，任由孩子们自由飞翔。

我和她爸爸都曾是普通的大学老师。作为 20 世纪 90 年代在外地毕业，分到北京工作的一代人，当我们自己尚在懵懂状态去适应北京大都市的工作环境和生活的时候，女儿出生了。回想培养女儿的过程，其实人生是没有什么可以提前或者刻意规划的。如果非要有什么重要的东西分享，那我觉得就是在关键的节点尊重孩子的内心，做出正确的选择。只有最大程度地发挥孩子内生的原动力，才能让她的个人小宇宙主动爆发，在关键节点不断释放巨大的潜能，达到自己想要的目标。此时家长的作用，也只是在雨天默默地为她撑起伞，陪她走一段而已。

尽早发现孩子的长板

每个孩子都有属于她自己的闪光点，或早或晚，她都会发光。作为家长，越早发现孩子的闪光点越好。也就是说，让她的长板更长，短板姑且短吧。如果非要把短板补长，也未必会成功。每个孩子的时间、精力都是有限的，相比花时间和精力把短板补长，也许把长板变得更长是一种更好的选择。

女儿天生是一个小美女，小时候不论走到哪里，都有赞美的声音围着她。她并不以为然，也没有因此骄傲。她骨子里天生有一种倔强的脾气。小时候经常感冒发烧，最多的一年因为感冒发烧住了六次医院。一个不到两岁的小孩，两个护士给她扎针，她居然能折腾着从床上站起来抗拒扎针。

女儿小时候，我每天都要陪她看书，给她讲故事。上小学之前，她已经能独立阅读很多书了。而且她看过的书还能反复阅读，阅读速度也比较快，基本一个下午就可以看完一本小说。小时候，她特别喜欢画画，大概两岁的时候，她画猪八戒，滚圆的肚子，每次都是一笔勾出，惟妙惟肖。但是要说数学，当邻家小哥哥20以内的加减法已经驾轻就熟的时候，她对分针、时针和认识钟表这件事依然是糊里糊涂。到现在我依然记得，幼儿园的班主任和我单独沟通，让我回家无论如何要教会她认识钟表。显然，数学是她的短板，那时候已经显现。

鉴于北京市海淀区浓烈的奥数学习氛围，我在女儿小学的时候执拗地让她去学习奥数，虽然屡败屡战，却心甘情愿地当“分母”。现在想来，我太随波逐流了，应该早一些战胜自己那颗不甘落后的好胜心，让女儿在小学阶段可以有更多的时间去做她喜欢的事情，比如画画、跳舞、弹钢琴。在画画、跳舞、弹钢琴这三件事上，她虽然都喜欢，但是唯一坚持到小学毕业的只有画画。

从小学四年级开始，她的身高在舞蹈队就属于“鹤立鸡群”的高个子，很多集体舞老师很难把她编排进去，这从侧面挫伤了她学习舞蹈的积极性。钢琴老师非常严厉，每次带她上钢琴课，对我和她来讲都是一种折磨，她不是在去的路上流泪，就是在回来的路上流泪。后来通过钢琴六级考试之后，我们彻底放弃了学习钢琴。

小学生活最让她留恋的是去游学，游学中她可以彻底地放飞自己，吃美食，看美景，体验各地不同的文化。周末我们雷打不动地出去玩一天，北京的博物馆和公园她都走遍了。假期也会带她出去旅游，让她见识更广袤的世界。

在班级里，她的学习成绩也就是中等而已，普通得不能再普通。我甚至不知道，她这样的学习成绩将来能上什么样的大学。按照我自己的人生理想，希望她能当医生或者老师，但是她直接表示没有兴趣。

如果说小学里最大的收获，莫过于发现了她的长板：画画。

叛逆并不可怕

小学四年级，她已经表现得非常叛逆了。电脑、iPad，无论你藏到哪里，如何频繁地更改密码，最后都会被她破解。她使用电子产品的唯一目的，就是看各种电影、电视剧。虽然学习成绩还过得去，但是我依然认为她这样非常浪费时间。那段时间可以说是我们关系最僵持的一段时间，我和她没有办法正面沟通。每次进她房间，她都会不冷不热地问我："有事儿吗？没事儿就出去吧，我没时间和你聊天。"在亲子教育中，我彻底迷失了方向。

现在想想，原因可能是那个时候弟弟出生了，她感觉受到了冷落，认为妈妈的时间都放在了弟弟那里，忽视了她。她的"坚强"和"冷漠"，其实只是表面装出来的，背后一定隐藏着巨大的心理落差。随着时间的推移，她和我们都慢慢适应了家里有弟弟的生活，她的笑声和快乐也慢慢地回来了。再后来，每次见到同学或者新朋友，她都会略带骄傲地主动介绍：我还有一个亲弟弟！

她看电影的习惯大概就是那个时候养成的。高考那一年，北京电影学院的产品设计专业，她以专业课考试全国第三名的成绩参加面试，面对老师就电影的话题侃侃而谈，以至于老师当场就问她："如果清华和北影都录取你，你会选择哪一个？"

有时候，看似在走一段弯路，也许会有另一扇窗打开。面对孩子迷失的那段时光，不要急于逆转，"欲速则不达"。要给孩子留足空间和时间，等待她内心的转变和顿悟。正所谓"做正确的事，时间就是答案"。

初三的时候，面临中考压力。环顾四周，她发现自己最理想的学校只有本校的高中部，其他学校都不是理想所在。从那一刻起，她一改往常的惰性，内心的"小宇宙"爆发了。

她主动要求报补习班，把前两年的惰性统统抛弃，每天放学，我都会带她去参加辅导或者上自习。初三一整年，我们没有浪费一分一秒的时间。功夫不负有心人，她最终以优异的成绩考上了清华大学附属中学高中美术班。

当孩子找到一个和她相似的群体的时候，她终于感受到了身心的愉悦。自己的兴趣、爱好与学习很自然、很完美地融合到了一起，她找到了自己努力的方向——清华大学美术学院。

高中三年，她当上了班长，代表中国高中生出访日本。每逢假期，她都随老师、同学一起去国内外游学，参观博物馆，积极参加学校的各种社团活动，参加学校的下乡支教活动。高中生活充满了快乐和年轻的活力。她的学习成绩也直线攀升，数学已经不是障碍，政治笔记也成了文科班争相传阅的"手抄本"。

高三一整年，对于美术专业的学生来讲，付出的努力更多。一个画板，一个小马扎，一坐就是一整天，每天画画到凌晨一两点钟。有时思路不对，或者表现方法不对，都会推倒重来。她经常因为某些瓶颈无法突破而崩溃大哭。但我们能够做的，就是默默地替她规划好各个学校的考试科目、考试要求以及考试时间表，让她非常清晰和有计划地调配时间，参加“联考”及“校考”。当然，某些“校考”考试时间冲突的时候，或者需要连续“作战”的考试时间段，我们会一起商量，有舍有得，放弃一些“校考”。一番努力下来，她也是班级为数不多的“逢考必过”的孩子。

总结起来，面对高考，对孩子的情绪管理和疏导是非常重要的。家长要避免唠叨，专心做好后勤工作，让孩子把精力集中到学习上来。很多参加艺术考试的学生，由于长期熬夜，加上竞争激烈，导致出现心理问题，甚至产生抑郁的情况，这都需要家长正确对待和疏导，不要让考生情绪崩溃，成为压倒孩子的最后一根稻草。

作为女孩子，我觉得孩子的心理健康非常重要。每个阶段，她都应该有自己的“闺蜜”和知心同学。同年龄的小伙伴更容易相互理解和沟通，这对孩子一生的心智成长都至关重要。

当发现孩子的成长出现问题的时候，家长要第一时间和班主任取得联系，认真听取老师的反馈，和老师一起努力，共同帮助孩子调整状态。

家长的情绪管理也同样重要。这一点，初为人母的我有时候做得并不好。后面随着自己阅历的积累，慢慢有了变化。除了小学四年级到初中二年级之间她的叛逆期外，我和女儿基本是无话不谈的朋友。

作为家长，要有自己的生活空间，不能一味把心思都放在孩子身上。过分地关注孩子，会让自己陷入焦虑，也会让孩子无所适从。相互保持一定的“舒适区”，可能更有利于孩子的成长，也同样有利于家长个人的成长和价值实现。只有自己不断进步，活出风采，才会与儿女共同成长，共同促进。

对于培养孩子，我觉得最好的模式莫过于平时适当放手散养，关键的时候陪伴、帮扶，当她步入自己快车道的时候，我们可以坦然退后并且放手让她远行。

当一个人从事的事情、事业是她本人热爱和所长的时候，她的人生应该是丰盈而充实的。

人生是一场马拉松，学历只代表过往，成功的路径有千万条，未来的路还很长。考上清华大学并不代表什么，每个孩子都有属于自己的梦想和未来。用“空杯”心态看待过往，愿每一个奋发向上的少年都能茁壮成长，早日回馈曾经滋养他的亲人、老师、母校和祖国！

一个普通学生的清华求学路

宋学军

陈同学，高中毕业于清华大学附属中学
现就读于清华大学数学系

孩子“裸分”考入清华大学两年了，当初收到录取通知书时的兴奋和激动，仿佛还在眼前。一个普普通通，没有竞赛经历，也不在实验班的孩子能考取名校，她经历的困难我作为家长都无法切身体会。回首过去，她凭借清晰的自我规划、严格的自我管理、自我优化的学习方法、持之以恒的努力，最终达成心愿。我想说的是，多种成功的因素中，仅仅凭借个人努力是远远不够的，自我规划和自我管理才是主因，可能还得加上适合自己的学习方法，再有一点点运气加持。

和一众聪明睿智、学科获奖无数、备战高考几个月就能“神勇上岸”的其他清华学子相比，陈同学的经历可以说是普通得不能再普通了。也许平凡的经历，能带来更多关于家庭教育、陪伴孩子成长的启示，毕竟“别人家”天赋异禀的孩子肯定有，但大多数孩子的智力水平基本不会有太大差别。每个人都有适合自己的道路，努力是一部分，运气也是一部分。运气是可遇而不可求的，但是努力永远都会让你更接近梦想。

努力也各有各的方法，各有各的套路，无所谓好坏，适合孩子的就是最好的那条路径。在寻找这条路径的过程中，会经历曲折和反复。孩子自己是这个过程中最主要的策划者、执行者、监督者和反思者，作为家长，做好辅助和参谋就可以了。

孩子的自我规划首先是要有一个努力的目标。陈同学从小学开始，就树立了当一名教师的理想。出于对理科的喜爱，她目标明确地要做数学老师或物理老师。虽然这个目标也曾有过摇摆，但最终还是确定下来了。接下来，我们一起关注各中学对学科教师的招聘要求，把这些信息进行提炼总结，反馈给孩子，让孩子知道有过硬的专业能力和优秀的教育背景是很重要的。竞争激烈的环境中，唯有具备更硬核的能力，才能拥有更多的选择权。

对学习的规划和管理，始于小学五年级。五年级之前，大多都按老师的要求检查作业、听写等。虽然陈同学有时能按要求记下作业，制订学习计划并按时写作业，但是效果并不好。有时我们之间还会发生冲突，搞得家庭氛围紧张，亲子关系受到影响。

女儿到了五年级，我们想着这么僵持不是长久之计，不如放手让她自己独立面对。特别是临近小升初，学习压力一旦加大，可能会出现更多问题。于是我们决定尝试放手，让她自己制订学习计划，自己去执行，我们适当加以引导。

刚开始放手真的很不适应，作业出错多，忘记带东西，丢作业本，家长看着着急，也只能告诉自己忍着、稳住。经过几个月的尝试和适应，孩子碰壁之后，总算逐步学会了制订计划并执行计划，还能自己总结学习经验。后来她的计划制订得有板有眼，在小学毕业前，她的学习规划已经逐渐自成体系。

这个过程无论对我们还是对孩子都是非常不容易的，中间我多次冲动地想走上前指出她的问题，替她做计划，但最终还是忍住了。要让孩子独立，就得信任她、鼓励她、包容她，要允许存在试错成本。做错了不要过多责备，要多鼓励她反思纠正。这个过程没有捷径，自我反思是孩子必不可少的历练。当然，我们也会给她一些参考意见，结合自己在工作和生活中遇到的类似情况，和孩子交流自己的观点和建议，但不左右她的主张，把决定权和主动权交给孩子。

后来升入初中和高中，她的学习我们没再操过心，成绩也在逐步提升，很令人欣慰。记得有一次数学题做错了，她总结说必须细心审题，用心分析，否则以后她当老师教课就可能出现这种低级错误，会误人子弟。从外力到内因的转变，成了孩子不断追求卓越的催化剂。

在确立目标之后，规划要具体落实到每天。我们的做法大致可以归纳为如下几点。

孟母三迁，环境第一。和谐轻松的家庭氛围，安静的学习环境，父母的言传身教，都对孩子的成长有重要影响。每个优秀孩子的身后，或多或少都有优秀父母的影子。人可以平凡，但平凡的我们在事业和家庭中，也可以带给孩子正面积极的影响。家长持续学习，不断成长，精益求精，也能让孩子耳濡目染，从而形成不断奋斗的品格，无惧学习路上的磕磕绊绊。

规划主次，适度调整。初中、高中她以学期划分，从每学期的考试时间节点倒推，推演到每个月的学习目标，每周、每天要完成的学习任务，她都能做到心中有数。今日事、今日毕，是她给自己定的准则。对于学校老师制订的复习计划，她会有选择地接受，结合自己学习的优缺点，适当调整学习计划。对偏弱的语文、英语、化学，适当多安排一些时间和精力，补齐短板。

尊重规划，自律专注。充分尊重已经制订的计划，不折不扣地执行，不给自己理由和借口，远离拖延症，更要远离手机等电子产品。她一般都会把手机调成静音并且放到远处，只在休息时定时看看微信消息。一旦进入学习状态，就一眼都不看，保持专注度。孩子的自律，也是成功的前提条件之一。

执行到位，回顾反思。有了长期规划和具体计划，还要看执行能否到位、效果如何。她曾经戏谑地说："大考大玩，小考小玩，不考不玩。"时间和精力都要围绕平时的每一天、每一次作业、每一次复习，临阵磨枪是靠不住的。

模拟情境，隔绝干扰。陈同学平时就刻意营造考试的临场状态，把每次作业作为一次小考试，限定时间内完成。对作业的正确率持续进行比较，把每道题的改错认真落实到理解层面。她学习时都会关门，提前和我们约定不能随意进出房间打扰她。学习之外的事情，都要在完成既定计划之后的休息时间里进行。

优化方法，提高效率。要想办法提高学习效率，从学习方法上寻找更优方案。陈同学认为，学习不能靠时间堆砌，而是要从方法和效率上想办法。比如文理科分别用不同的方法去复习巩固和练习，总结每科的学习方法。把作文素材分类整理好，每天复习一部分，每天背几十个单词，风雨无阻雷打不动。对于课外班，她的态度是一定要控制好补习时间，不能喧宾夺主。我们帮她物色了机构和老师后，通过试听课，她会判断老师的教学风格以及与自己的契合度，不合适就换。什么是不合适的老师？她有自己的标准，如果上课后半小时内没有启发性的授课内容，就会果断放弃。好老师一定是能快速定位到她存在的问题，也能快速讲解适合她的内容。她不愿意被课外班牵着鼻子走，更不愿意让补习时间效率低下。

考试成绩，理性看待。客观分析优势劣势。要做到不在意成绩很难，到了高三，成绩难免有起伏，我们和她沟通时，她认为成绩起伏是正常现象，她会分析利弊并针对自己的弱项努力改进，不会过于追求和在意成绩和名次。

合理规划，留有余地。准备三类方案，不做孤注一掷的计划。这方面我们和她交流比较多，认为要保留一定的冗余空间，对未来和不确定性做提前预判，准备好、中、保守三类方案，能达成目标自然皆大欢喜，如果发挥不理想，也不会太受打击。提前有心理预期，就能更加从容地让学习和生活一直正常运行，不会卡壳或者情绪起伏过大。尤其是作为家长，我们自己的焦虑会无形中对孩子形成压力，过度关注和过度预期，都可能成为孩子考试发挥失利的原因之一。

辅助学习，后勤保障。家长要做好孩子学习的“小助手”，少说话，多做饭。高考前我们在学校旁边租了房子，省去了上学通勤的交通时间，保证孩子有充足的睡眠。那时候我就想办法把饭菜准备得香喷喷的，换着花样做，还准备餐后水果。有些科目需要定期背诵，比如英文单词，我就通过提问的方式辅助她背单词。越到临近考试，家长越要管住嘴，道理孩子都明白，讲多了反而适得其反。

一张一弛，劳逸结合。学习之余，要预留休息和放空脑子的时间。学习固然重要，也要有调整和放松身心的时间。就像清华大学倡导的“1+1>2”，学习之外可以适当休闲，锻炼一下身体，弹弹琴，画画素描，毕竟学习只是生活的一部分，不是全部。

一路走来，关于孩子的学习，我们作为父母，给予孩子的比较有限，更多的时候是在做选择题，包括上不上学前班，上不上课外班，上哪个课外班，补哪个科目，占用多长时间。我们不认同“赢在起跑线上”这个说法，孩子有自己的成长路径，作为父母，我们更愿意孩子在习惯养成、认知能力、行为能力上有一个自然演变的过程，成长中的试错是有益的。

爸爸在陪伴和引导孩子方面付出了大量时间，培养了孩子安静沉稳的性格，踏实务实的做事风格。在以后繁重的学习过程中，这些习惯起到了重要作用，让她能静下心来，有自己的节奏，对未来有自己的目标，每天的学习执行到位。我觉得这是她学习道路越走越顺利的先决条件，也是最终能考入清华大学最重要的精神内核。

还要提到的一点，就是对孩子的挫折教育与赏识教育。对于这一点，作为母亲，我其实是心有愧疚的。陈同学感触最深的是她的初中数学老师杨老师，这位老师非常赏识她，还亲切地给她起了个绰号“睿女神”。每次考试后，几乎都是第一个批改她的试卷，多次鼓励她，相信她，这无形中给了她很大的自信心和不断挑战的勇气，她也逐渐在年级名列前茅。

我所反思的是，作为家长，我没能给孩子更大的自信心，说明从内心对孩子的信任还是不够，或者说心里还是焦虑和紧张的。这种情绪你是无法真正控制，并且做到不动声色的。孩子很敏感，她会敏锐地感知和察觉家长对她的看法。我只能说，如果再来一次，我首先要做好的就是在大方向正确的前提下，毫无保留地信任她，发自内心地鼓励她。静待花开，这确实很难，但比起培养孩子的自信心，再难我也要努力做到啊！

十几年的学习生涯过去了，孩子“裸分”考入清华，最主要是她个人努力的结果，其中有计划、有落实、有反思、有改进，层层递进。带着个人的思考，选择适合自己的目标，这些是比上什么大学都更重要的人生经历。

大学是孩子离社会最近的象牙塔，未来的人生之路，她可能会遇到各种各样的情况。如何看待、如何评价、如何应对、如何主导自己的人生，我想这都需要孩子自己去独立面对。作为家长，我们更多的只能是远远地看着她，看她在自己的人生画卷上纵横捭阖，策马驰骋，喜也好悲也好，最终看着她渐行渐远……

最后想说的是，每个孩子都是独立的个体，不必纠结成绩一时的好坏，主要看主流发展方向。孩子的自律能力、自我规划能力非常重要。孩子能管理好自己的生活，做好各项规划，我们家长也管理好自己的生活，日子就能过得越来越顺。愿每位家长都能顺心如意，愿每位学子都能如愿进入自己喜欢的大学！加油！

每一分努力都不会被辜负

熊观慢到

菡同学，高中毕业于中国人民大学附属中学
现就读于清华大学交叉信息研究院人工智能学堂班

楔子

“种花七十二年暨公元贰仟零贰拾壹年辛丑，仲夏，北京，天朝抡才大典。吾家长女菡，奋十数载苦读之积淀，拼至力竭，泪洒试场。吾虽心甚怜，唯温言勉之，励其争先。真所谓有志竟成，苦心不负，其终得名列三甲。今日有书至，召入水木大学堂，修习算机。同窗皆誓曰：待学成，当为国效力不下五十载，方敢稍歇。”

——转自我的微信朋友圈

养育

时间回到 2003 年 6 月，伴随着“非典”阴云逐渐消散，女儿来到了我们身边。当她躺在海淀妇产医院的床上，在妈妈的臂弯里，第一次对这个世界睁开一双黑黑的小眼睛的时候，我们的心被深深地触动了：这个粉粉的、软软的小精灵，就是我们家庭的未来吗？

我们两口子都是从外地通过高考来到北京读大学，然后又靠成绩获得了宝贵的留京指标，算是家里的第一代“高考移民”吧。我们懂得读书能够改变命运。但是，不论是小升初还是高考，我们从没给女儿设定过目标学校，只是一方面为她收集升学方面的资料和信息，一方面鼓励和夸奖她的成长，给她信心。孩子每次考试，不论成绩好坏，在学校发的家长信回执上，我们写的都是对孩子成绩感到满意，然后再让她自己去做检讨分析。

我从自己的成长经历中总结出一点教训：父母对孩子的每一点评价，都会深深地印在孩子身上，他（她）一定会变成你说的那个样子。比如，家长在与他人寒暄中，有时会当着孩子的面故作谦虚地说“我家孩子不行，不是那块料”。这类话语对孩子有着极强的心理暗示作用，孩子真的会向着这个方向滑过去，让你猝不及防。

我俩经常表扬和夸奖女儿，特别是对孩子的努力，不论结果如何，都首先肯定她的态度，然后再一起总结收获和不足，最后鼓励她继续前进。孩子的自信心就是这样一点点建立起来的。家庭是孩子心理上最安全的港湾，如果在家里都得不到肯定、信任和鼓励，孩子会失望，很容易丧失前进的动力和努力的欲望。

有一次，我们跟菡同学为了一个决定起了争执，她哭着说了一句话：“你们都认识我十年了，还不知道我是什么样的人吗？”我们怔住了。是啊，为什么不相信自己养大的孩子呢？从那之后，我们调整了与孩子沟通的方式，不再居高临下，而是平等相待；不再坚持自己都是对的，而是尽量去理解孩子的想法。

我们坚信，好孩子是可以夸出来的，而且我们也是这样做的。夸奖要有真凭实据，挠到孩子心里最得意的点上，一定会起到非常好的效果。这时，往往孩子自己就谦虚了，她会说“我哪有那么好”“我当时也没想那么多”。这个时候，家长再补充几句指导性的话语，孩子也更容易接受，避免了一味说教带来的逆反心理。

当然，仅有夸奖是不够的，批评与自我批评从来都不应该缺位。但是批评比夸奖的难度要高多了，更考验家长的情商和语言能力。

数学

这一代孩子的成长，大多都无法回避一个词——“奥数”。如今，高中以下的课外教培不再有了，奥数竞赛也成为过去，但是数学，依然是自然科学的皇冠。菡同学从小学四年级开始学习奥数，起初成绩并不突出，也没有表现得比别人更聪明。但是她每学期进一级，一步步从提高班到尖子班再到超常班，又从超三班、超二班到超一班，每一步都是不断调整、自我努力的结果。每上升一个班级，仰望周围“牛孩儿们”的抢答，她一次又一次开启爬坡之旅，用自己的节奏一点一点追赶，最终把成绩冲到班里前几名，完成升班目标。

在这个过程中，孩子体验了什么是卧薪尝胆，什么是破釜沉舟，经受住了一次又一次的挫折教育。还记得我们因故无法接送时，小姑娘独自坐地铁、倒公交车前往上课点坚持上课；还记得，由于妈妈加班，导致她上课迟到而大哭……

学奥数到底有没有用？正如很多人所说，奥数只适合很小一部分孩子。菡同学小升初能进人大附中，靠的也不是奥数；从这个角度看，三年的奥数学习似乎没有什么用。其实不然，抛开“奥数”这个词，数学本身就是很有用的，因为数学可以锻炼一个人的逻辑思维，让人严密而精确。

特长

孩子应不应该学点特长？此事见仁见智。在这个问题上，我承认当年是有些功利思想的，觉得为了小升初时能搏一个特长生名额，值得去学。但是孩子妈妈在这个问题上一直很豁达，她认为只要孩子真心喜欢，有兴趣，就任她去学。有一个爱好可以伴随她终身，能一辈子受益。

女儿所在的小学管乐团招新，她去报名了，分配她吹萨克斯，从此开始了长达五年的管乐学习。买乐器、请老师、考级，闺女小小的身子拖着一个大大的琴包，磕来碰去，现在回想起来还是那么酸爽。菡同学有一个特质，就是做事认真，萨克斯让她给学会了，还考过了十级，在学校管乐团中也坐到了声部长的位子。怎么看，一个“艺术特长生”的资格肯定到手了。谁知世事难料，这个特长小升初的时候也没用上，最终成了孩子的兴趣爱好之一。

亮剑

2008年北京奥运会，菡同学去现场观看了一场击剑决赛，刚好是中国队夺金那场，她非常兴奋。后来我们就找了当时位于奥体中心的一个击剑俱乐部，给她报名学花剑。学习内容有体能课、技术课、实战课等。虽然是业余训练，但真的练起来也挺累的。通过科学的训练，菡同学的体能得到了很大的提升。

击剑是一种古老的运动，又被称为“格斗中的芭蕾”。当你头戴面罩，身穿雪白的比赛服，手持细长的弹性钢剑，大喝一声“BaLei”（音：巴类）向对手发起进攻的时候，展现出的是对胜利的渴望和勇往直前的气概。女孩子性格上难免有胆小、绵软等弱点，通过击剑运动，能够锻炼快速反应、沉着冷静、不害怕冲突的特质。“不畏强手，敢于亮剑”，是这项运动带给菡同学最大的收获。

竞赛

从小学五年级开始，菡同学走上了对她人生影响最大的一条路——信息学竞赛（Olympiad in Informatics，简称 OI）。

一开始，她是在少年宫学习 QBASIC 语言（一种编程语言），参加了北京市小学生信息学竞赛，成绩还过得去。当时很多同龄“大佬”选手已经学习了 C++ 语言，很厉害，很强大。小升初时，因为她有小学信息学竞赛成绩，所以我们给她申请了“科技特长生”的资格。本着见见大佬、开开眼界的心态，壮着胆子去参加了人大附中的特长生考试，然后，竟然考取了，从此穿上了海淀黄庄最常见的红白校服。

初中阶段，她对信息学的兴趣持续升温，其间虽有些磕磕绊绊，却还是在全国青少年信息学奥林匹克联赛省赛（National Olympiad in Informatics in Provinces，简称 NOIP）拿到了一等奖。文化课也是年级前二十名的常客，如愿升入本校高中。然而，到了高中，学习竞争变得异常激烈，科目难度变大，老师讲课进度变快，竞赛与课内学习时间出现冲突，提高竞赛成绩遇到瓶颈……压力说来就来，怎么应对？在这所中学，对竞赛生是没有优待的，学校认为搞竞赛应该是学有余力的行为，不支持长期停课搞竞赛训练。所以，在文化课之余极其有限的时间里，投入竞赛训练是需要勇气的。

我曾对女儿说：“遇到一团乱麻的困难，首先要做的不是烦恼，而是先理清问题在哪，分析解决问题的方案，然后制订计划，再执行到位。”

菡同学坚持了心中对信息竞赛的热爱，艰难向前跋涉。2019 年 7 月，广州，NOI2019 全国决赛，她以 D 类选手身份参加，获得铜牌；2020 年 8 月，长沙，NOI2020 全国决赛，她以北京市 A 类选手身份参赛，拿到了银牌！终于退役了，付出了多少艰辛和泪水，只有她自己清楚。七年来，一路上被泼了多少冷水，留下的却是满满的不舍。“小小的琉璃球，渴望变成星星”，或许它无论如何都无法跳上天空，但它仍可以努力映出一片星辉！

我的体会是：五大竞赛对升学肯定是有用的，但是能冲到顶峰的只是极少数人。是否走竞赛这条路，后来的家长和孩子要多权衡。另外，菡同学信息学竞赛能出成绩，与她从小学习奥数有密切关系。

师恩

我一直都认为，老师是孩子生命中的圣人。老师们的培育之恩，真的无以为报。我无法一一列举老师的名字，只能选几位作为代表：幼儿园时期的刘老师、郭老师，小学时期的马老师，她们培养了女儿最早的自信心；首师附的杨老师发现并引领女儿走上 OI 之路；初中班主任吴老师，一个阳光大男孩，他对教育的诠释让全体家长为之动容；小升初把女儿招进人大附中的叶老师，也是菡同学的信息学教练，他给了女儿重大的人生机遇；还有高中班主任王老师，沉稳、细致；还有语文陶老师、初三代课李老师、物理沈老师、数学吴老师……

师恩难忘，感谢老师们的辛苦付出！我们非常庆幸菡同学一路上遇到了这么多优秀的老师。

坚韧

菡同学的每一项学习，数学、英语、音乐、击剑、信息学等，我们都看到了她不服输和坚持的精神。虽然很多课程没能对她的升学起到实质性帮助，但是正是在学习这些课程的过程中，锻炼了她坚韧不拔的意志品质，这才是最难能可贵的！

我们是普通工薪家庭，能给女儿提供的教育条件也就是一般水平，小学没有择校，上的是家门口的普通小学；中学也没在黄庄附近租房，孩子每天自己坐地铁去十几公里远的地方上学。能走到今天，真的是她自己努力的结果，特别是小升初，一下子改变了她的人生轨迹。

菡同学是一个普通孩子，天赋并不出众，也不是做题高手，靠的就是如靖哥哥一般“打不过，加把劲”的韧劲儿。她在周遭“巨佬”们的各种碾压中，也曾怀疑自己，也曾灰心丧气。我们给她强调两点：一是能超越自己就好，不一定非要去超越别人；二是只要认真努力过，哪怕最终仍然失败，也对得起自己，不会留下遗憾。如此，她咬牙坚持着，有时连续几个小时调代码，最后发现是手残写错了符号。当“F”终于变成了“A”，我们看到她满满笑意的眼睛里，分明闪动着泪光。

学业之外，她喜欢音乐，喜欢唱歌，喜欢旅游，喜欢猫咪，喜欢跑步，纯正“哈迷”。烦闷时，跑跑步，唱唱歌，弹弹琴，萨克斯没有白学，音乐已经成为她一生的朋友。

逐梦

不知道菡同学什么时候开始喜欢上了清华，也许是她高一时参加清华大学汽车工程系的“芯动计划”科技冬令营吧。几个孩子组队，一起设计和搭建一辆电动小车，并要编程让小车自动行驶，她所在的小组获得了中学组优胜奖。比赛结束，刚刚走出汽车系的教学楼，她就开始深深怀念了。

暑期参加了清华大学 GIX（全球创新学院）全球创新夏令营，在美国西雅图，三个孩子一组，三天时间里设计一款创新产品，并要做出原型，还要写 PPT（图形演示文稿），并向教授团队做产品阐述，全程英文讲解。最后，菡同学拿到了一个 Outstanding（优秀学员）。

作为信息学竞赛选手，当然也没少参加清华大学计算机系组织的信息学体验营，收获了一次二等奖。

高考时，女儿“裸分”考上了清华大学计算机类专业，然后又报名参加交叉信息研究院的二招，成功闯入人工智能学堂班，简称“智班”。全班 29 人，其中多半是竞赛金牌保送，还有多名各省高考状元。她又一次开启了爬坡之旅，而这次的挑战难度是“地狱”级别的。其实，自从拿到清华大学的录取通知书，她就开始准备冲二招考试了，真是每一分努力都没有白费。

尾声

有不少朋友问我，咋把孩子送进清华大学的？我归纳了十六个字：素质为本，兴趣优先，均衡全面，刻苦顽强。如果还有的话，就是尽力给孩子创造一个充满乐观和积极情绪的环境吧。孩子从小跟着我们到处旅游，又学了不少杂七杂八的课，现在看来也都是有用的，只是很多都不是短期见效，而是长期回报而已。

有的人图快、抢跑、找捷径，其实学习哪里有捷径，也没有窍门。祖先早就告诉我们，“勤为径，苦作舟”“学不可以已”。送孩子上清华大学并不是目的，教会孩子懂得“努力奋斗，去成就有意义的人生”，才是家庭教育的核心使命。

觉醒、立志、激情

杨维康

杨同学，高中毕业于清华大学附属中学

现就读于清华大学计算机系

2020年，孩子从清华大学附属中学毕业，考上清华大学计算机系。作为家长，在呵护孩子成长的过程中，有一些心得，也有一些思考，在此愿意和更多的家长朋友们分享。

家庭启蒙教育

家庭是孩子启蒙教育的第一课堂。学校传授的是教材体系中的知识，家庭里可以做的是激发孩子的好奇心，培养孩子观察、探索、思考的兴趣，拓宽孩子的视野。

日常生活中，面对许许多多的自然现象，人们已经习以为常，不见得会问为什么。父母只要用心，适时向孩子揭示这些自然现象背后的科学原理，在外出游玩、室内游戏，甚至在餐桌上，各种场景都可以成为“课堂”。这种课堂不是老师讲课式的，我们的做法是以孩子的视角观察、发问，进而探索式地讨论，伴以各种互动、小实验，寓教于乐。

比如去户外玩的时候，我们会利用一根塑料管，在有水的地方演示虹吸现象，并解说其中的原理。户外活动的背包里常装着望远镜和显微镜，随时观察宏观世界和微观世界。自驾游时路过沈阳，知道附近有个叫“怪坡”的景点，就跟孩子介绍了“怪坡”现象，讨论如何用实验的办法揭示其奥秘，然后在现场验证并鼓励孩子写出实验报告。这样，户外活动或外出旅游，就不仅仅是看景点、拍照和品尝美食，游玩中有观察有探索，还能多学一些知识，活动也更有意义。

我们鼓励孩子多问“为什么”，我们知道的就耐心解答，甚至和孩子一起继续追问解答后面的“为什么”，鼓励孩子思考和了解现象后面最根本的原理。回答不了就坦率地告诉他我们的知识有限，然后和孩子一起寻找答案，或者自己搞清楚后再给孩子讲解。

不要小瞧孩子的认知与理解能力，在对现象的分析中，可以一层一层地深入，揭示现象背后的科学原理。一旦孩子对这种观察和探索有了兴趣，开始认真问“为什么”的时候，探索下去就会有更多的“为什么”，人类与生俱来的认知与学习能力就会被调动起来。当无法从大人那里得到完美解答的时候，孩子就会想办法自己去学习，自己寻求答案。这样一来，自发的学习就会走入正轨了。

在轻松的环境中学习成长

我们都没有扮演“虎爸”“虎妈”的角色。孩子的成绩在大多数阶段都不算优秀，但也不是很差。我们看到孩子一直都很努力，除了学校安排的作业外，自己还会看一些课外书，我们感到孩子是在自己的意愿下做有意义的事情。对于学习成绩，虽然内心很在意，但在孩子面前没有设目标、给压力，也不与别人比较。

孩子在初中后期开始对化学感兴趣，初中毕业那年暑假，自己购买了若干本大学的化学教材开始研读，后来参加了市级和全国的化学竞赛。获得“第33届中国化学奥林匹克竞赛（初赛）”二等奖时，他在自己的朋友圈里发出了这样一段话，“当初学化竞并不是抱着得奖的目标，动机可能有点理想化，是为了探寻物质世界更深层次的本质，是对关于微观世界种种规律的知识渴求……”看到孩子有这么深层次的认识，我们感到非常欣慰。

我们对孩子讲过这样的道理：学习不是为了世俗的“成功”，因为“成功”并无客观标准。以人类文明的精神财富来丰富自己，才能让自己的内心变得强大，才能实现有意义的人生。不需要刻意追求表面的东西，成绩是伴随而来的，结果也是伴随而生的，只要肯付出努力，必定能够有所收获。

之所以对学习成绩不设目标，在高考备考阶段也不设报考目标，是因为我们看到孩子在求知的道路上孜孜不倦地前行。有了这种自主探索的精神，上哪所大学已经不是最重要的了。

探寻现实世界奥秘的内驱力

关于电子游戏，可能是令很多家长头痛的事情。我们给孩子买的电子设备，基本上是“与时俱进”的，小学时先有了带触摸屏的iPod，后来换成iPad，初中后孩子有了自己的电脑，可以说一样都没少过。有了这些设备，电子游戏自然无法回避。孩子们玩电子游戏都是无师自通，这也说明每个孩子都天生具有探索学习的认知能力，他们可以通过这样的体验获得自信，和其他小朋友交流时也会有“共同语言”。家长可以从孩子的角度想一下，电子游戏那么有魅力的东西，如果时光倒流，自己能回到童年，我们能不心动吗？

那么，怎样才能做到不误学习，不沉迷于游戏呢？其实我们并没有采取什么特别的措施，也不知道孩子在玩游戏上用了多少时间。现在要总结一点经验的话，我感觉还是如本文第一节里介绍的，从孩子小时候起，就和他一起探寻自然界的各种奥秘，一起认识我们生活于其中并非常有意思的现实世界，使孩子有了“探寻物质世界更深层次的本质，关于微观世界种种规律的知识渴求”这种内在的驱动力，在这种思想下，他有太多有意义的事情可以做。相比之下，电子游戏这种虚拟世界的“魅力”就没有那么大，仅止于体验而不会沉迷了。所以，功夫不在于现在如何管，而是在更早时候的启蒙教育。

孩子上初中二年级的时候，很多小朋友都玩 *MyWorld*（电子游戏“我的世界”）。孩子在家里的电脑上搭建了一个服务器，所有寻找软件资源以及安装服务器相关程序的工作，以及不懂的时候在网上求助获得技术支持等，都是他独自完成的。事后，他才告诉我们实现了这样一个平台，小朋友们都可以远程登录到这个服务器上一起玩 *MyWorld*。我们认为这是他第一次独立自主做出决定，并完成了一个有一定知识量和工作量的“工程”，着实表扬了他一番。或许就是因为孩子拥有探索和思考的兴趣，不仅把游戏当作一种探索，还想了解游戏的运行平台，才有了这个工程落地。这个小小的成功，必定会增强孩子的自信心。如果看到孩子趴在电脑前做“对学习没有用”的事情就训斥他，那么孩子内在的积极性必然会受到打击。

孩子考上大学后也还会玩游戏，他自己说是“玩游戏”而不是“打游戏”。其区别是，前者是一种探索体验，了解了这个虚拟世界的边界后就算是“玩过了”；后者则是为了高分、竞争，甚至仅仅为了打发无聊的时间而反复沉浸在某些游戏里。

重要的是要让孩子珍惜时间，懂得做有意义的事情。

和孩子谈“觉醒”和“立志”

孩子上初中前的那个暑假，我们和他有一次正式而严肃的长谈，大致的内容是这样的：你即将上初中，以后会上高中、大学，从儿童成长为少年、青年，作为成长的一个阶段，从现在起，你要完成两件事情，就是“觉醒”和“立志”。

觉醒，就是唤起自己理性认识世界、思考人生意义的过程。觉醒，也是智慧启蒙的开端。人类历史上的许多先哲，之所以能够成为先哲，就是因为他们开始思考人作为人的价值和意义，或仰望星空，或行走悟道，或身体力行，修书育人，引领了人类群体的觉醒。他们的思想经过代代传承并发扬光大，成就了当今的人类文明。

民族和国家的发展，也取决于人民大众的觉醒。解放思想，勇敢探索，齐心奋进，才会有国家的辉煌。对于个人而言，觉醒，是从意识到自己应该做点什么有意义的事情开始的，也是开始意识到某种责任，使得我们有了做事的主观能动性。你和你的同龄人都是凡人，都有类似的起步，可是到几十年后回望人生的时候，就会发现同样的起跑线上出发的人们，会走出不同的人生道路。能走多远，很大程度取决于每个人自我的“觉醒”，这也是人生最有意义的一步。

关于立志的话题，似乎要比“觉醒”复杂许多。立志，包括了信仰、理想、志向。这要基于自己对人类的爱和对社会的理解（良知），对人类文明发展的理解（学识），如何实现自己价值的认识（志向）。这些需要靠你们自己去思考、感悟，这种思考和实践，恐怕需要一生的努力。

在孩子成长的一定阶段，“思想教育”这个环节不能缺失。个人的成长过程中什么时候能“开悟”，开始追求更高的人生目标，家长都是“过来人”，每个人都有自己的切身体会可以和孩子交流。

在适当的时候，“响鼓重槌”需要敲响。但这样严肃的话题要一次点到讲透，不能经常唠叨。功夫在于日常的熏陶，以及创造一些条件和孩子一起阅读，思考人生的意义。

读书会，和孩子一起读书

如何激发孩子们学习的积极性，拓宽孩子们的视野，创造条件让他们开展一些自主探索式的学习，在这方面我们做了一些尝试。

在孩子初一暑假前，我们恰好看到计算机科学家吴军博士（毕业于清华大学和美国约翰·霍普金斯大学）所著丛书《文明之光》，便产生了组织一个读书会，让孩子们一起读书的想法。

后来的实施基本上是这样的：约了七位同年龄同年级（不一定同校）又比较熟悉的孩子和家长组织读书会，暑假开始后读书会活动开始，大家一起读书，可通读，也可选择自己感兴趣的部分开始读，或针对感兴趣的内容自选其他书目进行拓展阅读。

孩子们每周一次展开读书交流会，把自己感兴趣的内容做成 PPT 讲解交流。暑假结束前，举办一次大型交流会，孩子及家长全体参加，孩子进行汇报讲演。其间交叉进行的，还有孩子们自己组织的参观博物馆、美术馆等活动。

这个读书会活动从初一暑假一直延续到高三第一学期，孩子们还自发地读了许多其他的书。活动也多种多样，除了读书交流以外，还可以观赏优秀影视大片，家长或外请朋友做专题讲演（各自专业领域的内容），举办辩论会，以及户外越野、登山、看海、观星等集体活动。即使是自驾外游，也安排有讲演交流或影视观赏等内容。所有活动都是亲子共同参加，互动同乐。

孩子们的表现让家长们刮目相看。孩子们汇报讲演的内容和 PPT 的制作，都表明他们做得很认真，也很努力，水平超出家长们的预期。这也说明，只要积极性调动起来，孩子们的能力是不容小视的。

我家孩子本是性格内向，不擅长自我表达的，读书会上却能够侃侃而谈。我们的体会是，通过这一系列的活动，孩子得到了锻炼，增强了自信。家长们也通过这个活动读了不少书，受益匪浅。

家长的激情

在孩子的教育问题上，家长要用心。用心就能够想出办法，在日常生活中将传授融入其中。调动孩子的主观能动性比什么都重要，不能过多地期望课外班，也不用和别人比上了什么课外班，不要仅把钱花在课外班以求“心安理得”，而是要身体力行地做能做的事。

家长一定要有激情，做孩子的榜样与玩伴。与孩子一起做实验，一起仰望星空，甚至有些可能是自己少年时期想做但没有条件做的事情，在轻松玩耍和交谈中共同体验探索世界的乐趣。有的时候，要思考应该给孩子讲点什么，家长是要事先“备课”的。

和一些孩子家长谈到这样的体验时，常有家长说自己学历低，不知道怎样教。对于具有高中及以上学历的父母而言，解说日常自然现象的科学原理并不是一件难事。其实，每个家长都有自己在科学或文学、艺术、技艺等方面的专长，都可以在孩子的成长阶段带动孩子多元成长。

以身作则教孩子“爱学习”“会学习”，比督促孩子“学习”更重要，等到孩子自己知道自主探索、学习的时候，家长就轻松了。

家长也需要不断学习

孩子在成长，他们的学识早晚会超过家长。事实上，上高中以后，家长基本上就没有能力在课程内容上进行辅导了。

但是，家长有更多的社会经历，有孩子们在学校所学内容不同的知识范围。在孩子成长的不同阶段，仍然可以和孩子保持交流与引导。

为了能够在更长的时期仍有与孩子交流的内容，家长们也需要不断地看书学习，丰富自己的学识（这里所指的学识不是家长专业方面的）。鼓励孩子保持旺盛的好奇心和求知欲，自己也要做出表率，在家庭里营造出学习的氛围。不然，除了日常生活的唠叨，和孩子之间就会真的没话好说了。

别把孩子“养坏了”

最近恰逢放学时段路过一个小学，我停步观察了一下。等候在校门外的爸爸妈妈、爷爷奶奶，接到孩子的第一件事是拿过孩子的书包背到自己肩上，孩子自己背书包走路的只有极少数。

孩子上小学时，我也接孩子，但是没有帮他背过书包。我的理念是，孩子自己力所能及的事情，就应该让他自己做。书包仅仅是一个小例子，生活中孩子自己能做的事情还有很多，可以让孩子做的事情也有很多，并不是“唯有读书高”。

家长都爱自己的孩子，但是要注意，过于宠爱和呵护，就有可能把孩子给“养坏了”。并不是说孩子真的“坏”，而是不知道幸福生活来之不易。饭来张口，衣来伸手，不知不觉中，孩子习惯于接受并依赖安排好的舒适生活，就会认为这是极为自然的事情。“过度保护”下成长的孩子，难以形成自我奋斗的精神，缺乏主动求知的内驱力。孩子的生活自理、自立能力，要从小开始培养，这比读书更重要。

以上都是点滴杂谈，个别经验未必适合所有人，只愿和其他家长朋友分享，或许能够提供一些借鉴与启示。每个孩子都不一样，他们的性格、兴趣、专长，以及今后发展的方向都不同。没有一个界线能把孩子们分为所谓的聪明与不聪明，孩子的主动性调动起来了，就会变得聪明和自信。那些看似成绩还不够好的孩子，正需要迈过“觉醒”这道门槛，需要家长和老师鼓励他们的探索精神，赞赏他们的成长。

我喜欢孩子们。看到他们，就觉得他们都有潜力成长为有用的人才，只要有机会，我愿意努力帮助他们成材。

陪伴与放手，热爱并坚持

臧安军

臧同学，高中毕业于江苏省宿迁中学
现就读于清华大学致理书院物理专业

2020年8月18日是我人生中最幸福的一天，因为那天我和孩子一起签收了清华大学的录取通知书。第二天，祝福的电话声便接连不断地响起，亲友们在祝福之后，总会问“你家孩子是怎么培养的啊？”我和妻子都不善言辞，所以总是谦卑地回答：“都是孩子自己努力的结果，我们也没有什么培养的方法。”虽然这是大实话，但是从客人们的反馈来看，他们多少还是有点失望的。

如今，孩子在清华大学致理书院物理专业已经读了两个学年，其间加入了叶企孙物理学堂班，一直保持着对物理的热爱。至今再谈孩子的培养问题，我还是觉得孩子能考上清华大学，主要是他自身的因素使然：一是因为他有这个潜质；二是他始终如一的热爱；三是他有坚持到底的韧劲。

考取清北的学生，都有自己的过人之处，所以在孩子的培养问题上，我们没有必要过度夸大家长的作用，但也不可忽视家长的作用。因为孩子具有潜质只是成功的一个要素，就如一块玉石，如果不加以雕琢，那只能是一块璞玉。家长所要做的事情就是精雕细琢，锦上添花，让玉石成为熠熠生辉的玉器。

首先还是从小时候的陪伴说起。孩子的良好行为是需要家长引导的，和孩子一起学习是我的法宝之一。记得孩子小学阶段，他学习和做作业时，我也开始了我的自学生涯。这一阶段，他从小学考进了县里最好的初中，也就是家长口中所谓的“火箭班”，我也拿到了自考的本科文凭。

孩子上初中后，这样的陪伴虽然继续，但我们也渐渐放手，让孩子学会在独立学习中解决问题。这一阶段很多事情我们都是由他自己做主，小的方面比如旅游景点的选择和旅游攻略的准备，大的方面比如在信息竞赛和物理竞赛之间的取舍，在县城中学和市里中学之间的选择。作为家长，我们有意识地培养他独立决策的能力，让他学会把控自己的人生道路。所以在大事小情上，我们只发表自己的意见，不为孩子做出选择。

高中阶段，除了生活上的照料，别的事情都交给他自己抉择了。从陪伴到放手，是家长为了孩子成长必须要“断舍离”的过程。等孩子成了家，我们做家长的还要学会得体地退出孩子的生活，让他们自己经历风雨，成就自己的家业。

说了陪伴和放手，再谈谈热爱与坚持。苏北的小县城，每年考取清北的学子都是别人眼中的龙凤，因为在教育资源匮乏的地区考上名校，是一件很不容易的事情。孩子因为喜欢物理，在高中时参加了物理竞赛。理论考试一直不错，实验考核却屡屡不顺，因为我们就读的高中没有资金支持开展实验培训。孩子高二进入省队后，学校应急的实验培训也是在培训机构里简单地应付一下，以至于实验考核的时候，连实验仪器都没有见过，所以决赛只得了三等奖。但竞赛的失利并未影响他对物理的热爱，我们也一如既往地支持他的这份热爱。

高考第一志愿填报的就是清华大学物理系，我们没有其他的选项。清华大学的老师也很赏识孩子对物理的这份热爱，在强基考核中给了他“优秀”的评价。两次清华大学的物理体验营，孩子都进入了面试环节，最终拿到了一等奖。

为什么孩子会对物理如此着迷？我想这和老师的引导、家长的支持有密切的关系，感谢初中时王老师和高中时张老师对孩子的厚爱，这里不好赘述感激之情。孩子对物理的热爱，和家长的支持也有千丝万缕的联系。孩子从小就爱问各种稀奇古怪的问题，对待孩子的问题，重要的不是答案，而是家长的态度。我们能回答的问题，总是耐心地给他讲解。不会的，也很坦诚地承认自己的无知，鼓励他自己去寻求答案。对于那些通过查找资料可以解决的问题，我一般都会尽快寻找到答案，然后讲给孩子听。所以孩子对未知的探索兴趣一直都在，这也是孩子源源不断的学习动力之一。

其实比起成绩，家长更要重视孩子的身心健康，孩子是否有自己的兴趣、理想和热爱，否则，即使孩子取得再好的成绩，也容易成为一个“空心人”。热爱一项事业并愿意一直坚持下去，是需要韧劲的，这股坚持不懈的韧劲需要家长去培养。我们带他爬山，途中坚决不坐缆车，无论多么疲惫也要坚持到底，一起体验那种“会当凌绝顶，一览众山小”和成功登顶的喜悦。孩子初中时，我带他骑自行车环湖旅游，每次设定一个骑行的目标里程后便坚持到底，直到骑行到目的地才休整歇息。

我们就是从这些生活中的点滴做起，告诉他要学会坚持。因为有了坚持，他才会朝着目标坚定地前行；因为有了坚持，他才会努力寻求解决困难的办法；因为有了坚持，他才有可能把梦想变为现实。只有坚持，才有机会取得成功。

唾手可得的只能是廉价的惊喜，只有坚持不懈取得的成功才让人倍加珍惜。坚持，说起来容易，做起来很难。凡事你能做到坚持，成功便会属于你，这是我十几年育儿路上的体验。一定要让孩子知道，成功根本没有什么秘诀可言。如果真有的话，无非就是两点：一是坚持到底，永不放弃；二是当你想放弃的时候，回过头再念一遍第一个秘诀。

还记得第一次带孩子进入清华园参加物理金秋营时，孩子眼中流露出惊羡渴望的眼神，我告诉孩子“与其临渊羡鱼，不如退而结网”。因为没有经验，孩子在面试中表现不佳，没有获得奖项。我和孩子的心情虽然不免失落，但作为家长，我们必须要给他信心。我和孩子妈对他说：“没事，我们还有机会，不要气馁，不要放弃，明年再战！”

第二年参加清华大学物理金秋营，孩子在理论考试中取得了不错的成绩，面试环节也不再怯场，落落大方，侃侃而谈，顺利获得一等奖，这为他强基评价优秀奠定了基础。2020 年，他顺利成为国家强基政策下清华大学致理书院第一届物理专业的学生。

在学霸云集的清华大学，我和孩子妈还担心他会不会产生太大的压力。但经过两个学年的磨炼，他适应下来了，而且坚守着对物理的热爱，并逐渐明确了自己的发展方向。

世间有一财富，它看不到也摸不着，但它是耀眼的剑，能够刺破迷茫的天；它是劈波的船，冲开前方的障碍；它是跨越的桥，引你走向胜利的彼岸。这把剑就是坚持，只有坚持才能最终获得胜利。

祝愿所有逐梦的家长和孩子能一起高擎耀眼的剑去披荆斩棘，一路前行，最终走向胜利！

儿子的成长陪伴了我

刘保华

刘同学，高中毕业于北京师范大学实验中学

现就读于清华大学计算机专业

回忆过去，每每能够静下心来写一些给儿子或者关于儿子的文字，大多是在出差途中，飞机上或者候机室，高铁车厢或者候车厅……也因此多了很多愧疚。在孩子成长的过程中，尤其是子君的成长道路中，我的陪伴因工作和出差少了很多。基于这个原因，每逢遇到重要的时间节点，给孩子写点文字，便成了我与儿子沟通的重要工具。现在回看起来，也算我的心得之一吧。

2002 年 2 月 13 日，正好是农历大年初二，我的第一个儿子在北京东四妇产医院诞生了。从此以后，我们家的春节就是连着过三天。

我和孩子妈妈二十多年前有幸进入清华大学学习，学校有句校训特别有意义，“天行健，君子以自强不息；地势坤，君子以厚德载物”。我和孩子妈妈为了铭记和践行这则校训，便取校训中的两个字“子君”作为名字，作为送给儿子的第一份人生礼物。

校训源自一个世纪之前知名学者梁启超先生给清华大学学生做的题为《君子》的演讲。他用了《周易》中关于乾坤二卦象的解读：“乾象言：君子自励犹天之运行不息，不得有一曝十寒之弊……且学者立志尤须坚忍强毅，虽遇颠沛流离，不屈不挠。”“坤象言：君子接物度量，宽厚犹大地之博，无所不载。君子责己甚厚，责人甚轻。”自此，“天行健，君子以自强不息；地势坤，君子应厚德载物”便成为清华大学校训，沿袭百年至今。

我和孩子的妈妈也希望将全部祝福和叮嘱借这个名字送给孩子，希望“自强不息，厚德载物”这种精神能够陪伴他的成长，成为孩子漫漫人生旅途中的指路之光。

在孩子参加中学军训、准备中考、备战高考、参加学校成人礼活动、外出旅行时，我都会借机把“子君”的含义和嘱托借助文字写给孩子。尤其是在他进入高中学习和考入清华大学之后，我感到他在很多方面正在脚踏实地地践行这个名字的内涵，为此我感到由衷的高兴。

孩子小的时候，我们的工作总是很忙，很难有太多时间陪伴他。那时候我出差很多，经常一大早就要去赶航班，只好把没睡醒的他交给奶奶或者姥姥。他总是从被窝里伸出小脑袋，眼巴巴地看着我说："爸爸，你可不可以等一会儿再走？能不能再陪我五分钟？"可是我很难答应他的央求。如此的场景次数多了，他也就不再说了，逐渐地、被动地习惯了我和妈妈不能经常陪在身边的日子。这也促使他很早就能够在学习、生活中养成独立思考、独立完成任务的习惯，但是我现在回忆起来，却有些不是滋味。

也许正是因为我们陪伴他的时间不足，孩子自小就被动地养成了自我管理时间、自主安排活动的习惯。他很小就能晚上按时上床睡觉，早上按时起床去上学，基本不用家里人督促；放学回来主动看书做作业，业余时间自己阅读课外书。除此之外，他在小学、中学都结交到了几个志同道合的好朋友，几个孩子总是一起利用假期组织和参加一些活动，比如滑雪、定向越野、荒野公园探险等。这些都对他进入高中以后的自我管理和自主学习起到了很好的作用，也弥补了很多我们无法做到的遗憾。

为了弥补陪伴他的时间不足，经常无法实现见面交流沟通的遗憾，在他初中军训、中考、高考、成人礼、外出游学等一些比较重大的事件前后，我就想着把心里的想法和鼓励的话写成文字送给他。虽然这些算不上特别正式的书信，写了几次后，他还是很愿意接受的。

这是一个无奈之举，可能也适合工作比较繁忙的家长。当然，也有一部分原因是孩子长大了，学习时间紧张，自己的小世界也逐步形成了，回到家后和父母的交流也越来越少了。作为父母，总是想问问他每天做了些什么，身边的同学和朋友怎么样，学习上有没有困难……但是这样的口头交流，收到的回应往往是孩子不搭理或者不耐烦，效果适得其反。现在，在手机、互联网普及的当下，给孩子发个微信，写点文字，把做父母想说的话，想叮嘱的事情，包括对他的期待，通过文字与孩子交流，他可能更容易接受一点。

孩子上了高中，面临的最大一个关口就是高考。小学时，我还可以陪他一起做作业，给他讲解题目。高中阶段，如何陪伴和鼓励他，的确成为我心头的一个难题。考虑了很久，在他高二的时候，我和他说："儿子，我想试试考个博士，你觉得咋样？"孩子很奇怪地看了我一眼："你都这把年龄了，真的要考？没开玩笑吧？"但是，当他看到我认真的表情和非常正式的准备的时候，他看我的眼神完全不一样了，似乎是在鼓励我，也在考验我。

在孩子高三第一学期刚开学的时候，我把我的博士录取通知书递到了他的手上，他回复我的是一个祝贺和坚定的微笑。我想，他的内心一定也有不少想法。就这样，对于他的高考备考，我几乎没有再做更多的工作。在他拿到清华大学录取通知书时，我们俩的双手紧紧地握在了一起。自此，我们的关系又多了一层，从父子变成了需要一起努力、砥砺前行的师兄弟。

如今儿子已经是大三的学生了，回想起二十年来和儿子一起走过的日子，许多情景历历在目，就像刚刚发生过一样。谈起对孩子的培养和教育，我一直是深感抱歉和内疚的，反倒我内心感触最深的，是儿子的出生和成长陪伴了我，使得我又成长了一遍。

2014年春节，我的第二个儿子——子轩，在大年初三降生了。弟弟的到来让我们家的春节过得更开心了。感谢上苍赐予我这么好的两个礼物，可以让我再活第三遍。

在给子君的成人礼寄语中，我写了这段话："亲爱的儿子，'子君'这个名字已经陪着你一起走过了十八年，他还会陪同你一直走下去，会比爸爸妈妈陪你更久长，更长久……陪你成为一位真正自强不息、厚德载物、受人敬仰的君子。任重道远，你还需要继续努力，砥砺前行。"也借此作为本文的结语，送给弟弟，也送给读者，希望天下所有的孩子都能够在父母的深爱中快乐、健康地成长，进步，成才！

追梦少年成长记

高平

尹同学，高中毕业于四川省某重点中学

现就读于清华大学致理书院

我们生活在西南部以教育为特色的城市，浓浓的求学氛围，让无数的追梦者云集于此，我的儿子便是这些追梦少年之一。儿子高中就读于重点中学竞赛班，通过两年多的竞赛学习，获得2019年清华大学优秀中学生诚志营一等奖，2019年清华大学第二届中学生前沿营复试二等奖，2019年中国第33届化学奥林匹克竞赛省一等奖，全国中学生英语能力竞赛一等奖，“三好学生”等荣誉。

下面就我家追梦少年的成长历程浅谈几点感受。

善于发现孩子的兴趣爱好

孩子两三岁时就喜欢英语字母卡片上的图案和英语儿歌，一播放英语儿歌，他立刻就能安静下来。带他去少年宫玩儿，看见珠心算老师手里的小算盘可以翻过来当小汽车玩儿，他被深深地吸引了，坚决要学珠心算，一路过了八级并获得了海峡两岸珠心算大赛特等奖。五岁参加全国少儿英语大赛，获得幼儿组铜牌。在火车卧铺车厢里，他围观同行参赛的大哥哥大姐姐们下棋、打扑克，回来以后就让我买了象棋开始琢磨，并且无师自通。我们父母能做的，就是为孩子买了十余本中国象棋棋谱。儿子痴迷到放学回家第一件事就是下棋，一个人津津有味地下两方，不断翻书学习，不认识的字就查字典，一些书都被他翻烂了。棋艺大涨后，儿子提出期末数学考满分就去少年宫与高手对决，我欣然允诺。小学四年级时，学校老师带儿子去参加第九届全市中小学中国象棋比赛，对战三天，获得了银牌。这更加深了他对象棋的痴迷，一有机会就找同学或老师过招。

这一系列小小的成绩，都是源于他自身的兴趣，才最终取得了成果。我一直乐于关注他的兴趣爱好，而不是按照我的喜好去安排他的学习。经历告诉我，兴趣是最好的老师，兴趣可以使孩子专注其中而乐此不疲，善于发现孩子的兴趣并支持他，才是我们做家长的应该做的事。象棋与珠心算也培养了孩子的逻辑思维能力和专注力，这些能力帮助孩子在小学阶段的学习中名列前茅，那份自信与愉悦不言而喻。

培养独立生活能力

儿子在小学五年级很偶然地被同学拉去参加私立中学的选拔考试，带奖学金被录取了，从此开始了他的住校生活。第一次离家独自生活，作为家长自然是非常担心的。但是周末去接孩子时，在寝室看到孩子的被子叠得方方正正，有棱有角，鞋子放得整整齐齐，洗漱用品整齐划一，瞬间惊讶孩子的变化，感叹孩子的潜力真是巨大，应该放手的反而是家长。

父母不在身边，孩子其实做得比想象中更好。孩子住校，与同龄人在一起，还能培养与人交往的能力。足球“三剑客”的称号，也源于这个时候遇上了要好的球友，他从此也迷恋上了足球。假期我也做起了孩子的陪练（捡球、发球），他一脚大力射门，展现的不仅是力量，也能感觉到其中朝气蓬勃的青春气息。

都说面对青春期逆反，父母如临大敌，有足球与象棋这一动一静两大爱好，加上三五好友，真是青春期的营养大餐。孩子的寒暑假都会抱着足球开心地奔向体育馆，即便有情绪，踢完球也就忘到九霄云外了。我看到他满足的模样，也感受到了踢球带来的快乐和激动。

运动不但锻炼身体，还能使人思维敏捷，与学习相得益彰。孩子在初中时，学习位次名列前茅，并获得二十多个数学奖项证书，同时也选拔进了数学奥赛班、英语奥赛班，不仅拓宽了孩子的视野，思维的深度与宽度，也为高中的学习生涯奠定了基础。

培养自主学习能力

儿子高中时期选拔进了竞赛班，并在开学第一天就写下了考入清华大学的目标。怀揣着这份梦想，他在许多人对竞赛的各种消极质疑声中坚持了下来。作为家长，我充分尊重孩子的选择，并做他的坚强后盾。

竞赛大大提升了孩子的自学能力。高中期间上课时间相对少，很多时间都是自己学习竞赛的相关书籍，自己研究竞赛题目。等到回归班级时，距离高考只有几个月的时间了。虽然我有些担心，但还是不露声色地鼓励孩子：竞赛都能学下来，常规课更没问题，你一定能行！

常规课第一次考试结束，虽然距离目标学校还有差距，但已经完全超出我的预期。我信心满满，激动地告诉儿子："超越大部队并非不可能！"我想，还有四个月才高考，一定来得及。可是突如其来的疫情打乱了节奏，学校延迟到4月份才开学。我告诉儿子，所有人都同样面对开学延期，做好自己就好。作为竞赛生，更应该发挥自己高效的自学能力，做到自律有序。

周末回家，孩子拿出三年的课本不断翻阅勾画，各科错题本也整理得井井有条。有时候学习上卡壳了，就去操场跑上几圈，回来继续攻克难关。后期学习强度太大，每周回来他都说屁股难受。我一看满屁股都是红疙瘩，奇痒无比，有些都被他挠破了，内裤上都是脓水的印记。医生说是坐的时间太长了引起的，我们只能一边心疼一边给他擦药，他也疼得直叫唤。为了节省吃饭排队的时间，儿子就买了面包边吃边看书。功夫不负有心人，每一次考试都在不断超越，直到四省联考年级第一。儿子做到了！用儿子的话说，这种超越的感觉太好了，为了梦想的大学，他要不断向前冲。

儿子普普通通，经历可不普通。出生后不久，遇上非典；刚要上小学时，又遇上大地震；小学入学时，一部分教室成了危房，临时搭建了板房；高考时又遇上新冠疫情。回头看，这些经历也让孩子成长了不少。在以后的人生中，相信也没有什么困难可以打倒他。

这就是我家孩子的成长经历。总的来说，在他成长的过程中，我们给了他高度的自由，只要他喜欢的都支持，他还总能折腾出一点所谓的"成就"。他特别喜欢运动，体育馆、足球场是他假期里最常去的地方。在学习上，他特别注重有效学习，参加竞赛占用了不少时间，最后都通过高效的学习找了回来。

越努力越幸运。在整理完儿子初高中满满两文件袋的获奖证书时，我很是感慨。这些证书里藏着儿子的梦想，也饱含着他的汗水。考入清华大学只是实现了一个阶段的梦想，今后又是一个全新的开始，他需要更加努力奋进。

梦想就像一束光，照耀着追梦的孩子前行，督促他们战胜困难，一路成长。每个孩子都是不同的个体，愿大家都能成为最好的自己！

共同经历风雨，用心铸就梦想

刘立峰

刘同学，高中毕业于河北省安国中学“1+3”创新实验部
现就读于清华大学行健书院

用心铸就梦想

回想女儿的求学经历，一路走来，她的学习成绩一直名列前茅，这源自她平时养成的良好学习习惯和自信自强的心态。我认为最重要的一点就是要坚定梦想，目标专一。

女儿爱好很广泛，平时喜欢读书，尤其是科幻作品，刘慈欣的作品几乎全部看过。我和妻子都是语文老师，对她的兴趣爱好倍加呵护并加以引导，让她的眼界更宽广，让她的思维更深邃 。女儿八岁时，我们第一次带她去北京旅游。夏日炎炎，我和妻子的意见是去颐和园游玩，女儿却坚定地选择了北京天文馆。那次参观体验至今仍然历历在目，我们在天文馆度过了最有意义和影响深远的一天。后来，女儿在清华大学强基计划申请中写到了这次参观，并引用爱因斯坦的话：“人类最完美和最强烈的情感来自面对未解之谜。”也许，梦想的种子就在那次北京天文馆之游中悄悄种下了。

和所有心怀梦想的家长一样，我们多次带着女儿走进清华大学、北京大学这两所中国顶级学府。我们告诉她，很多问题需要到这里来解决，很多未知需要到这里来探索！看得出，女儿向往清华、追逐梦想的种子渐渐萌生了。

进入高中后，女儿就没有了寒暑假，每个假期不是参加竞赛培训，就是参加清北活动。在清华北大的夏令营和冬令营活动中，与清华北大老师的交流互动，让她近距离感受到了名校的内蕴，对科学精神有了更多的领悟，也更加坚定了自己的人生追求。

女儿在清华大学强基计划自荐书上这样写道：“我出生在一个民主开放的家庭，父母都是老师，他们给了我充分自由的发展空间，并着重培养我的领悟能力、学习能力和动手能力，让我学会自立。由于父母对我潜移默化的影响，我做事十分认真，习

惯追求完美。追求完美的态度和严谨认真的习惯，让我在学习、生活中有着出色的表现。在清华大学，我体验了爱国奉献、追求卓越的精神，对自强不息、厚德载物的校训和行胜于言的校风有了更深的理解。我在学习和实践中提升了批判性思维能力、表达沟通能力以及提出和解决问题的能力，获取最大的成长幅度。创新的清华最大限度地激发了我独立思考、敢于质疑的创造精神。”

看到女儿发自内心的这些感言，我和妻子深感欣慰。我们用心的付出赢得了女儿的理解和肯定，点燃了女儿内心的渴望。梦想的种子已经生根、发芽，我们要做的是用心呵护，静待花开。

尊重孩子，尽心陪伴

家长要尊重孩子的选择，不要用“爱”的名义把自己的意愿强加给孩子。

高考前，清华大学招生老师告诉我，强基综合评定给了女儿“良好”的认定。第二天，北京大学招生老师告诉我给了女儿“优秀”的认定。我和妻子喜出望外，相信女儿一定会选择北京大学，因为“优秀”认定意味着更大的优惠条件。晚上放学回来，我们和女儿说明情况，让她自己做选择。孩子深思熟虑后告诉我们，她选择清华大学！因为清华大学更适合自己的发展，而且说出了选择清华大学的三个理由。我们静静地听她说完，尽管内心很希望她选择保险系数更大的北京大学，但最后还是决定尊重、理解、支持女儿的选择。那是她思考后做出的人生选择，也相信她能凭借“虽千万人吾往矣”的信念让梦想开花！

陪伴是最长情的告白。未来的人生路，每一步都需要孩子自己去走。作为家长，我们需要在孩子人生的关键时段陪伴在她身边，和她一起分享幸福和快乐，帮她一起分担痛苦，走出迷茫。或者，至少我们可以做那个在拐角处回头的父亲，让女儿知道我们始终和她在一起，她不是一个人在战斗。

2020 年新春伊始，一场突如其来的疫情打乱了人们的日常生活。对于正在紧张复习的高三学子来说更是毫无准备，从未经历居家复习的女儿，完全被疫情打乱了节奏。她明显带有一种焦虑不安的情绪，我们看在眼里，急在心头。妻子坚持每天陪在女儿身边，让女儿感到安心。妈妈无微不至的生活保障和春风化雨般的沟通交流，让女儿逐步走出不良情绪，找回了正常的复习状态。高考推迟一个月举行，我明显感到妻子憔悴了几分。莫言先生的《陪女儿高考》，文中的描写我们感同身受，这何尝不是所有家长的真实写照呢？

7 月 7 日上午，第一场语文考完，女儿感觉顺风顺水。谁想到下午的数学发挥不太好，她有点焦虑。晚饭后，妻子陪她在校园里散步、聊天。后来女儿告诉我们，是校园名言牌上的“永远不要停止奔跑”激励了她，让她重树了信念。那一晚，我和妻子都没有休息好，女儿却睡得很好。8 日上午的理科综合考试，孩子没有受到任何影响，发挥出色，最终取得了 291 分的成绩。

2020 年，正逢国家强基计划实施元年，高考后短暂调整了几天，女儿就开始准备清华大学强基计划的笔试和面试。高考成绩公布那天晚上，我们故作轻松地有说有笑，三个人在广场上一直转到 11 点，相信那一晚无数个家庭都无法入眠。凌晨时分我登录网页，屏幕上出现 697 分的结果，这多少还是有点出乎我的意料。女儿的数学没有考好，看着她不甘的眼神，我们鼓励她还有强基计划，考入清华大学的梦想一定能够实现！后面的笔试、面试，我们始终陪伴着孩子，虽然身心疲惫，可是和女儿一起经历风雨，共同成长，现在回想起来无比甜蜜。

2020 年 8 月 5 日下午 4 点 58 分，当清华大学招生网上出现“祝贺你通过强基计划并被录取”的信息时，女儿欢呼雀跃。我和妻子也拥抱在一起，为女儿高兴。所有的付出，在那一刻化为喜悦的泪水。我对女儿说，我们始终相信你会实现梦想的！妻子逗女儿说，在清华大学学习将来很累哦！女儿坚定的回答：不怕不怕啦，我能通过清华大学的考核，就说明我有这个实力，我会更加努力的！

志在清华大学的家长朋友们，尊重孩子，尽心陪伴，相信梦想定能成为现实！

培养情怀，超越自我

清华大学的校歌中写道：西山苍苍，东海茫茫，吾校庄严，岿然中央。东西文化，荟萃一堂，大同爰跻，祖国以光。莘莘学子来远方，莘莘学子来远方。春风化雨乐未央，行健不息须自强。这其中蕴含着深邃博大的清华精神。

求学之路漫漫，道阻且长。我们的孩子如果没有明确的目标，没有坚定的信念，没有强大的内心，是很难实现自己的梦想的。半途而废，往往让人扼腕叹息。作为老师，我们在教学生涯中，也经常遇到这样的遗憾。

是书籍赋予了女儿行健不息、自强未央的精神。女儿幼时喜静，尤喜读书，古今中外，人物传记，广泛涉猎。她总爱歪着小脑袋和我们一起探讨那些英雄人物的成败得失，发表自己的看法时，她的神情至今历历在目。孔子的“知其不可而为之”，孟子的“穷则独善其身，达则兼济天下”，诸葛亮的“恢弘志士之气，不宜妄自菲薄”，王勃的“穷且益坚，不坠青云之志”，范仲淹的“不以物喜，不以己悲”，顾炎武的“生无一锥土，常怀四海心”，林则徐的“苟利国家生死以，岂因祸福避趋之”，孙中山的“努力向学，蔚为国用”，毛泽东的“天若有情天亦老，人间正道是沧桑”，海明威的“真正的高贵应该是优于过去的自己”，狄更斯的“永远不要把你今天可以做的事留到明天做”……我们一起阅读，一起交流，一起成长。女儿收获了内心的充盈，我和妻子收获了女儿成长的快乐。

2020 年 1 月，教育部印发《关于在部分高校开展基础学科招生改革试点工作的意见》，启动实施强基计划。强基计划是国家高考综合改革的重大举措，也是国家人才选拔培养机制的重大创新探索。强基之强在于强化，更在于自强；强基之基是人才成长之基，更是民族复兴之基。

女儿在清华大学强基计划申请中这样写道：“生活在这样一个伟大的时代，创新的时代，我的理想就是提升自我，将理智、创造、自由、公正，带到每一个能够带去的地方。”我惊讶女儿能够有如此博大的情怀与使命担当！清华大学以“为国选材、厚植强基、拔尖领军、创新未来”为强基人才的选拔培养定位，意味着女儿需要付出更多，需要品尝更多的艰辛。记得多次和她聊起强基的话题，开玩笑地说，到时不要哭鼻子哦，女儿总是云淡风轻地说，哪里没有风霜雨雪呢，可是我不能停止奔跑！

女儿进入清华园学习快两年了，有过幸福甜蜜，更多的却是磨砺和压力。和女儿交流，她表示在“大神”云集的校园里，经常感觉自己被无情地碾压，前所未有的无助感时常萦绕。但我们相信，遇强才会更强！强大的内心，对梦想的坚持，最终肯定会让女儿渡过重重艰险。“器识为先，文艺其从。立德立言，无问西东”，水木清华，钟灵毓秀，希望女儿在这片厚土涵养品格，自强不息。

“潮平两岸阔，风正一帆悬。”祝福女儿超越自我，在美丽温润和深邃蕴藉的清华园收获更多，永远坚守自己的情怀。自我成长的同时，也为他人、为社会送去一份自己的关怀。

祝福更多的家长朋友和孩子一起成长，实现梦想。博大的清华园等你来！

如果再来一次

纵然孩子成功考入清华，但作为家长，对教育孩子的整个过程仍有遗憾，也有反思，如果还能重来一次，清华家长还有什么想做的呢？

◇　◇　◇

带孩子全世界走走，带孩子去世界各地的博物馆看看。孩子从校晚自习回到家或者在家晚上结束学习，会坚持给孩子做个简单宵夜，补充身体能量和营养。

学会放手，让孩子拥抱大自然，拥抱社会，适度经历苦难，磨砺心志。

一定要在小学课余时间让孩子学习一种乐器。

努力做到高质量陪伴，与孩子一起进步成长，让自己成为孩子的好朋友。

我会规范家庭约定，敦促全家执行，计划逐一落实。秉持放手理念不动摇，静候花开不浮躁。让孩子在正确的大道上恣意张扬，自由成长。

培养孩子的音乐特长；培养孩子的外语学习兴趣；在孩子形成是非观后，再读《明朝那些事儿》；在孩子幼儿时多动手玩玩具。

如果能重新来过，我一定让孩子精通一种乐器。

重视体育锻炼。

如果能重来，会再多花些时间和孩子一起到户外活动，到大自然中锻炼体魄和心志，和同伴互帮互助。

我会在孩子幼儿时期就和孩子做朋友，而不是做家长。

如果再来一次，我可能会培养孩子一项兴趣爱好，比如球类运动或者音乐之类。当他成年之后，有一个舒缓压力、释放自我的途径，也可以通过这些兴趣爱好找到自己志同道合的朋友。

引导孩子养成阅读习惯，是打好语文基础、写好作文的关键。回想起来，我们做得不到位。孩子拿起笔，感到无话可说，作文犯难。这是很大的失误。

培养孩子在音乐和体育方面的才能，熟练地掌握一门乐器和一项体育运动。

如果有机会重回育儿起点，我希望能办一个家庭学校，自己在家里教育孩子。

我会更耐心一些，更有计划一些；陪孩子多玩多运动。我仍然不会把清华、北大作为给孩子设定的目标。

成长的真谛在于经历。如果可以，我愿意再放手一些，让孩子再多一些经历。相信只有经过风雨的洗礼，才能更笃定地笑对阳光。

如果能重新来过，我的心态可能会更平和，会更认真仔细，会站在孩子的角度聆听她的想法。这一路走来，还是有些慌张，有些焦躁，有些自以为是，有些说教……总的来说，我可以做得更好。

更加注重对孩子情商的培养，和孩子多交流思想，产生共鸣，进一步促进孩子的成长！

陪伴孩子的同时，我会跟孩子重温或学习一些知识，如提高英语听说能力，使得自己与孩子有更多的交流，并多带孩子走出国门，去看看世界。

育儿过程中，一路修炼自己，从情绪化到关系和谐融洽，做真实的妈妈。

更多一些温柔，少点严厉，孩子心灵及心理会更加丰盈。

如果能重来，我会希望在孩子小的时候，特别是学龄前，孩子父亲能够不那么忙，更多地陪伴孩子，我想这对他各方面的发展都会更好一些。

作为家长的我，以前年轻，不懂事儿，对孩子的教育不是很好，随其自然吧！要是现在，我一定要注重教育，让孩子学到更多的知识。

结合孩子的天赋、性格和人生成长规律，早点引导孩子，使他在智育和体育方面都得到更好的发展。

“跟着书本去旅行”，把这个做得更好，和孩子一起去领略更多的风景。帮助孩子把体育成绩再提高一下。

紧跟政策脚步，把握时代脉搏，每一步都提前规划，早做安排。事关孩子健康成长，切勿怠慢忽视，放任自流。

从婴幼儿开始，带孩子走进大自然，走进祖国的大好河山，花更多的时间陪伴孩子成长，更加注重家庭教育。

应该多放手，家长不要照顾得太精细，从小培养孩子的动手能力。

加强人文学科教育及社会活动能力的培养。

多带孩子出去走走，体验农村生活。多做家务，增加亲子感情。

加强体育锻炼，增加家务劳动，多与孩子进行情感交流，多读书。

如果能重来，不会再“双城”生活，希望能给孩子更多的陪伴。

多让孩子参与一些劳动，多参加有意义的社会活动，让孩子认识到自己是社会的一分子，多为社会做贡献。

更注重孩子在体育锻炼和家务劳动方面的培养。

无论工作多忙，我也要每天抽出时间给孩子有效的陪伴，多阅读、多谈心、多沟通、多鼓励、多欣赏。多带孩子出去旅行，营造和谐的家庭氛围，是送给孩子最好的礼物。

从小养成良好的生活习惯，比如东西要及时分门别类地整理好。

父母早点学习心理学，具有同理心，尊重孩子。

我是四年级才突然明白把他的成绩还给他自己，重来一次，我一定更早地放开他的成绩，更加注重情感和精神方面的培育，并在此基础上帮助孩子打开他的思维。

不错过孩子的每一个成长阶段，用心陪伴。

多带孩子去旅游，增长见识，拓宽视野。

加强体育锻炼，保持对兴趣的热爱。

培养良好的学习习惯，激发学习的荣誉感，加强情绪管理，遵守时间。自律，自信，自强不息。

十岁之前给予更多的陪伴，助力孩子养成更牢固的优良学习习惯。

多阅读，多写读书笔记，多写日记。多思考，多与他人交流，擅长表达。

重视智育的同时，我会投入更多的时间培养孩子的情商，尤其是培养与人沟通、与人交流互动的兴趣，享受沟通带来的快乐。

多参加体育类活动，锻炼身体。

0~6 岁关键期，用心捕捉孩子的每一个敏感期。父母多学习，做好孩子的榜样。

从小抓好孩子的学习习惯和成绩，同时兼顾培养孩子独立生活的能力和高情商，只有这样，才会让孩子步入社会后走得更稳更远。

从幼儿开始就进行大量阅读，有时间陪孩子多玩些益智游戏，如象棋、数独等。

提高孩子自主学习的兴趣，教会孩子在失败和困难面前要有勇气去接受、去改变。

尽可能多地储备一些家庭教育知识，减少焦虑。

如果时间能够倒流，我想做得耐心、耐心、更耐心！能够带着孩子跨出国门，尽量多走一些国家，看看世界。

再多一些温柔和耐心，给孩子更多尝试的可能，更好地认识自己，认识世界。

如果再来一次，我会多看一些家教类书籍，多吸取教育经验；让孩子练好字；多培养孩子的动手能力；多提升自己，更好地做孩子的榜样。

在幼儿园和小学阶段尽量多发展一些非文化课类的兴趣爱好，培养孩子一两个体育方面的爱好和特长。

如果再来一次，孩子出生时，我就要做好“替代陪伴”的长远规划。当年幼时因工作、家事或者其他原因不能陪伴孩子时，实现“有效”的“替代陪伴”，而不是随意地播放一部动画片或甩一堆玩具给他。

假如能重来，我会更多一些耐心和细心，会制订更科学可行的规划。

以赞美和表扬为主，让孩子更加自信。

加强阅读，学一门乐器。

在美术和劳动技术方面会适当开发一下，可以丰富以后的生活，增添乐趣。

尽早尝试数学竞赛，确认孩子是否热爱，是否有天分。

我会多些陪伴时间。陪伴时间真的太短了，孩子转眼就长大了。我也会少生气，现在回头想想，哪有多少值得生气的事。

如果能重来一次，我肯定会让孩子从小多做一些家务，不仅能培养孩子的动手能力和责任心，还能提高孩子的条理性和组织性。

家长在孩子的兴趣和文化课冲突中会选择利益最大、风险最小的一个，为了让孩子站在家长这边，会发生很多冲突。再次审视，我们会更多地尊重孩子。

培养孩子的自信，学习一门乐器作为特长，尽量让孩子多干家务。在孩子面前多示弱，少逞强。

多理解，多关心，更多地陪伴。

如果可以再来一次，希望能用更潜移默化的方式让孩子爱上传统文化。其他都很完美，不需要任何改变。

小时候让他更多地参与打扫卫生、做饭、洗衣服等家务劳动，逐渐形成劳动习惯和自理能力，同时学会珍惜和感恩。

可能会多带她出去走走，领略名山大川，开阔身心。不用那么紧张地进行专业课训练，可以放松些。

如果再来一次，我应该给我的孩子最深沉的爱，最充分的自由，我还要更努力勤奋地学习，完善自我，掌握相应的方法，具备给予她爱和自由的能力。我要真正地理解孩子，关心她、尊重她，从情绪、思维和心灵上与我的孩子产生更紧密、更牢固的链接。我要给予我的孩子真正的平等关系，不打扰她，让她能够全神贯注地进行自我创造，我就静心等待花儿绽放的那一刻。

首先会增加自己的知识储备，然后在育儿方面会更自信，不会被外界干扰，做出一些错误判断；会更有耐心，鼓励孩子更多地表达自己。

更多的陪伴、尊重、信任和鼓励。

适当放手；支持参加更多校园活动和社会实践活动，提升综合能力。

调整预期，放松心态，相对客观地看待孩子的成长，不急不躁，对孩子更有耐心和包容心，对待我们家长自己也是。

一定要从小培养一种体育爱好。

我会更加有耐心，让孩子感受不到家长的“专制”和“威权”。当她遇到挫折或者停滞不前的时候，我会更加耐心地陪伴，做孩子永远的知心伙伴，静待花开。

不管意愿如何，育儿就如同人生，总会有不足和欠缺。再来一次，我还会以陪伴孩子成长的姿态，更多地保护和培养孩子的自信心。另外，工作再忙也要陪伴孩子，陪伴是最主要的功课。

如果再来一次，我会更加注重孩子身体素质的锻炼，鼓励孩子参与更多体育项目。另外，就是更多地陪伴孩子。这辈子我出了太多的公差，失去了太多与女儿相伴的日子。当她成年了，上大学了，才发现往日不可追，而孩子的成长只有一次。

父母都不能缺席，相互补充；家长要做好榜样，营造良好的家庭学习氛围；培养孩子的探索精神，激励他旺盛的好奇心并成为学习的动力。

如果再来一次，我想多培养孩子的兴趣爱好，享受生活的乐趣。

多一些时间陪伴在孩子身边，一起学习，一起玩耍，一起阅读，一起运动……分享、参与、体味孩子的体验。

除了现有的运动爱好外，可以让孩子有更多其他的爱好，比如掌握一种乐器，多一些艺术类的陶冶。

时间管理

兴趣是最好的老师，对于孩子的成长有很多益处，那么孩子在学业和兴趣之间如何分配时间，才能既高效学习，又发展兴趣，让学业与兴趣互相促进、共同进步？

下面是清华家长对孩子们在学业和兴趣之间分配时间的一些建议。

◇　◇　◇

不强迫上兴趣班，真有兴趣才上。快乐高效地学习，要充分地玩儿。

时间管理顺其自然就好。兴趣班还是要家长多坚持，适当逼孩子一把。

每天早晨坚持锻炼 20 分钟，周一到周五全身心投入学习，周末时间去兴趣班学习和放松。

高效率学习 + 适当的身体锻炼 + 全身心的放松，一定要找到自己的兴趣并坚持下去。

平时一般随学校作息，课余时间自由支配，做到劳逸结合。寒暑假会订作息时间表，大致规定运动、作业、休息、看书、兴趣班等时段。

除了必要的学习，尽可能多些锻炼和放松，包括自由读书。兴趣班可在小学阶段集中学习培养，中学阶段兴趣形成后，可作为学习的调节。

把方法教会孩子，把时间还给孩子，让他自由规划。

兴趣班的选择一定要和孩子商量，让孩子做感兴趣的事，这样他才能更投入。家长最好能在兴趣班空档时间做好陪伴和后勤保障。和孩子聊聊课堂上的趣事或相关知识，做孩子的朋友。

假期和孩子一起约定“我把时间分块儿用”，先计划好完成假期作业需要的时间，规定好旅游需要几天时间，剩余的时间合理安排，满足自己的兴趣。

我的孩子小时候没有在培养兴趣方面花费时间和精力，时间全部用在了学习上。我和孩子都觉得适当的放松和培养兴趣是很有必要的。兴趣爱好不仅仅是一项技能，对学习、自信力及提升对抗挫折的能力都会有好处。

小学和初中阶段，是孩子上兴趣班的黄金时期，会使孩子终身受益。我家孩子上小学时，周六、周日上四个兴趣班。虽说安排得比较满，但他学习得很快乐，这为他以后的发展奠定了基础。

在小的时候，应该多上兴趣班，培养孩子的兴趣爱好，找到一两样感兴趣的项目长期坚持。

关注女儿的兴趣点，把上兴趣班的时间当成玩儿的时间，长期坚持。

该玩儿时尽情地玩儿，该学时专心地学；忙不过来时，要能分出事情的轻重缓急，懂得舍弃。

张弛有度，才能精力充沛。学习、锻炼和放松的时间一样不能少。三者有机结合，才能让孩子的生活充实而快乐。关于兴趣班，完全尊重孩子的兴趣就好。

养成良好习惯，高效完成作业，然后孩子就有时间做自己喜欢做的事情了！

参加兴趣班一定要契合孩子的兴趣而不是家长的愿望，这样既可以调节孩子情绪，也不会影响功课学习。

给孩子适度的自由，学习任务完成后，其余时间自由安排，快乐成长。

定一个时间表，明确学习、玩儿、兴趣班的时间段，严格遵守，养成良好习惯。

从小培养孩子的专注力，做什么都很投入，学习效率高，这样就有比较宽裕的时间做自己喜欢的事。

兴趣班或者放松的形式，刚开始时可以进行一系列的探索，确定自己在学习之外的兴趣之后，可以作为学习之余的调剂，丰富自己的生活。

做事要专注，讲究效率，尽量不把学校的学习、做作业等任务放到课余时间来，各种兴趣爱好每天安排固定的时间来开展。

学习之余，有时间就锻炼、放松，不限方式。兴趣班听孩子的意见，学习书法和绘画，一般是双休日。

学习要有短期、中期、长期规划，规划之下做好计划，按时完成。将学习、锻炼、游玩、兴趣利用四象限法则分类，定好目标，逐个击破。

学龄前和小学阶段，德智体美劳等各方面应多有涉猎，博不必专。初中以后根据性格特点选择合适的方向，精益求精。总体以学业为重。

兴趣是最好的朋友，让孩子的优点进一步发扬，帮助孩子提升短板，做更好的自己。

小学及初中前期可以多参加兴趣班，提高综合素养。初中后期及高中则以学习为主。体育锻炼在各阶段都非常重要。

在校期间可以参照在学习和锻炼方面时间分配较好的同学。周末根据需要，学习其他兴趣爱好不超过 4 个小时，经验证明较为合理。

普遍培养，重点选拔。

兴趣多尝试，也要舍得放弃，让孩子选择自己喜爱的。读万卷书和行万里路同样重要，并且一定要相信坚持的力量！

不让学科学习占据太多的时间，大胆参与自己真正有兴趣的兴趣班。

时间管理方面，在孩子自主规划的同时，家长要提出合理的建议，引导并尊重孩子的兴趣爱好 。

培养孩子的学习习惯和学习能力，学习不拖拉。充分安排业余时间，每周进行三次体育锻炼，放松心情。培养孩子感兴趣的艺术特长，跟孩子一起分享学习的喜悦，多参加艺术类专业比赛或演出，让孩子有价值感和成就感。

小时候不要把全部精力放在学习上，多玩多尝试。

学一种乐器，一项体育运动，其他按兴趣安排。

学习，只需要完成学校的要求即可，余下的时间，帮助孩子制订并完成他们的规划。兴趣班，根据对孩子小时候的观察，选择一静一动两个项目较好，其中一个须是竞争性很强的项目。

对于兴趣班学习，既要尊重孩子的选择，又要发挥监督作用，因为在学习的过程中，孩子有可能会存在惰性心理，不能做到持之以恒。

做事情主次分明，养成良好的学习习惯，适当锻炼身体，劳逸结合。专注学业，培养兴趣，兴趣班适当取舍，时间要合理安排。

写手好字最重要，绘画、钢琴能陶冶情操，体育锻炼能解压。

尊重孩子的特点，不跟风盲从，抓主放次，有所取舍，劳逸结合，方能保持核心竞争力，保持良好的成长状态。

初中和高中阶段，在学校的学习时间多，学习任务紧，很难有时间继续兴趣方面的学习。可考虑在小学阶段发展书法、绘画等爱好。初高中阶段可以考虑寒暑假安排旅游，既增长见识，也适当放松。发展某一项特长，可以结合学校开设的体育、艺术模块课程，优先选择自己感兴趣或有一技之长的项目，我家女儿选择了羽毛球和民族舞。

体育锻炼是硬指标，再忙也不能缺少，其他兴趣班因人而异，不能强求。

每周末规定一次一个小时的玩电脑时间，夜宵时间给看半个小时的电视以适当放松。高中住校时，晚自习后都有跑步锻炼的习惯。小时候学过围棋。

参加各种兴趣班的最佳时间是幼儿园到小学，时间充裕，功课又不紧张，不建议小学时期给小孩大量补文化课。

做好作息时间计划，并遵照执行。每周做一次小结，调配好学习和兴趣玩乐的时间。

小学六年内，完成兴趣班的技能培训和学习，初中高中运用它们提升审美和学品。

孩子放学后，可以换换脑子，运动、看电视或看课外书。双休日可以让孩子去户外活动，放松身心。初三之前学业较轻松，孩子可以多上兴趣班。

小学阶段根据孩子的兴趣和特长上几个兴趣班，唱歌应该学一学，能增强孩子的自信心。到了初中以后，文化课学习比较紧张，想学也没有时间了。要给孩子养成爱锻炼和参加力所能及的劳动的意识。

个人认为，无论是学有余力或是学习乏力的孩子，在初中前，课余时间很有必要参加兴趣班，而非加强文化课学习。一则，丰富校园生活；二则，日后拥有自我减压的方式。

学习、锻炼、放松三者应该是有机的统一体，是相互促进的关系；做有兴趣的事情要提高效率，引导孩子逐步提高对自己的要求。

跟孩子沟通后，让孩子自己做计划并严格按照计划执行。

把兴趣班当作学习课本知识之余的放松。

结合人脑记忆、思维的生理特点，做科学、详细的安排表，文理结合，提高整体效果。到了初中，兴趣班必须要停了！

优先保证体育锻炼时间，身体是学习的本钱。培养兴趣爱好，缓解学习压力。调换居住房屋，尽量减少路上时间。

兴趣不在多，小学时可以试试。初中以后，孩子就要自己安排兴趣班时间，家长要放手。补习班真的没必要参加，除非搞竞赛有特长的那种，否则，跟着学校的节奏，也可以考上清北，我家就是案例。

合理利用周末时间，选择兴趣班要尊重孩子的兴趣和意愿。

小学阶段兴趣班多一些，因为小学的学习压力不大。初中和高中如果兴趣班与学习有冲突，要优先选择学习。要让锻炼成为习惯。可以适当玩一些电子游戏放松。

抓住和孩子在一起的每一个教育契机。

多一些体育锻炼，强身健体。

兴趣爱好可以促进学习效率，孩子自己会规划好时间。

学习、锻炼、放松的时间由孩子自己规划，兴趣班的时间预留出来。孩子要对结果负责，要求孩子要不断提高学习效率。

其实孩子能睡好、休息好很重要，休息好事半功倍。有的孩子适应快节奏，能学很多东西，我家孩子节奏慢一些，就顺其自然，保证把手头的事做好，其他的看她的兴趣。不是学得越多越好，关键是学进去，“走心”才能有收获。

把时间管理的任务交给孩子自己，家长做好后勤支撑，帮助孩子或者与孩子一起做好学习、兴趣班、娱乐放松、体育锻炼的规划，适当做一些引导和建议。。

要充分利用学校的时间学习，课外主要是预习和复习，不拖拉能省出时间来锻炼或者放松。兴趣班看孩子有没有多余精力，不要贪多。

兴趣班不能太多，要给孩子留白。小学时候可以学习文体艺术，找到自身兴趣和特长。注重体育锻炼，有利于身心健康。

根据孩子自身特点和兴趣爱好，有的放矢地培养。动静结合，适当放松更有助于学习，广泛的兴趣爱好更能强大孩子的内心。

如果不走竞赛这条路，就不要把过多的精力放在课外辅导上，把课内的东西学熟、学透才是正道。

对于孩子的兴趣爱好，不要用“功利心”去对待。生活不仅仅是当下的作业和成绩，还有诗和远方。兴趣爱好对于一生的情智培养至关重要。兴趣爱好的培养就是给孩子“留白”，让他有诗和远方。

在逐步培养孩子自立、自治、自我管理的前提下，学习计划孩子自己制订，时间和科目取舍以孩子为主。能放手就放手，能早放手就早放手。

课内为主，课外为辅，发展素质，尊重兴趣，量力而行，因材施教。

小学多玩儿，多去户外活动，参观博物馆，外出旅游，以身心感受自然和人文历史，培养兴趣；中学多读书，拓宽视野；高中以理性面对挑战，更上层楼。

各占一半时间，学习后要强身健体，用音乐、美术等艺术放松心情，享受生活。

要专注、自律，加强体育锻炼，如游泳、跳绳、篮球、书法的兴趣课可以多参加。

时间上基本自己合理安排，兴趣班如象棋这种，暑假会去少年宫高级班找对手练，平时基本自己琢磨。足球的话，假期也是自己去体育馆实战，周末偶尔参加足球俱乐部的五人制足球赛。除了象棋去过两次高级班，其他的都自己揣摩，时间上自己把控，没有刻意的规定。

清华学子给孩子们的寄语

下面是学业成功的清华学子对学弟学妹们的寄语，既是自身经历的感受，也是最贴心的叮嘱和期望，激励学弟学妹们全力以赴、勇往直前，奔赴梦想。

◇ ◇ ◇

有空多尝试竞赛。多学学数学吧，加油！

学习无捷径，只有专心致志，心无旁骛，才能成就最好的自己。

生命不是安排，而是追求。生命的意义从来没有答案，重要的是过程。我曾踌躇满志，也曾万念俱灰。但最后，我终于学会了在潮起潮落、人来人往中接纳喧嚣，享受静默。最关键的是从小养成自律的习惯，保持自信，有什么事都跟父母平等沟通。

考入清华大学可能是人生的转折点，但不是努力的终点，而是继续努力的起点。

多看书多思考，强身健体少不了。

基础是王道；阅读是通往智慧的路径，能为你将来的腾飞插上翅膀；健康的身体是一切的保障。祝大家拥有自由而有趣的灵魂和健康的身体。

学时认认真真，玩时开开心心！

在自己擅长的方面找到自信，相信自己，坚持做好。

努力重在平时，考场上的自信源于平时充分的准备。

从来不要把一次考试当成人生成败的赌注，只是想在年轻的时候体会一次全力以赴。

在小时候一定要重视语言的学习，多读书，读好书，养成良好的阅读习惯和语言习惯，这对以后的外语学习和语文写作都有很大用处。祝学弟学妹：大鹏一日乘风起，扶摇直上九万里。

努力的同时，别忘了努力的方式和方向；重视每次检验的成果，调整适合自己的策略。

在学习的道路上，碰到困难，受到挫折，是很正常的事。关键是要始终保持心有目标，坚持不懈，相信“百倍其功，终必有成”，就一定会胜利到达彼岸。

大胆尝试，不断发现新的自己，尽力投入，坚持每一个阶段的热爱。

确立明确的目标，全力以赴奔跑。

“专注”是最大的利器。“君子之学贵一，一则明，明则有功”。当全身心投入学习的时候，理解就会更深刻，效率就会提高。

找到自己的兴趣，你会发现再难的课程也不枯燥，再艰苦的努力也充满价值和甜蜜。

人生很长，努力做好当下。不积跬步，无以至千里。从今天开始，从现在开始，踏踏实实，一步一个脚印，奔赴美好的未来。你若盛开，蝴蝶自来。相信自己，加油！

脚踏实地，厚积薄发。只问耕耘，不问收获。努力了不后悔！加油干吧！

没什么能信手拈来，你必须要非常努力，才能看起来毫不费力。

好学多问，肯钻研，上课专心听讲，积极发表见解，自强自律健身心，养成阅读好习惯。

给自己定目标，然后带着脑子用心踏踏实实去做，相信自己！一定能行！

我从未把学习当作一件辛苦的事，对未知世界的好奇，对数学的浓厚兴趣，为我提供了源源不断的动力。希望你们也能发现自己的热爱，让它成为你前行的内在加油站。

最关键的是要持之以恒地学习。学习是一条长远的道路，需要我们在这条道路上谦虚、谨慎地前行，慢慢确定自己的目标，坚定自己的目标，一条道走下去。

勤能补拙，勤阅读是补拙的一味良药！

最重要的事，不在于我们身在何处，在于我们朝着什么方向；不在于走得多快，而在于走得多稳。

不要在最该努力的年龄谈什么岁月静好，不要在回首往事的时候徒留遗憾！抓紧每分每秒去努力、去拼搏吧，认真对待当下的每一天。

有计划、有恒心地去应对每一件事，从当下做起，贵在坚持。只要努力前行，即便不达目的，亦能无怨无悔。

自信而不张扬，勇敢而不莽撞，最重要的是成为你自己。

做好自己每个阶段应该做的事，始之竭尽全力，而后顺其自然，最终水到渠成。

每次考试对我们都是一次检测，无须对一次失利感到沮丧，也不应为一次成功而过于骄傲。相信自己的实力，稳扎稳打地向前走。

人在自身条件先天赋予的前提下，最关键的在于后天环境。希望学弟学妹们在小学和中学阶段都通过自己的努力进入更好的环境。

只有舍得沉淀，才能找到黑暗森林法则。舍弃本心的人，终将被破壁者打击到迷茫。广阔的人生可以做出更多的尝试。

一定要相信自己，勇敢追梦，最终梦想成真。

保持对周围事物的热情和好奇心，养成良好的阅读习惯，会倾听，善复盘，不偏科，目标动态管理，自信且抗压。

要找到学习的兴趣点，把长处发挥到极致，把短板尽量补足。坚持，不放弃，在考试中心态决定一切。

无论学习还是生活，对自己做的事要有清晰、系统的认知，尽量有一个全局性的规划，这样才能不致迷茫。

每临大事有静气。

苏洵《心术》有云：凡战之道，未战养其财，将战养其力，既战养其气，既胜养其心。考场如战场，求学似用兵。平日积蓄，考前复习，临考静心，考毕不骄不馁。求学之心术尽在其中矣。

用一颗平和的心，不畏惧每一次失败，不迷恋每一次成功。

决定一个人命运的，不是我们的能力，而是我们的选择。能力固然重要，但方向是比速度更重要的追求。

保持良好的学习习惯及对各学科的兴趣，热爱探索前行，不问路途多远！

学习重要，但更重要的是在成长的过程中，学会从身边的人与书籍中汲取力量、爱与勇气，使自己能够从容坚定地面对学习、生活的各种挑战。

把学习当成生活，就像每天穿衣吃饭一样。

有梦就去追，追过了才知道行不行。大多数时候，请相信相信的力量！

《菜根谭》有云：宠辱不惊，闲看庭前花开花落，去留无意，漫随天外云卷云舒。随自己的节奏，朝自己的目标，终将到达理想的彼岸。

永远保持对未知的好奇和对知识的渴望，永远发展自主学习和探究的能力，永远做个孩子王。

对未来的真正慷慨，是把一切留给现在。要知道，我们身上都有一个需要战胜的夏天。

做自己，成为更好的自己。

及时调整心态，不要被一时的困难打倒！

相信自己，只要肯下苦功学习，就能有好的成绩！在学习上做到胆大心细，不耻下问。

心态很重要。保持良好的心态离不开与他人积极高效的沟通。处理好同学之间的关系，在考试失败时向家长表达你对自己的反思，不纠结过去，始终向前看。实力是日积月累，难以短期突破的，但良好的心态能让你发挥出应有的实力。

高效课堂是主阵地，有思想、会思考、会学习、会运动。

一路走来，遇见更好的自己。厚积薄发，静待花开会有时。

没有目标的努力，就如在黑暗中远征。定下目标，在属于自己的道路上前进吧！

那些晨间的寂静，不眠的星光，清醒的克制，孤军奋战的坚持，暗暗许下的承诺，才是我们热爱自己的时刻……

无论做什么事情，想要做好，肯定都会遇到很多困难。一定要坚持，不放弃，才能有所收获。

心怀憧憬、自信、谦卑。“心怀憧憬”能够让我们始终拥有前行的动力；“自信”可以在遭遇低谷和挫折时给我们重新站起来的勇气；“谦卑”则在面对暂时的成功时让我们保持警醒。乾坤未定，一切皆有可能！

在最绝望的时候不能丧失希望；危中有机，自强不息！

跟住老师的节奏，多跟学得好的同学交流，找到自己独特的学习方法并规划好自己的学习计划。

十磨百炼，铁杵成针；千淘万漉，沙尽见金。希望你们珍惜、感恩你们所有的，追求、奔赴你们所想要的，爱你所爱，行你所行，听从你心，无问西东。最后送你们我最喜欢的一句诗——“登高望远海，立马定中原。”

没必要上补课班（除了兴趣班），自律与自由并行，劳逸结合，校内按老师的要求去做，校外遵从自己的内心。当今的高考制度，你必须多刷题，一是能掌握更多的题型，二是答题速度快，这样会给你没见过的题型留有充足的时间；同时必须建个错题锦集，方便复习时重点巩固。

正确的学习方法，积极的求知心态，不懈的努力思考。最关键的是寻找学习的成就感，努力形成正反馈。希望同学们能够有足够的韧性克服学习中的困难，坚定、自信地走向更广阔的人生！

读万卷书，行万里路。我们也许做不到行万里路，但一定能读万卷书。开卷有益，要坚持双语阅读写作。

高考不是人生的终点，清北也不是成功唯一的道路。在这个竞争激烈的社会里，考上清北对于大多数人来说是一件很难的事情。只要定好自己的目标，一步步走就可以了。

做一件事，开始时的斗志很重要，但更重要的是坚持不懈的毅力。行百里者半九十，畏惧艰难，凡事浅尝辄止，就永远无法看到最想要的结果。把开始那一刻的勇气，变成此时此刻的坚持，你才有机会拥抱美好的未来。

在小学阶段就开始学信息学吧，因为现在有的小学生很厉害。这样即便竞赛失败，回到文化课的时间也会很充分。

无论你多么努力，无论你多么优秀，你离你的目标始终有距离。有一个清晰的自我定位，目标才会切实可行，实现目标的步伐才会坚定有力，你自然就会变成一个自律的人，因为目标不再是一个虚无缥缈的大学符号，而是一个你看得到的差距。

自律、自强、自我驱动很重要。

最关键的一个是自律，一个是踏实。自律就是自己知道要做什么，以及知道如何提高自己的效率；踏实就是能把老师的任务落实。

尽早认识到学习的重要性并养成学习的良好习惯。多读书，中小学的学业相对轻松，时间相对较多。学校要求阅读的名著自不必说，此外一定要在空闲时候多看一些各个门类的书籍。读书的益处是终身的。

如果你们有条件，尽力自主地去思考自己真正想要的、真正喜爱的是什么，而不是以名利为导向，祝你们一帆风顺。

各位同学，大家好！我是 Amy。我个人认为，要在当下日新月异、多种多样的环境中既充分利用各种资源来拓展自己，开阔眼界，不囿于一方书桌，又不迷失属于自己的初心和方向。努力学习，成就自己，最重要的是需要持续培养自己强大的内驱力。心理学中广泛认为内驱力的根基有三个：胜任感、归属感、自主感。希望你能找到自己热爱的一方天地，这种热爱会正向激励你追求卓越；希望你在追逐梦想之时能够身处舒适、愉悦的氛围当中，能够体会到支持和尊重，能够感受到像家一样的心灵归属；希望你能勇于尝试、实践，寻找自己的优势和方向，寻找的过程会让自己更加坚定和丰盈。祝福各位心想事成，学有所得。长风破浪会有时，直挂云帆济沧海！

我认为学生时代最关键的是做好时间规划，它能够帮助我们平衡好学习和生活。希望弟弟妹妹们都能在取得好成绩的同时拥有丰富的课余生活！

大学只是人生的开始，不应该是人生的顶峰。考上好大学不应作为一生的谈资，失利也只是暂时的伤痛。保持努力和不断进步就好。

时刻保持自信，向优秀的同学看齐；不要着急，从每一天、每堂课、每道题开始努力，永远都不晚！

接纳自己，大胆出发，衡量自己与世界的尺子从来不是只有一种。培养兴趣，广泛尝试，新的机会一直为你打开。

愿我们既有前行的自知与清醒，也能不忘看看身边的风景。

不给自己设限，一切皆有可能。有时候对自己狠一点，逼自己一把，多付出一些努力，反而会取得意想不到的收获。未来的你一定会感谢今天奋斗的自己，加油！

培养良好的学习习惯，发掘自己的兴趣。不要害怕真理无穷，进一步有进一步的欢喜。

不要盲目听话！多质疑，多提问，既不要委屈自己的内心，又要努力理解他人。只有把应做的事变为真心想做的事，才能拥有最高的效率！

我认为，在中小学阶段，最重要的是求知欲和心态。求知欲是一个应当贯穿始终，需要持续培养的东西。你应当对自己感兴趣的领域有热情，能感受到接受新知识的成就感。这里的知识不是指课本知识，而是说要广泛探索，在还有时间和精力的时候找到自己有激情去投入、去探索的领域。比如学科竞赛、文学、美术、音乐制作、演奏、微电影拍摄……在大学中学习需要依靠你的兴趣、热情和决心，但是不再有老师推着你走，在之后的人生中更是如此，因此培养自己的求知欲很重要。心态则是在应试压力逐渐上升的中学阶段要注意调整的。不要为了考试而学习，分数不能概括和衡量个人水平，如果把分数作为自己的至高追求，那会成为分数的牺牲品，这样的心态往往会不断消磨人的热情和主观能动性，一有机会就会逃避这种无趣的“学习—应试”死循环。但是你要意识到，在目前的阶段，你应该以对自己未来的责任心和坚定的意志力做好你的本职工作——课内学业，拿出对你人生负责的态度把它们做好。对于考试，至少对我自己而言，压力会让我的水平急剧下滑。如果是这种情况，不要和别人比较，不要苛求自己，也不要设定太高远的目标，以免导致压力过大。平时做到问心无愧，考试把自己所学充分展现出来，就够了。

在奔赴理想的道路上，踏出自己坚实的步伐，选择自己的热爱，坚持自己的选择！

养成良好的学习、作息习惯，养成一套有效的学习方法，多阅读，预习和复习兼顾。

回首过去，一个人还是要有梦想与追求。无论你生在何处，只要有梦想与追求，再贫瘠的土壤里，长出的小小草也会有它的价值。心有多大，舞台就有多大。我就是那棵不起眼的小小草，愿你像我一样做一个追梦人！

永远不要停止奔跑，向前奔跑。

绘画／杨朝越　作诗／李东航

朝气

清华最可见（现）朝晖　蓬勃年少幼麟威

腾空一跃篮上落　三人急逐一球飞

绘画/杨朝越　作诗/李东航

逐状元

鳞栉凭栏楼影催　学堂颂传圣贤辉

孩童影下相逐嬉　他日争比状元飞

后记

历时一年半时间，倾注家长无数心血，汇聚近百位清华本科生家长对子女教养之道的《解密考入清华之道——89名清华本科生家长如是说》一书终于付梓出版了。图书付印的一刹那，我如释重负，紧绷的心一下子放松了。作为本书主编，该做的每一件事，我都尽最大努力完成了。不负重托，无怨无悔！

这一年半的图书主创之路十分艰辛，图书的整体筹划、内容策划、稿件组织、修改润色、洽谈出版、邀请专家作序等，都花费了我巨大的心力。仅89位家长在图书内容定位和文字撰写上统一思想、统一认识，就历时半年之久，更何况还有不少家长面临写作方面的困难。这些家长含辛茹苦，培养孩子考入清华大学的经历，以及他们精益求精、追求完美的精神，深深地震撼并感染着我，鼓舞我不负信任，全力以赴，心无旁骛，将这件事做好并做出精品。回忆来时路，亦苦亦甜，人间值得。

本书得到了李玫瑾教授的高度认可。教育心理学专家李玫瑾教授在听取了本书的组织和创作过程后，认为89位家长来自全国各地，职业和教育背景也不尽相同，具有广泛的代表性，实属浓缩的家庭养育样本。她阅读了本书书稿，并欣然为本书作序，肯定本书为社会提供了家庭育儿标杆，出版本书对于提升家教水平具有重要意义。李玫瑾教授倾情作序，为本书的顺利出版创造了良好的基础。

在孩子成长过程中，身为父母，不可避免地要经历痛苦、煎熬、迷茫、失望等情绪的折磨。有时会感觉付出了那么多，孩子的进步却微乎其微，离远大的目标愈行愈远。这时如果能有一滴甘霖、一个好的思路，将会是送给他们最好的礼物。一本好的家教类书籍，应该担当起这样的使命，实现这样的价值。

组织清华学生家长出版图书这件事，最朴素的出发点就是希望能够帮助到那些还在路上的家庭。本书中 89 个家庭，89 条成功之路，每一个样本都是家长真实的经历和成功实践。虽然这些案例未必适合每个家庭，但我坚信，本书中一定会有一些教育方法能够帮到各位家长，也一定会有一些案例能让您产生共鸣。

祝愿家长朋友能从这些清华学子家长传授的经验中获得启迪和开悟。